Guido Knopp
History

Guido Knopp

Geschichten hinter der Geschichte

In Zusammenarbeit mit Alexander Berkel, Nushin Bokai,
Stefan Brauburger, Jürgen Czwienk, Holger Diedrich,
Werner Doyé, Anja Greulich, Peter Hartl, Florian Hartung,
Annette von der Heyde, Sönke Neitzel, Patrick Obrusnik,
Karl-Walter Reinhardt, Bärbel Schmidt-Šakić, Mario Sporn,
Annette Tewes

Dokumentation: Annette von der Heyde, Mario Sporn

C. Bertelsmann

Umwelthinweis:
Dieses Buch und der Schutzumschlag wurden auf chlorfrei
gebleichtem Papier gedruckt. Die Einschrumpffolie
(zum Schutz vor Verschmutzung) ist aus umweltschonender
und recyclingfähiger PE-Folie.

1. Auflage
© 2005 by C. Bertelsmann Verlag, München,
in der Verlagsgruppe Random House GmbH
Umschlaggestaltung: R·M·E· Roland Eschlbeck/Rosemarie Kreuzer, München
Satz: Uhl + Massopust, Aalen
Druck und Bindung: Druckerei Uhl GmbH & Co. KG, Radolfzell
Printed in Germany
ISBN 3-570-00667-0
www.bertelsmann-verlag.de

Inhalt

Vorwort

Geschichte ist wie ein guter Krimi. Viele Fragen stellen sich überhaupt erst auf den zweiten Blick, manche Spuren liegen verborgen oder wurden verwischt. Und was der schöne Schein glauben machen will, ist selten die ganze Wahrheit.

Licht ins rätselhafte Dunkel vergangener Ereignisse zu bringen – das ist die Aufgabe der *History*-Reporter, unserer Detektive der Geschichte. Sie wühlen in Archiven nach geheimen Dokumenten, sprechen mit Augenzeugen und Experten, entlocken manchem Beteiligten nach jahrzehntelangem Stillschweigen doch noch die Wahrheit. So fördern sie Überraschendes, Unerwartetes, Unglaubliches zutage – und zerstören manchen Mythos.

Im Mittelpunkt stehen immer wieder die vermeintlich wohl bekannten Menschen und Ereignisse: Ganz gleich, ob unsere Detektive der Geschichte im exzentrischen Wilhelm II. einen Mann als »Medienkaiser« entlarven, der sich früher als seine Zeitgenossen durch geschickte PR-Arbeit in Szene setzte; oder ob sie die »Lebensborn«-Heime, die vermeintlichen »Edelbordelle« der SS, als überaus biedere, rassenideologisch verbrämte Versorgungsheime für junge, unverheiratete Schwangere entzaubern – bei *History* geht es um die Geschichte hinter der Geschichte. Über unzähligen vergangenen Ereignissen liegen noch immer die Schwaden jener Nebelkerzen, die Inszenierung, Desinformation und Propaganda schon vor Jahrzehnten verbreitet haben – nach dem Motto Winston Churchills: »Die Wahrheit ist ein so kostbares Gut, dass sie durch einen Wall von Lügen geschützt werden muss.«

Nehmen wir drei Beispiele, die nicht von ungefähr mit den beiden großen Völkerschlachten des 20. Jahrhunderts, dem Ersten und dem Zweiten Weltkrieg, zu tun haben – schließlich stirbt im Krieg die Wahrheit stets zuerst. Da ist die Geschichte der Mata Hari. Die schöne, exotische und geheimnisvolle Verführerin, deren Leben im Jahr 1917 ein jähes Ende vor den Gewehrmündungen eines französischen Exekutionskommandos nahm, wurde schon zeitlebens legendär: Mit ihrem atemberaubenden, orientalisch anmutenden Striptease tanzte sie sich in die Herzen und mehr noch in die Männerfantasien der feinen Pariser Gesellschaft der Jahrhundertwende: ein sinnlich-schmachtender Blick, der ganze Körper verziert mit opulentem Schmuck und nur verhüllt von durchsichtigen Schleiern, die nach und nach fielen. Sie brach die Tabus ihrer Zeit. Und das Publikum in der pulsierenden Metropole nahm der angeblichen Tochter indischer Brahmanen die Rolle der freizügigen, lustbesessenen Natur-Schönheit nur zu gern ab. Reihenweise verfielen ihr meist gut betuchte Männer, mit denen sie sich abseits der Bühne zu amüsieren wusste.

Der Erste Weltkrieg machte Mata Hari noch begehrenswerter: Deutsche und französische Geheimdienste wollten sich ihre Reize zunutze machen – zum Zweck der Spionage: Im Bett sollte sie hohen Offizieren militärisch wichtige Details entlocken. Doch Mata Hari hatte sich verliebt, verstrickte sich im Spionagenetz, wurde vom französischen Militär als Doppelagentin enttarnt und hingerichtet. Seitdem erregt ihre Biografie mit der delikaten Verquickung von knisternder Erotik und großer Weltpolitik die Gemüter; sie ist der Inbegriff der unwiderstehlichen, durchtriebenen Spionin.

Doch in Wahrheit war Mata Hari vor allem eine Hochstaplerin. Tatsächlich stammte sie aus einer biederen holländischen Kleinstadt in der Provinz Friesland. Sie hieß Margaretha Geertruida Zelle und war Tochter eines ehrbaren Hutmachers. Noch bevor ihr zweites Leben als Kurtisane begann, hatte sie eine allzu bürgerliche Ehe hinter sich. Die Tänzerin war auf der Suche nach Anerkennung und Geltung. Doch für das französi-

sche Militär war sie nur als ruchlose Verführerin und eiskalte Agentin von Wert: Mit ihrem Spionageprozess ließ sich von den Fehlschlägen an der Front ablenken. Woher Margaretha stammte und was sie tatsächlich antrieb, blieb daher lange im Schatten ihres großen und tragischen Abgangs.

Ähnlich steht es um die Geschichte des geheimnisumwitterten deutschen U-Boots U 234. Kurz vor dem Ende des Hitlerreichs brach das Boot in Richtung Japan auf – mit heikler Fracht: modernste Strahltriebwerke für Jagdflugzeuge, tonnenweise optisches Glas, Quecksilber, Blei, streng geheime Konstruktionspläne. Doch was U 234 erst zum Mythos werden ließ, waren zehn kleine Metallbehälter, 23 mal 23 Zentimeter groß. Sie enthielten Uranoxid, mit dessen Hilfe waffenfähiges Uran hergestellt werden konnte – die Voraussetzung für die Atombombe. Als am 8. Mai 1945 schließlich die gesamte deutsche Wehrmacht kapitulierte, befand sich U 234 längst auf hoher See – in den Weiten des Ozeans unauffindbar für alliierte Kriegsschiffe. Fünf Tage lang rangen jetzt die Offiziere um die eine Frage: Sollte das Boot in den nächsten Hafen einlaufen und aufgeben oder versuchen, sich auf eigene Faust bis nach Japan durchzuschlagen? Schließlich entschied Kapitänleutnant Johann Heinrich Fehler, sich den Amerikanern zu ergeben. Die Mannschaft wurde bald nach Hause entlassen; U 234 endete eher unspektakulär als Zielscheibe für Torpedoübungen.

Gedankenspiele und Spekulationen machten das Boot dann dennoch berühmt: Hätte die Fracht an Bord noch so kurz vor Schluss die Wende im Krieg Japans gegen die USA bringen können? Hätten die ersten

Atombomben dann San Francisco und Seattle ausgelöscht anstatt Hiroshima und Nagasaki? *History*-Reporter wiesen nach: Die japanische Atomforschung steckte noch in den Kinderschuhen. Selbst wenn U 234 jemals in Japan eingetroffen wäre, den Verlauf des Krieges hätte seine radioaktive Ladung nicht mehr beeinflussen können. Doch es gibt noch einen weiteren Verdacht: Wurde das erbeutete Uranoxid verwendet, um die Hiroshima-Bombe zu bauen? Fand die tödliche Fracht aus U 234 auf makabre Weise doch noch ihren Weg ins Land der aufgehenden Sonne? Das Buch beantwortet die Frage.

In diesem Wendejahr des 20. Jahrhunderts, 1945, trug ein anderer großer Protagonist des Zweiten Weltkriegs längst das Siegerlächeln auf den Lippen: Winston Churchill. Die Bilder des großen Staatsmanns, Zigarre im Mund, Hut auf dem Kopf, volles, fröhliches Gesicht, ging um die Welt. »No sports«, mit dieser Devise wurde Churchill nicht nur stolze 90 Jahre alt, sondern auch zum Schutzpatron aller Sportmuffel. Doch die Detektive der Geschichte erschüttern jetzt das Alibi für Faulpelze: Nicht nur, dass das besagte Zitat nicht sicher belegt ist – in Wahrheit war Winston Churchill sogar überaus sportlich.

Kricket, Schwimmen, Fechten, Reiten, Polo – die Liste seiner Sportbegeisterung kennt fast kein Ende.

Und dennoch ist die Legende von Churchills chronischem Müßiggang nicht bloß eine langlebige Zeitungsente, sondern zugleich hohe Politik: Für die Briten war der wohlbeleibte Genussmensch Churchill mit der dicken Havanna ein Symbol. In ihrer schwersten Stunde verhieß sein Anblick bessere Zeiten. Wenn er die Viertel Londons besuchte, die deutsche Bomben in Trümmer verwandelt hatten, war er seinen Landsleuten ein Fels in der Brandung, den nichts erschüttern konnte. Churchill »verkörperte« im wahrsten Sinne des Wortes jene zähe Zuversicht, dass sich das Leben trotz »Blut, Schweiß und Tränen« doch noch lohnte. Hätte er ahnen können, dass er Jahrzehnte später mit seiner körperlichen Erscheinung zum Leumundszeugen aller eingefleischten Sportscheuen werden würde – er wäre »not amused« gewesen.

Diese und viele andere Geschichten hinter der Geschichte warten auf den folgenden Seiten darauf, entdeckt zu werden; Geschichten aus dem 20. Jahrhundert, die beweisen, dass die Wirklichkeit meist spannender – und lehrreicher – als jeder Krimi ist.

Er war der »erste deutsche Medienstar«. Selbstbewusst präsentierte er sich in den Kindertagen des Films den Kameras. Selbst in der Niederlage blieb Wilhelm II. Herr der Inszenierung: Seine Abdankung geriet zum Abgesang in Etappen.

Es herrschte Kaiserwetter an diesem Sonntag, dem 15. Juni 1913. Die Sonne schien, keine Wolke trübte den blauen Himmel. Das war auch nötig. Denn nur bei herrlichem Wetter konnten die kaiserlichen Kameramänner das filmen, was von ihnen erwartet wurde: Seine Majestät Wilhelm II., deutscher Kaiser und König von Preußen, feierte sein 25. Thronjubiläum mit Glanz und Gloria, mit Prunk und Pomp. Hochrangige internationale Gäste, darunter Zar Nikolaus II. und der englische König George V., beehrten die Reichshauptstadt mit ihrem Besuch. Ganz Berlin war auf den Beinen. Kraftwagen und Fuhrwerke bildeten in den geschmückten Straßen der Hauptstadt Berlin kilometerlange Schlangen. Die Straßenbahn verzeichnete mit 2 108 000 Fahrgästen Tagesrekord. Die ganze Stadt versank im Rummel um eine Person.

»Die Personifizierung einer Epoche«:
Wilhelm liebte es, sich im prächtigen Ornat zu zeigen
und im Mittelpunkt zu stehen

Der Kaiser personifizierte die glückliche und übermütige Stimmung dieser Glanzzeit; personifizierte sie besser und genauer, als irgendein anderer gekonnt hätte.

SEBASTIAN HAFFNER

Überall waren Kameramänner und Fotografen postiert, um den Kaiser, seine Familie und das jubelnde Volk abzulichten. Dieser Tag sollte im kollektiven Gedächtnis der Nation haften bleiben, Seine Majestät höchstpersönlich konkurrenzlos im Mittelpunkt stehen. Die Untertanen, Nebendarsteller eines grandiosen Schauspiels, warteten stundenlang, oft seit dem frühen Morgengrauen, an den Boulevards, die der Kaiser in der Kutsche passieren musste. Trotz dieses dichten Gedränges wollte das Volk seinem Herrscher zujubeln, einen Blick auf ihn erhaschen. Schmetternde Fanfaren kündigten die baldige Ankunft an. Patriotischer Gesang ertönte, und überall jubilierte Blasmusik: »Heil dir, im Siegerkranz / Herrscher des Vaterlands / Heil, Kaiser, dir!«

Die pompöse Vorstellung war Abschluss und Höhepunkt eines Reigens von Paraden, Bällen, Militärmanövern, Ansprachen und Ordensverleihungen zum Thronjubiläum.

Die Zeitzeugin Maria Mehren aus Berlin, geboren 1898, hatte extra schulfrei bekommen, um dem Kaiser zuzujubeln: »Wir kriegten alle schwarz-weiß-rote Fähnchen in die Hand, Papierfähnchen, und mussten dem Kaiser zuwinken. Er winkte vom Balkon herunter, und wir waren sehr stolz.« Wenn Maria Mehren an diesen Tag zurückdenkt, kommt ihr sogleich das Lied in den Sinn, das damals allenthalben gesungen wurde: »Der Kaiser ist ein lieber Mann / und wohnet in Berlin. / Und wär' es nicht so weit dahin, / so zög' ich heut noch hin.«

Ganz offenkundig: Zum silbernen Thronjubiläum stand Wilhelm im Zenit seiner Popularität. Dabei hielt nicht allein der Kaiser des Deutschen Reiches Hof, sondern auf den Boulevards von Berlin zelebrierte sich pfauengleich auch der erste deutsche Medienstar.

Wilhelm II. war der wohl am meisten fotografierte und gefilmte Mensch seiner Zeit. Ob Regimenter mit klingendem Spiel vor ihm paradierten oder glanzvolle Bälle zu seinen Ehren ausgerichtet wurden, ob er als »Reisekaiser« fremde Länder erkundete oder auf Jagden Trophäen erlegte, bei Militärma-

növern und vor jubelnden Volksmassen – stets ließ er sich ablichten. Wilhelm erhob sich zur Vorbildfigur einer Epoche, die später seinen Namen tragen sollte. Seine Person im Rampenlicht des Ereignisses: So wollte er sich sehen, so wollte er gesehen werden. »Er war in seiner Zeit der einzige Monarch, der wirklich etwas von Public Relations verstand«, analysiert Nikolai Romanow aus der russischen Zarenfamilie, ein Großcousin von Wilhelm. »Hätte es damals schon Fernsehen gegeben – er wäre brillant gewesen.«

Wilhelm liebte den großen Auftritt. Er verstand es zu beeindrucken, und er wusste, dass sein Volk sich kaum etwas sehnlicher wünschte, als beeindruckt zu werden.

Der volksnahe Monarch präsentierte sich, sooft es ging, in der Öffentlichkeit.

»In stetig wechselnder Kleidung muss gefahren, geritten, gegangen, gegessen und immer wieder geredet werden. Alle Tage ist irgendwo ein Fest, alle Stunden ist irgendwo ein feierlicher Augenblick. Es wird, wie man sagt, festgehalten: fotografisch, kinematografisch, telegrafisch, journalistisch, protokollarisch. Weltgeschichte wickelt sich von der Walze«, bemerkte Walther Rathenau, damals AEG-Vorsitzender und nach der Kaiserzeit deutscher Außenminister, sarkastisch.

»Rummel um eine Person«: Festdekoration anlässlich des 25-jährigen Regierungsjubiläums Wilhelms 1913 in der Berliner Friedrichstraße

Eine Fotokamera war meist in Reichweite. Sie begleitete den Kaiser auf seinem Kreuzfahrtschiff »Hohenzollern« auf den Nordlandreisen oder durchs Mittelmeer nach Korfu, wo er das »Achilleion«, eine einstige Residenz der 1898 ermordeten österreichischen Kaiserin Elisabeth, erstanden hatte. Mit der Kamera lichteten Wilhelms Hoffotografen alle Reiseziele und Urlaubsfahrten ab. So vermittelte Wilhelm den gewöhnlichen deutschen Sterblichen den Eindruck, an seinem Privatleben teilzuhaben und ihrem Monarchen ganz nah zu sein. Fast schien es, als wäre es Wilhelms höchstes Bedürfnis, im Rampenlicht zu stehen – im Glauben, nur so ein volksnaher und allseits geliebter Kaiser zu werden.

»Mit steinerner majestätischer Miene erschien der Kaiser überall da, wo er von der Bevölkerung gesehen werden konnte«, erinnerte sich ein Freund des Kaisers, Ernst Graf Reventlow. »Er war des Glaubens, dass die Untertanen ihn immer als die Verkörperung einer hoch über ihnen schwebenden, hierarchisch stilisierten Majestät sehen müssten.« Und er genoss es, als Wohltäter zu seinem Volk herabzusteigen. Nur zu gern ließ sich Wilhelm inmitten Berliner Waisenkinder ablichten. Er ermöglichte ihnen schöne Ferien fernab aller Armut, und sie boten ihm die Kulisse, in der er gern gesehen werden wollte: als volksnaher Herrscher. Bei seinen Vorfahren wäre dies ein Ding der Unmöglichkeit gewesen.

Geboren am 27. Januar 1859 als erster Sohn von Kronprinzessin Victoria, Princess Royal of England, und des preußischen Thronfolgers Friedrich Wilhelm von Preußen, lastete auf dem kleinen Wilhelm schon früh die Bürde, dereinst als Monarch des Deutschen Reiches ein Leben im Mittelpunkt des Staatsinteresses führen zu müssen. Die dramatischen Umstände der Geburt geben bis heute Anlass zu Spekulationen. Der »Stolz des Deutschen Reiches« kam mit einem unbeweglichen und leblosen linken Arm zur Welt. Wilhelm war vom Schicksal gleich doppelt gestraft: zum einen durch seinen körperlichen Makel und zum anderen mit mangelnder Mutterliebe. Prinzessin Victoria grämte sich, ein »unvollkommenes« Kind geboren zu haben, und ließ Wilhelm dies spüren. Bald schon war das Verhältnis zwischen Mutter und Sohn gestört. 1871 schrieb Prinzessin Victoria an ihren Gatten, Kronprinz Friedrich: »Ich kämpfte gegen die Enttäuschung und den nagenden Kummer. Denn sein Arm verbitterte mir das Leben – und ich kam nie zur Freude über seinen Besitz.«

Den Thronfolger mit Makel erwartete eine qualvolle Kindheit: Streckbänke, Elektroschocks, Turnunterricht und Reitstunden bis zur Erschöpfung sollten dabei helfen, den »Geburtsfehler« zu beheben. Die Foltermethoden, die das Kind zu durchleiden hatte, zeigten kaum Wirkung. Der linke Arm blieb um 15 Zentimeter kürzer als der rechte. Würde der zukünftige Kaiser kein »ganzer Mann«, sondern ein Krüppel sein? Wilhelm spürte bald, dass er seiner Familie nicht das bieten konnte, was sie von ihm erwartete. Sein Leben lang sollte Wilhelm unter der Beziehung zu seiner englischen Mutter leiden, die er hasste, während er seiner Großmutter,

»Ich kam nie zur Freude über seinen Besitz«: Die Beziehung zwischen Wilhelm und seiner Mutter Victoria war gestört (Foto von 1875)

Queen Victoria, liebevoll zugeneigt war. Ein typisches Kinderfoto zeigt den Thronfolger im Alter von drei Jahren, wie er den gelähmten Arm auf ein Gewehr stützt. Stets wurde das Merkmal seiner körperlichen Unvollkommenheit kaschiert. Doch auch ein dekoratives Gewehr konnte nicht von seinem unglücklichen Kindergesicht ablenken. Nicht minder maßgeblich für die Entwicklung Wilhelms war daneben die ab 1866 einsetzende Erziehung durch den Hauslehrer Hinzpeter, einen strengen Calvinisten, der seinem Zögling täglich bis zu zwölf Stunden mit Härte und Nüchternheit unterrichtete. Ein unstillbarer Drang nach Lob und Anerkennung machte sich in ihm breit. »Ich gehöre zu den Naturen, die Lob brauchen, um angefeuert zu werden und Gutes zu leisten. Tadel lähmt

mich«, sagte Wilhelm in einem der wenigen Momente von Selbsterkenntnis zu seinem Freund Graf Philipp zu Eulenburg. Dieser Charakterzug machte den Kaiser empfänglich für Schmeichler und Hofschranzen. Eulenburg schrieb 1897 an Bernhard von Bülow: »Vergiss nie, dass Seine Majestät ein Lob hin und wieder braucht. Er gehört zu den Naturen, die ohne eine Anerkennung, hin und wieder, aus bedeutendem Mund missmutig werden. Du wirst immer Zugang zu all deinen Wünschen haben, wenn du nicht versäumst, Anerkennung zu äußern, wo S. M. sie verdient. Bei fortgesetztem Schweigen, wo er Anerkennung verdient, sucht er schließlich Übelwollen.«

Schmeicheleien steigerten Wilhelm in eine immer maßlosere Überschätzung seiner Persönlichkeit hinein. In seiner Welt gab es für Kritik keinen Platz. Im Laufe der Zeit umgab er sich mit einem Kreis aus Günstlingen, die ihm um den Bart gingen, wo es ihm an Selbstbewusstsein mangelte.

Prinz Wilhelm der Kronprinz, das ist das Rätsel der Zukunft.

FRIEDRICH VON HOLSTEIN, 27. MÄRZ 1888

Im »Dreikaiserjahr« 1888 kam Wilhelm unerwartet zum Zug. Er wurde Nachfolger seines nur kurz regierenden Vaters, der an Kehlkopfkrebs verstorben war. Schon beim Herrschaftsantritt deuteten sich unterschwellig Probleme an, die bis zur Entlassung des Reichskanzlers Otto von Bismarck eskalieren sollten. Wilhelm, kaum 30 Jahre alt, geriet oft in Auseinandersetzungen mit dem alternden Reichskanzler. Zu unterschiedlich waren die Charaktere: hier der selbstgefällige Hitzkopf, der sich im idealistischen Überschwang als Repräsentant einer neuen Weltordnung verstand, dort der oft düster in die Zukunft blickende erfahrene Staatsmann und Reichsbegründer, der sich als einziger Garant der bestehenden verfassungsmäßigen Ordnung betrachtete. Der nach Bismarcks Abgang einsetzende »Neue Kurs« in Wilhelms Politik verband sich mit seiner Großspurigkeit und Ungeschicklichkeit. Seine unüberlegten »Brandreden«, sein Narzissmus und sein Hang zur Selbststilisierung machten ihn gleichsam zu einer »tickenden Zeitbombe« auf dem Parkett der europäischen Diplomatie. Überhaupt wurden Schlagwörter und vollmundige Phrasen rasch zu einem Markenzeichen seiner Person, deren »persönliches Regiment« farblose Reichskanzler wenig zu kontrollieren imstande waren. Während sich der lautstarke Wilhelm im eigenen Land weitgehender, wenngleich nicht immer respektvoller Popularität erfreute, häuften sich rund ums Reich die außenpolitischen Scherbenhaufen. Längst war Bismarcks schwieriges »Spiel mit den fünf Bällen« aufgegeben worden, das Deutschland vor dem Zweifrontenkrieg bewahren sollte. Beifall erhielt Wilhelm dennoch, als er die außen- und kolonialpolitische Zurückhaltung des »eisernen Kanzlers« aufgab. 1897 stellte Theodor Fontane fest: »Was mir an dem Kaiser gefällt, ist der totale Bruch mit dem Alten, und was mir an dem Kaiser nicht gefällt, ist das Wiederherstellen-Wollen des Uralten.«

Er ist ein Kind und wird es immer bleiben.

BERNHARD VON BÜLOW, 6. NOVEMBER 1896

Schon als Junge träumte Wilhelm davon, »auch einmal eine so schöne Flotte wie die englische zu besitzen«. Dieser Wunsch wandelte sich in einen fatalen Rüstungswettlauf, der das Deutsche Reich immer mehr isolierte. Der wilhelminische Traum bestand darin, auch Deutschland einen »Platz an der Sonne« zu sichern und seinen Weltmachtstatus gegenüber der alten Seemacht Großbritannien durchzusetzen. Für Wilhelm war die Flotte ein Symbol der Macht und ein »Riesenspielzeug«, mit dem er England wie in einem Wettkampf überflügeln wollte, ohne es auf einen verlustreichen Krieg ankommen zu lassen. Während sich die schwarzen Wolken bedrohlicher Allianzen um Deutschland gefährlich zusammenzogen, glaubte Wilhelm noch fest daran, alle Probleme auf der persönlich-familiären Ebene der Dynastien lösen zu können. Gleichzeitig ließ er es aber zu, dass die aggressive Flottenpolitik des Admirals von Tirpitz die Tür zwischen London und Berlin zuschlug.

Bei all dem Streben nach Lob, Macht und Ruhm kam dem Kaiser der technische Fortschritt zugute. Mitte des 19. Jahrhunderts ermöglichte die Erfindung von Louis Daguerre, dass Momente für die Ewigkeit festgehalten werden konnten: Erste Fotografien bewirkten eine naturgetreue Darstellung der abgebildeten Person und machten Hofmaler fast überflüssig. Bald darauf ließen sich fotografierte Bilder in unbestimmter Auflage vervielfältigen. Jeder Haushalt, jede Amtsstube konnte sich nun überall im Reich mit einem Foto des Kaisers schmücken! Welch eine Aussicht! Unbedingt wollte Wilhelm diese neue technische Errungenschaft für sich nutzen. Denn das Amt des Kaisers schien im Zeitalter der neuen Techniken nicht mehr selbstverständlich von Gott gegeben zu sein – wenngleich Wilhelm persönlich das ganz anders sah:

»Das Königtum von Gottes Gnaden drückt aus, dass wir Hohenzollern unsere Krone nur vom Himmel nehmen und die darauf ruhenden Pflichten dem Himmel gegenüber zu vertreten haben. Das deutsche Gemüt ist in seiner Urprägung religiös. Von dieser Auffassung bin auch ich beseelt, und nach diesem Prinzip bin ich entschlossen zu walten und zu regieren.«

Doch auch deshalb konnte es nicht schaden, die Monarchie »sichtbar« zu machen.

Im Banne des Fortschritts wollte Wilhelm sein Volk »herrlichen Zeiten« entgegenführen. Berlin war damals der dynamische Mittelpunkt einer jungen, aufstrebenden Weltmacht. Um es mit Heinrich Manns Worten zu beschreiben: »Die Zukunft Deutschlands wird heute andeutungsweise vorgelebt in Berlin. Wer Hoffnung fassen will, blicke dorthin.« Mit der Person des Kaisers war die Galionsfigur des Aufbruchs in die Moderne gefunden. Seine Majestät war fasziniert von technischen Neuerungen wie dem Automobil. Der Ausbau des Eisenbahnnetzes ging voran. Telegraf und Telefon waren unverzichtbar. Die Menschen liebten den Kaiser dafür, dass er ihnen eine goldene Zukunft versprach. Technik schien das Vehikel dafür. Walther Rathenau beschreibt dieses Phänomen: »Niemals zuvor hat so vollkommen ein sinnbildlicher Mensch sich in der Epoche, eine Epoche sich im Menschen gespiegelt wie Wilhelm II. in der Wilhelminischen Zeit – und umgekehrt.«

Posierte Wilhelm vor Fotografen, dann stets in einer seiner Uniformen, von denen er kaum eine mehr als zweimal trug. Natürlich besaß er auch zivile Kleidung, aber zur öffentlichen Darstellung nutzte er seinen reichhaltigen Uniformenfundus. Mal präsentierte er sich in Galauniform, mal in der Uniform eines Husaren, mal im Marinelook oder als Dragoner – eine war schneidiger als die andere, aber allesamt vor Männlichkeit strotzend. Nicht nur Wilhelm, sondern auch die Gesellschaft stand im Bann des Militarismus.

Nicht zuletzt in seiner Kleidung war der Monarch Vorbild für die Massen. Was er in die Gesellschaft einführte, wurde dankbar aufgenommen und kopiert. Bald schon war der Matrosenanzug ein beliebtes Kleidungsstück in deutschen Familien. In vielen Haushalten war des Kaisers fotografisches Konterfei präsent, meistens als Porträt, aber immer öfter auch in neuartigen Posen: Familienbilder, Schreibtischbilder, reportagenhafte Darstellungen wie Empfänge, Paraden, Denkmalenthüllungen, Ausritte, Jagden, Staats- und Kreuzfahrtreisen schmückten die Wohnzimmer der Untertanen. Sie schienen an dem privaten und gesellschaftlichen Leben ihres Herrschers indirekt teilzuhaben – und sie liebten ihn für diese vermeintliche Volksnähe.

»Im Banne des Fortschritts«: Der Kaiser war ein Autonarr

»Eine so schöne Flotte wie die englische besitzen«: Auch wenn das Boot schwankt – Pose muss sein

Für die deutsche Durchschnittsfamilie wurden der Kaiser und die Seinen auf »ungezwungenen« Fotos in illustrierten Zeitschriften menschlich: wenn Wilhelm als fürsorglicher Vater mit seinem jüngsten Spross vor der Kamera posierte, als Paterfamilias im Urlaub zu Späßen aufgelegt war oder Gymnastik an Deck seines Schiffes »Hohenzollern« betrieb. Bernhard von Bülow, Reichskanzler und preußischer Ministerpräsident, stellte fest: »Das deutsche Volk will keinen Schattenkaiser, das deutsche Volk will einen Kaiser von Fleisch und Blut.« Und es bekam sogar mehr: einen Kaiser, der stets wie ein Leuchtkäfer präsent war, der im Vordergrund stehen musste, der sich aber auch so vermarkten konnte, wie er es wollte. Die Auflagen der Publikationen erreichten manchmal Hunderttausende. Bei kaiserlichen Auszeichnungen zeigte sich Wilhelm als wahrer Landesherr. Er verschenkte mit Vorliebe Fotos von seiner Person – in verschiedenen Formaten, Farben und Motiven. Als höchster Gunstbeweis galt, mit einem Foto bedacht zu werden, auf dem man mit dem Kaiser zusammen abgelichtet war, im Idealfall noch koloriert und mit Wilhelms eigenhändiger Unterschrift versehen! Es entstand eine Fotohierarchie in deutschen Landen, wie es Orden und Rangstufen gab.

Er war faul und vergnügungssüchtig. Feste feiern, reisen, sich den Leuten zeigen, hoch zu Ross seine Garden zum Manövriersturme führen, mit seinesgleichen bei fürstlichen Banketten Toaste wechseln, in der Hofloge sitzen, angetan wie ein Pfau, mit den Blicken ins Publikum, Schnurrbart streichelnd, das war seine Zeit.

GOLO MANN

Die kaiserlichen Fotos erwecken den Eindruck einer ganz speziellen Beschäftigung – eines großen Kostümfestes, ja fast eines »martialischen Karnevals«. Wilhelm besaß einen außergewöhnlich dramatischen Sinn für das Bildliche und Eindrucksvolle. Hatte noch sein Großvater es vorgezogen, sich diskret und aus der Distanz den Staatsgeschäften zu widmen, fernab von jedem Rummel, so kreierte Wilhelm ein neues Herrschergefühl. Im Mittelpunkt stand er, der deutsche Kaiser; auf ihn waren alle Augen gerichtet, sein Heischen nach Anerkennung und Beifall sollte durch physische und bildliche Präsenz garantiert werden. Wilhelm sah in sich selbst den Maßstab aller Dinge.

So auch bei gefährlichen außenpolitischen Fehlschlägen. Als im Sommer 1900 chinesische Rebellen, die »Boxer«, das Pekinger Diplomatenviertel stürmten und dabei den deutschen Gesandten Klemens Freiherr von Ketteler töteten, dröhnte Wilhelm lauthals, er wolle »ganz Peking dem Erdboden gleichgemacht sehen«. Bei der Verabschiedung eines deutschen Expeditionskorps zur Bekämpfung des Boxeraufstands in Bremerhaven hielt der Kaiser seine berüchtigte »Hunnenrede«, deren entscheidende Passage einen Sturm internationaler Entrüstung auslöste: »Kommt ihr vor den Feind, so wird derselbe geschlagen! Pardon wird nicht gegeben! Gefangene werden nicht gemacht! Wer euch in die Hände fällt, sei euch verfallen! Wie vor tausend Jahren die Hunnen unter ihrem König Etzel sich einen Namen gemacht, der sie noch jetzt in der Überlieferung gewaltig erscheinen lässt, so möge der Name Deutschland in China in einer solchen Weise bekannt werden, dass niemals wieder ein Chinese es wagt, einen Deutschen auch nur scheel anzu-

»Pardon wird nicht gegeben«: Der Kaiser verabschiedet im Juli 1900 das deutsche Expeditionskorps zur Bekämpfung des Boxeraufstands

sehen.« Mit voller Lautstärke drosch Wilhelm auf die Pauke – nur nie im Takt. Drohgebärden wie diese rückten Deutschland in der internationalen Meinung in ein zwiespältiges Licht.

Doch auch innenpolitisch brachte Seine Majestät sich selbst in die Bredouille. In einem Interview mit der Londoner Tageszeitung *Daily Telegraph* im Jahr 1908 klagte Wilhelm, dass er in Deutschland Schwierigkeiten habe, weil er sich um eine Annäherung an Großbritannien bemühe. Der Kernsatz lautete: »Das überwiegende Gefühl in großen Teilen der mittleren und unteren Klassen meines eigenen Volkes ist England nicht

freundlich. Ich befinde mich sozusagen in der Minderheit in meinem eigenen Land, aber es ist eine Minderheit der besten Kreise.«

Das Interview löste in Deutschland eine Affäre aus: Ein anglophiler Kaiser in einem anglophoben Deutschland – der Kaiser erntete Hohn und Spott und stand kurz vor der Abdankung. Seine öffentlichen Reden waren theatralisch, martialisch, häufig aggressiv, undiplomatisch, taktlos und oft zur falschen Zeit am falschen Ort gehalten. Sie verraten ihn als einen Herrscher, der seiner Position nicht gewachsen war.

Durch seinen peinlichen Fauxpas kam

»Wollen mal sehen, was die Zukunft bringt.«

»Mann, der sieht ja aus wie ’n Maulkorb!«

»Zielscheibe journalistischer Belustigung«: Eine Karikatur aus dem Simplicissimus von Dezember 1908

Wilhelm in die Schlagzeilen, wurde aber freilich auch in der Karikatur mitunter Zielscheibe journalistischer Belustigung. Um den Vorwurf zu vermeiden, den Kaiser ins Lächerliche ziehen zu wollen, bildeten Blätter wie der Simplicissimus Wilhelm mitunter nur in Teilansichten ab: So sah man etwa nur eine Hand, einen Stiefel oder den Oberkörper. Verwendet wurden auch Symbole wie Sonne oder Löwe. Diese Metaphern reichten meist aus, um beim Betrachter eine Assoziation mit Wilhelm zu erzielen. Mit seinen Vorlieben für Technik, Uniformen, Paraden, Reisen, Jagden und Schiffen waren aussagekräftige

»Kaltgestellter Greis«: Holzhacken war die Lieblingsbeschäftigung von Wilhelm im holländischen Exil

Attribute gefunden, die als Synonyme für den Monarchen standen. Auch auf diese Weise avancierte Wilhelm zum »Medienstar« in einer Zeit, in der es erst wenige Medien gab, die einen »Star« zu formen vermochten. Wilhelm von Ilsemann, der Sohn des kaiserlichen Adjutanten, berichtet über einen Auftritt Wilhelms II.: »Er beeindruckte vor allem Kinder enorm, einmal durch seine Augen. Er hatte sehr klare, sehr deutliche hellblaue Augen, die einen sehr intensiv anblickten. Und das Zweite war eine sehr tiefe Stimme.«

Kaiser Wilhelm war immer auch das Produkt der Sehnsüchte seines Volkes.

Er war ein guter Schauspieler. Die flüchtig mit ihm in Berührung kamen, die bezauberte er.

GOLO MANN

Wie ist es möglich, dass ein Mensch ohne wirklich charismatische Ausstrahlung zu einem von den Massen umjubelten Star avancieren konnte? Dass eine eher schwache Persönlichkeit ihre physische Allgegenwart, das

Talent, sich selbst zu inszenieren, nutzte, um eigene Komplexe zu kompensieren? Mehr Schein als sein – auch hier war Wilhelm Spiegel seines Reiches, das zu groß war für das harmonische Konzert der Mächte in Europa und zu klein, um sich über sie zum Herrscher aufzuschwingen.

Freilich: Wäre der Kaiser im Jahr seines 25. Thronjubiläums gestorben, so hätte ihn die Geschichte milde behandelt – als einen Monarchen, der einer ganzen Epoche seinen Namen verlieh.

Doch als im Krieg der Glanz verblasste und am Ende der Erfolg ausblieb, waren die Untertanen schließlich froh, ihr einstiges Idol im holländischen Exil losgeworden zu sein.

Am Ende seiner Laufbahn war aller Glanz verblichen, war aus dem einst so schillernden Medienstar ein politisch kaltgestellter Greis geworden, der sich unverstanden fühlte und seine Zeit mit Holzhacken und nationalistischen Äußerungen verbrachte. Nach der Einnahme von Paris schickte er Hitler ein Glückwunschtelegramm. Noch einen Tag vor seinem Tod am 4. Juni 1941 freute er sich über die Eroberung Kretas: »Unsere herrlichen Truppen!« Bei seinem Begräbnis herrschte Kaiserwetter.

In der Heiligen Nacht waren an der Westfront die Temperaturen unter den Gefrierpunkt gefallen, mancherorts fiel leichter Schnee. Überall lagen die Soldaten still in ihren Stellungen; viele der Männer tranken und rauchten. Als plötzlich an den deutschen Linien Lichter aufflackerten, glaubten die Briten zunächst an eine Attacke. Doch die Deutschen hatten Nadelbäume gefällt und schmückten sie festlich mit Kerzen. »Wir alle waren tief bewegt und melancholisch«, erinnert sich der Augenzeuge Herbert Sulzbach, »unsere Gedanken flogen nach Hause, zu unseren Frauen und Kindern.«

Kriegsweihnacht 1914: Fast fünf Monate waren seit Ausbruch des großen europäischen Krieges vergangen, den die Nationen mit Begeisterung begrüßt hatten. Alle fühlten sich als Angegriffene, keiner als Angreifer. »Mit reinem Gewissen und reiner Hand ergreifen wir das Schwert«, hatte Kaiser Wilhelm II. vor dem Reichstag verkündet. Auf den Straßen von Berlin, Paris, Wien und London hatten die Menschen den Weltenbrand als Aufbruch in eine neue Zeit gefeiert. »Aufgewachsen in einem Zeitalter der Sicherheit, fühlten wir alle die Sehnsucht nach dem Ungewöhnlichen, nach der großen Gefahr«, schrieb der Schriftsteller Ernst Jünger. »Da hatte uns der Krieg gepackt wie ein Rausch.« Der alten Ordnung sollte endlich der Todesstoß versetzt werden. Euphorisch hieß man eine neue Ära willkommen, die den Ausbruch aus bürgerlichen Zwängen versprach.

Jeder war begeistert und dachte, das wird wohl ein Spaziergang – einmal Paris und zurück.

Käthe Rodde, Jahrgang 1906

Ein Taumel nationaler Begeisterung erfasste die Völker Europas und ließ jene Stimmen verstummen, welche sich warnend gegen den Krieg und seine mörderischen Folgen erho-

»Stille Nacht, heilige Nacht«: 1914 feierten Deutsche und Briten an der Westfront gemeinsam Weihnachten (zeitgenössische Darstellung)

ben. Hunderttausende meldeten sich freiwillig zu den Waffen, um für ihr Vaterland zu kämpfen. Überall quollen die Bahnhöfe über, junge Männer in Uniformen zogen unter den Hochrufen und Küssen ihrer Mütter, Frauen und Schwestern an die Front. »Jeder war begeistert und dachte, das wird wohl ein Spaziergang – einmal Paris und zurück«, erinnert sich Käthe Rodde, die als Kind die Mobilmachung erlebte. Gertrud Handke, damals neun Jahre alt, bestätigt: »Wir erwarteten einen siegreichen Krieg und einen ganz kurzen. Die Soldaten haben gesungen und waren sicher – wir sind Weihnachten wieder da.« Kaiser Wilhelm II. rief den abziehenden Truppen zu: »Ehe noch die Blätter fallen, seid ihr wieder zu Hause.«

In den ersten Kriegswochen feierte die deutsche Seite militärische Erfolge. Der alte »Schlieffen-Plan« von 1905 – die deutsche Blaupause für den Krieg – war überarbeitet worden und sah vor, zunächst gegen den Feind im Westen einen präventiven Erstschlag zu führen und das Gros der Truppen danach gegen Russland einzusetzen. Da die kurze Grenze zwischen Frankreich und Deutschland stark befestigt war, sollte die Nordflanke des französischen Heeres in einer weit ausholenden Offensive über das neutrale Belgien umgangen und der Sieg innerhalb weniger Wochen errungen werden. In den frühen Morgenstunden des 3. August 1914 erklärte Großbritannien als Garant der belgischen Neutralität Deutschland den Krieg. Doch Anfang September geriet der deutsche Vormarsch ins Stocken – der

»Bald seid ihr wieder zu Hause«: Ansprache Wilhelms II. vom Balkon des Berliner Stadtschlosses am 1. August 1914

Sturmlauf gen Westen erstarrte zu einem mörderischen Stellungskrieg, den keine der Krieg führenden Parteien gewollt hatte. In Schützengräben, manchmal nur 100 Meter voneinander entfernt, lagen sich die Soldaten gegenüber. Immer wieder mussten sie heraustürmen, über ein baumloses, nacktes Kraterfeld, durch Granaten- und Kugelhagel, um ein kleines Stück Niemandsland zu erobern. »Ich glaube, das war der Wendepunkt«, erinnert sich der Kriegsteilnehmer Gustav Adolph von Halem. »Um eines kleinen Geländegewinns willen wurden wahnwitzige Opfer gebracht. Von da ab war der Krieg etwas Entsetzliches.«

Kriegers Sehnsucht

Möchte in meinem Bett
Liegen im weißen Hemd,
Wünschte, der Bart wäre weg,
Der Kopf gekämmt.
Die Finger wären rein,
Die Nägel dazu,
Du, meine weiche Frau,
Sorgtest für Ruh.

ALFRED LICHTENSTEIN, FREIWILLIGER
IM 16. BAYERISCHEN INFANTERIEREGIMENT

Die Zustände in den Schützengräben waren meist unerträglich, in manchen wateten die Männer durch kniehohes Wasser. Mit Winterbeginn wurde das Wetter zum ärgsten Feind der Soldaten. Die völlig durchnässten Uniformen wurden nicht mehr trocken und froren in den ersten Frostnächten an den Körpern steif. »Man könnte darin lebendig erfrieren«, heißt es in einem Feldpostbrief vom 17. Oktober 1914. »In Nordfrankreich ist es sehr kalt. Doch niemand hilft einem.

Die ganze Nacht hört das Schießen nicht auf. Die Mannschaft ist erschöpft. Wir alle wollen den Frieden.«

Die Schützengräben der Westfront verhinderten jede Bewegung über die Linien des Gegners hinaus. Der Kampf blieb stecken – in aufgewühlter Erde, Blut und Schlamm. Das dröhnende Sperrfeuer der Mörser, die Garben der Maschinengewehre, die ständig die Stellungen bestrichen, und der blutige Nahkampf bei den Angriffen zermürbten die Nerven der Soldaten.

»Es ist der Gräuel der Verwüstung. Tag und Nacht wird geschossen«, schrieb ein Soldat aus Senores am 18. Oktober 1914 nach Hause. »Ich schlafe oft den ganzen Tag keine zwei Stunden vor Angst um mein Leben.« Die Verluste waren enorm, an manchen Tagen starben Zehntausende. Über die Schlachtfelder breitete sich der Geruch der Verwesung aus. Der Schriftsteller Ernst Jünger notierte in seinem Tagebuch: »Von allen Seiten strebten Verwundete aus dem beschossenen Gehölz. Der Durchgang war entsetzlich, von Schwerverwundeten und Sterbenden versperrt. Eine bis zum Gürtel entblößte Gestalt mit aufgerissenem Rücken lehnte an der Grabenwand. Ein anderer, dem ein dreieckiger Lappen vom Hinterschädel herabhing, stieß fortwährend schrille, erschütternde Schreie aus. Hier herrschte der Schmerz, und zum ersten Mal blickte ich wie aus einem dämonischen Spalt in die Tiefe seines Bereichs.«

Der Große Krieg, der von den europäischen Nationen so euphorisch begrüßt worden war, setzte neue, mörderische Maßstäbe und übertraf an Schrecken selbst die schlimmsten Ahnungen. »Ich habe manchen Kameraden mit zur letzten Ruhe gebettet«, schrieb ein 17-jähriger Soldat im November 1914 aus Dixmuiden an seine Mutter. »Man stumpft aber auch dagegen allmählich ab und ist froh, dass es einen noch nicht selber getroffen hat.«

Gesten der Menschlichkeit blieben angesichts des täglichen Mordens selten. Doch in der Heiligen Nacht 1914 vollbrachte der Geist der Weihnacht an der Westfront ein kleines Wunder. Die Krieg führenden Parteien hatten alles unternommen, um den Männern an der Front ein wenig Weihnachtsstimmung zu vermitteln. Für jeden der 355 000 britischen Soldaten gab es ein Weihnachtsgeschenk von Prinzessin Mary: hübsche Messingdosen, die Rauchwaren, Süßigkeiten oder Schreibgeräte enthielten. Aus der Heimat trafen Weihnachtskarten und Briefe ein; Pakete mit Tabak, warmer Winterkleidung und Lebensmitteln wurden verteilt. Dennoch blieb die Stimmung gedrückt. Viele sehnten sich nach Hause und dachten mit Verbitterung daran, dass sie noch vor wenigen Monaten geglaubt hatten, Weihnachten wieder im Kreis ihrer Familien verbringen zu können. Über den Schlachtfeldern Flanderns wehten plötzlich ungewohnte Laute heran: »Stille Nacht, heilige Nacht …«, raue Männerkehlen intonierten das alte Weihnachtslied, dessen Klänge sich gespenstisch durch die Nacht verbreiteten. Immer mehr Soldaten stimmten ein, gemeinsam sangen sie gegen die Einsamkeit und Kälte in ihren Her-

»Mörderischer Stellungskrieg«: Erschöpfte deutsche Soldaten in einem Schützengraben an der Marne, September 1914

»Man könnte lebendig erfrieren«: Die Zustände in den Gräben waren meist entsetzlich

»Viele sehnten sich nach zu Hause«: Deutsche Soldaten feiern in einem Unterstand an der Westfront Weihnachten

zen. »Fröhliche Weihnachten!«, riefen sich die Soldaten zu, und bald schallte es »Merry Christmas!« über die Schützengräben. Damit waren die Dämme der Feindseligkeit gebrochen – ein bisschen Frieden mitten im Krieg. Völlig unbewaffnet erhoben sich die Soldaten einer nach dem anderen aus ihren Stellungen und schritten über das blutgetränkte Niemandsland aufeinander zu. Vorsichtig schüttelten sich die Ersten die Hände, einige versuchten miteinander ins Gespräch zu kommen. Rudolf Zehmisch, dessen Vater am Ersten Weltkrieg teilgenommen hatte, bestätigt: »Als ich noch ein Kind war, hat mein Vater mir manchmal von der ersten Kriegsweihnacht 1914 erzählt. Zwischen Briten und Deutschen hat es wunderbare Begegnungen gegeben, obwohl sie sich doch als Feinde

gegenüberlagen und sich eigentlich töten sollten.« Ein Gespräch mit einem deutschen Soldaten hatte der britische Pionier Frank Sumpter besonders gut im Gedächtnis: »Ich stamme aus Islington, und plötzlich stellte sich heraus, dass der Onkel des Deutschen da einen Laden hatte – genau gegenüber dem Friseursalon, in dem ich arbeitete. Stellen Sie sich vor – vielleicht habe ich schon den Bart seines Onkels gestutzt!«

Musik verband in dieser Nacht die feindlichen Seiten. An einem anderen Abschnitt der Westfront spielte ein deutscher Soldat Händels »Largo« auf der Violine. Wehmütig klangen die Geigentöne über das Schlachtfeld. Im so genannten »Bayernwald« im Diependaelebeek-Grund, wo es an vier langen

Tagen im November zu erbitterten Kämpfen gekommen war, lauschte das 246. Württembergische Infanterie-Reserveregiment einem französischen Tenor, dessen Stimme sich in der Heiligen Nacht fremd und geisterhaft über den feindlichen Stellungen erhob. Gegenüber der 1st Somerset Light Infantry intonierte eine deutsche Kapelle Weihnachtslieder. Veteran Graham Williams schildert das Geschehen: »Die Deutschen beendeten ihren Choral, und wir dachten, dass wir irgendwie darauf reagieren müssten. So sangen wir ›The First Noel‹, und als wir fertig waren, begannen sie zu applaudieren. Und dann sangen sie wieder eines ihrer Lieblingslieder. Ich glaube, es war ›O Tannenbaum‹. So ging es immer weiter. Zuerst sangen die Deutschen, dann wir – und einmal, als wir ›O Come All Ye Faithful‹ sangen, stimmten die Deutschen mit ein und sangen das Lied in Latein, ›Adeste Fideles‹. Ich denke, das war wirklich etwas ganz Besonderes: Zwei Nationen sangen dasselbe Lied – mitten im Krieg.«

Überall an der Front versuchten die Soldaten auf ihre Weise Weihnachten zu feiern. Der französische Hauptmann Rimbault berichtet davon, wie einige seiner Kameraden an einem improvisierten Altar die Messe feierten – rund 100 Meter von den feindlichen Linien entfernt: »Während der gesamten Zeremonie fiel kein einziger Schuss«, erzählt er. Robert de Wilde, belgischer Hauptmann der Artillerie, nahm an einer improvisierten Weihnachtsmesse bei Pervyse in Belgien teil: »Es war kalt. Eine Scheune mit großer Doppeltür, Stroh auf jeder Seite, überall lagen Fässer herum – das war unsere Kapelle. Ein hölzerner Tisch und zwei Kerzen, die in Flaschen steckten – das war unser Altar. Die Soldaten sangen Lie-

der, die sie schon in ihrer Kindheit gesungen hatten. Es war irgendwie unwirklich. Die Weihnachtsfeste der Vergangenheit wurden plötzlich wieder lebendig, die Familie, das Land, der Feuerplatz, unsere funkelnden Augen im Schein der Kerzen – all die Dinge, die wir in unserer Kindheit erlebt hatten.«

Der unverhoffte Waffenstillstand in der Weihnachtsnacht 1914, der an rund zwei Dritteln der britisch-deutschen Linien eingehalten wurde, bot Gelegenheit, die Toten auszutauschen und zu bestatten. Oft lagen die Gefallenen tage- und wochenlang zwischen den Stellungen; die Bergung der Toten hätte bedeutet, das eigene Leben zu riskieren. Der Wind wehte den Verwesungsgeruch zu den Soldaten in die Schützengräben herüber. Der Anblick der gefallenen Kameraden war für viele der Männer eine psychische Pein, der sie sich wenigstens am Weihnachtstag entziehen wollten. In den Erinnerungsberichten der Kriegsteilnehmer ist von gemeinsamen Gedenkfeiern die Rede, so auch im Kriegstagebuch der 6th Gordon Highlanders: Auf Anregung des schottischen Kaplans J. Esslemont Adam wurden britische und deutsche Gefallene getrennt nach ihrer nationalen Zugehörigkeit gesammelt und anschließend begraben.

Ein Deutscher wurde in unserer Nähe begraben. Und einer von den Deutschen sagte: Wir danken unseren englischen Freunden, dass sie uns unsere Toten gebracht haben. Sie wünschten uns in gebrochenem Englisch ein fröhliches Weihnachtsfest und ein gutes neues Jahr. Sie steckten ein schlichtes Holzkreuz auf sein Grab, kein Name stand darauf. Nur: Für Vaterland und Freiheit.

J. Selby Grigg, London Rifle Brigade, in einem Brief an seine Eltern

Dann baten die Deutschen den Geistlichen, die Beerdigungszeremonie zu leiten, da ihnen ein eigener Priester fehlte. Vor den Gräbern der Briten nahm schließlich ein deutscher Offizier Haltung an, salutierte und sagte auf Französisch, da er kein Englisch sprach: »Les braves, c'est bien dommage!« (»Diese Tapferen, was für ein Jammer!«) Gemeinsam wurde der 23. Psalm gesprochen, auf Englisch und auf Deutsch. Hauptmann Edward Hulse von den 2nd Scots Guards war Augenzeuge: »Wir sagten uns alle, dass wir keinen Hass aufeinander empfänden. Wir waren Soldaten geworden, weil es unsere Regierungen so gewollt hatten. Ich glaube, in diesem Augenblick wünschte sich keiner von uns, jemals wieder eine Kugel abfeuern zu müssen.«

Der Engländer uns gegenüber versuchte am ersten Feiertag, die milde Stimmung zu einer Verbrüderungs-Zusammenkunft zwischen den Gräben auszunutzen, was durch rechtzeitiges Eingreifen der Offiziere im Regimentsabschnitt verhindert wurde. An den anderen Frontabschnitten sind vertrauensselige deutsche Soldaten, die dem Ansinnen der Engländer Folge geleistet hatten, in Gefangenschaft geraten.

EMIL CUBERT GUMBRECHT,
5. KOMPANIE DES 104. REGIMENTS,
IN SEINEM KRIEGSTAGEBUCH
(AUFBEWAHRT IM IMPERIAL WAR MUSEUM)

Doch davon wollten ihre Befehlshaber nichts wissen. Schon vor Weihnachten war es an einigen Frontabschnitten zu Verbrüderungen gekommen. Am 28. November 1914 hatte der Generalstabschef des deutschen Feldheeres die Truppenführer angewiesen: »Aus mehrfach hierher gelangten Mitteilungen aus der Front geht hervor, dass sich an einzelnen Stellen unserer vorderen Linie, wo sich Freund und Feind besonders nahe gegenüberliegen, eine Art von Fraternisierung beider herausgebildet hat. Es soll sogar zu Verabredungen, gegenseitig das Schießen einzustellen, gekommen sein. In solchen Vorgängen liegt eine außerordentliche Gefahr. Der feste Wille jedes Einzelnen, jederzeit und mit allen Kräften dem Gegner Abbruch zu tun, darf unter keinen Umständen Einbuße erleiden. Wenn wir siegen wollen – und wir wollen und müssen siegen –, dann müssen wir auch die Pflege der bisherigen Kampffreudigkeit unserer Leute uns angelegen sein lassen. Solche Vorgänge sind daher von den näheren Vorgesetzten aufmerksam zu verfolgen und auf das Energischste zu unterbinden.« Als bekannt wurde, dass es in der Weihnachtsnacht erneut zu spontanen Waffenstillständen gekommen war, wurden auf beiden Seiten strikte Befehle erlassen, die Fraternisierungen zum Hochverrat erklärten.

Fotos wie die des britischen Schützen Turner von einem spontanen Zusammentreffen feindlicher Soldaten zu Weihnachten 1914 wurden in Deutschland und Frankreich nie veröffentlicht. Doch eines wurde weltberühmt. Es zeigt deutsche und britische Soldaten am ersten Weihnachtstag. Neben einem bärtigen Deutschen mit Pickelhaube und lässig herabhängender Zigarette im Mundwinkel blicken die britischen Schützen J. Selby Grigg und Edward Joseph Andrew in die Kamera. Die Gesichter der Männer sind gezeichnet von den erbitterten Kämpfen der vergangenen Monate, dem Grauen der Front und dem täglichen Sterben. Nur schwach deutet sich ein dünnes Lächeln auf den Lippen der Soldaten an.

In einem Brief an seine Eltern beschreibt Grigg von der London Rifle Brigade die Situation: »Als Turner, ich und einige Kameraden nach dem Abendessen aus den Schützengräben krochen und herumspazierten, stießen wir auf eine Ansammlung von etwa 100 Soldaten aller Nationalitäten, die zwischen den Gräben ein regelrechtes Kaffeekränzchen abhielten. Wir fanden heraus, dass unsere Feinde Sachsen waren. Meist unter 21 und über 35. Ich kratzte mein letztes bisschen Deutsch zusammen und unterhielt mich mit einem. Keiner von ihnen schien eine persönliche Feindschaft gegen England zu hegen, alle sagten, sie wären heilfroh, wenn der Krieg endlich vorbei sei. Turner machte mit seiner Kamera ein paar Aufnahmen, von denen ich hoffe, dass ihr sie einmal sehen werdet.« Die Fotografien erschienen wenig später in der britischen Zeitschrift *The Graphics*. Doch auch nur wenige englische Zeitungen hatten an Turners Bildern Interesse. In Deutschland waren einzelne Blätter bemüht, die Schrecken des Krieges zu verharmlosen und neuen Kampfgeist zu wecken: »Diese Ansicht, dass mit der technischen Vervollkommnung der Kriegswerkzeuge die Schrecken des Krieges und die Zahl der Opfer notwendig wachsen müssten, entbehrt doch jeder tatsächlichen Unterlage«, behauptete das deutsche Wochenmagazin *Die Umschau*. »Die Verluste durch Waffenwirkung sind in stetiger Ab-

nahme begriffen, die Kriege werden immer harmloser.«

Die Wirklichkeit sah anders aus. Auch das Jahr 1915 brachte keine militärische Entscheidung; der verbissen geführte Kampf trieb die Zahl der Opfer in die Millionen. Mit dem Einsatz von Giftgas, das die deutsche Armee zum ersten Mal in der Schlacht bei Ypern im Frühjahr 1915 verwendete, erhielt der Krieg eine neue, mörderische Dimension.

Doch auch im zweiten Kriegsjahr zeigte sich das menschliche Antlitz inmitten der mörderischen Gefechte. Am Weihnachtsmorgen 1915 lagen sich in der Nähe des französischen Dorfes Laventie ein bayerisches und ein britisches Regiment gegenüber. »Hello, Fritz!«, riefen die Briten über die Linien hinweg. »Hello, Tommy!«, antworteten die Deutschen. Dann stimmten die Bayern die walisische Hymne an und signalisierten damit ihre Bereitschaft, an diesem Tag die Waffen schweigen zu lassen. Die Briten reagierten mit der Melodie von »Good King Wencelaus«, und bald verließen die Soldaten ihre Stellungen, um sich – gegen jeden Befehl – die Hände zu reichen, Schokolade, Tabak oder Knöpfe der gegnerischen Uniform als Erinnerungsstücke zu tauschen.

Wie aus dem Nichts tauchte plötzlich ein Fußball auf. Bertie Felstead, Kriegsteilnehmer und Augenzeuge, schildert, was dann

»Wunderbare Begegnungen«:
Deutsche und britische Soldaten während des weihnachtlichen Waffenstillstands

»Heilfroh, wenn der Krieg endlich vorbei ist«: Die britischen Schützen Grigg und Andrew stehen neben dem deutschen Soldaten mit Pickelhaube

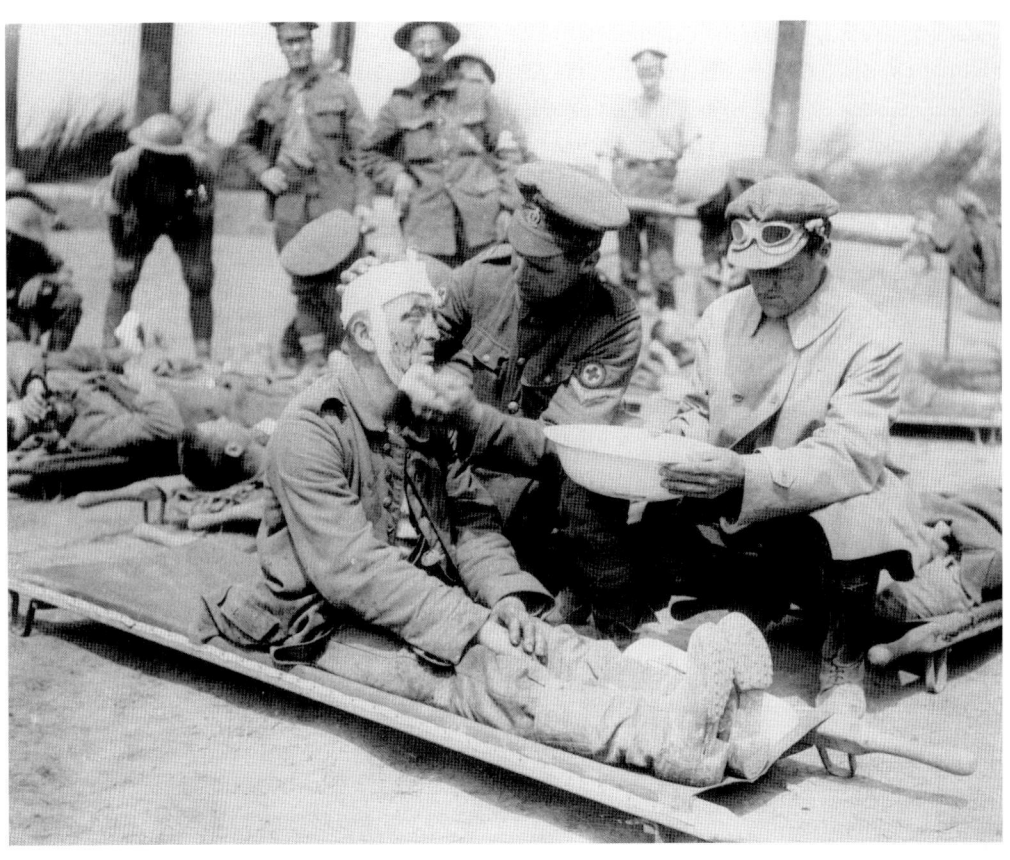

»Gratwanderung zwischen Leben und Tod«: Ein britischer Sanitäter versorgt einen deutschen Verwundeten

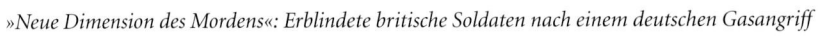

»Neue Dimension des Mordens«: Erblindete britische Soldaten nach einem deutschen Gasangriff

passierte: »Es war kein richtiges Fußballspiel, vielmehr so ein freies Herumkicken, ein Hin- und-Herspielen. Ich kann mich noch an das Herumbalgen im Schnee erinnern. Es waren ungefähr 50 Leute auf jeder Seite. Ich spielte mit, weil ich Fußball wirklich mochte.« Für eine halbe Stunde vergaßen die Männer, dass sie gestern noch gegeneinander gekämpft hatten und auch morgen wieder die Waffen aufeinander richten würden. Das runde Leder vereinte die Soldaten für einen Augenblick und ließ sie zu dem werden, was sie waren: junge Männer, denen der Krieg die Jugend raubte. Während an der Heimatfront im nationalen Taumel die Tannenbäume mit Granaten und Kanonen aus Glas geschmückt wurden, kickten Bertie Felstead und seine Kameraden auf dem blutgetränkten Stück Niemandsland, um das sie seit Monaten verbissen kämpften. Der damals 21-jährige Felstead hat dieses Fußballspiel auf dem Schlachtfeld nie vergessen. Noch als 106-Jähriger, kurz vor seinem Tod im Jahr 2001, erzählte er: »Die Deutschen waren Männer ihres Vaterlandes, wir waren welche unseres Vaterlandes. Aber die Menschen sind, wie sie sind: Über Nacht überwältigten uns die Gefühle, und wir trafen uns auf halber Strecke im Niemandsland.«

Szenen wie diese wurden in den Frontberichten verschwiegen. Das Fußballspiel von Laventie jedoch gilt als verbürgt – durch Bertie Felstead und seinen Regimentskameraden Robert Graves, der 1929 in seinem Roman »*Goodbye to All That*« die Geschichte niederschrieb.

Auch Feldpostbriefe geben Auskunft über freundschaftliche Begegnungen an der Front. Der deutsche Gefreite Adolf Benedict berichtete am 16. Juni 1915 seinen Eltern:

»Wir liegen den Franzosen ziemlich nahe gegenüber, und es soll oft vorkommen, dass wir den Franzosen Bonbons hinüberwerfen und hierfür Schokolade erhalten. Auch werfen die Franzosen Zettelchen herüber, wo sie uns anzeigen, dass von ihrer Seite ein Sturmangriff bevorsteht, und uns bitten, stärker Feuer zu eröffnen, damit der Ansturm unterbleibt.« Einen Tag später fügte er hinzu: »Heute werfen die Franzosen einen Zettel herüber, auf dem folgende Worte standen: ›Nix schießen alte Mannschaft.‹ Tatsächlich wurde in der Nacht kein einziger Schuss abgefeuert, außer Artilleriegeschosse. So wie ich jetzt daliege, könnte man meinen, ich weilte zum Sommeraufenthalt hier.«

Doch zur Sommerfrische geriet der Krieg für keinen der Soldaten an der Front. Im Laufe der Jahre fanden die »wilden« Waffenstillstände ein Ende. Für 1916 und 1917 sind keine Weihnachtszusammenkünfte überliefert. Die tägliche Gratwanderung zwischen Leben und Tod, Sterben und Kämpfen ließ dem kleinen Frieden an den Fronten keine Chance mehr. Am Ende des großen europäischen Krieges im November 1918 waren mehr als zehn Millionen Tote oder Vermisste zu betrauern. »Das Blutopfer einer ganzen Generation blühender Jugend konnte niemals wieder gutgemacht werden«, schrieb der spätere Verleger Gottfried Bermann Fischer. »Die herrlichen Begabungen, die in den gefeierten Schlachten der ersten Kriegswochen vernichtet worden sind, konnten niemals wieder ersetzt werden. Der Gedanke, wie sich wohl die spätere Geschichte Deutschlands entwickelt hätte, wenn diese zu Männern herangereifte Jugend an ihr mitgewirkt hätte, hat mich später niemals verlassen.«

Mit ihren exotischen Tänzen wurde sie zum Inbegriff der verführerischen Frau. Dem deutschen Geheimdienst gelang es während des Ersten Weltkriegs, die allseits begehrte Kurtisane als Agentin zu werben. Doch das Spiel mit der hohen Politik geriet ihr zum Verhängnis. 1917 wurde sie wegen Hochverrats verurteilt und hingerichtet.

In ihrem atemberaubenden Kostüm, das den Körper mehr entblößte als verhüllte, schien sie der Welt des Fernen Orients entstiegen. Nur mit durchsichtigen Schleiern bekleidet, Arme, Fesseln und Kopf mit exotischen Ringen, Reifen und Ornamenten geschmückt, tanzte sie zu Beginn des 20. Jahrhunderts in Paris und brachte etliche Männer ihrer Zeit um Verstand und Vermögen. Keine Frage: So etwas wie Mata Hari hatte die Welt der Jahrhundertwende noch nicht gesehen. Innerhalb kürzester Zeit eroberte die Tänzerin mit ihrem Tempel-Striptease die feine Gesellschaft der Belle Epoque, begeisterte bei ihren Auftritten in Pariser Salons und anderswo Diplomaten, Minister und Prinzen. Sie alle waren der »indischen Bajadere« verfallen – dabei war sie nichts anderes als eine Hochstaplerin. Im holländischen Leeuwarden geboren, geriet Margaretha Geertruida Zelle, so

»Der fernen Welt des Orients entstiegen«?:
Mata Hari war im ersten Jahrzehnt des 20. Jahrhunderts eine erotische Sensation

ihr bürgerlicher Name, zum erotischen Symbol ihrer Zeit. Sie selbst hatte sich als »Mata Hari« neu erfunden und mit einer dramatischen Biografie, die so fantastisch wie erlogen war, einen eigenen Mythos geschaffen. Doch wäre Margaretha Geertruida Zelle alias Mata Hari exotische Tänzerin geblieben – die Welt hätte sie sicher vergessen. Mata Hari aber wurde am 15. Oktober 1917 als Doppelagentin erschossen und gilt damit bis heute als Symbolgestalt weiblicher Verführungskunst und tödlicher Spionagetätigkeit. Die »Femme fatale« aus der niederländischen Provinz, die nach Paris gekommen war, um die Welt zu erobern, bezahlte ihren Ehrgeiz am Ende mit dem Leben – nach einem modernen Hexenprozess, den der Erste Weltkrieg heraufbeschworen hatte.

»Ich wurde im Süden Indiens geboren, in einer Familie der heiligen Kaste der Brahmanen. Meine Mutter, erste Bajadere des Tempels, starb mit 14 Jahren bei meiner Geburt. Nachdem die Priester sie eingeäschert hatten, adoptierten sie mich und nannten mich Mata Hari, das bedeutet ›Auge der Morgenröte‹.« Immer wieder erzählte die »indische Tempeltänzerin« dem erstaunten Publikum die Legende ihrer Geburt. Ob die Geschichte stimmte oder nicht, war unwichtig. Die feine Gesellschaft ergötzte sich an den Mysterien des Orients – wer wollte schon die Wahrheit über Margaretha Geertruida Zelle hören? Die war am 7. August 1876 in Leeuwarden in der Provinz Friesland zur Welt gekommen. Adam Zelle, stolzer Vater und erfolgreicher Hutmacher, genoss in der Kleinstadt großes Ansehen – 1873 hatte er beim Besuch König Willems III. die Fahne getragen. Die Szene war von einem Maler für die Ewigkeit festgehalten worden. Spätestens von diesem Zeitpunkt an war Adam Zelle der Geltungssucht verfallen; sein Geld gab er schneller aus, als er es verdienen konnte. Seine hübsche Tochter Margaretha wurde verwöhnt und vorgeführt wie ein Luxusspielzeug: Als die kleine, eben erst drei Jahre alte »Grietje« in einem von zwei Ziegen gezogenen Wagen durch die Stadt fuhr, staunten die braven Bürger von Leeuwarden nicht schlecht. Mit bernsteinfarbenem Teint, dunklem Haar und mandelförmigen Augen wirkte sie neben ihren blonden Altersgenossinnen in der Tat wie eine Prinzessin aus Tausendundeiner Nacht. Margaretha besuchte das feinste Mädchenpensionat der Gegend, lernte Französisch, Englisch und Deutsch. Bei den Schulkameradinnen eckte das Mädchen jedoch an: Frühreif und arrogant, fand sie Gefallen daran zu schockieren, gab sich als »Baronesse« aus und ließ sich vom Vater in großer Equipage zur Spazierfahrt abholen. Doch Margarethas Scheinwelt bekam bald Risse. Die Geschäfte ihres Vaters gingen zunehmend schlechter; 1889 musste der Hutmacher Kon-

kurs anmelden. Auch in der Ehe der Zelles kriselte es. Schließlich ließ Adam Zelle seine Familie sitzen – Mutter und Kinder waren gezwungen, sich nach einer neuen, einfachen Bleibe umzusehen. Von einem Tag auf den anderen verlor Margaretha nicht nur den geliebten Vater, Mittelpunkt ihres Lebens, sondern auch die gewohnte Umgebung. Es war ein Schock, den das junge Mädchen niemals mehr überwinden sollte. Hatte es Margaretha von jeher geliebt, fantastische Geschichten zu erzählen, so spann sie sich nun ein in einen Kokon notorischer Lügen. Als neun Monate später die Mutter starb, entschied sich ihr Vormund, ein Patenonkel, Margaretha in ein Pensionat für Kindergärtnerinnen zu schicken. Mit dem Leiter der Schule begann die hübsche 17-Jährige eine Liebesbeziehung, in welcher der reife Pädagoge dem exotischen Reiz seiner jungen Schülerin erlag und Margaretha eine Art Vaterersatz suchte. Die heimliche Affäre blieb nicht unentdeckt – Margaretha wurde von der Schule verwiesen und zu Verwandten nach Den Haag geschickt. Zum ersten Mal entdeckte sie die Großstadt, das mondäne Leben in Cafés und Theatern, flanierte auf Promenaden und kokettierte mit Offizieren in schmucken Uniformen. Als Halbwaise mit geringer Mitgift waren ihre Aussichten auf dem Heiratsmarkt jedoch alles andere als Erfolg versprechend. Im März 1895 stieß sie auf eine Heiratsannonce: »Offizier aus Holländisch-Ostindien, zurzeit auf Heimaturlaub, sucht die Bekanntschaft eines netten Mädchens zwecks späterer Heirat.« Ihrem Antwortschreiben legte Margaretha eine Fotografie von sich bei. Die Rechnung ging auf: Ihre Schönheit machte alle Mängel wett, John Rudolph McLeod, Hauptmann aus schottischem Adel, war sofort entbrannt.

Sechs Tage nach ihrer ersten Begegnung machte er die schöne Bewerberin zu seiner Geliebten. Der 39-jährige Offizier hatte nach 17 Jahren Aufenthalt in den Tropen seinen Genesungsurlaub in der Heimat nutzen wollen, eine Frau zu finden. Die 20 Jahre jüngere Margaretha Geertruida Zelle schien die Richtige zu sein; am 11. Juli 1895 fand die standesamtliche Trauung statt. Doch bereits in den Flitterwochen mussten die Frischvermählten feststellen, wie schlecht sie zusammenpassten. Der »stramme« Hauptmann entpuppte sich als ein von Rheuma geplagter Choleriker, Margaretha genoss indes ihre neue Stellung als Ehefrau eines Offiziers – und gab das Geld mit vollen Händen aus. Am 30. Januar 1897 wurde das erste Kind, Norman John, geboren. Im Mai desselben Jahres schiffte sich die junge Familie mit der »Prinses Amalia« nach Java ein. Für Margaretha war es das große Abenteuer – endlich sollte sie den Orient, den Mittelpunkt ihrer zahlreichen Fantasien, kennen lernen. Ein großzügiges Haus, Bedienstete und alle Privilegien der Kolonialmacht warteten auf die junge Holländerin. Während ihr Ehemann bei tropischer Hitze Dienst tat, vertrieb sich Margaretha die Tage mit Einkäufen, Empfängen und Flirts mit jungen Offizieren. Das Ehepaar McLeod entfremdete sich immer mehr, auch die Geburt der Tochter Jeanne Louise im Mai 1898 vermochte daran nichts mehr zu ändern. Als im Juni 1899 beide Kinder plötzlich an einer Vergiftung erkrankten und der kleine Norman John kurze Zeit später starb, zerbrach die Ehe endgültig. Bis heute ist ungeklärt, ob es sich um die Rache eines eifersüchtigen Liebhabers oder um einen Unfall gehandelt hat. 1902 kehrte das Paar nach Europa zurück und ließ sich scheiden. Obwohl das Amsterdamer Gericht Mar-

»Sofort in Liebe entbrannt«: Margaretha Geertruida Zelle mit ihrem Ehemann John McLeod

garetha das Sorgerecht für die gemeinsame Tochter zusprach, veranlasste McLeod, dass Jeanne Louise ihre Mutter nicht mehr wiedersah. Margaretha floh nach Paris in der Hoffnung, dort, wie Thomas Manns Romanfigur, der Hochstapler Felix Krull, ihr Glück zu machen. Die französische Metropole zählte zur Zeit der Jahrhundertwende zu den aufregendsten Orten Europas: 1900 hatte die erste Weltausstellung ihre Pforten geöffnet, auf Künstler, Aristokraten und Glücksritter übte die Stadt eine magische Anziehungskraft aus. Margaretha war gerade 26 Jahre alt, als sie in

Paris eintraf. Einmal mehr versuchte die junge Holländerin aus ihrer Schönheit Kapital zu schlagen. Als Aktmodell bot sie sich Malern an – und bekam die erste Abfuhr ihres Lebens. »Schöne Schultern, schöne Arme, wunderschöne Beine, aber was für eine teigige Brust!«, lautete das Urteil des Künstlers Antoine Guillemet. Enttäuscht reiste Margaretha ab. Als sie 1904 wieder nach Paris zurückkehrte, hatte sie sich eine bessere Taktik zurechtgelegt. Diesmal wollte, ja musste sie die Welt für sich erobern.

Ich wurde im Süden Indiens geboren, in einer Familie der heiligen Kaste der Brahmanen. Meine Mutter, erste Bajadere des Tempels, starb mit 14 Jahren bei meiner Geburt. Nachdem die Priester sie eingeäschert hatten, adoptierten sie mich und nannten mich Mata Hari, was »Auge der Morgenröte« bedeutet.

MATA HARI

»Mata Hari ist Holländerin, Schottin und Javanerin zugleich. Von den nördlichen Rassen hat sie den hohen Wuchs, den kraftvollen Körper, und in Java, wo sie aufgewachsen ist, hat sie die Geschmeidigkeit der Panther, die Beweglichkeit der schönen Schlangen angenommen. Fügen Sie zu alledem die Glut hinzu, die der Orient in den Augen seiner Töchter schwelen lässt, und Sie haben eine Ahnung von dem neuen Stern, der gestern Abend über Paris aufgegangen ist«, schwärmte ein Reporter von *La Vie Parisienne* am 18. März 1905. Margaretha Geertruida McLeod, geborene Zelle, gab es nicht mehr – Mata Hari war geboren. Innerhalb eines Jahres hatte sich die Friesin in eine Femme fatale verwandelt. Sie hatte Tanzunterricht genommen und in privaten Salons ihr Publikum gefunden. Durch Zufall war ihr ein reicher Waschmittelfabrikant begegnet, der die vermeintliche Exotin in seinem Privatmuseum inmitten orientalischer Kunstschätze auftreten ließ. Das Debüt geriet zur Sensation.

Sie ist kräftig, brünett und blutvoll, ihr dunkler Teint, ihr umschatteter Mund und die feucht schimmernden Augen sprechen von der Sonne ferner Länder. Sie windet und schlängelt sich unter den Schleiern, die ihren Körper gleichzeitig verhüllen und enthüllen.

Le Courrier Français, 16. FEBRUAR 1905

»Das Schauspiel lässt sich mit nichts vergleichen, was wir je gesehen haben. Ihre Brüste heben sich schmachtend, die Augen glänzen feucht. Die Hände recken sich und sinken wieder herab, als seien sie erschlafft vor Sonne und Hitze. Vor ihr sieht man ein Götzenbild, ihr weltlicher Tanz ist ein Gebet, die Wollust wird zur Anbetung. Was sie erfleht, können wir nur ahnen. Die Tänzerin wahrt das Geheimnis ihrer beschwörenden Hände, so wie das Götzenbild das Geheimnis seines starren Blicks wahrt. Es ist das ewige Verlangen nach dem Unbestimmten, das aufsteigt zu dem Unbekannten. Der schöne Leib fleht, windet sich und gibt sich hin: Es ist gleichsam die Auflösung des Begehrens im Begehren«, begeisterte sich *Le Courrier Français*. Dabei war Mata Haris Konzept ganz einfach: In einer eher schwülen Atmosphäre, inmitten von indischen Statuen und reglosen Begleiterinnen, erschien die Tänzerin halb bekleidet, in glänzende Stoffe und Schleier gehüllt. Mit schlangenhaften Bewegungen, lasziven Ver-

»Ein neuer Stern ist aufgegangen«: Als Mata Hari erfand sich das Mädchen aus der niederländischen Provinz neu

mata Hari

renkungen und exotischem Brimborium verstand sie es, ihr Publikum zu fesseln. In drei sich steigernden Tänzen warf sie nacheinander all ihre Schleier ab, bis ihr nur noch ein metallener »Brustschild« und ein winziger »cache sexe« als Kleidungsstücke blieben.

Stolz und ohne Schleier steht sie aufrecht vor Shiva. Um den Gott gnädig zu stimmen, bringt sie sich ihm dar. Das ist sehr beeindruckend, sehr kühn und sehr keusch.

La Vie Parisienne, 18. März 1905

Damit hatte sie als erste Tänzerin ihrer Zeit das strenge Tabu der Nacktheit gebrochen. Die Herren der Pariser Lebewelt standen Kopf – und Schlange vor ihrem Schlafzimmer. Mata Hari verstand es, die Gunst der Stunde zu nutzen. Bald verlangte sie für jeden ihrer Auftritte 1000 Goldfrancs – ein Arbeiter verdiente damals fünf Francs am Tag. In den exklusiven Boutiquen von Paris gab Mata Hari ein Vermögen für Pelze, Juwelen, Kleider und Hüte aus. Etliche der Rechnungen ließ sie von ihren zahlreichen Liebhabern begleichen. Ihr Erfolg erzeugte Neid. Die Pariser Halbweltdamen versuchten vergeblich, die schöne Rivalin in Misskredit zu bringen: »Ihr Blick ist scheel, auch wenn ihre Augen schön sein mögen, der Ausdruck ist hinterhältig, ihr Gesicht hart, gedrungen und gewöhnlich«, giftete die Kokotte Liane de Pougy. Doch »tout Paris« riss sich um das »Auge der Morgenröte«. Mata Hari tanzte auf allen Bühnen und Salons, verkehrte in den höchsten Kreisen. Auch im Ausland trat die Tänzerin auf, feierte Erfolge in Madrid, Monte Carlo und Berlin, pflegte Affären mit Botschaftern, Adligen und, Gerüchten zufolge, sogar mit dem deutschen Kronprinzen, dem Sohn Wilhelms II.

»Es lebe Mata Hari!«

Wiener Studenten, 1906

Mata Hari hatte bereits den Zenit ihrer Karriere überschritten, als sie im Jahr 1912 an Sergei Diaghilew herantrat. Der Meister des Tanzes, der gerade das klassische Ballett revolutionierte, sollte sie als Primaballerina seiner weltberühmten Tanzkompagnie verpflichten. Doch Diaghilew ließ die Dilettantin abblitzen – Mata Haris Stern begann zu sinken.

Im Sommer 1914 versuchte die Tänzerin gerade ein Comeback in Berlin, als am 1. August der Erste Weltkrieg ausbrach. Die Nachricht erschütterte Mata Hari wenig – als viel ärgerlicher empfand sie es, dass ihr Engagement am Metropol-Theater abgesagt wurde. Am 4. August beschlagnahmte man ihren Schmuck und ihre Pelze – Mata Hari erkannte, dass es Zeit war, Deutschland zu verlassen. Doch die Rückkehr nach Paris wurde ihr verwehrt. Weder im Besitz von Papieren noch Geld, suchte sie schließlich Zuflucht in dem einzigen Land, das sie jetzt noch aufnahm: Ende August 1914 betrat Mata Hari zum ersten Mal seit Jahren wieder holländischen Boden. Der große europäische Krieg hatte ihre Hoffnungen auf eine neue internationale Karriere abrupt zunichte gemacht.

»Sie werden sie sich ansehen?«
»Ach was, ich kenne sie doch auswendig!«

John McLeod 1914 auf die Frage eines Journalisten, ob er sich die Vorstellung seiner Exfrau anschauen werde

Nachdem Mata Hari sich in Den Haag eingerichtet hatte, lernte sie im Frühjahr 1916 den Presseattaché der deutschen Botschaft, Karl Kramer, kennen. Zwar trat die Tänzerin noch

»Nach Paris!«: Der Ausbruch des Ersten Weltkriegs unterbrach Mata Haris Karriere

»Comeback in Berlin«?: Das Engagement am Metropol-Theater in der Berliner Behrenstraße wurde abgesagt

immer auf, doch waren die Engagements inzwischen rar geworden, und sie lebte längst weit über ihre Verhältnisse. Als sich Karl Kramer eine Woche nach ihrer ersten Begegnung in ihrer Wohnung anmeldete, ging Mata Hari davon aus, dass der Presseattaché ein Liebesabenteuer suchte. Doch Kramer verfolgte ganz andere Absichten: Er war Agent des militärischen Nachrichtendienstes des Deutschen Reiches und gekommen, um der Tänzerin einen interessanten Vorschlag zu machen. Er würde ihre Schulden begleichen, wenn sie bereit sei, sich in den Salons von Paris ein wenig umzuhören: »Reisen Sie, bringen Sie uns Neuigkeiten«, schlug ihr Kramer vor – und Mata Hari willigte begeistert ein. Ausgestattet mit dem Rüstzeug für Spione, Geheimtinte und streng vertraulichen Codes, nahm Mata Hari als Agent H21 ihre Arbeit beim deutschen Nachrichtendienst auf. Was die naive Tänzerin nicht ahnte: Zu diesem Zeitpunkt wurde sie bereits vom holländischen Geheimdienst beobachtet. Eine Frau wie sie war im Krieg verdächtig. Auch ihr Treffen mit Karl Kramer wurde registriert.

Am 15. Mai 1916 beantragte die frisch gebackene Spionin einen neuen Pass, um auftragsgemäß nach Paris zu reisen. Ihre Reiseroute sollte per Schiff über England führen, doch die dortigen Behörden verweigerten ihr ohne Angabe von Gründen die Einreise. Mata Hari protestierte – ohne Erfolg. Schließlich buchte sie eine Schiffspassage nach Vigo in Spanien, um von hier aus über den Landweg nach Paris zu gelangen. Inzwischen war vom britischen Geheimdienst ein Rundschreiben an alle Häfen und die Einwanderungsbehörde ergangen: »Zelle, M.G. (Mata Hari). Diese Frau hält sich nun in Holland auf. Sollte sie nach England kommen, ist sie zu verhaften

und Scotland Yard zu übergeben.« Wusste Mata Hari, auf was sie sich da eingelassen hatte? Es ist kaum anzunehmen. In Paris angekommen, bemühte sie sich, ihren Auftrag zu erfüllen, besuchte die Salons und machte neue Bekanntschaften. Die Begegnung mit Hauptmann Vadime de Massloff vom ersten Kaiserlich-Russischen Spezialregiment sollte schicksalhaft für sie werden. Zum ersten Mal in ihrem Leben verliebte sich die Femme fatale – in einen Mann, der fast halb so alt war wie sie. Das schien Mata Hari jedoch nicht daran zu hindern, sich mit anderen Männern zu treffen. Das Deuxiéme Bureau, die französische Spionageabwehr, die seit ihrer Ankunft in Paris jede ihrer Bewegungen registrierte, hielt fest : »Am 12. Juli verbringt sie die Nacht mit dem Unterleutnant Hallaure. Vom 15. bis 18. Juli sieht man sie mit dem belgischen Major de Beaufort. Am 3. August teilt sie ihren Tag auf zwischen Massloff und einem englischen Unterleutnant, Gasfield. Am 4. August eine Eskapade nach Ermenonville mit einem italienischen Hauptmann namens Mariani. Am 16. August diniert sie im Train Bleu mit einem Generalstabsoffizier, dem Hauptmann Gerbaud. Am 21. August wird sie wieder in Ermenonville gesehen, mit einem nicht identifizierten englischen Offizier. Am 22. August erobert sie nacheinander zwei irische Offiziere, James Plunkett und Edwin Cecil O'Brien. Am 24. August ist Mata Hari in Gesellschaft des französischen Generals Baumgarten. Am 31. August kommt sie mit dem englischen Offizier Fernie James Stuart nach Ermenonville.« Kein Zweifel, »H 21« schien ihre Tätigkeit als deutsche Agentin aufgenommen zu haben – trotz ihrer Verliebtheit. Als Vadime de Massloff bei einem Gefecht verwundet wurde, setzte Mata Hari alles daran, um ihren Geliebten im Lazarett zu besuchen. Doch das Militärkrankenhaus, in dem Massloff lag, befand sich in einer Sperrzone nahe der Front und durfte von Ausländern nur mit einem speziellen Passierschein betreten werden. So wurde die Frischverliebte bei George Ladoux vorstellig, einem der Chefs der französischen Spionageabwehr. Ob Mata Hari bewusst den Gang in die Höhle des Löwen wagte oder völlig unbedacht an das Deuxiéme Bureau geriet, ist bis heute nicht geklärt. Der französische Spionagechef erkannte jedoch die Chance, die Tänzerin mit internationalen Beziehungen für seine Zwecke zu nutzen. Er stellte ihr den Passierschein in Aussicht, wenn sie bereit sei, in Zukunft für die Franzosen zu arbeiten. Für Mata Hari schien das Ganze wie ein Spiel: Anstatt ihre Identität als H 21 zu enthüllen und damit Doppelagentin der Franzosen zu werden, renommierte sie mit ihren blaublütigen Liebhabern und forderte eine Million Francs. Ladoux blieb skeptisch, er wollte zunächst Leistungsnachweise. Mata Hari willigte ein. Um sich die Million des Deuxiéme Bureaus zu verdienen, machte sie sich in Madrid an den deutschen Militärattaché Hans von Kalle heran. Die Anfängerin ahnte nicht, in welch gefährlichem Spionagenetz sie sich verfangen hatte. Von Kalle durchschaute das doppelte Spiel und benutzte Mata Hari, um den Franzosen Fehlinformationen zu übermitteln. Gleichzeitig kabelte er eine schlecht kodierte Meldung nach Berlin ab, in der er berichtete, Mata Hari sei zum Schein auf das Angebot des Deuxiéme Bureaus eingegangen. Wie beabsichtigt wurde der Funkspruch von den Engländern abgefangen und an die französischen Verbündeten weitergeleitet. Damit war Mata Haris Schicksal besiegelt.

Frau Zelle, Marguerite, genannt Mata Hari, wohnhaft im Plaza Palace Hotel, protestantischer Religion, geboren am 7. August 1876 in Holland, 1,75 Meter groß, des Lesens und des Schreibens kundig, wird der Spionage beschuldigt sowie der Zusammenarbeit mit dem Feind, um dessen Operationen zu begünstigen.

HAFTBEFEHL VOM 13. FEBRUAR 1917

Am 13. Februar 1917, kaum zurückgekehrt nach Paris, wurde sie in ihrem Hotel verhaftet. Die Anklage lautete: Spionagetätigkeit und Zusammenarbeit mit dem Feind. Selbst zu diesem Zeitpunkt schien Mata Hari ihre Lage komplett zu verkennen – welche Geheimnisse hatte sie schließlich verraten? Nachdem man sie ins Gefängnis gebracht hatte, verlangte sie zuerst nach einem Telefon und einem Badezimmer.

Ich erblickte eine große Frau mit wulstigen Lippen und kupferfarbenem Teint, mit falschen Perlen an den Ohren, vom Typus einer Wilden. Das Haar war schon grau an den Schläfen, wo das Färbemittel nicht lange hielt. Im fahlen Tageslicht hatte sie kaum Ähnlichkeit mit der Tänzerin, die so viele Männer behext hatte. Dennoch hatte sie sich eine gewisse Harmonie in den Körperlinien, eine gewisse Schlankheit und ein Wiegen der Hüften bewahrt, das nicht ohne Anmut war.

PIERRE BURCHARDON, UNTERSUCHUNGSRICHTER

In den Verhören verstrickte sie sich in immer neue Lügen und Ausflüchte. »Ich liebe Offiziere. Ich habe sie mein Leben lang geliebt. Ich bin lieber die Geliebte eines armen Offiziers als eines reichen Bankiers. Mein größtes Vergnügen ist es, mit ihnen zu schlafen, ohne an Geld zu denken. Ich stelle auch gern Vergleiche zwischen den Nationen an. Außer-

»Beschuldigt der Spionage und Zusammenarbeit mit dem Feind«: Die Verhaftung Mata Haris in einer zeitgenössischen Pressezeichnung

»Kaum Ähnlichkeit mit der einstigen Tänzerin«: Mata Hari in der Untersuchungshaft in Paris

dem haben sich diese Herren sehr um mich bemüht. Und ich habe aus vollem Herzen Ja gesagt. Sie sind zufrieden von mir gegangen, ohne über den Krieg gesprochen zu haben. Ich habe nur an Massloff festgehalten, ihn liebte ich leidenschaftlich«, sagte sie in einem Verhör am 5. Mai 1917. Ihre Prahlerei über die angebliche Affäre mit dem deutschen Kronprinzen wurde ihr schließlich zum Verhängnis. Als Mata Hari allmählich den Ernst ihrer Lage begriff, lenkte sie ein: »Stellen Sie sich vor, welche Dienste ich Frankreich hätte leisten können. Als ich nach Frankreich kam, habe ich nicht im Geringsten daran gedacht, Spionage zu betreiben, für wen auch immer.

Erst im Kabinett von Hauptmann Ladoux hatte ich diese große und gewaltige Vision. Ich habe mein Leben lang spontane Entschlüsse gefasst. Ich habe nie ängstliche Schritte gemacht. Ich sehe Ziele und gehe ohne Umschweife auf sie zu.«

Vier quälend lange Monate wartete Mata Hari auf ihr Urteil – schwankend zwischen Hoffnung und Verzweiflung. Inzwischen hatte sich die militärische Lage Frankreichs massiv verschlechtert. Um von der Unfähigkeit der Militärs abzulenken, kochte die französische Propaganda das Thema Spionage hoch: Für die Misserfolge gab es nur eine Erklärung – Verrat. Mata Hari wurde das prominenteste Opfer dieser Hysterie, an ihr sollte ein Exempel statuiert werden. Aus heutiger Sicht gilt ihr Prozess als Justizmord; alle Verteidigungsversuche wurden abgeblockt. Sie ahnte, welche Strafe auf Hochverrat stand, doch ein Todesurteil zog sie nie in Erwägung. »Ohne Skrupel, ohne Mitleid – sie war die geborene Spionin«, befand ihr Untersuchungsrichter, der Hauptmann Pierre Bouchardon, schon vor dem Urteil. Am 25. Juli 1917 befanden schließlich auch die Geschworenen des Kriegsgerichts die Angeklagte für schuldig. Das Urteil: Tod durch Erschießen.

Gestern früh wurde die Tänzerin Mata Hari erschossen. Ihr richtiger Name war Zelle, ihre Nationalität unklar, als so genannte indische Tempeltänzerin hatte sie zweifelhaften Ruhm erlangt. Seit Beginn des Krieges und wahrscheinlich schon vorher unterhielt sie Beziehungen im Ausland, namentlich mit der Polizei in Berlin, wo sie sich im August 1914 aufhielt. Nach Frankreich zurückgekehrt, betrieb sie Spionage und wurde am 13. Februar dieses Jahres verhaftet. Mata Hari bewies Tapferkeit bis an ihr Ende. Sie lehnte es ab, sich die Augen verbinden zu lassen, sie starb ohne ein Wort.

L'ECHO DE PARIS, 16. NOVEMBER 1917

Zu ihrer Hinrichtung am Morgen des 15. Oktober 1917 schritt Mata Hari wie zu einem Bühnenauftritt: Angetan mit einem breitkrempigen Hut, Schleier, Pelz und langen Stulpenhandschuhen, überquerte sie den Richtplatz und warf eine Kusshand in Richtung der Zeugen. Eine Augenbinde lehnte sie ab. Als der Offizier des Exekutionskommandos den Säbel hob, um den Befehl zum Feuern zu erteilen, sah sie ihm fest in die Augen und sagte: »Monsieur, ich danke Ihnen.« Zum letzten Mal hatte Mata Hari die Rolle der Femme fatale gespielt.

»Monsieur, ich danke Ihnen«: Die Erschießung Mata Haris in einem Spielfilm aus dem Jahr 1964. Jeanne Moreau als Mata Hari

Der allmächtige Diktator Russlands war privat ein einsamer Mann: Seine zweite Frau Nadjeschda beging Selbstmord aus Verzweiflung über die Zustände im »Arbeiter-und-Bauern-Paradies«. Sohn Jakow geriet in deutsche Kriegsgefangenschaft. Tochter Swetlana entzog sich dem Vater.

Es geschah Anfang November 1932 in Moskau, während der alljährlichen Feierlichkeiten zur Oktoberrevolution. Niemand hörte den Schuss in jener frostigen Herbstnacht, und noch immer gibt es mehrere Versionen der nachfolgend geschilderten Tragödie. Stalins Ehefrau Nadjeschda Allilujewa, knapp 32, jung und attraktiv, war nach einem öffentlichen Streit mit Stalin von der Feier mit Parteigenossen vorzeitig allein nach Hause zurückgekehrt. Am nächsten Morgen fand man sie tot in ihrem Schlafzimmer, blutüberströmt, neben sich die kleine »Walter«, eine Pistole, die ihr Bruder für sie aus Deutschland mitgebracht hatte. Für alle Fälle – zur Selbstverteidigung, hatte sie gesagt, als sie ihn darum bat. Sie galt als gute Schützin. Nun hatte sie der Schuss direkt ins Herz getroffen. Wer sollte es Stalin sagen? Der schlief noch, wie so oft, bis gegen Mittag auf seinem Diwan im Arbeitszimmer. Und keiner der

»Er war misstrauisch – sein ganzes Leben lang«: Stalin im Jahr 1932 in seinem Arbeitszimmer

Dienstboten brachte den Mut auf, ihn zu wecken.

Am Abend zuvor hatten alle Politbüromitglieder mit ihren Ehefrauen und anderen geladenen Gästen den Jahrestag der Oktoberrevolution gefeiert. Stalin war gut gelaunt, flirtete mit den schönen Frauen der Genossen. Nadjeschda Allilujewa, 22 Jahre jünger als ihr Mann, fand Grund zur Eifersucht. Sie hatte ihm zwei Kinder geboren und sich dabei gesundheitlich und nervlich verausgabt. Zusätzlich hatte sie noch ein Studium begonnen, um unabhängig zu werden von ihrem knauserigen, jähzornigen Ehemann Jossif Wissarionowitsch, der nur an die Staatsgeschäfte dachte und nicht daran, dass auch die Haushaltsführung Geld kostete. Und sie war zornig darüber, dass es in den Läden kaum etwas zu kaufen gab, dass in der Ukraine die Hungersnot grassierte – wie konnte das sein, wenn die Partei auf dem richtigen Weg war?

Zu all dem behandelte Stalin sie oft herablassend, wie ein dummes Mädchen, und er liebte es, sie zu reizen, bis sie wütend den die Allilujewa kurz vor ihrem Tod verfasst hatte, wurde zwar im engsten Familienkreis heftig diskutiert, verschwand aber noch am selben Tag spurlos.

Die Opposition sagte sofort, dass er sie umgebracht hat. Das geht so bis zum heutigen Tag. Aber wir in der Familie wissen, dass sie selbst Hand an sich gelegt hat.

SWETLANA ALLILUJEWA, LONDON 1994

Zwei Tage später lag die First Lady der Sowjetunion nach russischer Sitte offen aufgebahrt im Moskauer Kaufhaus GUM, eine riesige Menschenmenge kondolierte, und Stalin stand wie versteinert am rot ausgeschlagenen, mit Blumen geschmückten Sarg. Sein elfjähriger Sohn Wassilij, Kosename Wasja, schluchzte. Da sagte Stalin so laut, dass es auch die anderen neben ihm hören konnten: »Sie ist als Verräterin gegangen!«, und wandte sich brüsk ab. Er empfand Nadjeschdas Tod als Dolchstoß in seinen Rücken. Seine Familie, sein Privatleben waren nun für immer zerstört. Ob Stalin später jemals an Nadjeschdas Grab war, ist nicht belegt. Legenden ranken sich um einsame, mitternächtliche Besuche des Georgiers auf dem Moskauer Nowodewitschij-Friedhof; sein Leibwächter Rybin wenigstens will ihn dort gesehen haben. Andere Mitarbeiter bestreiten allerdings, dass der Diktator sich diese Zeit für sentimentale Gefühlswallungen genommen habe.

Ein Jahr darauf schrieb Stalin an seine Mutter nach Georgien: »Nach dem Ende Nadjeschdas ist mein persönliches Leben natürlich schwer. Aber ein tapferer Mann muss immer tapfer bleiben!« Doch er hielt es nicht mehr aus in seiner Wohnung im Kreml, wo er

»Als Verräterin gegangen«?: Stalins Frau Nadjeschda im offenen Sarg

wurde. Sie wäre am liebsten schon vor längerer Zeit gegangen, doch wohin? Sie war die Ehefrau Stalins, und sie hatte zwei Kinder. Eine Flucht zu einem Ort weit weg von Moskau, über die sie bereits häufiger nachgedacht hatte, wäre ein gesellschaftlicher und politischer Skandal gewesen. Hatte es sich doch in Kremlkreisen längst herumgesprochen, dass sie eine der schärfsten politischen Kritikerinnen ihres Mannes war. War es Selbstmord, aus Verzweiflung? War es Mord, im Auftrag, aus gekränktem Stolz? In der Presse wurde die Todesursache verschwiegen: Nadjeschda Allilujewa sei plötzlich verstorben, hieß es. Sogar Tochter Swetlana, damals sechs Jahre alt, erfuhr erst als Erwachsene Näheres über die wahren Umstände. Ein Abschiedsbrief, mit Ehefrau Nadjeschda und den Kindern Jakow, Wassilij und Swetlana gelebt hatte. Er ließ sich in einem Waldstück im Südwesten Moskaus eine neue, zweistöckige Residenz bauen, die ein bekannter Architekt nach dem Geschmack des Hausherrn mehrmals umgestalten musste. In dieser zweistöckigen »Datscha« in Kunzewo wohnte Stalin dann fast 20 Jahre lang bis zu seinem Tod, einsam inmitten einer kontinuierlich wachsenden Schar Bediensteter. Seine Kinder nahm er nicht mit zu sich, sie wurden unter der Oberaufsicht des Befehlshabers der Leibgarde, General Wlasik, von Kinderfrauen und Hauslehrern auf einer in größerer Entfernung von Moskau gelegenen Datscha in einem Provinznest namens Zubalowo betreut.

Stalin blieb Witwer, er heiratete nicht wieder. Sein Liebesleben schien versiegt zu sein. Zwar gab es da mal eine Ballerina des Bolschoi-Theaters, die er nicht nur verehrt haben soll. Er habe sie »mein Zicklein« genannt, bestätigt die alte Dame heute noch am Telefon. Die bildhübsche Witwe von Nadjeschdas Bruder soll er gebeten haben, die Haushaltsführung zu übernehmen, denn er hatte schon länger ein Auge auf sie geworfen. Als sie ablehnte, ließ er sie verhaften. Sechs Jahre musste sie hinter Gittern für diese Weigerung büßen. Die Tochter Kaganowitschs und die Ehefrau Poskrobyschews, seines Sekretärs, sollen von ihm schwanger geworden sein. All diese Affären nach Nadjeschdas Tod gehören jedoch höchstwahrscheinlich in den Bereich der Legende. Eher anzunehmen ist, dass Stalin als prüde erzogener Georgier Abscheu vor außerehelicher Sexualität empfand. Die wilden Eskapaden einiger seiner Getreuen im Kreml, wie zum Beispiel des Lawrentij Berija,

duldete er nur, um die Betreffenden später umso leichter kompromittieren und liquidieren zu können. Seine eigenen Triebe sublimierte Stalin durch grausame Machtausübung.

Durch Fakten und Dokumente belegt sind allerdings Stalins Liebschaften vor der Oktoberrevolution. Im Untergrund betätigte sich der Georgier politisch gegen den Zaren, wurde immer wieder gefasst, verhaftet und für Jahre in den russischen Norden oder nach Sibirien verbannt. Während dieser Zeit machte er in dem kleinen Städtchen Solwytschegodsk bei Archangelsk nähere Bekanntschaft mit der schönen Vermieterin Maria Kutzakowa, einer Witwe mit drei blonden Kindern. Als Stalin wieder fort musste, ließ er

»Revolutionär im Untergrund«: Stalin im Jahr 1906

Регистрационная карточка петербургского охранного отделения
с фотографическим снимком И. В. Сталина. (Фото)

»Von der zaristischen Geheimpolizei verhaftet«: Diese Fotoserie stammt aus einer Zeit, als Stalin sich im Untergrund einer linken, revolutionären Partei angeschlossen hatte und gerade wieder einmal den Häschern des Zaren in die Hände gefallen war

sie schwanger zurück – 1911 wurde ein dunkelhaariger Sohn geboren, Konstantin. Als der größer wurde und nach seinem Vater zu fragen begann, gab seine Mutter ihm zur Antwort, dies bliebe für immer ihr Geheimnis. Auf dem Fußballfeld begegnete Konstantin dann einem älteren Nachbarn, der ihn genau musterte. »Du bist also Stalins Sohn!«, sagte er anerkennend. Als die Kutzakowa erfuhr, dass Stalin in Moskau Karriere gemacht hatte, wandte sie sich schriftlich an ihn um Unterhalt, erhielt aber keine Antwort. Daraufhin schrieb sie an Lenin, und der Brief gelangte im Sekretariat in die Hände Nadjeschda Allilujewas. So erfuhr diese von der anderen Familie ihres Mannes. Ohne Stalin etwas davon zu sagen, ließ sie der Witwe Kutzakowa Geld anweisen.

Nachdem Konstantin die Schule beendet hatte, kam ein NKWD-Beamter aus Moskau ins Städtchen und fragte ihn, was er werden wolle. Dann wurde der junge, begabte Mann auf Staatskosten zum Studium nach Leningrad geholt. Nachdem er sich 1932

»Du sollst 10 000 Jahre alt werden«: Zu seiner Mutter stand der sowjetische Diktator in einem zwiespältigen Verhältnis

»Erste und einzige Liebe«: Stalins erste Ehefrau Jekaterina Swanidse starb schon bald nach der Geburt ihres ersten Kindes

zwangsweise schriftlich verpflichtet hatte, »das Geheimnis seiner Herkunft« niemals preiszugeben, stieg er in Moskau sehr bald zum stellvertretenden Leiter der Presseabteilung im Zentralkomitee der Partei auf und geriet erst nach Stalins Tod in Bedrängnis. Berührungsängste hatten beide, Vater und Sohn: Stalin befahl Konstantin einmal zu sich, sagte dann das Treffen im Kreml aber kurzfristig ab. So bekam der gut aussehende, beliebte Kutzakow, obwohl er in unmittelbarer Nähe seines Vaters arbeitete, nie die Gelegenheit, mit ihm persönlich zu sprechen. Nach Stalins Tod wäre auch Kutzakow fast, wie viele Stalin-Vertraute, verhaftet worden, konnte dann aber im Kulturministerium und später im sowjetischen Fernsehen Karriere machen, wo er bis zu seiner Pensionierung sehr erfolgreich und beliebt war. Zu seiner Nachkommenschaft gehören zwei Enkel und mehrere Urenkel, die bis heute eine zwiespältige Haltung zu ihrer Herkunft einnehmen. Stalin hat Konstantin Kutzakow nie offiziell als seinen Sohn anerkannt.

Ein weiterer unehelicher Abkömmling Stalins lebt heute noch in Sibirien. Es ist Jurij Dawydow, der von Stalins 1917 geborenem Sohn Alexander aus der Verbindung mit der sibirischen Bäuerin Lidija Pereprygina stammt: Sie war bei Alexanders Geburt erst knappe 15 Jahre alt. Aus kürzlich freigegebenen Geheimdienstdokumenten ist bekannt, dass damals während Stalins Verbannungszeit in Kurejka am Polarkreis nicht nur die russische Polizei mit dem Fall befasst war. Die Pereprygina bezichtigte Stalin, sie als Mädchen vergewaltigt zu haben. In dem 80-Seelen-Ort Kurejka, in dem jeder jeden kannte, war dies nicht zu verheimlichen. Obwohl Stalin niemals Alimente zahlte, wollte er seinen Sohn Alexander als Jugendlichen nach Moskau holen lassen. Dieser lehnte jedoch ab. Er diente sich in der Sowjetarmee bis zum Major hoch und erzählte seinen eigenen Söhnen erst, nachdem sie ihr Studium abgeschlossen hatten, wer ihr Großvater war. Denn er hatte ebenfalls 1935 beim NKWD schriftlich erklären müssen, niemals über seine Herkunft zu sprechen. Auch um diese sibirische Linie seiner Familie hat Stalin sich später nicht weiter gekümmert.

1878 im rückständigen Georgien der Zarenzeit geboren, wurde Stalin bereits in früher Kindheit von einer harten, äußerst pragmatischen Einstellung zu Gefühlen und zu Familienangehörigen geprägt. Als einziger Sohn armer Eltern in der Kleinstadt Gori im Kaukasus aufgewachsen, bekam er schon bald die schwere Hand des Vaters zu spüren, der ihn und die Mutter schlug, wenn er betrunken war. Es ist belegt, dass Stalin in der Pubertät aus Zorn und Gerechtigkeitssinn zum Messer griff und damit auf den Vater losging, um seine Mutter vor einem der Gewaltausbrüche ihres Mannes zu verteidigen.

Ich grüße dich, meine liebe Mama! Du sollst 10 000 Jahre alt werden! Ich grüße alle alten Freunde und Genossen. Ich küsse dich. Dein Sohn Sosso

STALIN AN SEINE MUTTER, 9. OKTOBER 1936

Nur ein Zufall bewahrte ihn damals davor, zum Mörder zu werden. Von der ehrgeizigen Mutter überzeugt, dass eine Ausbildung zum Geistlichen das Beste für ihn sei, wurde Stalin dann als Jugendlicher Novize des orthodoxen Priesterseminars in Georgiens Hauptstadt Tiflis. Hier nutzte er die reichhaltige Bibliothek, las Klassiker, Philosophen und politische Schriften der sich neu formierenden europäischen Sozialdemokratie auf Georgisch und auf Russisch. Zu dieser Zeit kurz nach der Jahrhundertwende brodelte es im Reich des Zaren, die politische Unzufriedenheit der Völker mit dem russischen Zentralismus war auch in Georgien deutlich zu spüren. Stalin verließ das Priesterseminar und schloss sich einer linken, revolutionären Partei im Untergrund an. Etliche Male wurde er von der zaristischen Geheimpolizei verhaftet und verhört, wovon noch heute seitenlange Protokolle und Fotos des jungen Stalin in Moskauer Archiven zeugen.

In diese Zeit kurz nach der Jahrhundertwende fallen auch Stalins erste Eheschließung mit der schönen Georgierin Jekaterina Swanidse und die Geburt seines ersten ehelichen Sohnes Jakow im Jahr 1908. Jekaterina muss Stalins erste und einzige große Liebe gewesen sein. Das Glück währte jedoch nur

»Keine Zeit für die Kinder«: Nadjeschda Allilujewa mit Sohn Wassilij, Mitte der Zwanzigerjahre

»Ständige Angst vor dem Vater«: Wassilij Stalin mit seiner Schwester Swetlana

»Ein weicher Träumer, der nicht zum Mann taugt«: Jakow Stalin, hier bei einem Verhör durch die Deutschen starb in der Kriegsgefangenschaft unter ungeklärten Umständen

kurz: Die schöne »Keke« starb sehr jung bald nach der Geburt an Typhus, und Stalin ließ seinen Sohn in der Obhut der Familie Swanidse. Er selbst wandte sich, den Schmerz um den herben Verlust der Geliebten unterdrückend, seiner revolutionären Berufung zu.

Die Herrschaft des Zaren musste endlich ein Ende finden. Von starkem Machtwillen getrieben, zog es den Georgier 1917 aus einer wiederholten Verbannung in Sibirien in die russische Hauptstadt Petrograd, wo die revolutionäre Stimmung gegen das autokratische Zarenregime immer mehr eskalierte. Geschickt nutzten Lenin und seine engeren Mitstreiter, zu denen bald auch Stalin gehörte, die verworrene politische Lage für ihre Partei, die Bolschewiken, und proklamierten den Sieg der Oktoberrevolution.

Stalin, der sich illegal in der Stadt aufhielt, fand bei der Familie des angesehenen Berufsrevolutionärs Sergej Allilujew Unterschlupf. Dieser hatte eine große Wohnung und viele Kinder, auch hübsche Töchter, die dem 36-jährigen, bärtigen Stalin mit großer Ehrerbietung begegneten. Unter ihnen war die damals erst 16-jährige, dunkeläugige Schönheit Nadjeschda Allilujewa, eine gebildete junge Frau, die Klavier spielen konnte und sich schon damals politisch engagierte. Sie blickte bewundernd zu Stalin auf, der trotz seines leicht verkrüppelten linken Arms eine stattliche Erscheinung war, wie Fotos aus jenen Jahren bezeugen. Unklar bleibt, wie Stalin und Nadjeschda, die im Sekretariat des neu gebildeten Volkskommissariats arbeitete, während einer langen gemeinsamen Dienstreise im Zug nach Zarizyn einander näher kamen. Möglich ist, dass vonseiten Stalins wie schon zu Verbannungszeiten Gewalt gegenüber der jungen, unerfahrenen Frau im Spiel war.

Einige Monate darauf heirateten die beiden, ohne Lenin jedoch zunächst davon in Kenntnis zu setzen. Denn Nadjeschda, die schon bald in das Sekretariat des Revolutionsführers wechselte, diente dessen Gegenspieler Stalin als wichtige Informantin. Doch dann wurde sie unversehens schwanger. 1921 kam Sohn Wassilij zur Welt, 1926 Tochter Swetlana. Die Ehe durchlebte nun gleich mehrere Krisen: Stalin nahm sich keine Zeit für seine Kinder, während Nadjeschda ihrerseits gerne ihre politische Karriere fortgesetzt hätte.

Doch als Stalin auch noch Jakow, seinen Sohn aus erster Ehe, aus Georgien in den Kreml holen ließ, begann eine richtig schwere Zeit für die junge Mutter. Während Stalin einerseits die Kinder liebte, war er andererseits ungeduldig, fordernd und jähzornig, schlug und erniedrigte sie.

> »Sage Jakow von mir, dass er sich wie ein Rowdy und Erpresser benommen hat, mit dem ich nichts mehr gemein habe und nichts mehr zu tun haben will.«

STALIN, HANDSCHRIFTLICHE NOTIZ AN NADJESCHDA ALLILUJEWA, 9. APRIL 1928

Insbesondere verachtete er den zartgliedrigen, bildhübschen Jakow, der anfänglich kaum Russisch sprach, als weichen Träumer, der nicht zum Mann tauge. Dieser reagierte schließlich aus Verzweiflung mit einem Selbstmordversuch in der Küche der gemeinsamen Kremlwohnung. Doch der Schuss aus der Pistole verfehlte seine Wirkung, was Stalin nur zu einer zynischen Bemerkung veranlasste. Jakow brachte dennoch die Kraft auf,

»Eifersüchtige Vaterliebe«: Der Diktator und seine Tochter Swetlana Mitte der Dreißigerjahre

»Alle waren verschwunden«: Seine letzten Lebensjahre verbrachte Stalin meist allein mit seinen Bediensteten in seiner Datscha in Kunzewo

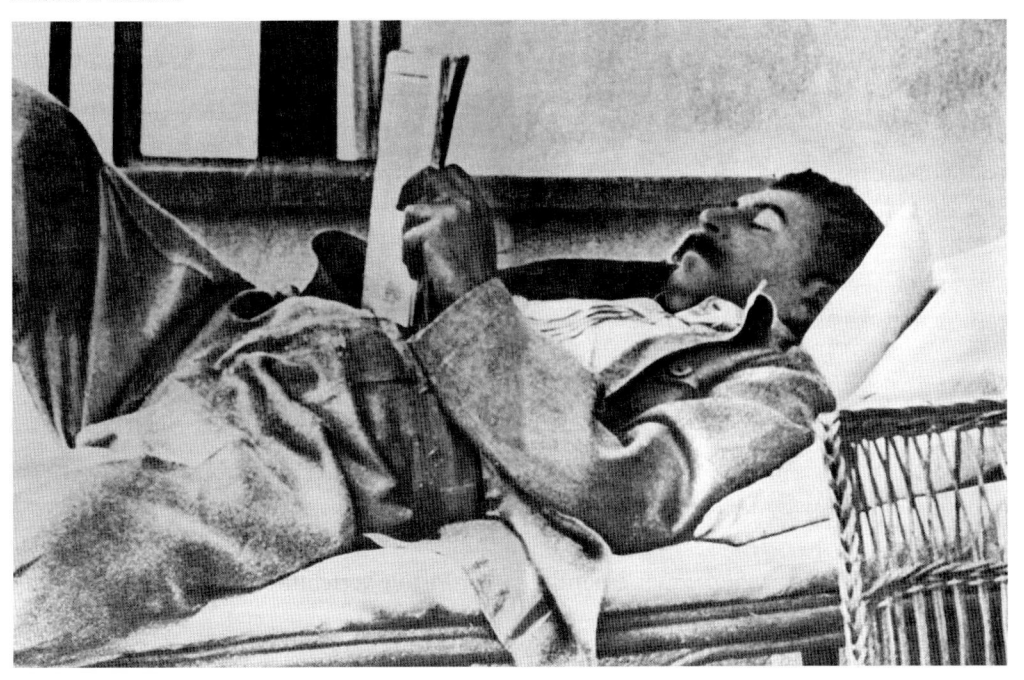

sich dem Einfluss des übermächtigen Vaters zu entziehen. Er heiratete ohne dessen Zustimmung und zog aus Moskau weg nach Leningrad, wo er eine Ausbildung begann. Stalin sagte sich daraufhin schriftlich von seinem Sohn los. Jakow diente vom Beginn des Überfalls Nazi-Deutschlands auf sein Heimatland in der Roten Armee und wurde gleich in den ersten Monaten von den Deutschen gefangen genommen, die hofften, den sowjetischen Diktator mit seinem Sohn erpressen zu können. Doch der Georgier weigerte sich, seinen Sohn gegen Feldmarschall Paulus austauschen zu lassen. Jakow starb unter ungeklärten Umständen in deutscher Kriegsgefangenschaft.

Wassilij hatte immer Angst vor dem Vater, schon in der Kindheit, und als er schon Generalleutnant der Luftwaffe war, über und über behängt mit Orden, da hatte er solche Angst vor dem Vater, dass es ihn buchstäblich schüttelte.

SWETLANA ALLILUJEWA, LONDON 1994

Stalins zweiter Sohn Wassilij hatte ebenfalls sehr unter seinem despotischen Vater zu leiden. Einerseits wurden ihm seiner Herkunft wegen schon in der Schulzeit alle Eskapaden, schlechtes Benehmen, böse Streiche und Sonderwünsche nachgesehen, andererseits war Stalin ein so strenger Vater, dass Wassilij sich vor ihm fürchtete. Fernab vom Kreml, auf seiner Datscha in Zubalowo, veranstaltete der erwachsene Wassilij Feste und Trinkgelage, lockerer Umgang mit Frauen wurde gepflegt. Mittelmäßig begabt, zog er aus seiner Position als Stalins Sohn große Vorteile und machte schnell Karriere in der sowjetischen Armee. Er ließ sich zum Piloten ausbilden und wurde im Zweiten Weltkrieg als waghalsiger Flieger berühmt. Obwohl Stalin es ihm verbot, nahm er immer wieder an Kampfeinsätzen teil. Allerdings hatten seine Kameraden den Befehl, ihn zu schützen, was seinen Trotz noch mehr herausforderte. Bei 28 Luftgefechten schoss er freilich nur ein deutsches Flugzeug ab.

An seinem letzten Geburtstag, im Dezember, brachte Wassilij, schon in angetrunkenem Zustand, Stalin ein Geschenk. Der nahm das Geschenk nicht an und warf es auf den Boden. Wassilij ging wieder, und Stalin stand da und schüttelte bitter den Kopf, wie ein Vorwurf an das Leben.

NIKOLAJ NOWIK, LETZTE LEIBWACHE STALINS, IN EINEM ZDF-INTERVIEW

Nach dem Krieg wurde Wassilij mit 27 Jahren zum Kommandeur der Luftwaffe des Militärbezirks Moskau ernannt, ein Jahr darauf zum Deputierten des Obersten Sowjet. Dann kam der endgültige Bruch mit dem Vater: Zum Festakt der alljährlichen, landesweiten Militärluftparade in Tuschino erschien Wassilij 1952 in betrunkenem Zustand. Stalin hatte kein Erbarmen: Er befahl, seinen Sohn aus dem Speisesaal zu entfernen und ihn seines Postens zu entheben. Wassilij ergab sich nun ganz dem Alkohol. Nach Stalins Tod wurde er wegen verschwenderischen Umgangs mit Staatsgeldern zu langjähriger Haft verurteilt. Er starb 1962 als menschliches Wrack an den Folgen von Alkoholmissbrauch in seinem Verbannungsort Kazan.

Stalin hatte somit alle seine Söhne wie auch deren Kinder für sich verloren. Er weigerte sich, die Nachkommen seiner legitimen Söhne auch nur zu sehen. Da seine Söhne

»Völliger Bruch mit der Vergangenheit«: Swetlana Allilujewa nach ihrer Ankunft in den USA 1967

nicht seinen Erwartungen entsprachen, konnten die Enkelkinder ihm ebenfalls nicht das Wasser reichen. Ähnlich gestaltete sich Stalins Beziehung zu seiner einzigen Tochter Swetlana, die er in deren Kindheit noch zärtlich verwöhnte. Häufig lud er sie anstelle der fehlenden Gastgeberin und Ehefrau Nadjeschda zu Tisch, wenn Gäste kamen, und nannte sie liebevoll »meine Gebieterin«.

»21. Oktober 1934. An den Genossen J. W. Stalin, Sekretär Nr. 1.
Befehl Nr. 4. Ich befehle dir, mich mitzunehmen.
Unterschrift: Setanka, die Gebieterin.«

SWETLANA ALLILUJEWA IM ALTER VON SIEBEN JAHREN
AN IHREN VATER

»Stempel. Unterschrift des Sekretärs Nr. 1:
Ich gehorche. J. Stalin.«

ANTWORT STALINS AUF DEN BRIEF SEINER TOCHTER
VOM 21. OKTOBER 1934

Die beiden korrespondierten in kurzen, kindgemäßen Briefen, in denen das Mädchen seinem Vater Befehle erteilen durfte. Meistens handelte es sich um Wünsche, die sich Swetlana auf diese Weise erfüllen konnte – einmal mit dem Papa ins Kino oder mit ihm spazieren zu gehen. Später, als Swetlana die Schule beendet hatte und langsam erwachsen wurde, wachte Stalin eifersüchtig über alle ihre Schritte. Die Spaziergänge mit ihrer ersten Liebe, dem Dichter Ljusja Kappler, wurden ohne Ausnahme von einem KGB-Offizier begleitet, der ihr offiziell als Schutzperson zugeteilt war. Stalin ließ sich über alle ihre Gespräche berichten, ihr Telefon wurde abgehört. Als sie sich zur Heirat mit dem Studenten Grigorij Morozow entschloss, war Stalin dagegen, weil dieser Jude war. Seinen neu geborenen Enkel, den Swetlana nach dem Großvater Jossif nannte, wollte er ebenfalls nicht sehen. Ihre zweite Ehe mit dem Sohn von Stalins Weggefährten Schdanow, die sie auf Wunsch ihres Vaters einging, zerbrach bald.

Swetlana lebte nun mit zwei Kindern unmittelbar gegenüber dem Kreml in dem berühmten Gebäudekomplex »Haus am Ufer«, in dem die Prominenz der Partei untergebracht war. Doch ihren Vater sah sie äußerst selten. Sie nutzte die Privilegien, die sich ihr als Stalin-Tochter boten: eine Kinderfrau, einen Wagen und eine monatliche finanzielle Unterstützung: Sie als studierte Historikerin musste ihren Lebensunterhalt nicht durch Arbeit verdienen. Ein knappes Jahrzehnt nach dem Tod ihres Vaters setzte sich die Stalin-Tochter aus der Sowjetunion über Indien in die USA ab, wo sie noch einmal heiratete. Nach diesem völligen Bruch mit der Vergangenheit leben sie und ihre Tochter Olga aus dritter Ehe dort heute noch. Die schwierige Beziehung zu ihrem Vater, die sie in ihrem späteren Leben nicht kompensieren konnte, hat auch bei ihr zu einer tragischen Entwicklung geführt.

Ich muss sagen, dass das Verhältnis Stalins zu seiner Mutter sehr schlecht war. Manchmal nannte er sie in Gegenwart anderer eine alte Hure.

VALENTIN BERESCHKOW, STALINS DOLMETSCHER, IN EINEM ZDF-INTERVIEW

Stalins Verhältnis zu der ersten Frau in seinem Leben, seiner Mutter, die noch relativ lange lebte und sehr stolz auf ihren Sohn war, gestaltete sich zwiespältig. Einerseits schrieb er ihr in größeren Abständen aus Moskau Briefe im Telegrammstil, die seine Liebe bekunden sollten. Andererseits weigerte er sich, sie zu empfangen, als sie einmal unangemeldet aus Georgien nach Moskau gereist war, um ihren Sohn zu sehen. Auch nach dem Tod erwies er der Mutter nicht einmal mehr die letzte Ehre: Zu ihrem Begräbnis, das 1937 in Tiflis als großes, trauriges Ereignis begangen wurde, ließ er sich entschuldigen.

Anfang der Fünfzigerjahre stand Stalin auf dem Zenit seiner Macht. Als einer der Gewinner des Zweiten Weltkriegs hatte er seine Position außen- und innenpolitisch gefestigt.

Er hatte ja niemanden, mit dem er sprechen konnte. Alle Verwandten waren verschwunden, buchstäblich alle: Man hatte sie vertrieben, verhaftet, sie waren gestorben, es war niemand da. Und ich war zu jung, 25, und er war schon 70, da konnte von irgendwelchen Gesprächen unter Gleichen keine Rede sein.

SWETLANA ALLILUJEWA, LONDON 1994

Privat war er jedoch ein einsamer, kranker, alter Mann, von Schmerzen geplagt und von Verfolgungswahn beherrscht. Die Kontakte zu seiner einstmals großen Familie waren völlig abgebrochen. Allen Angehörigen Stalins war ein ähnliches Schicksal beschieden: Wenn sie nicht eines natürlichen Todes gestorben waren, hatte der Georgier sie aus vorgeschobenen Gründen verhaften oder umbringen lassen.

Stalin verlebte die letzten Lebensjahre

allein in den Zimmerfluchten seiner Residenz in Kunzewo. Nur selten fuhr er zur Erledigung seiner Regierungsgeschäfte in den Kreml, immer weniger kamen auch Politbüromitglieder wie Chruschtschow, Molotow, Malenkow und Berija zu Besuch; sie schützten die Erledigung dringender Aufgaben vor, um dem einsamen Stalin nicht jeden Abend Gesellschaft leisten zu müssen. Allerdings stand Stalin in Kunzewo jede Menge Personal zur Verfügung: ein Koch, ein Vorkoster, eine Haushälterin, wechselnde Leibwächter und Wachpersonal für das große Waldgebiet, in dem die mit einem hohen Zaun und dicken Metalltoren gesicherte Datscha lag. Für seine kulinarischen Vorlieben wurde eine bestimmte Sorte Hering aus dem Nordmeer per Flugzeug herangeschafft, seine Lieblingsweine wie den rubinroten Tsinandali oder den schwarzsamtenen Alazanskaja Dolina bezog er direkt aus Georgien.

Er war misstrauisch – sein ganzes Leben lang. Und je länger er an der Macht war, je mehr Macht er bekam, desto misstrauischer wurde er.

Kira Politkowskaja, Stalins Nichte,
in einem ZDF-Interview

Stalins Misstrauen gegenüber jedermann aus seiner Umgebung nahm immer mehr zu und kulminierte, als er zu Jahresbeginn 1953 wegen einer Grippe Medikamente von einem seiner Kremlärzte verschrieben bekam: Er ließ die Tropfen wegschütten und schickte einen seiner Leibwächter in die nächste Dorfapotheke. Dass Stalin unter diesen Umständen niemand beistehen konnte, als er Anfang März 1953 einen Schlaganfall erlitt und über zwölf Stunden ohne ärztliche Hilfeleistung allein in seinem Arbeitszimmer lag, verwundert nicht. Die genauen Todesumstände des Diktators sind bis heute nicht exakt geklärt. Alle Versionen, von Mord infolge der Giftmischerei Berijas, der um sein eigenes Leben fürchtete, über vorsätzlich unterlassene Hilfeleistung bis hin zu aktiver »Sterbehilfe« kursieren noch immer wild durcheinander. Sicher ist nur, dass Stalin selbst mit seinem Begräbnis noch viele Menschen mit in den Tod gerissen hat: Sein Volk, das aus allen Teilen der Sowjetunion angereist war, um dem unnahbaren Führer die letzte Ehre zu erweisen, drückte und trampelte sich vor seinem Sarg im Moskauer Kolonnensaal zu Dutzenden zu Tode.

*Der passionierte Sportler Oskar Speck star-
tete 1933 mit seinem Faltboot zu einer
abenteuerlichen Reise. Sieben Jahre und
50 000 Kilometer später landete er in Australien, die Hakenkreuzflagge am Bug seiner
Nussschale, nicht wissend, dass mittlerweile
Krieg war. Prompt wurde er als Kriegsgefangener interniert.*

Terra australis incognita, der unbekannte Kontinent auf der südlichen Halbkugel der Erde, beschäftigte Geografen und Wissenschaftler über Jahrhunderte. Entdeckt wurde das sagenhafte Land allerdings erst von James Cook, dem berühmten englischen Kapitän, dessen Reisebericht von drohendem Schiffbruch und Untergang zu einem der meistgelesenen Bücher seiner Zeit wurde. 1770 landete Cook an der australischen Ostküste und nahm am 23. August dieses unerforschte Territorium für die britische Krone in Besitz.

Seit Beginn des 19. Jahrhunderts wurde Australien auch für viele deutsche Emigranten zu einer neuen Heimat. Die meisten kamen in größeren Gruppen. Doch es gab auch couragierte Individualisten, die auf eigene Faust ihr Glück versuchten, um einen Ausweg aus ihrer Misere zu finden. Einer von ihnen war ein Hamburger namens Oskar

»Begeisterter Wassersportler«: Der Hamburger Oskar Speck mit seinem Faltboot

Speck, dessen Odyssee über die Weltmeere ein bisher unbekanntes Stück deutscher Geschichte ist.

Als der arbeitslose Oskar Speck 1933 mit einem Faltboot von Ulm zu seiner Reise aufbricht, ahnt er noch nicht, dass ihn seine Fahrt bis in die Südsee führen wird. Wie vor ihm der berühmte James Cook wird auch Oskar Speck zum Entdecker. Doch seine abenteuerliche Seereise findet in keinem Geschichtsbuch Erwähnung. Lediglich eine kleine Ausstellung im Australian Maritime Museum in Sydney erzählt anhand des Nachlasses von Oskar Speck eine Geschichte, die einzigartig bleiben wird. Die gesamte Hinterlassenschaft dieses deutschen Abenteurers wurde von seiner australischen Lebensgefährtin Nancy Steele dem Museum vermacht. So entsteht aus Briefen, Notizen und Filmaufnahmen das Porträt eines waghalsigen Mannes, der sich wie ein Argonaut durch den Zeitraum der Dreißiger- und Vierzigerjahre bewegt.

Oskar Speck, geboren 1907, wächst in einer Zeit des Umbruchs und der Veränderung auf. Kindheit und Jugendjahre in Hamburg sind geprägt vom Ersten Weltkrieg und dem ökonomischen Wandel der Weimarer Zeit. Schon als junger Mann besitzt Speck eine Elektrofirma mit 21 Angestellten, die jedoch Ende der Zwanzigerjahre in Konkurs gehen muss. In seinem Bootsklub gilt er als profilierter Wassersportler und hat sich dank seiner Ausdauer und Schnelligkeit in Kajakkreisen einen Namen gemacht. Vor allem das Faltboot ist am Beginn des 20. Jahrhunderts ungemein populär. Zahlreiche Vereine erfreuen sich regen Zulaufs, das Faltboot wird zum »Schiff des kleinen Mannes«. Man ist deutschnational gesinnt und frönt der »deutschen Wanderlust«, die mit dem Faltboot auch zu Wasser ausgelebt werden möchte.

Oskar Speck nennt sein Boot liebevoll »Sonnenschein«. Es vergeht kaum ein Wochenende, an dem der junge Mann nicht auf dem Wasser zu finden ist. Speck ist fasziniert von den Ideen sportlicher Naturverbundenheit. Doch die wirtschaftliche Situation zwingt ihn, über andere Lösungen für sein Leben nachzudenken.

Momentan gibt es hier sehr viele Menschen, die auf große Reise gehen. Reisende nach Afrika und nach Asien. Wenn diese Auswanderung anhält, dann gibt es bald viel Platz in Deutschland.

SPECK, TAGEBUCHEINTRAG, PASSAU, 2. JUNI 1933

Da er in Deutschland keine Zukunft mehr für sich sieht, entschließt er sich zur Auswanderung. Angeregt durch eine Zeitungsannonce, sucht Speck eine Anstellung in den Kupferminen auf Zypern, da ihn Mineralien schon immer interessierten. Und was liegt für einen

»Für eine Weile aus Deutschland herauskommen«: Oskar Speck vor seiner großen Reise

erfahrenen Wassersportler näher, als die Strecke mit einem Faltboot zurückzulegen? Doch hierfür muss man optimal ausgestattet sein. Eine solche Tour haben selbst altgediente Paddler noch nie bewältigt, und so wird Oskar Speck automatisch zum Pionier des Faltbootsports, als er das fragile Boot seetauglich macht. In einer kleinen Firma im bayerischen Bad Tölz findet Speck die ideale Unterstützung. Eigentlich ist man dort auf die militärische Ausrüstung von Gebirgsjägern spezialisiert. Doch das lukrative Geschäft an den Auswirkungen des Faltbootbooms jener Jahre möchte man sich nicht entgehen lassen. Der Vertrag zwischen Speck und der Firma Pionier sieht vor, dass Letztere ihm mehrere Boote zur Verfügung stellt, die nach seinen Erfordernissen modifiziert werden sollen. Alle Kosten für Transport und Zubehör werden großzügig vom Ausrüster in Kauf genommen.

Um genügend Stauraum für Proviant und Wasser zu schaffen, entwirft Speck einen speziellen Gummiring, der um den Einstieg des Bootes gewunden wird. Das Boot selbst hat aufgrund der ungewöhnlichen Konstruktion aus Holz und Stoff ein sehr geringes Gewicht, wobei der flexible Holzrahmen sogar für die Bewältigung kleinerer Wasserfälle geeignet ist. Ein großer Vorteil liegt auch in der Möglichkeit, das Faltboot schnell zusammenpacken zu können, um den Transport per Bahn oder Bus zu bewerkstelligen.

Mit genau 5,49 Meter Länge und einem Fassungsvermögen von rund 300 Kilogramm ist das Faltboot äußerst flexibel und optimal zu transportieren. Das Ruderblatt muss per Fußriemen bedient werden und dient neben den zwei Paddeln als zusätzliche Steuermöglichkeit. Ein kleines Segel soll bei entsprechender Brise das Fortkommen des Paddlers unterstützen, doch ab Windstärke vier wird es ziemlich ungemütlich in dem winzigen Boot. Hier erweist sich Speck als Erfinder einer neuen Segeltechnik, die noch heute von Faltbootfahrern genutzt wird. Das karg bemessene Zubehör besteht aus einem Ersatzpaddel und zwei wasserdichten Tanks, die im Bug und Heck untergebracht sind.

Wenn er auf dem Wasser unterwegs ist, will Speck sich fast ausschließlich von Sardinen und Kondensmilch ernähren. Doch er weiß, dass diese Eintönigkeit der Verpflegung schnell zu körperlichen Beschwerden führen kann. Also hat er vor, wie einst James Cook so oft wie möglich seine Kost mit frischem Obst, das er auf einheimischen Märkten entlang der Küsten einkauft, zu ergänzen.

Um die Risiken einer solchen Reise so gering wie möglich zu halten, erprobt er sein Boot zunächst auf dem jugoslawischen Fluss Varda, der noch nie zuvor von einem Faltboot befahren wurde. Doch die Testfahrt geht nicht gut aus. Ein Wasserfall wird dem ehrgeizigen Speck zum Verhängnis, und er muss sein geliebtes Faltboot aufgeben. Aber Oskar Speck lässt sich von diesem Missgeschick nicht beeindrucken. Der Fluss am Anfang seiner Tour ist weniger gefährlich.

> **Ich beginne nun mein Tagebuch. Ich verließ Hamburg und die Firma von Herrn Olsen am 13. 5., und ich kam am 14. 5. in Ulm an. Ich machte das Boot klar und startete los. Erste Übernachtung im Zelt. Ich erreichte Passau am 23. 5. und fühle mich jetzt völlig allein.**

In Ulm lässt er ein neues Boot zu Wasser. Und so beginnt die Reise des 25-jährigen Oskar Speck auf der Donau am 13. Mai 1933. Für die Faltbootenthusiasten ist dieser Fluss das »Tor zur Welt«, denn von hier aus kann man bis ins Mittelmeer gelangen.

Die Reisekasse ist jedoch bald aufgebraucht, und bereits in Passau, der ersten großen Station seiner Reise, muss er tagelang auf eine Überweisung aus Hamburg warten. Kaum hat die Fahrt begonnen, da tauchen auch schon die ersten Schwierigkeiten auf. Noch weiß Oskar Speck nicht, dass sich im Verlauf seiner großen Tour Hindernisse vor ihm auftürmen werden, die weitaus schwerer zu überwinden sind.

Seit Januar 1933 ist Adolf Hitler Reichskanzler, Deutschland ein Einparteienstaat und kurz darauf eine Diktatur. In einem Radiointerview für den australischen Radiosender SBS beschreibt Speck seine Motivation:

»Diese Jahre in Deutschland waren sehr katastrophal. ... Alles, was ich wollte, war, aus Deutschland für eine Weile herauszukommen. Ich hatte natürlich keine Vorstellung davon, dass ich einmal in Australien landen würde. Aber ich fuhr mit meinem Faltboot in Ulm los und schipperte in Richtung Mittelmeer mit dem Gefühl, dass mir die ganze Welt offen stand.«

Um das Mittelmeer zu durchqueren, muss sich Oskar Speck eine neue Technik ausdenken, denn jetzt ist das Manövrieren mit dem Ruder wichtiger als das Paddel. Bis hierher konnte der Kurs nur mit Paddel und Segel gehalten werden. Also »hüpft« er von Insel zu Insel, um sich ein Optimum an Sicherheit zu gewährleisten, denn er ist stets auf die rettende Nähe der Küste angewiesen.

Schnell lernt Oskar Speck, sich nicht nur mittels Muskelkraft fortzubewegen. Dank der Unterstützung der Bad Tölzer Faltbootfirma kann er nun die von ihm konstruierte spezielle Segelart ausprobieren. Obwohl Speck sein Boot ein »Erste-Klasse-Ticket für unbekannte Horizonte« nennt, ist die Realität des Segelns doch härter und kräftezehrender, als er angenommen hatte. Sooft es geht, paddelt er in Küstennähe, um die Dünung auf offener See zu vermeiden. In Nächten, die er dennoch weitab von der Küste verbringen muss, räumt er die Tanks aus dem Bug nach hinten, damit er ausgestreckt schlafen kann. Ab Windstärke vier wird das Navigieren fast unmöglich; Speck ist dann gezwungen, in seinem Boot das Abflauen des Windes abzuwarten.

Ein kleines Schutzsegel hält die gefährlichen Strahlen der Sonne ab, die auf offener See gnadenlos auf den einsamen Paddler niederbrennt. Speck beschreibt das Paddeln auf offener See als eine Variante des Fahrradfahrens an Land. Es ist eine ungewöhnliche und einmalige Technik, die vor ihm noch kein Mensch ausprobiert hatte: »Du musst treten und lenken, denn sonst fällst du um. ... In einem Faltboot musst du ständig lenken, um den Bug in die richtige Position zur Welle zu bringen.«

Insgesamt kentert Speck auf seiner Reise fünfmal, doch immer wieder schickt ihm die Tölzer Firma Pionier ein neues Faltboot.

Ungeheuer schwer ist dieser Kampf, und oft genug kommt mir der Gedanke aufzugeben.

SPECK AUF SEE,
TAGEBUCHEINTRAG OHNE DATIERUNG

In vielen Briefen schildert Speck seine Odyssee als ein Abenteuer, dessen Herausforderungen ihm offenbar Vergnügen bereiten. Bei der langen Überfahrt von der türkischen Küste zur Insel Zypern gerät er zum ersten Mal in ernsthafte Schwierigkeiten. Tosende Winde und hohe Wellen machen eine Annäherung an die Küste unmöglich. Zwei Tage und zwei Nächte verbringt der abgekämpfte Paddler in seiner Nussschale, bis er im Zustand totaler Erschöpfung zu fantasieren beginnt:

»Ein wunderbares Abendrot erlebe ich, und während ich mich an den wunderschönen Farben des Himmels kaum satt sehen kann, entdecke ich plötzlich eine Vision, die mich ganz merkwürdig stark aufregt. An einer von Violett ins Orange übergehenden Stelle am westlichen Horizont sehe ich zwei auffallende Kreuze: ein großes, hell leuchtendes Kreuz und in kurzer Entfernung parallel stehend ein kleineres, dunkleres Kreuz.«

»Oft kommt mir der Gedanke aufzugeben«: Speck musste in seinem Faltboot auch übernachten

Ich sitze nun in meinem kleinen Boot seit 23 Stunden, hundemüde, und alles ist völlig durchnässt. Bin in der Nähe des Ufers, aber es ist unmöglich zu landen.

Von Rhodos aus fährt Speck die türkische Küste entlang und setzt dann von Kap Anamur nach Zypern über – eine Strecke von 45 Seemeilen (gut 83 Kilometern). Hier nimmt sein Plan eine entscheidende Wendung. Die erhoffte Arbeit in den Kupferminen scheint den sportlichen Speck nun nicht mehr zu interessieren. In zahlreichen Briefen schildert er die Gastfreundlichkeit der Zyprioten, wobei die weibliche Bevölkerung besonders erwähnt wird. Vielleicht hat er sich auch einfach das eine oder andere Mal verliebt. Auf jeden Fall packt ihn die Neugier auf andere Länder und Menschen.

So entschließt er sich kurzerhand zu einer Überfahrt zur südlichen Mittelmeerküste nach Ägypten, um von dort durch den Suezkanal ins Rote Meer zu gelangen. Doch die Benutzung des Kanals wird von den britischen Behörden verweigert.

Im Bus, das Faltboot sorgfältig auf dem Dach verstaut, fährt er stattdessen durch die Syrische Wüste, um dann auf dem Euphrat die Reise zu Wasser fortzusetzen. Ein nächtlicher Überfall durch umherstreunende Banditen wird in seinem Tagebuch als ein »arabischer Irrtum« geschildert, doch der Zwischenfall kostet ihn die Hälfte seines Reisebudgets: »Es war sehr schwer für mich, die Hälfte meines Geldes den Dieben übergeben zu müssen, um mein Boot wiederzusehen.

Was sollte ich tun? Ich hatte praktisch nur noch die Kleider an meinem Leib. Sonst nichts mehr!«

Vor etwa einer Stunde war ich todmüde und wäre fast jeden Moment eingeschlafen, aber jetzt fühle ich mich wieder wach. Ich kämpfe unermüdlich. Nur ein Gedanke beschäftigt mich: Irgendwo vor mir, dort, wo die Lichter langsam größer werden, muss es Land geben… und da muss es Schlaf geben. Ich kann schon die Küste in der Dunkelheit erkennen.«

Speck, Tagebucheintrag, vor der Küste Javas

Doch unverdrossen paddelt er die Küsten des Persischen Golfs entlang, umfährt den indischen Subkontinent und erreicht schließlich Indonesien und Papua-Neuguinea. Glücklicherweise konnte er diese letzten Stationen seiner Reise filmen, da ihm der deutsche Botschafter in Japan eine 16-Millimeter-Filmkamera zur Verfügung stellt.

Angeregt durch den Brief eines Freundes, möchte er sogar an den Olympischen Sommerspielen 1936 in Berlin teilnehmen. Doch ein Malariaanfall hindert ihn daran. Glücklicherweise unterstützt ihn nach wie vor sein deutscher Ausrüster in Bad Tölz. Specks Reise wird somit auch zu einer großen Marketingtour, die beweisen soll, wie gut das Boot aus Deutschland ist. In einem Brief aus Hamburg berichtet ihm ein Freund enthusiastisch von einer deutschen Expedition in den Himalaja. Speck kommt dadurch erstmals auf die Idee, seinen eigenen Reisefilm zu drehen, der ihm in Deutschland finanziellen Erfolg bringen soll. Vielleicht lässt sich ja damit die Reisekasse aufbessern. Doch dieses Projekt wird nie verwirklicht.

Unbeschwert setzt Oskar Speck seine Reise fort. Mitunter berichtet ihm seine Schwester Elly aus der Heimat von der Verfolgung der Juden, doch die meisten Briefe handeln von der Familie und den Sorgen, die sie sich über die Reise von Speck macht.

Ob er Sympathien für die Nazis hegt, wird aus seinen Briefen nicht ersichtlich. Fern von zu Hause überkommt ihn freilich das Heimweh nach Deutschland, aus der Distanz wachsen die patriotischen Gefühle des Weltenbummlers.

Specks Sorge gilt immer wieder seinen Finanzen, und wenn seine Hamburger Schwester ihn vor den zahlreichen Gefahren warnt, versucht er in seinen Antworten ihre Befürchtungen zu zerstreuen, wobei er ihr gleichzeitig zu verstehen gibt, dass es ihm unmöglich ist, die Reise abzubrechen. Es gelingt ihm schließlich im indischen Kalkutta, Pfadfindern zahlreiche Vorträge zu halten, was die Reisekasse immer wieder etwas aufbessert. Solche Engpässe im Budget veranlassen Speck auch zu einer Artikelserie im *Berliner Lokal Anzeiger*, die 1938 unter dem Titel »Abenteuer in der Sunda-See« in reißerischer Aufmachung erscheint. Obwohl er sich nicht als klassischer Reiseschriftsteller sieht, zeugen seine umfangreichen Tagebücher und Briefe von einem großen Mitteilungsbedürfnis. Jedes Detail der Reise wird akribisch notiert und auf seine publizistische Verwertbarkeit geprüft.

Als jemand, der sein Schicksal selbst in die Hand nimmt und seiner Zukunft optimistisch entgegenfährt, sucht er seine Chancen in einer Ferne, die er sich nach und nach erobern muss. Während Abertausende mit dem Schiff nach Amerika auswandern, pad-

»Unverdrossen weitergepaddelt«: Auch zahlreiche Schwierigkeiten konnten Speck nicht davon abhalten, seine Reise fortzusetzen

delt der Individualist aus Hamburg auf eigenen Routen durch die Weltmeere und versucht seine Reise als exotischer Reporter für ein deutsches Publikum zu vermarkten, das sich gerne von den aktuellen Sorgen ablenken lässt.

Während seines Aufenthalts in Pakistan trifft Speck zufällig den britischen Botschafter Sir Norman Carter, der ihn zu der Tigerjagd eines Maharadschas einlädt. In Bombay lernt er einflussreiche Leute kennen und erhält so die Möglichkeit, durch öffentliche Veranstaltungen, bei denen er von seinen Abenteuern berichtet, etwas hinzuzuverdienen.

Nach seiner Genesung von einer schweren Malaria in Indien fährt Speck die Westküste von Thailand und Malaysia entlang und erreicht schließlich Singapur.

Später hatten wir dann ein chinesisches Essen, das bestand aus Haifischflossen, Schwalbennestersuppe, Schildkröteneiern, Krabben mit Curry, Reis und eingelegten Eiern. Nach dem Essen raucht man dann eine burmesische Zigarre und kaut Betelnüsse. Offensichtlich ist Obstsaison.

Im »Territory of Papua«, aus dem später der Staat Papua-Neuguinea wurde, und auf Java sieht Speck sich als einsamer Besucher, der eher unfreiwillig auch zum Völkerkundler wird. Hier filmt und fotografiert er die fremden Bräuche und Sitten von Volksstämmen, die noch in der Steinzeit zu leben scheinen.

Bei den fremden Menschen, denen er auf seiner exotischen Route begegnet, wird seine Art des Reisens zum Mythos. Noch nie zuvor hatte man solch ein seltsames Boot gesehen.

Auf der indonesischen Insel Lakor wird ihm ein nächtlicher Überfall zum Verhängnis. Die Flucht vor den Banditen gelingt ihm nur noch mit seinem größten Tank, in dem er die wertvollen Filme verstaut hat. »Ich glaube, ich bin der größte Optimist, den man sich vorstellen kann. Sogar wie mir die Eingeborenen auf Lakor ihre Messer vor die Augen hielten und die Gebärde des Halsabschneidens machten, glaubte ich, es sei vielleicht doch nur Spaß. Dabei blutete ich schon, und die Fußtritte prasselten auf mich herab. Kann so etwas noch an Optimismus überboten werden?«

Doch nun leidet er unter einem neuen Handikap. Einige Schläge haben sein linkes Ohr getroffen, dessen Trommelfell reißt, sodass er von nun an nicht mehr richtig hören kann.

Specks längste Seereise führt von den Kai-Inseln im Banda-Meer bis zur Küste des Territory of Papua. Diese Strecke von über 370 Kilometern vermochte er in 34 Stunden zu bewältigen.

Die schweren Ananas wiegen vier Kilo und kosten etwa 20 Pfennige, Mangos kosten pro Stück zwei Pfennig, eine Kokosnuss zwei Pfennig, Bananen sechs Pfennig, und ein Dutzend Papayas kosten pro Stück sechs Pfennige, und es gibt noch unzählig viele andere Sorten von Obst.

Sein Erscheinen in Papua, damals ein britisches Treuhandgebiet, versetzt die Kolonialbehörden dort in Entscheidungszwang. Soll man ihm die Genehmigung zur Weiterreise erteilen oder ihn einfach ins Gefängnis stecken? Ist Oskar Speck vielleicht ein Spion,

»Unfreiwillig zum Völkerkundler geworden«: Speck fotografiert Eingeborene in Neuguinea

dessen Aufnahmen vom deutschen Militär ausgewertet werden könnten?

Aber nach einiger Verzögerung kann er dann doch unbehelligt weiterreisen.

Auf der zwischen Papua und der Nordküste Australiens gelegenen Insel Sabai lernt er die Familie O'Donnel kennen, die ihm in ihrem Haus für eine Nacht Gastfreundschaft gewährt. Hier hört er auch zum ersten Mal die über Langwelle übertragene Stimme Hitlers aus dem Radio seiner Gastgeber krächzen. Vom Leben unter der nationalsozialistischen Herrschaft hatte er zuvor schon durch zahlreiche Briefe aus der Heimat erfahren.

Die Sportfunktionäre der NSDAP hätten Specks Aktivitäten sicherlich sehr negativ beurteilt. Die Gleichschaltung des Wassersports führte schon ab 1935 zur Ideologisierung des gesamten Verbandes. Abenteurer und Einzelgänger passten nicht in das Propagandabild der Nationalsozialisten. Einsame Individualreisende waren aus Sicht der NS-Funktionäre nicht gerade die idealsten Bot-

schafter für ihr gleichgeschaltetes braunes Imperium.

In Daru auf Papua hatte Speck erstmals davon gehört, dass sich Australien nun offiziell im Krieg mit Deutschland befand. Die Ereignisse in Europa holten schließlich auch ihn am anderen Ende der Welt ein.

»Fahren Sie mit dem neuen Boot so nah wie möglich nach Java, und beenden Sie Ihre Reise«, hatte ihm sein Freund John Hagenbeck noch 1936 geraten. »Fahren Sie nicht weiter! Weshalb müssen Sie eigentlich bis nach Australien, wo jeder momentan sehr antideutsch eingestellt ist? Sie haben einen Weltrekord aufgestellt. Lassen Sie es doch damit genug sein.«

Zumindest hatte er den lokalen Autoritäten die Genehmigung abgerungen, die Torres Strait zu durchqueren – die Meerenge zwischen Territory of Papua und der australischen Halbinsel Cape York. Doch so weit kam Oskar Speck erst gar nicht.

Im September 1939 war er auf Sabai Island, noch weit vom australischen Festland gelandet, einer wahren Südseeidylle mit Palmen und Sandstränden. Dieser Moment wurde von einem jungen Inselbewohner fotografisch festgehalten und ist ein eindrucksvolles Dokument des dramatischsten Moments seiner Reise. Der junge Mann namens Mendis ist dann auch bei den Polizeiverhören anwesend und führt Specks Filme den Offiziellen von Sabai Island vor. Doch die bleiben misstrauisch. Ist Oskar Speck nicht doch ein deutscher Spion oder Kundschafter, der die militärische Situation in der Südsee sondiert?

Zwei lange Monate verbringt Speck noch auf Sabai, bevor er endgültig von der australischen Polizei in Gewahrsam genommen und nach Brisbane transportiert wird.

»Nationalsozialist und Spion«?: Oskar Speck nach seiner Festnahme durch die Australier

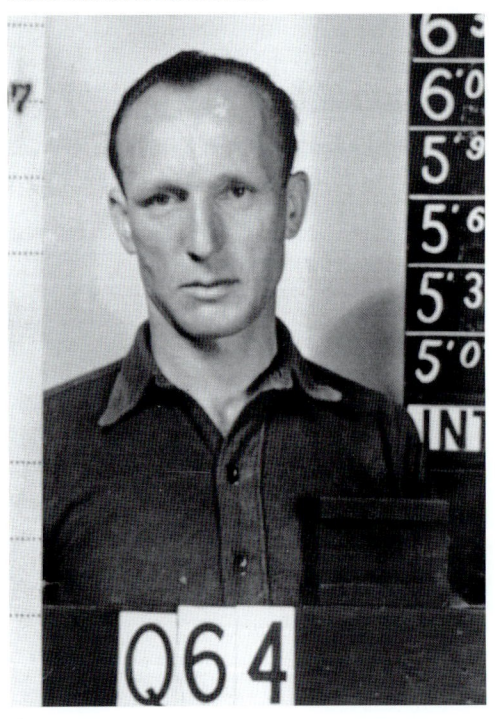

...Weitere Erlebnisse, wie die Gerüchte, dass ich mich nur von Pillen nähre und ich mich letzten Endes nicht mehr vor den Volksmassen retten konnte, die alle den Deutschen sehen wollten, der in einem Boot kommt, das nicht nur fliegen und tauchen kann, sondern außerdem im Besitz von Fisch, Gemüse, Biskuit und Whiskeypillen war, gehören mit dazu.

SPECK, TAGEBUCHEINTRAG, UNDATIERT

Von hier aus bringt man ihn nach Tatura Camp, einem Internierungslager, in dem auch deutsche Kriegsgefangene untergebracht sind. Mitten im unwegsamen Buschland von Südaustralien leben zeitweise bis zu 1000 deutsche Soldaten, die man von den verschiedenen Kriegsschauplätzen nach Australien befördert hatte. Das Lagerleben ist gut organisiert und die Verpflegung besser als erwartet.

Sogar einen Lagerchor haben die Insassen organisiert, als dessen Leiter der Dirigent der Wiener Sängerknaben fungiert. Er war noch während einer Australientournee festgenommen und ebenfalls in Tatura interniert worden. Die Stimmung im Lager ist optimistisch – man glaubt an den »Endsieg«. Zwar sind die Lebensmittel rationiert, aber die Gefangenen können sich mit eigenem Geld etwas dazukaufen. »Wir müssen Lebensmittel wie Kartoffeln etc. von unserem eigenen Geld kaufen. Wir bekommen nur drei Stücke Brot am Tag. Alle kaufen ihre Lebensmittel jetzt privat. Einige Internierte besitzen einen kleinen Garten, in dem sie Gemüse züchten. Aber wir sind nach wie vor zuversichtlich.«

Für Oskar Speck bietet das eintönige Lagerleben jedoch kaum Abwechslung. Aus dem Seefahrer wird nun gezwungenermaßen

»Eintöniges Lagerleben«: In Camp Tatura im Süden Australiens war auch Oskar Speck als Kriegsgefangener inhaftiert

eine Landratte. Die Geschichte seiner unglaublichen Reise wird von den Mitgefangenen als erfunden abgetan.

Nur einmal hält er vor den Lagerinsassen einen Vortrag und berichtet von seiner abenteuerlichen Odyssee. Zum Beweis will er auch seine Filme im Lagerkino vorführen, doch die sind konfisziert und werden von den Militärbehörden nicht freigegeben.

Zeitzeugen von damals beschreiben ihn als einen ruhigen Typ, dessen durchtrainierter Körper auffiel – vom Paddeln auf den Weltmeeren. Sein Briefverkehr mit der Heimat wird streng überwacht; der australische Sicherheitsdienst fertigt Dossiers über ihn an. Vor allem seine Kontakte mit deutschen Offiziellen in Übersee erwecken den Argwohn der Australier. Ein Auszug aus der Akte des australischen Geheimdienstes vom 2. Januar 1943: »Oskar Speck ist ein selbstbewusster, sportlicher und abenteuerlicher Typ von Mann. Er berichtete uns, dass er von Ulm in Deutschland aus mit einem Faltboot bis nach Australien gefahren sei. Er erreichte dann das benachbarte Papua-Neuguinea und wurde dort am 29. September 1939 in polizeilichen Gewahrsam genommen. Seine Korrespondenz zeigt, dass er mit drei Führern der Nationalsozialistischen Partei in Holländisch-Indien Kontakt hatte: Otto Jaissle, H. R. J.

Wahlen und Dr. E. Mengert. Der deutsche Konsul in Makassar bot ihm die finanzielle Hilfe der ›Deutschen Hilfsgemeinschaft‹ an. Diese Organisation ist eine Gründung der NSDAP.«

Nach zwei Jahren fühlt sich Oskar Speck körperlich sehr schlecht und flieht am 9. Januar 1943 aus Tatura Camp. Nur mit einem Zelt und zwei Hosen ausgestattet, schmuggelt er sich in eine Werkzeugbox, die von einem LKW aus dem Lager gebracht wird. Entlang der Bahngleise wandert Speck in Richtung Melbourne und ernährt sich von Getreidekörnern, die von den Waggons auf die Strecke gefallen waren. Die Orientierung in einem fremden Land fällt ihm schwer. Viele Ausbruchsversuche sind schon nach wenigen Tagen gescheitert. In einem kleinen Kerker werden die eingefangenen Flüchtlinge tagelang der sengenden Sonne ausgesetzt und die Rationen der übrigen Häftlinge gekürzt.

Mehrere Monate lang fährt Speck mit einem Fahrrad durch das unbekannte Land, ohne zu wissen, ob seine Flucht ein glückliches Ende haben wird. Sein Steckbrief, den er dann in einer Zeitung entdeckt, verheißt nichts Gutes. Und prompt wird er nur wenige Tage später von zwei Polizisten erneut aufgegriffen und nach Camp Loveday gebracht, wo er bis zum Kriegsende interniert bleibt. Aus dieser Zeit stammt auch eine merkwürdige Aktennotiz bezüglich Speck, laut der er sich über das Lagerleben beschwert und offiziell als Kriegsgefangener gelten will. An den Schweizer Konsul in Sydney schreibt er 1942: »Dieses Camp ist nicht für jene Deutsche geeignet, die dem Reich gegenüber loyal sind und ihre patriotischen Gefühle zeigen möchten. Ich bitte Sie daher dringend um Verlegung in ein anderes Camp, das mich als deutschen Kriegsgefangenen ausweist.«

Etliche Australier erachten dieses Schreiben als den Beweis für Specks nationalsozialistische Gesinnung. Doch ihm ging es nur um die Verlegung in ein Lager, das für seine günstigeren Haftbedingungen bekannt war. Immerhin konnten die Häftlinge dort ihr deutsches Abitur oder die Hochschulreife absolvieren, und für die Arbeit im Lager wurde sogar Lohn gezahlt. Mit Kriegsende verschärfen die britischen Militärs die Haftbedingungen in den Lagern; nur die australischen Behörden beteiligen sich nicht daran. Noch heute berichten die ehemaligen Kriegsgefangenen von der fairen Behandlung in Australien.

Nach seiner Entlassung lässt sich Speck in Lightning Rich nieder, einem gottverlassenen Nest mitten im australischen Busch. Hier beginnt ein neues Kapitel von Specks Odyssee, das sein ganzes weiteres Leben verändern wird. Wie viele Abenteurer sucht auch Speck nach den sagenhaften Halbedelsteinen dieser Gegend, den Opalen. Doch im Gegensatz zu zahlreichen anderen wird er fündig. Nach nur einem halben Jahr in Lightning Rich verlässt er als reicher Mann diesen Ort, um in Sydney Fuß zu fassen. Mit einem australischen Bekannten gründet er eine Firma, die sich auf das Schleifen von Opalen und Diamanten spezialisiert. Vor allem eine Maschine erweist sich als finanzieller Erfolg: Es ist ein Schleifapparat für Mineralien, den er während seiner Internierungshaft konstruiert hatte. In weiser Voraussicht hatte er sich diese Maschine patentieren lassen, und so wird bereits aus dem Prototyp ein erfolgreiches Geschäft. Schon nach wenigen Jahren ist er in der Lage, sich ein großes Stück Land an der australischen Ostküste zu kaufen, dessen Wert ständig steigt.

Nur wenige Freunde erfahren von seiner abenteuerlichen Geschichte. Vor allem in Kanutenkreisen hatte sich die »Speck-Voyage« herumgesprochen. Ein Paddel wurde 1951 dem Sieger eines Kanumarathons als Trophäe überreicht und ist heute ein bedeutendes Exponat des Maritime Museum in Sydney. Mit dem Gewinner Carl Toovey wird Speck eine lange Freundschaft verbinden. Häufig unternehmen die beiden Männer ausgedehnte Paddeltouren in der näheren Umgebung des Hafens von Sydney. In verschiedenen Zeitungsartikeln versucht Speck seine abenteuerliche Reise einem breiteren Publikum näher zu bringen. Sein umfangreiches Filmmaterial, eigentlich für einen Dokumentarfilm gedacht, wird nie zu einem ganzen Film geschnitten. Trotz mehrfacher Versuche gelingt es Oskar Speck nicht, einen Filmproduzenten zu begeistern – die Aufnahmen lagern über 40 Jahre ungenutzt in seinem Haus.

Oskar Specks Lebensgefährtin Nancy Steele begleitet seine letzten Jahre, die von einer schweren Krankheit überschattet sind.

Als er 1995 stirbt, vermacht Nancy Steele den gesamten Nachlass dem Maritime Museum Sydney, wo es als kulturelles Erbe Australiens nun wissenschaftlich aufgearbeitet wird.

Es grenzt schon an ein Wunder, dass die Filme diese Reise unbeschadet überstanden haben.

Die seltenen Aufnahmen aus Ceylon und Java sind jetzt für Volkskundler ein kostbares Studienobjekt, da nur wenige Dokumente in beweglichen Bildern von diesen Inseln und ihren Bewohnern existieren.

Und natürlich gibt es seit Oskars Reise viele Nachahmer. Extremsportler wie der Neuseeländer Ralph Diaz träumen davon, diese Strecke noch einmal zu bewältigen. Aber bisher hat es noch keiner geschafft, in sieben Jahren mehr als 50 000 Kilometer in einem Faltboot zurückzulegen. Für die Australier ist Oskar Speck deshalb ein Held, der auf seine sehr eigene Art das Land als seine neue Heimat entdeckt hat. In einer kleinen Vitrine in Sydney kann nun jeder die Überbleibsel eines ungewöhnlichen Lebens bestaunen und sich durch Specks Filme in eine längst entschwundene Zeit entführen lassen.

Als Zuchtanstalt für rassereinen Nachwuchs, als Edelbordell schneidiger SS-Männer geistert die »Lebensborn e.V.« durch die Geschichte. Die Wahrheit ist so bieder, wie sich der Initiator dieser SS-Institution, Heinrich Himmler, nach außen gab.

»Wir sind hier alle Bräute des Führers«, sagte die junge Frau in BDM-Tracht. Schneidige Burschen in SS-Uniform bevölkerten die Szene, junge Mädchen kicherten verschämt. Ein Heimleiter sprach von einem Podest aus von der Verpflichtung zur Nachkommenschaft. »Seid ihr wirklich Nationalsozialisten? Mit heißem Herzen? Mit ganzer Hingabe?« – »Ja!«, jauchzten die Maiden. »Ich danke euch, Kameradinnen! Wenn ihr euch jetzt in eine Liste eintragt, dann seid ihr ausgewählt, eine neue Rasse zu gründen.« – Dies sind Szenen aus dem Kinofilm »Lebensborn« des Berliner Filmproduzenten Artur Brauner. Der Film sollte »die Sensation der Saison 1960/61« werden, seine Aufführung ein Bruch mit den größten Tabus der Nachkriegsgesellschaft: SS und Sex. Brauner wollte den Deutschen die reale Perversität in Himmlers vermeintlichem Gebärverein »Lebensborn e.V.« prä-

»Wir gehören dem Führer«: Junge Frauen in der »Bräuteschule« des »Lebensborns« auf der Insel Schwanenwerder

sentieren, mit deftigen Dialogen und germanischer Fleischbeschau. Doch der Film geriet zum Skandal. Die Vorführungen fanden unter Polizeischutz statt. Es hagelte Proteste und Anzeigen. Der Berliner Filmproduzent war einer Legende zum Opfer gefallen, die auch heute noch durch die Öffentlichkeit geistert. Da ist die Rede von einem »Edelbordell« für SS-Männer, von »Zuchtfarmen« für »nordischen Nachwuchs«, von staatlich kontrollierter Kuppelei. Schuld an jenen Fehleinschätzungen war der »Reichsführer SS« Heinrich Himmler selbst, der sein Lieblingsprojekt zur Geheimsache gemacht hatte. Bis zum Zusammenbruch des Dritten Reiches hatte kaum ein Außenstehender Einblick nehmen können in Himmlers obskure Gemeinschaft.

Heilig soll uns sein jede Mutter guten Blutes!

LEITSPRUCH DES »LEBENSBORN E.V.«

Dabei waren die Anfänge des »eingetragenen Vereins« eher unspektakulär. Auf Veranlas-

»Ich bin froh über jedes Kind«: Säuglinge im »Lebensborn«-Heim Steinhöring bei München

sung von SS-Chef Heinrich Himmler gründeten 1935 zehn SS-Männer den »Lebensborn e.V.« mit Verwaltungssitz im beschlagnahmten Münchner Domizil von Thomas Mann. Formell ein eigenständiger Verein, war Himmlers Ziehkind von Anfang an in den SS-Apparat eingegliedert und unterstand damit seiner direkten Kontrolle. Zweck des Vereins sei, so die Satzung, »rassisch und erbbiologisch wertvolle, kinderreiche Familien zu unterstützen«. Doch es ging nicht eigentlich um nationalsozialistische Familienförderung. »Als ich den ›Lebensborn‹ einrichtete«, vertraute Himmler seinem Leibarzt und Masseur Felix Kersten an, »ging ich davon aus, zunächst einmal einem dringenden Bedürfnis abzuhelfen, um rassisch einwandfreien Frauen, die unehelich gebären, die Möglichkeit zu geben, kostenlos zu entbinden und sich die letzten Wochen vor der Geburt ihres Kindes in einer harmonischen Umgebung ungestört dem kommenden großen Ereignis widmen zu können.« Die vordergründig karitative Institution war in Wirklichkeit Dreh- und Angelpunkt nationalsozialistischer Rassenideologie. Robert Kempner, Chefankläger der Alliierten in Nürnberg, sah im »Lebensborn« sogar »den vielleicht wichtigsten Kern der ganzen Nazi-Bewegung«.

Unser Volk steht und fällt damit, ob es genügend nordisches Blut hat.

HIMMLER, 1939

82

Auf dem Höhepunkt seiner Ausdehnung verwaltete Himmlers Verein neun Heime im Reich und Dutzende in den angegliederten und besetzten Gebieten. Überall ging es um die Erhöhung der Geburtenzahlen. Für Himmler war dies ein Lebensthema. Als 26-Jähriger, noch unverheiratet und kinderlos, schrieb er nach der Lektüre eines Buches mit dem Titel »Der Völker Vergehen und Werden« in seine Leseliste: »Das Entsetzliche heute in Deutschland ist, dass die Frauen nicht mehr Mütter sein wollen. Gebe Gott, dass sich das noch mal ändert.« Es sollte sich ändern. 16 Jahre später, 1942, fiel einem aufmerksamen Beobachter »die Anzahl der schwangeren Frauen auf und mehr noch die Betontheit, mit der sie den gefüllten Bauch vorstrecken. …Die Weiber tragen den Bauch wie einen Parteiknopf. Ganz Deutschland ist eine Fleischfabrik.« Der sensible Augenzeuge war Victor Klemperer, der in einem Dresdner »Judenhaus« eine jämmerliche Existenz fristctc.

Die Nationalsozialisten hatten den neuen Fruchtbarkeitskult auf ihr Banner geschrieben. »Das Volk, das sehr viel Kinder hat, hat die Anwartschaft auf die Weltmacht und Weltbeherrschung«, predigte Himmler noch zu Friedenszeiten SS-Gruppenführern. »Ein gutrassiges Volk, das sehr wenig Kinder hat, besitzt den sicheren Schein für das Grab.« Der ehemalige Hühnerzüchter beschloss, die Entwicklung umzudrehen. Der Führer der SS machte die Kinderproduktion zur Chefsache.

Himmler war geradezu besessen von seiner Mission, der »Herrenrasse« möglichst zahlreichen Nachwuchs zu sichern. Seine SS als »Stoßtrupp des Blutgedankens« sollte mit gutem Beispiel vorangehen. Bei jeder Gelegenheit appellierte Himmler an seine Soldaten, ihrer »völkischen Verpflichtung« nach-

zugehen. Um hartnäckige Junggesellen kümmerte sich der Reichsführer persönlich: »Lieber Arnold«, mahnte Himmler schriftlich einen SS-Hauptsturmführer, »soviel ich weiß, sind Sie der einzige Sohn Ihrer Eltern. Meines Erachtens hätten Sie die Verpflichtung, nun endlich zu heiraten und dafür zu sorgen, dass die Sippe Arnold nicht ausstirbt. Ich erwarte auf diesen Brief eine Antwort.« Die Vollzugsmeldung ließ sicher nicht lange auf sich warten.

Die nationalsozialistische Zielsetzung hat das Ja zur deutschen Zukunft gesprochen – und damit das Ja zum Kind.

Zeitschrift *NS-Frauenwarte* über den »Lebensborn«

Ehen ohne Kinder waren unakzeptabel für den SS-Chef. Wer sich als SS-Mann nicht mit wenigstens vier Kindern brüsten konnte, für den galt Zwangsmitgliedschaft in Himmlers Verein. »Die Frage vieler Kinder ist nicht Privatangelegenheit des Einzelnen«, lautete Himmlers weltanschauliches Credo, »sondern Pflicht gegenüber seinen Ahnen und unserem Volk. Die Gründung guter Ehen ist jedoch zwecklos, wenn nicht zahlreiche Nachkommenschaft aus ihnen hervorgeht.«

In den abgeschiedenen Heimen des »Lebensborns«, stattlichen Gebäuden auf dem Lande, wurde SS-Familienpolitik umgesetzt, so wie Himmler sie verstand. Was hier als Versuchsanordnung im Kleinen praktiziert wurde, war als Gesellschaftsmodell für die Zeit nach dem zu erwartenden »Endsieg« gedacht. Vorerst hieß das für den SS-Chef, alles zu tun, die von ihm auf alljährlich 800 000 geschätzten Abtreibungen zu verhindern.

»Ein Volk mit vielen Kindern hat die Anwartschaft auf die Weltmacht«: Himmler spricht vor BDM-Führerinnen

Wenn ich in Deutschland 800 000 Abtreibungen habe, dann ist damit gar nichts getan, dass ich die Abtreiber und die Frauen, die abgetrieben haben, dem Kadi überliefere.

HIMMLER, 1937

Bei den betroffenen Frauen handle es sich – so glaubte er zu wissen – meist um Ledige. In Himmlers »Lebensborn«-Heimen sollten deshalb unverheiratete Schwangere die Möglichkeit bekommen, fern von ihrem Heimatort inkognito ihr Kind zur Welt zu bringen. Von so genannten »braunen« Schwestern umsorgt, verbrachten die ledigen Mütter den größten Teil ihrer Schwangerschaft und die Zeit des Wochenbetts im Schutz der Heime. In den vereinseigenen Standesämtern wurde der Nachwuchs registriert, ohne dass staatliche Institutionen davon Meldung erhielten. Dies war eine gesellschaftspolitische Neuheit in einer Zeit, in der berufstätigen ledigen Frauen bei den ersten Anzeichen einer Schwangerschaft meist umgehend die Kün-

digung ausgesprochen wurde. Die traditionelle Ächtung lediger Mütter durch Gesellschaft und Kirche lehnte der einst gläubige Katholik Himmler ab. Er wollte die Kinder, ob inner- oder außerhalb der Ehe, kümmerte ihn nicht, solange die Mütter »guten Blutes« waren. »Ich bin froh über jedes Kind, auf welche Weise es auch kommt«, bekannte der Chef des schwarzen Ordens SS.

Isolde G. war eine typische »Lebensborn«-Mutter. Der Vater ihres Kindes, der stellvertretende Gauleiter von Essen, war verheiratet und hatte in seiner Not an den »sehr verehrten Reichsführer« geschrieben: Es gebe da »eine andere liebende Frau«, die ihm und »dem deutschen Volke« ein Kind schenken wolle. Seine Sekretärin Isolde sei bereits im dritten Monat schwanger. Himmler freute sich über den unehelichen SS-Nachwuchs und bot an, »Fräulein G.« in einem seiner Heime aufzunehmen. Geheimhaltung sei selbstverständlich: »Heil Hitler! Ihr HH.«

Doch es ging in den »Lebensborn«-

Heimen um mehr als um diskrete Entbindungen. Voraussetzung für eine Aufnahme in einem der Geburtshäuser und den Kinderheimen waren »rassereine« Stammbäume beider Eltern, die bis in das Jahr 1800 zurückreichen mussten. Auch der Vater des Kindes, meistens ein SS-Angehöriger, dessen Identität der Gesellschaft verschwiegen wurde, musste gegenüber der »Lebensborn«-Verwaltung seine eindeutig »arische« Herkunft belegen. Aufnahme in den »Lebensborn« bedeutete die totale bürokratische und ideologische Umfassung. Sogar nach Entlassung der Mütter und ohne deren Wissen wurden »rassisches Erscheinungsbild« und »weltanschauliche Einstellung« der ledigen Mütter beurteilt. In den so genannten »RF-Fragebogen«, die als Geheimsache direkt an den **R**eichsführer Himmler – daher der Name – gingen, hatten die Heimleitungen die Frauen umfassend zu bewerten. Das fing an beim »Stillwillen« und der »Stillfähigkeit« und endete mit einer Charakterstudie. Ziel war zu prüfen, inwieweit Himmlers Schutzbefohlene für die geplante »Aufnordung« des deutschen Volkes in Zukunft geeignet seien.

Wenn schon der Staat heute den mit Erbkrankheiten behafteten Teil des Volkes von der Fortpflanzung ausschließt, so muss auf der anderen Seite jedes erbgesunde Leben guten Blutes, das zur Welt kommt, gefördert und um jeden Preis erhalten werden.

PROSPEKT DES »LEBENSBORN E.V.«, 1938

»Kinderproduktion als Chefsache«: Der SS-Chef mit seiner Tochter Gudrun

»Der Lebensborn ist eine Einrichtung der SS, die nur Mütter und Kinder betreut, die der Auslese entsprechen«, schrieb noch kurz vor Kriegsende einer der zuständigen SS-Ärzte. Sollte das Produkt dieser »arischen Auslese« den hohen Erwartungen von Himmlers Verein nicht entsprechen, das Neugeborene Behinderungen oder gar Missbildungen aufweisen, so wurde es umgehend aus dem Schutzbereich der Heime den öffentlichen Fürsorgeanstalten übergeben und somit dem Euthanasie-Programm überantwortet. Die Kinder starben dann meist innerhalb kurzer Zeit. Die Hilfestellung für die ledige Mutter geriet so zur Auslese nach »rassischen« Gesichtspunkten, an deren anderem Ende die Selektionen der Vernichtung standen.

Wie wird in den Mütterheimen gekocht? Wird auf ein richtiges Dämpfen des Gemüses, durch das die Nährwerte nicht verloren gehen, geachtet?

HIMMLER, 1942

Die »Müttergemeinschaft« in den Geburtshäusern und Kinderheimen des »Lebensborns« war dem SS-Chef ans Herz gewachsen. Himmler kümmerte sich persönlich um jedes Detail. Ernährungsfragen galt seine besondere Vorliebe. Auf Anordnung des »Reichsführers SS« war Haferbrei für Schwangere und Wöchnerinnen Pflicht. »Die Mütter sollen sich in unseren Heimen an Haferbrei gewöhnen und gelehrt werden, die Kinder damit zu füttern. Heil Hitler«, lautete seine Devise. Nachdem die Wehrmacht in der Schlacht um Moskau eine Niederlage hatte einstecken müssen, ließ Himmler die Verantwortlichen im »Lebensborn« prüfen, ob »auf ein richtiges Dämpfen des Gemüses« geachtet werde, »durch das die Nährwerte nicht

verloren gehen«, und er riet, nicht mehr die »törichten Salzkartoffeln« zu kochen, sondern Erdäpfel in der Schale zuzubereiten. Täglich »gelbe Rüben«, »roh oder gekocht«, gehörten zur Ernährung aller Heimkinder.

Neben der gesunden Verpflegung standen Gymnastik und viel frische Luft auf dem Programm.

Auch für »geistige Nahrung« war gesorgt: In politischen Schulungskursen unter Aufsicht des Rasse- und Siedlungshauptamts der SS wurden die Mütter zu gläubigen Nationalsozialistinnen erzogen. Ohne weltanschauliche Festigung sollte keine Mutter das Heim verlassen. Stoff der »Schulungen« waren Reden von NS-Politikern, Gastvorträge von SS-Führern, gemeinsames Lesen einzelner Kapitel aus »*Mein Kampf*« oder deutsche Liederabende. Man »höre nur über Politik reden und über die Kirche schimpfen«, klagte eine der instrumentalisierten Mütter. Wer mit den Idealen des hohen Hauses nicht konform ging und dies öffentlich kundtat, der musste sich nach einem anderen Entbindungsort umsehen. Eine angehende Mutter, die sich mit der Bemerkung, sie sei »ja hier nicht in Dachau«, einer ärztlichen Anordnung widersetzt hatte, katapultierte sich damit umgehend aus ihrer privilegierten Heimposition. Rund 8000 Kinder wurden bis 1945 in den »Lebensborn«-Heimen zwischen München und dem pommerischen Bad Polzin geboren, mindestens 14 000 in den besetzten Gebieten. Doch längst nicht alle Geburten waren unehelich. In der Praxis nutzten auch viele verheiratete SS-Frauen die vorzüglichen Entbindungseinrichtungen.

»Zuchtfarmen für nordischen Nachwuchs«?: Ein »Lebensborn«-Heim im österreichischen Wienerwald

»Weltanschauliche Festigung«: Die Bewohnerinnen der »Lebensborn«-Heime sollten zu gläubigen Nationalsozialistinnen erzogen werden

Die geheimnisumwobene Aura der »Lebensborn«-Heime gab früh Anlass zu Spekulationen. Flüsterparolen über eine vorgebliche Funktion als »Zeugungshelfer« kursierten bereits im Dritten Reich. Im Juli 1944 kam es tatsächlich zu der offiziellen Anfrage einer gewissen Lisamaria K. an die SS, ob es die »sog. Begattungsheime« tatsächlich gebe. »Fräulein K.« hatte wohl Bedarf, denn sie bat um die Angabe einer Adresse. Die SS-Führung reagierte nervös, und ihr Chef verfügte eine Untersuchung der Ursprünge des kolportierten Gerüchts. Es gab Verhöre und diskrete Ermittlungen. Öffentlich wies Himmler jegliches Gerede über die »Lebensborn«-Heime als »Zucht- und Beschälanstalten« – so Himmler selbst – weit von sich und wiederholte gebetsmühlenhaft die Floskel von der »Ehre und Würde der Familie«, die im Mittelpunkt der SS Familienpolitik stehe. Doch insgeheim leitete er erste Schritte ein, die in letzter Konsequenz genau jenes Zuchtprogramm »rassereiner Herrenmenschen« zur Folge gehabt hätten, das er öffentlich verleugnete. Am 8. Mai 1942 schrieb Himmler aus dem »Führer«-Hauptquartier an seinen Adjutanten, SS-Gruppenführer Pohl: »Lieber Pohl, ich habe SS-Standartenführer Sollmann [Vorstand der »Lebensborn e. V.«] völlig *geheim* den Auftrag gegeben, die Zentrale [des »Lebensborns« in München] unter dem Gesichtswinkel der rund 400 000 heute wohl schon vorhandenen Frauen, die durch den Krieg und seine Gefallenen keine Männer bekommen können, zu planen und auszubauen. Das Gebäude muss entsprechend den edlen Gedanken und der Ehre der nicht verheirateten Mutter anständig und repräsentativ sein.« Mutterglück zum Wohle des Vaterlands, ohne Ehemänner und mithilfe der Institution »Lebensborn« – das hätten dann in der Tat die »Zuchtfarmen« werden können, von denen die Legende spricht und die Artur Brauner in seinem Film zum Leben erweckte.

Aber das ehrgeizige Projekt blieb in den Kriegswirren stecken. Kein einziger Fall von »gelenkter Fortpflanzung« wurde dokumentiert. »Lebensborn«-Funktionäre beschieden diesbezügliche Anfragen stets abschlägig mit dem Hinweis, dass eine »so heikle und schwierige Angelegenheit« allein von den Betroffenen zu lösen sei und nicht in Einklang mit den satzungsmäßigen Zielen des Vereins stehe.

Dabei wäre ein solcher Schritt durchaus systemimmanent gewesen: »Das Wichtigste für die Zukunft – dass wir eine Masse Kinder haben«, hatte Adolf Hitler zu Anfang des Krieges postuliert. Dem »getreuen Heinrich«, seinem vermeintlich loyalsten Paladin, wären ethische Skrupel bei der Verfolgung nationalsozialistischer Ziele sicher fremd gewesen. Doch mitten im Krieg war Ruhe an der Heimatfront oberstes Gebot. Nichts sollte die Kampfmoral der Truppe untergraben. Seit seinen Erfahrungen mit dem »Zeugungsbefehl« war Himmler vorsichtig: 1939, zwei Monate nach Kriegsausbruch, hatte er in einer geheimen Weisung von seinen Soldaten gefordert, »auch über die Grenzen vielleicht notwendiger bürgerlicher Gesetze und Gewohnheiten hinaus ... auch außerhalb der Ehe« für zahlreiche Nachkommenschaft zu sorgen. Die Reaktion war kontrovers. Der SS-Chef musste den Zeugungsbefehl zurücknehmen. Derartige »delikate Probleme«, wie es Goebbels im Falle einer Verordnung über künstliche »Zeugungshilfe« formulierte, müssten vorerst zurückgestellt werden.

»Germanisches Blut in der ganzen Welt stehlen«: SS-Ärzte suchen im besetzten Polen nach »rassisch wünschenswerten« Kindern

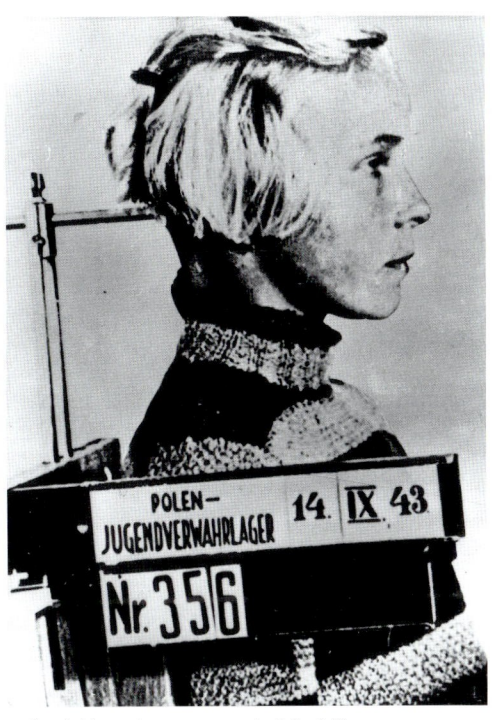

»Blond, blaue Augen, passende Schädelform«: Aufnahme eines polnischen »zwangsgermanisierten« Mädchens

»Wir haben nach Kriegsende noch Zeit genug«, schrieb er in sein Tagebuch. Himmler wird sich in dieser Frage einig gewusst haben mit dem Propagandaminister. Inwiefern es bei einem deutschen »Endsieg« letztlich zur Verwirklichung halbstaatlicher »Menschenfabriken« zwecks »Höherzüchtung des deutschen Volkes« gekommen wäre, bleibt Spekulation. Die weitere Kriegsentwicklung vereitelte eine Umsetzung der ehrgeizigen Pläne.

Die wahren Verbrechen des »Lebensborns« wurden des Nachts in den deutschen Besatzungsgebieten verübt. »Da kamen SS-Leute mit einem Schäferhund. Wie ein Wolf war er mir damals erschienen.« Der Pole Alojzy

Twardecki war nicht einmal vier Jahre alt, als er, das einzige Kind, seiner Mutter im Auftrag des »Reichsführers SS« geraubt wurde. Seine blonden Haare und leuchtend blauen Augen waren ihm zum Verhängnis geworden. Seine Mutter musste ihn mitten in der Nacht ankleiden und zum nächsten Bahnhof bringen, wo schon andere Mütter mit ihren Kindern warteten. »Dort wurde ich ihr aus den Händen gerissen und in den Zug gesteckt.«

Ich gehörte Gott sei Dank dieser superarischen Rasse an, Nummer eins. Diese Kinder durften nur von NSDAP-Mitgliedern mit Hochschulabschluss an Kindes statt angenommen werden.

ALOJZY TWARDECKI, VERSCHLEPPT AUS POLEN

Die so verschleppten Kinder hatten eines gemeinsam: Sie passten in die Schablonen der nationalsozialistischen Rassendoktrin. Sie sahen so aus, wie sich die deutschen Besatzungsherren nordische Menschen vorstellten: gut gewachsen, blond, blaue Augen, passende Schädelform. Während ihre Mütter Zwangsarbeit leisteten, wurden die kleinen Kinder in den Betreuungsstätten der Besatzungsmacht vermessen und katalogisiert. Die »fremdvölkischen« Auserwählten waren für das Deutsche Reich bestimmt. »Ich habe wirklich die Absicht, germanisches Blut in der ganzen Welt zu stehlen«, hatte Himmler schon 1938 vor Führern der SS-Standarte »Deutschland« prophezeit. »Alles gute Blut auf der Welt, alles germanische Blut, was nicht auf deutscher Seite ist, kann einmal unser Verderben sein.«

Der rührige »Lebensborn«-Verein war von Anfang an aufs Engste an der groß angelegten Verschleppungsaktion beteiligt. Ein »Lebensborn«-Beauftragter koordinierte den Transport der auserwählten Kinder vor Ort. Den Müttern machte man vor, ihre Kinder kämen zwecks besserer Ernährung ins Reich, doch an eine »Kur« für diese hungernden Söhne und Töchter der »Untermenschen« glaubte niemand. Über das polnische Übergangslager Kalisz führte der Weg der »rassisch wertvollen« Kinder in ein Heim des »Lebensborns«. Dort wurde aus dem Polen Alojzy ein richtiger Hitlerjunge gemacht: »Da begann ziemlich schnell der Germanisierungsprozess. Ich fühlte mich wirklich als deutscher Junge, ich habe natürlich Hitler verehrt.« Die Münchner Zentrale des »Lebensborns«, erfahren in der Geheimhaltung von Kinderdaten, half bei der Verdeutschung der osteuropäischen Namen. Aus Alojzy

Twardecki wurde so Alfred Hartmann, den der Verein an eine kinderlose regimefreundliche Familie am Rhein vermittelte, mit dem Ziel einer späteren Adoption. Erst zwölf Jahre später sollte Alojzy seine leibliche Mutter wiedersehen.

Denn wir glauben doch an dieses unser eigenes Blut, das durch die Irrtümer deutscher Geschichte in eine fremde Nationalität hineingeflossen ist, und sind überzeugt, dass unsere Weltanschauung und unsere Ideale in der rassisch gleichen Seele dieser Kinder Widerhall finden werden.

Über 350 Fälle »fremdvölkischer« Kinder aus Ost- und Südeuropa, die in »Lebensborn«-Heimen »eingedeutscht« wurden, sind aktenkundig. Darunter war auch eine Gruppe von Kindern aus Lidice, die, als »gutrassig« eingestuft, vor der Vernichtung des gesamten Dorfes ausgemustert wurden und über den »Lebensborn« in deutsche Familien vermittelt werden sollten. Hinzu kamen über 200 norwegische Kinder, von deutschen Soldaten mit »erscheinungsbildlich und erbbiologisch besonders wertvollen« norwegischen Frauen gezeugt, die »rassisch wertvolles Erbgut« ins Reich brachten. Die wahre Zahl verschleppter und »germanisierter« Kinder wird wohl nie ermittelt werden können. Die Angestellten des Vereins verbrannten die Originalunterlagen, als amerikanische Truppen sich dem Stammhaus »Hochland« bei München näherten, und überließen die bei Kriegsende aus allen Heimen dorthin evakuierten Kinder ihrem weiteren Schicksal. Die Betroffenen trugen ein Leben lang schwer an der Bürde ihrer ungeklärten Identität.

Wir haben uns nicht mit geschäftsmäßiger Kuppelei befasst, und das wäre es ja letzten Endes gewesen. So etwas hat es im »Lebensborn« nicht gegeben.

EIN »LEBENSBORN«-FUNKTIONÄR
VOR DEM ALLIIERTEN GERICHTSHOF IN NÜRNBERG

In Nürnberg saß die Führung des »Lebensborns« auf der Anklagebank. Doch weder die Rolle des Vereins im Rahmen der »rassischen Auslese« noch seine aktive Mitwirkung am groß angelegten Kinderraub in den deutschen Besatzungsgebieten gelangten zur Verurteilung. Die alliierten Richter sahen in dem Verein in erster Linie eine harmlose Wohlfahrtsorganisation – Mütter- und Kinderheime eben, die für die ausländischen Kinder in ihrem Verantwortungsbereich »alles in ihrer Macht Stehende« veranlasst hätten.

Die Tarnung von Himmlers Geheimorganisation hielt an bis in unsere Tage.

Robert Capas Foto eines sterbenden Soldaten im Spanischen Bürgerkrieg wurde Symbol für den Schrecken und die Sinnlosigkeit des Krieges schlechthin. Jetzt kann die Identität des Mannes gelüftet werden.

Millionen Menschen starben auf den Schlachtfeldern des 20. Jahrhunderts – die meisten anonym. Ein vermeintlich namenloser Tod geriet zu einer fotografischen Ikone: das Foto eines Republikaners, der mitten im Sturmangriff tödlich getroffen wurde, aufgenommen im Spanischen Bürgerkrieg 1936 – ein Fanal und Symbol für den Schrecken des Krieges schlechthin.

Die Kugel traf den spanischen Milizionär in vollem Lauf. Es scheint, als würde er schweben. Der Oberkörper wird nach hinten gerissen, die Arme sind weit ausgebreitet. Die schnelle Bewegung wirkt wie eingefroren. Sein Gewehr, das er mit der rechten Hand umklammerte, ist den Fingern bereits entglitten, sein Gesicht wie zur Maske erstarrt – der Augenblick des Todes.

»Death of a Loyalist Soldier« wurde zum meistveröffentlichten Kriegsfoto des 20. Jahrhunderts. In ihm spiegeln sich auf er-

»Fotografische Ikone«: Robert Capas Foto des sterbenden Soldaten aus dem Spanischen Bürgerkrieg

schütternde Weise die Gewalt, der Schmerz, die ganze Sinnlosigkeit des Krieges. »Geschossen« wurde das Bild von einem Kriegsfotografen, der damit selbst zur Legende wurde, Robert Capa. Der flüchtige Moment zwischen Leben und Tod, festgehalten auf einem Stück Zelluloid, begründete seinen weltweiten Ruhm.

Ein Kriegskorrespondent bekommt mehr Drinks, mehr Frauen, mehr Geld und hat mehr Freiheit als ein Soldat.

CAPA

Sein Zuhause war der Krieg. Wenn er nicht gerade fotografierte, verbrachte er die letzten 20 Jahre seines Lebens meistens in Hotels. Er hieß eigentlich Andrej Friedman, war Ungar und Jude. Er schlug sich in Berlin, dann in Paris als Laborant und Fotograf durch. Mit 22 Jahren legte er sich seinen »nom de guerre« zu. Capa war ein »Bohemien«, der seine Nächte an Bars und Spieltischen verbrachte und schönen Frauen den Kopf ver-

»Wirklich geliebt hat er nur eine«: Robert Capa und Gerda Taro 1935 in Paris

drehte. Sogar mit Ingrid Bergman hatte er eine heiße Affäre. Wirklich geliebt hat er zeit seines Lebens aber nur eine: Gerda Taro, Kriegsfotografin wie er.

Der Spanische Bürgerkrieg sollte seinen Weltruhm begründen, doch auch sein Lebensglück zerstören. Er verlor seine Gefährtin, als sie beim Fotografieren von einem Panzer zerquetscht wurde. Darüber kam er nie hinweg.

Als im Juli 1936 in Spanien vier Generäle – unter ihnen der spätere Diktator Franco – gegen die junge Republik putschten und ein blutiger, grausamer Bürgerkrieg seinen Anfang nahm, eilte der 22-jährige Capa zusammen mit zahlreichen europäischen Kommunisten und Intellektuellen zum Kampf gegen den Faschismus an den Kriegsschauplatz.

»Wenn deine Bilder nichts taugen, warst du nicht nah genug dran«, hieß das Motto des waghalsigen Fotografen. Getreu seiner Maxime hielt sich Robert Capa am 5. September 1936 bei Córdoba in Andalusien an vorderster Front auf. An diesem Tag entstand die legendäre Aufnahme.

All die Auseinandersetzungen und Spekulationen ändern nichts an der Tatsache, dass Capas »Fallender Soldat« ein großes und starkes Bild ist.

RICHARD WHELAN, CAPAS BIOGRAF

Von Anfang an aber gab es Zweifel an der Authentizität des Fotos. Kurz nach der Veröffentlichung behauptete ein englischer

Kriegskorrespondent, es sei gestellt; man habe damals »für die Reporter regelrechte Kriegsspiele« veranstaltet. Dabei sei auch diese Aufnahme entstanden. »Es braucht keine Tricks, um im Spanischen Bürgerkrieg Fotos zu machen«, verteidigte sich der Fotograf. »Die Bilder sind da. Man nimmt sie einfach auf.« Doch Fragen blieben. Capa-Biograf Richard Whelan meinte: »Unbedingt wissen zu wollen, ob das Foto wirklich einen Mann in dem Augenblick zeigt, in dem er von einer Kugel getroffen wird, ist ebenso morbid wie belanglos, denn die Größe des Bildes beruht letztendlich auf seiner symbolischen Bedeutung.« So unbestreitbar diese Meinung ist, so wenig taugt sie als Freibrief für den Umgang mit der Wirklichkeit. Denn Kriegsfotografie ist geronnene Zeitgeschichte – und ohne Glaubwürdigkeit wertlos.

Wurde die Szene von Capa gestellt? Das hätte nicht seinem Wesen entsprochen, sagen Menschen, die ihn kannten. In der Tat war er nie ein bewusster Fotokünstler, stets jedoch ein flinker Handwerker, dem es gelegentlich gelang, den magischen, besonderen Moment mit seiner Linse einzufangen, nicht nur in Spanien. Stets hat Capa den Verdacht, das Bild sei manipuliert, mit Vehemenz bestritten. Ein Journalist des New Yorker *World Telegram* fasste ein Jahr später, im September 1937, ein Gespräch mit Capa so zusammen:

»Sie waren an der Córdoba-Front, beide versprengt: Capa mit seiner kostbaren Kamera und der Soldat mit seinem Gewehr. Der Soldat war ungeduldig. Er wollte zurück zu den republikanischen Linien. Immer wieder kletterte er hinauf und spähte über die Sandsäcke. Jedes Mal ließ er sich beim

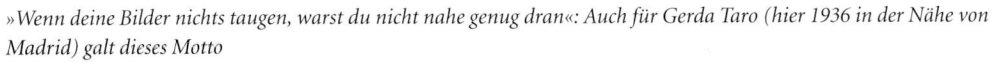

»Wenn deine Bilder nichts taugen, warst du nicht nahe genug dran«: Auch für Gerda Taro (hier 1936 in der Nähe von Madrid) galt dieses Motto

warnenden Geratter des Maschinengewehr-
feuers wieder zurückfallen. Endlich mur-
melte der Soldat etwas, das wie ›ich riskier's
einfach‹ klang. Er kletterte aus dem Graben,
Capa hinter ihm her. Die Maschinengewehre
ratterten, und Capa drückte automatisch auf
den Auslöser, während er rücklings neben die
Leiche des Kameraden fiel. Zwei Stunden
später, als es dunkel war und die Gewehre
schwiegen, kroch der Fotograf über den zer-
klüfteten Boden in Sicherheit. Später entdeckte er, dass er eines der dramatischsten
Fotos des Spanischen Bürgerkriegs geschossen hatte.«

**Seine Kriegsfotos waren einfach außergewöhn-
lich.**

PAUL VIRILIO, FRANZÖSISCHER PHILOSOPH

Capas Schlussbemerkung in jenem Interview
klingt fast beschwörend: »Die Wahrheit ist
das beste Bild, die beste Propaganda.«

In der Tat wurde der Spanische Bürgerkrieg zur düsteren Prophezeiung des Jahrhunderts. Die Bilder der Verwüstung nahmen vorweg, was Millionen von Menschen
noch zu erleiden hatten.

Es begann nach der Wahl im Februar 1936.
Linksparteien bildeten die Regierung. Hass
entlud sich in Teilen der Bevölkerung wider
die alte Autorität. Es gab Streiks, Verfolgun-
gen, auch Kirchen wurden geschändet.
Aus der Sicht der Etablierten herrschte das
Chaos. Im Juli jenes Jahres entschloss sich in
Spanisch-Marokko der faschistische General
Franco zum Putsch.

Während Hitler mit den Olympischen
Sommerspielen 1936 in Berlin der Welt ein
friedliches Deutschland vorgaukelte, ent-

schied er sich für die militärische Unterstützung der Putschisten. Heimlich schickte er
Flugzeuge nach Marokko, die Francos Truppen nach Spanien beförderten. Dabei sollte
es nicht bleiben. Sturzkampfbomber der
deutschen »Legion Condor« setzten mit der
Bombardierung Guernicas ein Fanal der Zerstörung. Freiwillige aus aller Welt eilten
der bedrohten Republik zur Hilfe. »Alles, was
progressiv dachte und den Mut hatte, nicht
nur zu denken, sondern auch zu handeln,
ging nach Spanien um der spanischen Republik im Kampf gegen Franco zu helfen«, erinnert sich Kurt-Julius Goldstein, der 1936
bei den Internationalen Brigaden kämpfte.
Weite Teile der Armee, vor allem aber die
Mehrheit im Volk, standen hinter der Regierung. Es kam zu einem erbitterten Bürgerkrieg mit barbarischen Gräueltaten. Es war
ein Konflikt, der auch Familien spaltete.

**Gerade wegen seiner Dramatik ist die Authenti-
zität des Bildes immer wieder angezweifelt worden.**

STEFAN HOWALD, JOURNALIST DES *TAGESANZEIGERS*

Ja, es gab sie zur Genüge – Bilder des Grauens. Und dennoch bleibt die Frage: Hat Capa
nachgeholfen? Das Foto gibt weitere Rätsel
auf. Wir wissen, wer der Fotograf des unbekannten spanischen Soldaten war. Doch wo
und wann genau wurde das Foto aufgenommen? Und vor allem: Wer war jener unbekannte Mann?

Alles spricht dafür, dass der Schauplatz
bei Cerro Muriano in der Nähe von Córdoba
lag. »Wenn man das Bild genau betrachtet,
erkennt man, wo es aufgenommen wurde.
Wir haben es hier mit einer Anhöhe zu tun:
der ideale Ort, um den Feind daran zu hin-

»Die Republik verteidigen«: Freiwillige aus aller Herren Länder auf dem Weg an die Front

dern, den Hügel zu nehmen. Und dann ist da noch die charakteristische Landschaft mit dem gelben Fleck«, erklärt der Heimatforscher Antonio Criado Portal.

Tatsächlich lieferten sich bei Cerro Muriano Garden der Republik und Franco-Truppen eine erbitterte Schlacht. Die Hügelkuppe ist wohl die einzige Stelle, die als Ort der Handlung infrage kommt. In einigen hundert Metern Entfernung hatten die Nationalisten ihre Artillerie- und MG-Stellungen. Von dort aus wurden die Verteidiger unter Feuer genommen.

Cerro Muriano liegt in den Bergen über Córdoba, 20 Kilometer von der Stadt entfernt, im Herzen Andalusiens. Die Metropole war längst in den Händen faschistischer Truppen. Córdoba war nie republikanisch. Das revolutionäre Gedankengut hatte in der Gesellschaft der Señoritos, der feinen Her-

ren, nicht Fuß gefasst. Córdoba war Zeugin der 700-jährigen Besetzung der Iberischen Halbinsel durch die Araber. Nun kamen die »Moros«, die Marokkaner, zurück, diesmal im Tross von Franco.

Um Cerro Muriano, das republikanische Bollwerk, auf dem Vormarsch der Faschisten in Richtung Norden aus dem Weg zu räumen, zogen am 5. September 1936 die Truppen General Varelas von drei Seiten in die Sierra, unter ihnen auch die marokkanische Legion aus Melilla. Der erste Versuch, das Hindernis zu überwinden, war am 20. August gescheitert. Umso ungestümer brachen nun bei Einsetzen der Morgendämmerung Legionäre und Nordafrikaner über das Dorf herein.

Stoßen wir hier auf Anhaltspunkte bezüglich der Schlacht und ihrem unbekannten Opfer?

»An jenem Sonntag«?: Republikanische Soldaten während der Kämpfe bei Cerro Muriano, unter ihnen der unbekannte Soldat

Señor Palop war in den Hochjahren der Franco-Diktatur Bürgermeister von Cerro Muriano gewesen. Palop ist sich sicher, dass die Gemeinde keine Dokumente über die Kriegsjahre aufbewahrt hat, kein Zeitzeugnis über die kurzen Jahre der Republik. Die Namen der im Bürgerkrieg gefallenen Soldaten, der ermordeten Bürger sind nur ins Gedächtnis ihrer Angehörigen unauslöschlich eingebrannt.

Die wenigen noch lebenden Zeitzeugen in Cerro Muriano haben die Ereignisse des 5. September 1936 sehr unterschiedlich in Erinnerung behalten, vielleicht auch ganz verschieden erlebt. Die Erinnerung schreibt die Geschichte, und die Erfahrungen der folgenden 36 Jahre des Franco-Regimes prägten die Erinnerung. Es war nicht opportun in einer Militärdiktatur, sich an alles zu erinnern. Die Fronten zwischen Nationalisten und Republikanern zogen sich zum Teil durch die Familien, quer durch die Dörfer. Der blindwütige Fanatismus des Spanischen Bürgerkriegs führte zu Mord und Plünderung beim Nachbarn.

»Kennen Sie dieses Bild, das in Ihrem Dorf gemacht wurde?«, fragen wir einen Anwohner. »Nein, ich habe es nie gesehen.« In Señor Molinas Antwort schwingt ein verbitterter Unterton mit, so als wolle er die Capa-Aufnahme bewusst verdrängen. Doch alte Bilder lassen sich nicht verdrängen; nervös erzählt er: »Ich war auf der nationalistischen Seite. Wir kamen von Córdoba herauf, um die Berge, von denen ständig ein Überfall der Roten auf Córdoba drohte, freizukämpfen. Das war ein kurzes Spiel. In diesem schlecht organisierten Haufen von Milizsoldaten und Republikanern gab es nur Feiglinge, die flüchteten.«

Kämpfe gab es kaum, die Soldaten rannten alle davon.

EINE EINWOHNERIN VON CERRO MURIANO

Für ihn, der am Ort des Geschehens wohnt, waren die Gegner keine Helden. Auch wenn er vorgibt, das Bild nie gesehen zu haben – er ist davon überzeugt, dass es sich um eine Fälschung handelt.

Cerro Muriano ist durch die Nationalstraße zweigeteilt: Auf der einen Seite haben die Reichen ihre Ferienvillen in die Pinienhaine hineingebaut. Auf der anderen Seite liegt das alte Dorf. Einfache Häuschen mit einem kleinen Patio davor säumen die Gassen. Jeder Fremde fällt hier sofort auf, umso mehr, wenn er Fragen zum Spanischen Bürgerkrieg stellt. Ein staubiger Feldweg führt am Rand des Dorfes in eine Senke hinein; hier war eine kleine Mine, in der vor dem Krieg mit einfachen Mitteln Eisenerz abgebaut wurde. Dort war auch das alte Quartier der Guardia Civil, das in den Jahren der Republik zum Sitz der Dorfmilizen wurde. Hinter dem zerfallenen Stützpunkt der Guardia Civil geht es einen kargen Hügel hinauf. Das Gelände ist heute eingezäunt und gehört zur nahe gelegenen Kaserne, in der Rekruten ihren letzten Schliff erhalten sollen. »Halt, militärische Zone!« Das rostige Schild auf schiefem Pfosten flößt zu wenig Respekt ein, um das Gelände nicht zu betreten.

Leute aus dem Dorf erzählen, dass in dieser Ecke von Cerro Muriano an jenem Sonntag wild geschossen worden sei. Es ist zudem die einzige Erhebung weit und breit im Umkreis ohne Baumbestand, die einzige Stelle mit einem weiten Ausblick. Das Panorama im Hintergrund stimmt mit dem des Capa-Bildes überein, auch der weiße Fleck in der Ferne ist da. In dieser Landschaft der Olivenhaine und der Weideflächen hat sich in den zurückliegenden Jahrhunderten wenig verändert.

Die Spurensuche führt auch zum kleinen Friedhof am Rand des Dorfes Villharta, er ist von Zypressen gesäumt. Im Zentrum des Friedhofs ist die Erde rissig. Namenlose Eisenkreuze markieren die verstreuten Grabstätten. In ein Denkmal sind die Namen der faschistischen »Befreier« eingraviert. Das Monument wurde nach dem Krieg errichtet. Davor befand sich hier ein einfaches Massengrab, in dem die Toten beider Parteien verscharrt wurden. Die Sommerhitze gebot Eile. Es ist so gut wie sicher, dass Capas namenloser Held hier seine letzte Ruhestätte fand, begraben zusammen mit den gefallenen Gegnern. Der Bürgermeister von Villharta möchte von der Herumschnüffelei in der Geschichte des Spanischen Bürgerkriegs nichts wissen. Er bittet darum, die Erinnerungen nicht wieder aufzuwühlen: »Die alten Männer und Frauen haben es verdient, in Ruhe gelassen zu werden«, sagt er.

Wir machen uns auf den Weg nach Pozoblanco. In der Ferne hebt sich plötzlich ein Schatten ab, die Konturen eines Denkmals, das seine eigene Geschichte hat. Die Umrisse des »unbekannten Helden« auf dem Foto sind hier Skulptur geworden – über vier Meter hoch und aus Eisen geschweißt. Das Mahnmal steht mitten im Nichts, an der Gabelung zweier Landstraßen, fünf Kilometer von der Provinzstadt entfernt.

Das Kunstwerk wurde vom jüdischen Künstler Igael Turmakin geschaffen, die Kosten trug die israelische Botschaft: ein Zeichen spanisch-israelischer Verbundenheit. Verwandte des Künstlers hatten in den Kriegsjahren in den Internationalen Brigaden gekämpft. Am Anfang wollte niemand die Statue haben. Córdoba lehnte dankend ab. Auch die rechte »Volksallianz« von Pozoblanco war an dem eisernen Monument nicht interessiert. Die Sozialisten zögerten. In Pozoblanco gibt es wie vielerorts in Andalusien noch zahlreiche offene Wunden. Das Denkmal wurde der Stadt schließlich vom Kulturministerium in Madrid verordnet – doch niemand weiß dort, wer jener Soldat war, dessen Tod den Künstler inspirierte

Die Suche führt auch nach Obejo. Nach den ersten Gebietsverlusten in der Sierra von Córdoba hatten sich die Miliztruppen in die Umgebung dieses Dorfes zurückgezogen. Die holprige Landstraße windet sich in ein zerklüftetes Tal, dessen steile Hänge von Mandel- und Olivenbäumen bedeckt sind. Die Cortijos – die einfachen Bauernhäuschen hier im Süden – liegen wie weiße Farbkleckse in der Landschaft verstreut.

Obejo ist eines der typischen weißen andalusischen Dörfer. Auch hier ist, wie überall in Spanien, die Bar am Dorfplatz der beste Ort, um Informationen einzuholen. Der Großvater von José Maria Morales, dem Besitzer der Bar, war zu Beginn des Krieges Bürgermeister von Obejo und Mitbegründer der Dorfsektion der Sozialistischen Partei Spaniens. Die Genossen des Dorfes waren hartgesottene Verteidiger der Republik, erzählt José Maria. Als bekannt wurde, dass die linken Dörfler die Gefangenen rechter Gesinnung in Selbstjustiz hinrichten wollten, mobilisierte die Falange der angrenzenden Gemeinden ihre Kräfte, überfiel das Dorf und befreite die willkürlich zum Tode Verur-

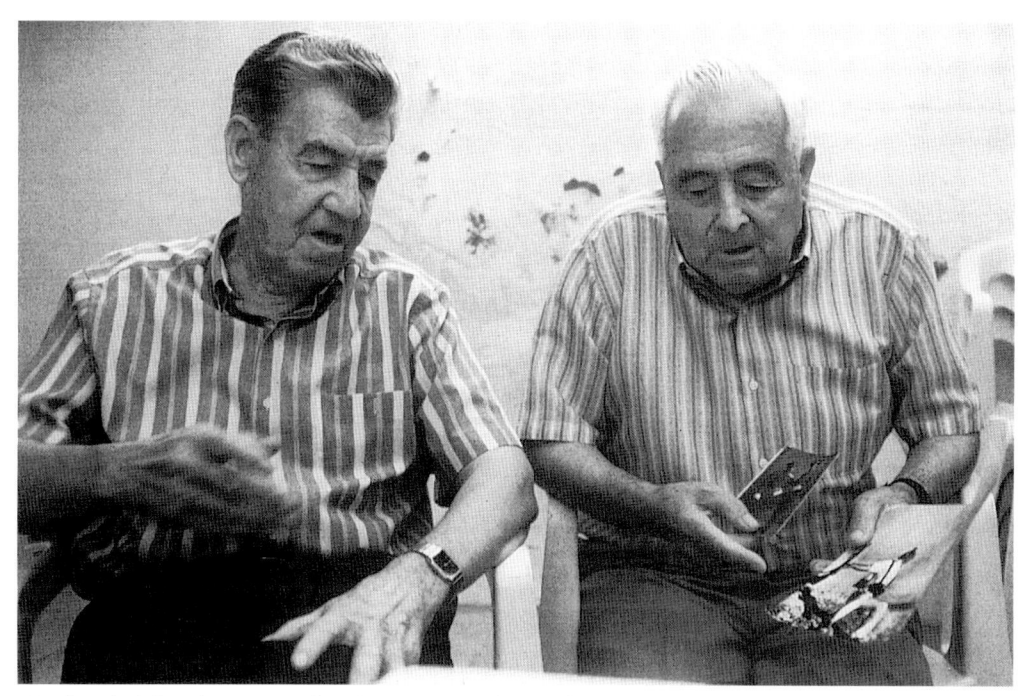

»Verdient, in Ruhe gelassen zu werden«: Zeitzeugen aus dem Dorf

teilten. Der Bürgermeister musste fliehen. Das gegenseitige Morden und Rächen zog sich durch die gesamte Kriegszeit.

Unter einem Feigenbaum im kühlen Schatten sitzen die greisen Veteranen – Nationalisten und Republikaner, Falangisten und Sozialisten – an einem Tisch; alle waren sie im Krieg. Die Gemüter erhitzen sich. Die Überzeugungen derer, die aufseiten der Republikaner standen, und der Gegner auf nationalistischer Seite sind auch über sechs Jahrzehnte nach dem Ende des Bürgerkriegs noch unvereinbar. Erstaunlich, wie präzise diese alten Männer mit den Fakten jonglieren. Capas Bild gibt den Anstoß zu einer heftigen Debatte über die Vergangenheit. »Ich weiß jemanden, der ihn kennt!«, ruft einer. »Der auf dem Foto, das ist Manuel Peinado Silveria.« Wenig später schleppt jemand dessen Cousin heran – auch der ist längst ein

alter Mann. Etwas ungläubig betrachtet er das Bild, erstaunt darüber, dass sich noch nach so langer Zeit ein Mensch dafür interessieren könnte. Plötzlich ist sich die versammelte Veteranengruppe einig: »Das ist Manuel.« Eine Überraschung! Ist das die richtige Spur?

Eine Gruppe von Milizsoldaten aus Obejo sei damals an die Front gezogen und habe sich in Cerro Muriano verschanzt. Beim Gewehrreinigen, so sagt man, habe sich eine Kugel gelöst und Manuel tödlich verletzt. Ein Unfall in den eigenen Reihen also? Die Pensionisten sind sich sicher: »Ja, natürlich. Das ist er!«

Wir sind uns nicht sicher und treffen einen anderen Kundigen vor Ort. Der war dem Geschehen damals so nah wie kaum ein anderer in der Gegend: »Das Bild ist authentisch«, bestätigt Mario Brotons. Er kämpfte

»Mitten im Nichts«: Das Mahnmal des israelischen Künstlers Igael Turmakin

selbst aufseiten der Linken gegen Franco und war an ebendiesem 5. September in Cerro Muriano. Brotons erinnert sich, dass er sogar die gleiche Patronentasche trug wie der »unbekannte Tote«.

Er hat Robert Capa gesehen, wie er an jenem Tag mit seiner Leica fotografierte, während die Milizionäre unter Feuer standen. Mario Brotons begann nach dem Krieg mit seinen persönlichen Nachforschungen. An jenem Septembertag waren viele Milizionäre verwundet worden. In den Militärarchiven von Salamanca und Madrid fand er jedoch nur einen einzigen Toten verzeichnet: Federico Borrell Garcia. Er war damals 24 Jahre alt und hatte 1936 einen Trupp von 300 fanatischen, aber unerfahrenen republikanischen Milizionären für die Córdoba-Front zusammengestellt. Wenige Wochen später wurde er von Francos Falangisten erschossen. Jener Federico Borrell Garcia ist höchstwahrscheinlich der Mann auf dem Foto, Robert Capas »spanischer Loyalist«.

Federico Borell war in Alcoy auch als »El Taino« bekannt, ein Anarchist und Kämpfer für die Republik. Er war frisch verliebt und wollte seine Freundin Marina heiraten, berichtet die Frau seines Bruders: »Federico hatte sich schon den Hochzeitsanzug schneidern lassen. Alle sagten: ›Dein Anzug ist gekommen, probier ihn an, ob er dir passt.‹« Daraufhin habe der Bräutigam geantwortet: »›Wenn ich das nächste Mal nach Hause komme, ziehe ich ihn an.‹ Er hat seinen Anzug nie anprobiert. Er ist nicht mehr nach Hause gekommen«, sagt Maria Segura Picher.

Federico Borell starb auf dem Hügel von Cerro Muriano. Wo sein Grab ist, weiß niemand genau. »Als mein Mann von den Kämpfen nach Hause kam, sagte er: ›Mein Bruder ist tot.‹« Die Suche nach dem Leichnam blieb erfolglos, ein Trauma für die Familie. »Wenn dann später ein Familienmitglied starb, sagten wir: ›Wenigstens wissen wir, wo er begraben liegt.‹« Das Foto nimmt Maria Segura Picher oft zur Hand: »Dieses Bild ist für mich sehr wichtig. Es schafft ein Stück Gerechtigkeit, nicht nur für Federico, sondern auch für all die anderen Soldaten, die ihr Leben geopfert haben für die Idee der Freiheit.«

Unsere Suche war erfolgreich. Doch letztlich war es nicht entscheidend, dass der Sterbende auf dem Bild Federico hieß. – Das Foto ist Symbol schlechthin, ein Sinnbild für den Irrsinn des Krieges. War doch das Blutvergießen in Spanien geradezu Vorbote der kommenden großen Konflikte des Jahrhunderts: des Kampfes des Kommunismus gegen den Faschismus, der Abwehrschlacht der alten Demokratien gegen die neuen Diktaturen.

Die Einmischung fremder Mächte trug dazu bei, dass ein fast gescheiterter Militärputsch in einen langwierigen Bürgerkrieg mündete. Hitler machte Spanien zum Testgelände für seine neuen Waffen, mit denen er den ganzen Kontinent erobern wollte. Die Bilanz des Spanischen Bürgerkriegs war erschütternd: Es gab mehr als 300 000 Tote, hunderttausende Flüchtlinge, die ins Exil gehen mussten, um dem blutigen Rachefeldzug Francos zu entgehen. In den ersten drei Jahren nach dem Sieg der Faschisten 1939 sollen rund zwei Millionen Gegner des Diktators verschwunden sein. Doch der wahre große Orlog, mit Massenmord und Holokaust, stand Europa noch bevor. Sind wir seitdem vernünftiger geworden? Das Bild vom sterbenden Soldaten bleibt so lange gegenwärtig, wie der Mensch des Menschen Wolf ist.

Ohne ihn, den Schöpfer der Roten Armee, wäre die Oktoberrevolution zum Scheitern verurteilt gewesen. Doch Lenins Nachfolger Stalin sah in Trotzki nur den charismatischen Konkurrenten. Seine Häscher folgten ihm bis ins Exil nach Mexiko.

Großvater musste etwas Schreckliches zugestoßen sein – das wusste Seva sofort. Augenblicke zuvor war der Junge noch unbeschwert durch die von Bäumen gesäumte Calle Vienna geschlendert, wie immer auf der Suche nach den Abenteuern des Alltags, welche die mexikanische Kleinstadt Coyoacan einem 13-Jährigen bot. Doch als er sich wieder dem großväterlichen Haus näherte, erschrak der Junge – Autos waren kreuz und quer auf dem Gehsteig geparkt, ein immenses Polizeiaufgebot brachte Unruhe in die matten Nachmittagsstunden. »Ich wusste sofort, dieses Mal würde es nicht glimpflich ausgehen – wir würden nicht noch einmal Glück haben.« Seva war noch ein Kind, aber er war auch ein Veteran im Kampf auf Leben und Tod, den Stalins Schergen gegen seine Familie führten. An den Polizisten vorbei rannte Seva durch den Innenhofgarten, hinein in das schattige Dunkel des Hauses.

»Diesmal war es ernst«: Trotzkis Enkel Esteban Wolkow am Grabmal seines Großvaters in Coyoacan

»Einer der Wächter hielt seine Pistole in den Händen und fuchtelte damit nervös herum. Ich fragte ihn: ›Was geht hier vor sich?‹ Echauffiert rief er, ohne mich eines Blickes zu würdigen: ›Jacson, Jacson!‹ Ich begriff nicht sofort, was passiert war, und lief in den Garten. Aus einigen Metern Entfernung sah ich jemanden, der mit Blut befleckt war und von zwei Polizisten festgehalten wurde.« Dann erkannte Seva den Fremden, den die Leibwächter seines Großvaters blutig geschlagen hatten – das war Jacson, ein Mann, der schon des Öfteren zu Besuch im Hause Trotzki gewesen war. Seva begriff rasch, was sich ereignet hatte, als er in die Bibliothek des Hauses schaute:

»Durch den Türspalt sah ich meinen Großvater blutüberströmt auf dem Boden liegen, umgeben von seiner Frau Natalja und den Leibwächtern. Einen Augenblick später, als ich auf Großvater zuging, sagte er: ›Haltet den Jungen zurück, lasst ihn nicht hierher – er soll vor diesem Anblick bewahrt werden.‹«

Doch Seva hatte schon genug gesehen: An diesem 20. August 1940 hatte Leo Trotzki – legendärer Held der russischen Revolution – seinen letzten Kampf ausgefochten. Er verlor ihn am nächsten Tag: Trotzki starb an den Folgen seiner massiven Kopfverletzung – Stalins Scherge Frank Jacson, dessen eigentlicher Name Ramón Mercader lautete, hatte ihm einen Eispickel in den Schädel gerammt.

»Ich habe Mercader als sportlichen, freundlichen und herzlichen Menschen in Erinnerung. Er spielte seine Rolle perfekt. Niemand dachte im Entferntesten, dass er ein Attentat vorbereiten würde. Mir als Kind schenkte er oft etwas, häufig waren es Modellflugzeuge aus Pappe«, erinnert sich der heute 77-jährige Esteban »Seva« Wolkow im ZDF-Interview an den Mörder. Mercader hatte alle, die Trotzki im mexikanischen Exil nahe standen, über Monate hinweg getäuscht. Trotzki selbst hatte den Mann, der ihn umbringen sollte, vor dem schicksalhaften 20. August 1940 kaum wahrgenommen. Heute weiß man, dass Mercaders Mordanschlag der dramatische Höhepunkt eines Komplotts war, das sowjetische Agenten seit Jahren vorbereitet hatten. Stalin, der mächtige Führer der Sowjetunion, hatte seinen Geheimdienstapparat in Gang gesetzt, um das Leben des weltbekannten, aber machtlosen Exilanten Trotzki endlich auszulöschen.

Dass Stalin ihn aus dem Weg räumen wollte, hatte Leo Trotzki schon seit 1929, dem Beginn seines Exils, geahnt. Er war ein unbequemer Dissident, der auch aus der Ferne mit Worten gegen den Stalinismus kämpfte: gegen ein Regime, das auf brutale Repression und eine bürokratische Kommandowirtschaft setzte, um aus dem Sowjetreich ein kommunistisches »Arbeiterparadies« zu machen. Per Verordnung sollte aus dem rückständigen Russland mit aller Gewalt ein moderner Industriestaat werden – so wollte es Stalin, koste es Millionen Menschenleben. Ideologische Widersacher oder parteiinterne Kritiker waren unerwünscht. Sie wurden kaltgestellt, verhaftet und in Schauprozessen als Volksfeinde abgeurteilt – dazu gehörten auch unzählige verdiente Parteikämpfer und Weggefährten aus Revolutionszeiten.

Die Dreißigerjahre waren in der Sowjetunion die Zeit der großen Säuberungen: Hunderttausende wurden vom Geheimdienst GPU als angebliche Saboteure und »Feinde der

Sowjetmacht« in den Gulag verschleppt, unzählige Menschen zum Tode verurteilt und erschossen. Staatsterror gegen politische Widersacher war im Sowjetreich an der Tagesordnung. 1938, als die Säuberungswelle im eigenen Land fast im Abklingen war, wandte sich Stalins Geheimdienst dann einem Mann zu, der ganz oben auf der Abschussliste des roten Diktators rangierte: Leo Trotzki, der 1937 im fernen Mexiko Zuflucht gefunden hatte.

Stalins Hass auf den Exilanten hatte inzwischen fast krankhafte Züge angenommen und stand in keinem Verhältnis zum noch verbliebenen Einfluss Trotzkis. Doch der Konflikt der beiden Revolutionäre hatte sich in beinahe 20 Jahren verselbstständigt. Stalin wollte das Erbe der 1924 verstorbenen Revolutionsikone Lenin ganz allein verwalten: Neben dem legendären Lenin sollte nur er, Stalin, als Erlöser und Heilsbringer von den proletarischen Massen verehrt werden. Leo Trotzki war der einzige Konkurrent, den Stalin unmittelbar nach Lenins Tod gefürchtet hatte. Damals herrschte Unklarheit darüber, wer von beiden vom kranken Lenin zum Nachfolger auserkoren worden war. Kaum war Lenin zu Grabe getragen worden, überzeugte der geschickte Intrigant Stalin die Parteiführung, dass nur er in der Lage sei, Lenins Revolution weiterzuführen. Damit war es ihm gelungen, die Karriere des Konkurrenten jäh zu unterbrechen – und das, obwohl Trotzki als Revolutionär beste Referenzen hatte: 1879 als jüdischer Bauernsohn unter dem Namen Leo Dawidowitsch Bronstein geboren, hatte er wegen seiner linksrevolutionären Aktivitäten das Zarenreich verlassen müssen und in Westeuropa Zuflucht gefunden. Im Juli 1917 hatte Trotzki sich Lenin an-

geschlossen und im revolutionären Russland für die Diktatur der bolschewistischen Parteielite gekämpft. Als »Volkskommissar für Äußeres« hatte er mit dem Deutschen Reich Friedensverhandlungen geführt, die im März 1918 mit dem Frieden von Brest-Litowsk endeten. Danach war er als »Volkskommissar für Krieg und Marine« tätig. Erfolgreich baute er die »Rote Armee« auf und führte sie im Bürgerkrieg zum Sieg – gnadenlose Terrorbefehle gegen Widersacher der Revolution hielt er dabei für unverzichtbar. Damit war der ebenso intelligente wie skrupellose Trotzki eine Schlüsselfigur dieser Revolution – und ein Hauptgegenspieler des noch farblosen, aber machthungrigen Stalin.

Auch nachdem Stalin zu Lenins Nachfolger aufgestiegen war, leistete Trotzki hinhaltend parteiinternen Widerstand. 1927 wurde er deswegen aus der Partei ausgeschlossen und musste 1929 ins Exil gehen. Über die Türkei, Frankreich und Norwegen verschlug es ihn schließlich nach Mexiko, dessen Linksregierung unter General Lazaro Cardenas sich weltweit als einzige bereit erklärt hatte, Stalins größtem Feind Exil zu gewähren. Trotzki ließ sich in Coyoacan nieder, einem ruhigen, einigermaßen wohlhabenden Vorort von Mexico City. Ganz in der Nähe lebte auch das Künstlerpaar Frida Kahlo und Diego Rivera. Der seinerzeit berühmteste Maler Mexikos hatte sich bei Staatschef Cardenas dafür eingesetzt, Trotzki aufzunehmen. Der heimatlose Revolutionär schien neue Freunde gefunden zu haben, zudem genoss er die exotische, lebensfrohe Atmosphäre des Gastlandes. Er richtete sich auf ein langes Exil ein. Dazu gehörte auch, das einfache, aber großflächige Stadthaus, das er an der Calle Vienna bezogen hatte, zu

»Schlüsselfigur der Revolution«: Trotzki, Lenin und der später hingerichtete Parteifunktionär Leo Kamenew im Jahr 1920 (von links)

»Hauptgegenspieler Stalins«: Trotzki (rechts) empfängt eine Delegation russischer Arbeiter

»Zuflucht in Mexiko«: Trotzki und seine Ehefrau Natalja werden nach ihrer Ankunft in der mexikanischen Hauptstadt von der Malerin Frida Kahlo und einem US-amerikanischen Sympathisanten begrüßt

»Verkörperung eines besseren Kommunismus«: Auch in Mexiko arbeitete Trotzki weiter an der »Weltrevolution«

einer Festung auszubauen: Wachtürme mit Schießscharten wurden errichtet, die Mauern, die den Innenhof umschlossen, wurden höher gezogen, schwere Eisentore verschlossen die Außentüren. Trotzki war berühmt, für viele linke Idealisten war er die Verkörperung eines besseren Kommunismus – und so fanden sich Geldgeber, die ihn finanziell unterstützten, und Freiwillige, die ihn mit der Waffe rund um die Uhr beschützten. Zuerst waren es mexikanische Genossen, später amerikanische Trotzkisten, die im Schichtdienst die Wachtürme und Türposten besetzten, während vor dem Haus regelmäßig die mexikanische Polizei patrouillierte.

Trotzkis Enkel Seva kam 1939 nach Mexiko zu seinem Großvater. Der Junge empfand sein festungsartiges neues Zuhause in Coyoacan keineswegs als bedrohlich. »Plötzlich landete ich in einem Haus voller Leben, inmitten einer großen Familie. Da waren Trotzki und seine Ehefrau Natalja, umgeben von jungen Menschen, den Sekretären, Adjutanten und Wächtern.« Seva war begeistert. Der Junge war ein Kind, dem Stalins Terror Vater und Mutter genommen hatte: Sevas Vater, der unpolitische Ingenieur Platon Wolkow, war 1928 von Stalins Schergen in den Gulag verschleppt worden und galt als verschollen. Sevas Mutter, Trotzkis Tochter Zina, war aus der Sowjetunion ausgewiesen worden und nach Berlin gezogen – tuberkulosekrank und depressiv, nahm sie sich nach der Machtergreifung der Nazis das Leben. Der verwaiste Seva hatte zuletzt in Paris bei einer alten Witwe gewohnt, die streng über ein düsteres Haus wachte. Mexiko – das war für Seva nicht nur ein großes Abenteuer, sondern auch die Erfüllung einer kindlichen Sehnsucht: Er wollte ein Zuhause, eine Fami-

lie, eine Vaterfigur. Dass der rote Diktator Stalin im fernen Moskau die neu gefundene Idylle bereits im Visier hatte, ahnte Seva noch nicht. Doch er lernte schnell, dass er und seine geliebten Großeltern nirgendwo sicher waren.

Stalin muss seine Macht demonstrieren. Eine Wiederholung des Attentats ist unvermeidlich.

TROTZKI NACH DEM ERSTEN ANSCHLAG AUF IHN IN MEXIKO

In den frühen Morgenstunden des 24. Mai 1940 zerrissen Schüsse die nächtliche Ruhe. »Eben noch im Tiefschlaf, stand ich plötzlich mitten auf einem Schlachtfeld. Es waren Hunderte von Schüssen, die sie in diesem Moment abfeuerten. Es schien eine Ewigkeit zu dauern, bis es wieder vollkommen still wurde«, erinnert sich der damals 13-Jährige, der von einem Streifschuss am Fuß leicht verletzt wurde. Doch der erste Mordanschlag auf Leo Trotzki, den der Junge hautnah miterlebte, verlief glimpflich. Ein schwer bewaffneter Trupp, verkleidet in mexikanischen Armeeuniformen, hatte eine der Wachen getäuscht, den Garten des Hauses in Coyoacan gestürmt und in totaler Dunkelheit alle Fenster des Hauses unter Beschuss genommen. Trotzki und seine Frau hatten unter ihrem Bett Zuflucht gesucht und das Attentat unverletzt überlebt. Der dilettantische Anschlag war die Tat fanatischer mexikanischer Kommunisten – sie wollten ihrem Idol Stalin zeigen, dass sie nicht nur gegen die Anwesenheit Trotzkis in Mexiko protestieren konnten, sondern auch bereit waren zu handeln. Die Polizei behandelte den Attentatsversuch als Farce. Der Anführer, der mexikanische Maler und Kommunist David Alfaro Siqueiros, wurde gefasst, kam aber gegen eine Kaution wieder frei und floh mithilfe des chilenischen Dichters Pablo Neruda aus Mexiko.

Trotzkis Todesurteil aber war schon lange vor dem operettenhaften Anschlag der mexikanischen Stalinisten gesprochen worden. Die Geheimoperation, die ihn das Leben kosten sollte, begann 1938 – und zwar mit einer Liebesaffäre. Sylvia Agelof, eine amerikanische Trotzkistin, reiste im Sommer jenes Jahres nach Paris – auf Einladung ihrer Freundin Ruby Weil. Sylvia ahnte nicht, dass ihre »Freundin« Ruby Teil eines teuflischen Komplotts war. In Paris stellte ihr Ruby »zufällig« einen gut aussehenden Mann vor: Jacques Mornard-Vandendreschd, angeblich der Sohn eines belgischen Diplomaten.

> **Es gibt keinen Zweifel, dass Jacson ein Stalinist ist und dass hinter ihm andere Stalinisten stehen, die ich nicht kenne. Stalin ist derjenige, der am meisten Grund hat, Trotzki zu beseitigen. Und ausgerechnet mich hat er zu seinem Werkzeug gemacht!**
>
> SYLVIA AGELOF BEI IHRER VERNEHMUNG

Die Amerikanerin Sylvia Agelof, in Liebesdingen unerfahren, erlag dem weltmännischen Charme ihres neuen Bekannten. Die 27-Jährige verliebte sich Hals über Kopf in den Mann, von dem sie nicht ahnen konnte, dass er seit Jahren für den sowjetischen Geheimdienst arbeitete. Mornards wahrer Name lautete Ramón Mercader del Río Hernández. Er war 1914 in Barcelona geboren, seine Mutter Caridad Mercader ging 1925 mit ihm nach Frankreich; dort schloss sie sich der kommunistischen Partei an. Auch ihr Sohn bekannte sich früh zum Kommunis-

mus, diente aber vorerst dem Klassenfeind: Die Ausbildung in einer Hotelfachschule in Frankreich und die Arbeit in vornehmen Restaurants machten ihn mit den Sitten der »besseren Gesellschaft« vertraut. Ideologischen Schliff bekam er während des Spanischen Bürgerkriegs. Als Leutnant wurde er zum politischen Kommissar in einer kommunistischen Einheit, die gegen Franco kämpfte. Er stand in dem Ruf, besonders skrupellos zu sein. In seinem Fanatismus folgte er dem Beispiel der Mutter: Auch sie glaubte unbeirrt an Stalin, während des Bürgerkriegs begann sie ein Verhältnis mit einem hochrangigen sowjetischen Geheimdienstchef in Spanien, Leonid Eitingon. Bald wurden sowjetische NKWD-Agenten, die im Auftrag Stalins die Internationalen Brigaden kontrollierten, auf den jungen Mercader aufmerksam. Schon vor der Niederlage gegen Franco schleusten sie den linientreuen Kommunisten Mercader und seine Mutter in die Sowjetunion aus. Er galt als Mann mit Potenzial: Sprach- und weltgewandt, dabei fanatisch und rücksichtslos – solche Männer brauchte der NKWD für seine Auslandsaktivitäten. In Moskau erhielt Mercader eine geheimdienstliche Ausbildung, dann war er einsatzbereit. Mit unbegrenzten Geldmitteln ausgestattet, als perfekter Gentleman getarnt, begann er in Westeuropa mit seiner Arbeit. Sein Führungsoffizier war besagter NKWD-General Eitingon, der Chef der geheimen »Sonderabteilung Trotzki«.

Als »Romeo«-Agent hatte er Sylvia Agelof schnell erobert – sie vertraute ihrem Geliebten blind. Zu keinem Zeitpunkt kam es ihr in den Sinn, dass sie nur aus einem Grund für diesen Mann interessant war: Ihre Schwester Ruth arbeitete in Mexiko als Sekre-

»In Liebesdingen unerfahren«: Sylvia Agelof (rechts) verschaffte Mercader Zutritt zu Trotzki

offizier habe er nach dem Kriegsausbruch in Europa keine Ausreiseerlaubnis für die USA bekommen und sich deshalb gefälschte kanadische Papiere besorgt. Schon einen Monat später gab er vor, aus beruflichen Gründen nach Mexico City zu müssen. Von dort schrieb er Sylvia: Er sei einsam, sie möge bitte nachkommen. Nur zu gern nahm sie die Einladung an. In Mexico City suchte sie sofort ihre Schwester auf. Sylvia konnte kaum erwarten, ihr den wunderbaren Verlobten, den sie in Europa gefunden hatte, vorzuführen. Ruth verschaffte ihrer Schwester zudem einen Job – auch Sylvia konnte im Hause Trotzki als Sekretärin aushelfen. Jacson/Mercader war seinem Zielobjekt Trotzki nun sehr nah. Eitingon, sein Führungsoffizier, hielt sich ebenfalls zeitweise in der Nähe des Opfers auf – als »Repräsentant des Sowjetischen Roten Kreuzes« war er in der Neuen Welt »in rein humanitärer Mission« unterwegs. Zwar residierte er vornehmlich in New York, unterhielt aber gemeinsam mit Caridad Mercader auch ein Haus in Mexico City.

Weisungsgemäß nahm sein Agent Mercader sich Zeit. »Nie zeigte er Interesse daran, zu Trotzki eine persönliche Beziehung aufzubauen. Er knüpfte im weiteren Bekanntenkreis Trotzkis freundschaftliche Bande. Er war sehr hilfsbereit und tat gerne jeden Gefallen«, beschreibt ihn Seva. Jacson alias Mercader nutzte sein Auto, um sich nützlich zu machen. Er lieh den Wachen seinen Wagen; mit dem Trotzki-Enkel unternahm er eine Tagestour in die Berge. »Nur selten hatten er und Trotzki etwas miteinander zu tun. Meistens begegneten sie sich flüchtig im Garten oder grüßten einander mit wenigen Worten. Trotzki sah in Mercader nur Sylvias Ehe-

tärin für Leo Trotzki. Sylvia verbrachte glückliche Monate in Paris, Mornard alias Mercader lebte mit ihr auf großem Fuß. Dann, im Frühjahr 1939, tat er den ersten Schritt, um näher an Trotzki heranzukommen. Er habe in New York eine Korrespondentenstelle für eine belgische Zeitung angenommen, sie solle dorthin vorfahren und ein gemeinsames Leben vorbereiten. Erst im September 1939 traf Mornard/Mercader in New York ein – merkwürdigerweise mit einem falschen kanadischen Pass. Er hieß nun Frank Jacson. Seine Erklärung: Als belgischer Reservemann. Mehr wusste er nicht über ihn«, erzählt der Trotzki-Enkel über 60 Jahre später.

Wenige Tage vor dem Mordanschlag kam es zu einem ersten direkten Gespräch zwischen dem Revolutionär im Ruhestand und dem Beinahe-Fremden. Der bat um einen Gefallen: Er habe einen kleinen Essay über politische Fragen verfasst, vielleicht könne der erfahrene Schriftsteller und Theoretiker mal einen Blick darauf werfen. Großzügig willigte Trotzki ein, las den Text und schlug einige Korrekturen vor. Am 20. August 1940 stand Mercader wieder vor der Tür, erneut wollte er seinen Text besprechen. Eher gelangweilt bat ihn der Hausherr in sein Büro, setzte sich an den Schreibtisch und begann zu lesen. Mercader, trotz des sonnigen Wetters in einen Regenmantel gehüllt, stand hinter ihm. Langsam griff er in den Mantel, zog dann plötzlich einen Eispickel ohne Stiel hervor und rammte Trotzki die stumpfere Seite in den Hinterkopf.

Diesen Schrei werde ich mein ganzes Leben lang nicht vergessen.

Das Opfer stieß einen langgezogenen Schrei aus, sprang dann vom Stuhl auf, packte den Täter und biss in dessen Hand. »Jacson, Jacson!«, gellte Trotzkis Hilferuf durch das Haus. Die Leibwächter stürmten herbei, rissen den Attentäter zu Boden und begannen ihn erbarmungslos zusammenzuschlagen.

Als Seva am Tatort erschien, war Mer-

»Jacson, Jacson!«: Wenige Tage nach dem Anschlag erlag Trotzki seinen Verletzungen

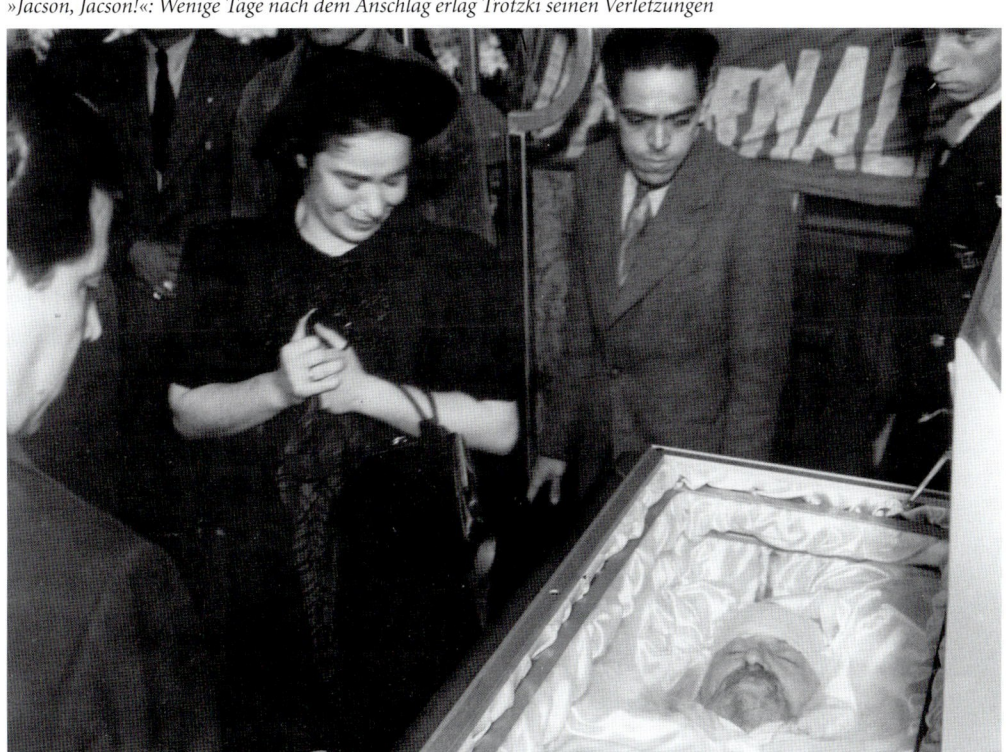

»Soldat der Revolution«: Ramón Mercader im Gefängnis in Mexico City, 1954

cader bereits wehrlos: »Eine wahrlich erbärmliche Kreatur sah ich da vor mir, die jammerte, sich beklagte und wimmerte. Dieser Mann dort wirkte nicht wie ein menschliches Wesen, sondern eher wie ein Tier auf mich. Während die anderen Wächter Mercader gnadenlos bearbeiteten, rief Trotzki ihnen zu: ›Tötet ihn nicht. Sagt den Kameraden, dass sie ihn nicht umbringen sollen. Er muss reden.‹«

Stalin hatte stets große Angst vor Trotzki. Er beneidete ihn um seinen Intellekt. Dieser Schlag auf Trotzkis Haupt kann als Symbol dafür gesehen werden, dass es Stalin darum ging, das Organ zu zerstören, das er bei Trotzki am meisten fürchtete: das Gehirn, das zu scharfsinnigen Analysen fähig war.

ESTEBAN WOLKOW, TROTZKIS ENKEL

Mercader redete wirklich: »Sie haben mich dazu gezwungen. Sie haben meine Mutter in ihren Händen.« Eine Lüge – seine Mutter und sein Führungsoffizier Eitingon hatten in einem Auto mit laufendem Motor auf ihn gewartet, flüchteten jedoch, als sie begriffen, dass Mercader gefasst worden war. Der blieb fortan stumm: Für den Rest seines Lebens schwieg er über Auftraggeber und Motive seiner hinterhältigen Tat. Nachdem Trotzki im Krankenhaus seinen Verletzungen erlegen war, wurde Mercader wegen Mordes vor Gericht gestellt. 20 Jahre lautete das Urteil – in Mexiko war das die Höchststrafe für Mord. Er saß seine gesamte Strafe ab – auch weil die Überlebenden der Familie Trotzki es ablehnten, persönliche Rache zu nehmen: »Zweimal kamen Gefängniswärter zu uns. Sie boten uns an, Mercader zu eliminieren. Sie wollten

Geld dafür haben«, berichtet der Trotzki-Enkel Esteban Wolkow. »Wir machten diese Angebote sofort publik, weil wir davon ausgingen, dass es sich bei den Hintermännern um dieselben Leute handelte, die auch Jacson als Attentäter engagiert hatten, ihn nun aber beseitigen wollten.« 1953 wurde zweifelsfrei nachgewiesen, das Frank Jacson in Wahrheit Ramón Mercader del Río hieß – doch der Häftling bestritt dies weiterhin vehement.

Ich machte … aus meinem Sohn einen Mörder, aus Ramón, den ich eines Tages aus Trotzkis Haus kommen sah, gefesselt und blutend, und ich konnte ihn nicht retten.

CARIDAD MERCADER IN MOSKAU IM GESPRÄCH MIT EINEM SPANISCHEN KP-VERTRETER

1960 wurde er aus der Haft entlassen und reiste in die Sowjetunion aus. Seine Mutter hatte in Moskau noch zu Lebzeiten Stalins – stellvertretend für ihren Sohn – den Orden »Held der Sowjetunion« entgegengenommen. Aber in der Ära Chruschtschow wurde er keineswegs als Held gefeiert, ebenso wenig

gaben die Sowjets jemals zu, ihn als Mörder nach Mexiko gesandt zu haben. Mercader lebte mit seiner mexikanischen Frau einige Jahre lang unauffällig in Moskau. Allerdings sagte das Klima der sowjetischen Hauptstadt dem spanischen Kommunisten nicht zu; 1974 siedelte er nach Kuba über, wo er 1978 an Krebs starb. Der Mann, der als Ramón Mercader del Río Hernández aufwuchs, der als Jacques Mornard die Liebe der vertrauensseligen Sylvia Agelof missbrauchte und als Frank Jacson den Mord an Trotzki begangen hatte, war ein Geschöpf, das der russische Geheimdienst zu einem gnadenlosen »Soldaten der Revolution« geformt hatte. Mercader beging eines der bekanntesten Attentate und blieb doch einer der unbekanntesten Attentäter – dafür sorgten seine Auftraggeber. Noch nach dem Tod ihres willigen Werkzeugs fälschten sie ein letztes Mal die Identität des Trotzki-Mörders: Auf dem Friedhof Kunzcwo in Moskau ruht er unter einem Grabstein mit der Inschrift »Lopez Ramón Iwanowitsch, Held der Sowjetunion«.

*Die Frau war eine französische Institution –
Coco Chanel. Während des Zweiten Welt-
kriegs freilich galt sie vielen Landsleuten als
Kollaborateurin – wegen der Liebe zu einem
Deutschen. Wie war es wirklich?*

Sie kreierte das »kleine Schwarze« und revolutionierte damit die Welt der Mode. Ihr Name steht für weibliche Eleganz und zeitlosen Chic: Coco Chanel.

Jackie Kennedy, Romy Schneider und Fürstin Gracia Patricia von Monaco zählten zu ihren treuesten Kundinnen – und verhalfen dem Chanel-Kostüm zu Weltruhm. Seine Schöpferin wird bis heute als Inbegriff vollendeten Stils gefeiert und von ihren Landsleuten als nationale Ikone verehrt. Doch die berühmte Französin war alles andere als eine überzeugte Patriotin. Die Liebschaft mit einem deutschen Spion wurde der großen Modeschöpferin fast zum Verhängnis: Als Werkzeug der SS geriet sie in eine absurde Mission, die als »Operation Modellhut« in die Geschichte einging.

Coco Chanel war nicht nur Modeschöpferin, sondern vor allem Unternehmerin – und als solche außergewöhnlich erfolg-

*»Weibliche Eleganz und zeitloser Chic«:
Die Modeschöpferin Coco Chanel im Jahr 1936*

reich. Das von ihr kreierte Parfüm, »Chanel No. 5« – benannt nach ihrer Glückszahl –, wurde zum berühmtesten Duft der Welt. »Ein Parfüm, völlig anders als alles Bisherige«, erklärte sie stolz. »Ein Parfüm für Frauen, das nach Frauen riecht, den Gedanken an Frauen heraufbeschwört.« Das Konzept ging auf – als Marilyn Monroe Mitte der Fünfzigerjahre

*»Uneheliche Tochter eines Markthökerpaares«:
Schon mit 25 Jahren hatte sich Coco Chanel nach oben
gearbeitet (Foto von 1910)*

»Zahlreiche Liebhaber«: Die Modeschöpferin und der Fotograf Cecil Beaton

hauchte, sie trage nachts nur Chanel No. 5, war das teure Duftwasser längst zum Verkaufsschlager geworden. Bis heute gehört es zu den meistverkauften Parfüms weltweit.

Es war wie ein Hauptgewinn in der Lotterie.

MISIA SERT, FREUNDIN CHANELS,
ÜBER DAS PARFÜM »NO. 5«

Fast scheint es, als habe sich alles, was Coco Chanel anfasste, gleichsam in Gold verwandelt. Ob sie edle Stoffe mit falschen Perlen behängte oder extravagante Hüte aus Stroh und Federn formte – immer setzte sie Trends, und der Erfolg folgte auf dem Fuße. Als nach dem Ersten Weltkrieg andere Modesalons schlos-

sen, weil edle Stoffe Mangelware wurden, machte Coco Chanel aus der Not eine Tugend: Ihre schlichten Modelle verlangten weder Spitze noch Seide. Cocos Stil war elegant, aber praktisch – und traf damit genau das neue Zeitgefühl. Die Nachfrage nach ihrer Mode wurde immer größer; in den Zwanzigerjahren hatte sich der Chanel-Stil längst durchgesetzt. Ganz Frankreich riss sich um ihre Kostüme, feierte sie als Grande Dame der »Grande Nation«. Dabei war »Frankreich für sie eher nebensächlich«, ist Marcel Haedrich, Freund und Biograf der Modeschöpferin, überzeugt. »Was für sie zählte, war allein das Haus Chanel. Sie war keine Französin, sie war eine Chanel!«

118

Ganz sicher war sie eine Frau, die sich um Konventionen wenig scherte. Zwar blieb sie bis zu ihrem Tod im Jahr 1971 unverheiratet, doch hatte sie zahlreiche Liebhaber. »Coco Chanel führte so etwas wie ein Doppelleben«, meint ihre Biografin Edmonde Charles-Roux dazu. »Keiner durfte wissen, dass sie Männer hatte, die sie aushielten. Ihre reichen, versnobten Kundinnen hätten ihr das nie verziehen.« Zu ihren geheimnisumwitterten Liebschaften zählte auch der Herzog von Westminster, einer der reichsten Männer Europas. Eine Zeit lang hoffte Coco, seine Frau zu werden. Doch die uneheliche Tochter eines Markthökerpaares an der Seite eines Protagonisten des britischen Hochadels – das war damals undenkbar. Der Herzog entschied sich für eine bequemere Lösung – aus besserem Hause. Und Coco ließ sich trösten – von anderen Männern. Etliche Zeitgenossen behaupteten bis zu ihrem Lebensende, auch Winston Churchill sei darunter gewesen. 1927 gestand Churchill in einem Brief an seine Frau: »Die berühmte Coco tauchte auf, ich war sehr von ihr angetan – eine äußerst fähige und angenehme Frau.« Für den Briten war Angriff immer die beste Verteidigung – doch ob Chanel und Churchill damals mehr verband als Sympathie und die Leidenschaft für den Reitsport, bleibt ungewiss. Erst mehr als ein Jahrzehnt später suchte Coco Chanel wieder den Kontakt zu Churchill – doch dabei ging es nicht um Liebe, sondern um Politik.

Am 2. September 1939 erklärte Frankreich als Antwort auf Hitlers Invasion in Polen Deutschland den Krieg. Wenig später schloss die berühmte Coco Chanel ihren Modesalon in der Pariser Rue Cambon. Die Regierung versuchte zu intervenieren: Das Haus Chanel sollte aus Prestigegründen geöffnet bleiben; es sollte Wohlfahrtsbälle und Modeschauen geben, wie im Ersten Weltkrieg. Doch die Inhaberin dachte überhaupt nicht daran. Trotzig verkündete sie: »Jetzt ist nicht der richtige Zeitpunkt für Mode«, und entließ ihre gesamte Belegschaft ohne Einhaltung von Kündigungsfristen. Dabei erfolgte ihr Entschluss weniger aus Gründen der Moral als aus unternehmerischem Kalkül. Dem Ersten Weltkrieg verdankte sie ihren Erfolg; jetzt war sie überzeugt, dass es anders sein würde. Die mehrfache Millionärin verkroch sich in ihre luxuriöse Suite im Hotel Ritz, die sie seit Jahren bewohnte, und betrachtete sich fortan als »pleite«. Als im Juni 1940 deutsche Kampfflugzeuge Vororte der Seinemetropole unter Beschuss nahmen, verstaute Coco Chanel ihre Habe in Kisten, lagerte sie im »Ritz« ein und verließ mit hunderttausenden anderen Parisern die Stadt. Am frühen Morgen des 18. Juni 1940 zog Hitler als Triumphator durch Paris, vorbei am Trocadero und dem Eiffelturm – durch gähnend leere Straßen.

Coco Chanel hatte inzwischen auf dem Land Unterschlupf gefunden. Doch das Leben in der Provinz bot der mondänen Modeschöpferin nicht genügend Abwechslung. Als man sie durch ein Telegramm wissen ließ, dass die deutschen Besatzer ihre Rückkehr nach Paris begrüßen würden, zögerte Coco Chanel nicht lange. Ende August 1940 traf sie wieder in der Hauptstadt ein. Über dem »Ritz« wehte mittlerweile die Hakenkreuzfahne: Das deutsche Oberkommando hatte sich in dem vornehmen Hotel einquartiert.

»Keine Berührungsängste mit dem Feind«: Wachablösung vor der deutschen Kommandantur in Paris

In der Lobby ihres einstigen »Zuhauses«, in dem es mittlerweile von deutschen Offizieren wimmelte, wurde sie vom Manager des Hotels angesprochen und gebeten, sich sofort in die Kommandantur zu begeben. Ihre schnippische Erwiderung: »Ich werde gehen, sobald ich mich hübsch gemacht habe.«

Coco Chanel zog wieder im »Ritz« ein. Berührungsängste mit dem »Feind«, mit dem sie jetzt Tür an Tür wohnte, schien sie nicht zu kennen. »Sie war nicht antideutsch gestimmt. Der Krieg war für Coco ein Problem zwischen Frankreich und Deutschland, aber nicht ihres«, versucht der greise Graf René de Chambrun, Anwalt und Freund Chanels, zu erklären. »Sie hat sich nie für die Probleme der anderen interessiert, darüber ging sie immer hinweg.« Die Besatzer wussten, was

sie an der Chanel hatten: Vor ihrem Salon in der Rue Cambon standen Soldaten der Wehrmacht Schlange: Chanel No. 5 war das begehrteste Mitbringsel für die Braut in der Heimat. Als die Vorräte zur Neige gingen, wurden selbst leere Flaschen mit dem Doppel-C verkauft. Bald munkelte man in der Pariser Gesellschaft, die große Modeschöpferin unterhalte gute, zu gute Beziehungen zu den Deutschen und insbesondere zu einem gewissen Hans Günther von Dincklage, von seinen Freunden auch »Spatz« genannt.

Dincklage war sehr distinguiert, er sprach fließend Französisch. Er ging gerne aus, er war ein sehr mondäner Deutscher. Und er vergötterte Coco Chanel.

René de Chambrun, Anwalt und Freund

Der gepflegte Mittvierziger sprach fließend Französisch, trug stets Zivilkleidung und hatte sich Coco als »Presseattaché« vorgestellt. Doch die wahre Profession des distinguierten Charmeurs dürfte seiner Geliebten zunächst verborgen geblieben sein: Hans Günther von Dincklage arbeitete für die deutsche Abwehr – und zwar als Spion.

Cocos neue Liebe war ein Mann mit vielen Identitäten: Hans Günther von Dincklage, geboren 1896 in Hannover, gehörte dem niedersächsischen Adel an, seine Mutter war Engländerin. 1914 hatte er als Leutnant bei den Königsulanen am Ersten Weltkrieg teilgenommen. Mit Mitte zwanzig heiratete er – »comme il faut« – ein junges Mädchen aus bester Familie. Doch in den Adern der wohlgeborenen Dame flossen ein Paar Tropfen jüdischen Blutes – für den ehrgeizigen Dincklage Grund genug, sich 1935 von ihr scheiden zu lassen. Seit 1928 hielt sich »Spatz« immer wieder in Paris auf. Der Hannoveraner Junker fand wenig Gefallen an der Arbeit, dafür umso mehr am anderen Geschlecht. In den Pariser Salons war er als charmanter Gesellschafter ein gern gesehener Gast. Im Oktober 1933 nahm sich Dincklage eine Wohnung am Champ-de-Mars und nannte sich fortan »Attaché der Deutschen Botschaft«. Welche Aufgaben sich mit diesem Amt verbanden, schien in Paris niemanden besonders zu interessieren – offenbar ließ ihm seine Tätigkeit genügend Zeit für ein intensives Privatleben. Doch die Archive geben über seine Bestimmung in Frankreich nähere Auskunft: »Hans Günther von Dincklage, geboren am 15. Dezember 1896 in Hannover, war Sonderbeauftragter des Reichspropagandaministeriums und hatte als solcher zur Tarnung einen Posten als Presseattaché. Seine

Aktivitäten in Paris waren Gegenstand eines privaten einjährigen Dienstvertrages, der am 17. Oktober 1933 in Kraft trat.« Nach Ablauf dieser Frist wurde »Spatz« nach Deutschland zurückbeordert, doch schon kurze Zeit später erschien er wieder in Paris. Ob sein Vertrag verlängert wurde und in wessen Auftrag er jetzt arbeitete, ist unbekannt. Doch spricht vieles dafür, dass er nun für die deutsche Abwehr tätig war.

Coco Chanel interessierte sich nicht für den Arbeitgeber ihres Geliebten. Sie war 58 Jahre alt, Dincklage ein gutes Dutzend Jahre jünger. Doch »Spatz« war ein viel zu diskreter Begleiter, um sie diesen Altersunterschied spüren zu lassen. Gemeinsam verbrachten sie die Tage in ihrem Apparte-

»Ein sehr mondäner Deutscher«: Hans Günther von Dincklage ließ es sich als Agent der deutschen Abwehr in Paris gut gehen

ment, gingen selten aus und führten ein eher zurückgezogenes Leben. Denn immerhin handelte es sich um eine gefährliche Liebschaft: Die Franzosen nahmen es ihrer »nationalen Ikone« übel, dass sie sich mit einem Deutschen einließ – auch wenn er noch so gut Französisch sprach. »Coco verteidigte sich«, erinnert sich Chanel-Biograf Marcel Haedrich: »Sie sagte zu mir: ›Er ist kein Deutscher, seine Mutter ist Engländerin!‹« Auch der »Spatz« bangte um seine Stellung in Paris, die ihm ein angenehmes Dasein gewährleistete. »Vor nichts fürchtete er sich mehr, als dass man ihn an die Ostfront hätte schicken können«, erklärt Marcel Haedrich. Cocos Geliebter war ein Charmeur – aber kein Held.

Die deutsche Besatzungszeit verlangte von den Franzosen viel ab – auch von Coco Chanel: Das gesellschaftliche Leben in Paris war beinahe zum Erliegen gekommen, Coco langweilte sich. Die erfolgreiche Unternehmerin wandte schließlich ihre Aufmerksamkeit dem Kampf mit den Brüdern Paul und Pierre Wertheimer zu. Seit 1934 fungierte Coco Chanel nicht mehr als Präsidentin von »Les Parfums Chanel«, die Rechte waren nach und nach an die Wertheimers abgetreten worden. Ein Gerichtstermin war aufgrund des Krieges auf unbestimmte Zeit verschoben worden. Doch die Deutschen hatten eine »Kommission für Jüdische Fragen« ins Leben gerufen, die sich unter anderem auch mit der Beschlagnahmung von Geschäften in jüdischem Besitz befasste – und die Wertheimers waren Juden. Coco Chanel hatte weder Zweifel noch Skrupel, sich diese Tatsache zunutze zu machen. Die deutsche Besatzung bot ihr die Gelegenheit, sich von der unbe-

quemen Partnerschaft mit den Wertheimers zu lösen – und sie zögerte nicht, diese Gelegenheit zu ergreifen.

Die Wertheimers hatten zu Beginn des Krieges in einem Versteck in Südfrankreich Zuflucht gesucht und sich 1940 über Spanien und Portugal in die Vereinigten Staaten abgesetzt. Ein Vetter war zum Übergangsverwalter der Parfüm-Chanel-Niederlassung bestellt worden. Als er von den Plänen der Modeschöpferin erfuhr, gelang es ihm, gerade noch rechtzeitig einen nichtjüdischen Industriellen zu engagieren, der bereit war, für die Wertheimers als Strohmann zu agieren. Cocos Rachefeldzug war gescheitert. Doch nun geriet die naive Modeschöpferin unbewusst in den Strudel eines gefährlichen Abenteuers, das sie zum Werkzeug der SS machen sollte.

Als 1943 ein Sieg Deutschlands in immer weitere Ferne rückte, erwog der deutsche Geheimdienst Verhandlungen mit den Alliierten – hinter Hitlers Rücken. Walter Schellenberg, Chef der SS-Auslandsabwehr, suchte einen inoffiziellen Kontakt zu Winston Churchill, dem britischen Premierminister.

Diese Frau wurde uns als eine Person vorgestellt, die Churchill gut genug kannte, um mit ihm eine politische Verhandlung zu führen.

SCHELLENBERG IN EINER VERNEHMUNG, 1945

Der schien schnell gefunden: Wie bereits geschildert war Coco Chanel mit Winston Churchill bekannt – der britische Premier schwärmte noch immer für die französische Modeschöpferin. Schellenbergs Mitarbeiter, Cocos »Spatz«, erhielt nun den Auftrag, ein geheimes Treffen seiner Geliebten mit Wins-

»Ich war sehr von ihr angetan«: Winston Churchill kannte Coco Chanel seit den Zwanzigerjahren. Dieses Foto der beiden zusammen mit Churchills Sohn Randolph entstand Anfang 1928

ton Churchill zu arrangieren. Coco Chanel erkannte nicht, in welch undurchsichtiges Spiel aus Intrigen und Verrat sie hineingezogen werden sollte. Ein Dokument des britischen Geheimdienstes gibt Auskunft über ihr Engagement für den Geheimdienst der SS: Sie sollte Churchill zu einem Teilfrieden mit Deutschland überreden – ein absurdes Unterfangen, dem Coco Chanel jedoch ohne zu zögern zustimmte. Sie schien überzeugt davon, damit einen Beitrag zum Frieden leisten zu können und die Welt vor einer größeren Katastrophe zu bewahren. Die aberwitzige Mission erhielt den passenden Namen: »Operation Modellhut«.

Dincklage war der Mittelsmann – er sollte ein oder zwei Treffen zwischen Coco und Churchill arrangieren.

ANWALT UND FREUND RENÉ DE CHAMBRUN
ÜBER DIE »OPERATION MODELLHUT«

Die Französin sollte den britischen Premier in Madrid treffen, wohin er nach einer Konferenz in Teheran zu reisen beabsichtigte. Im November 1943 machte sich Coco Chanel mit Vera Bate, einer Freundin, auf den Weg – mit dem Zug über Bordeaux und Biarritz nach Madrid. Bezüglich ihrer Reisebegleitung hatte man sich klugerweise für eine Engländerin entschieden: Vera Bate verfügte als uneheliche Tochter des Herzogs von Cambridge über gute Beziehungen zum britischen Königshaus. Sollte es während der Operation zu Schwierigkeiten kommen, hoffte man, dass Vera Bate mit den Alliierten verhandeln könne. Doch die hatte andere Pläne; sie war zu der Reise nach Spanien genötigt worden. Im Oktober 1943 war der in Rom lebenden Britin ein Brief von Coco Chanel überreicht worden: »Ich will mich wieder an die Arbeit machen«, hieß es in diesem Schreiben, »und ich möchte, dass Sie mir helfen. Tun Sie genau, was der Überbringer dieser Nachricht von Ihnen verlangt. Kommen Sie so schnell wie möglich!« Doch die Adressatin dachte nicht daran. Drei Wochen später wurde sie von der Gestapo verhaftet und in das Frauengefängnis von Rom gebracht. Die Anklage lautete auf Spionage für die Briten. Auf Betreiben Schellenbergs wurde Cocos Freundin wieder auf freien Fuß gesetzt. Ohne nähere Erklärung ließ der SS-Geheimdienstchef sie wissen, dass sie in Paris erwartet werde. Vera Bate fügte sich – zum Schein. In Madrid angekommen, quartierte sich Coco Chanel mit ihrer Freundin standesgemäß im dortigen »Ritz« ein. Während »Mademoiselle Chanel« in gepflegter Atmosphäre auf die Ankunft Churchills wartete, eilte Vera Bate zur britischen Botschaft. Dort denunzierte sie die französische Modeschöpferin als Spionin für die Deutschen. Cocos »Operation Modellhut« scheiterte, bevor sie richtig begonnen hatte: Der britische Premier war inzwischen schwer erkrankt und erholte sich in Tunis. Seine Reise nach Madrid wurde abgesagt. Enttäuscht kehrte Coco Chanel nach Paris zurück.

Im Dezember 1943 erhielt Vera Bate einen vorwurfsvollen Brief. Auf vier hastig mit Bleistift hingeworfenen Seiten beschwerte sich Coco Chanel unter anderem wie folgt: »Liebe Vera, den Grenzen zum Trotz geht alles schnell. Ich weiß von Ihrem Verrat! Es wird Ihnen nichts nützen, nur dass Sie mich tief verletzt haben. Seinen Feind verachten heißt, sich selbst zu erniedrigen. Meine englischen Freunde können mir jedenfalls nichts übel nehmen oder auch nur das Geringste vorwerfen. Das genügt mir. Coco.« War sich Coco Chanel jemals ihrer Rolle bewusst, die man ihr in den Manipulationen der SS zugedacht hatte? Glaubte sie ernsthaft, Winston Churchill hätte in Sachen Politik auf die Ratschläge einer französischen Modeschöpferin gehört?

Einige Monate später, im April 1944, besuchte Coco Chanel Walter Schellenberg in Berlin. Der Grund dieser Reise ist bis heute nicht bekannt, doch Marcel Haedrich, ihr Freund und Biograf, ist überzeugt: »Walter Schellenberg war ihr Geliebter. Er war ein gut aussehender Kerl, genau wie ›Spatz‹.«

Im Morgengrauen des 6. Juni 1944 landeten die Alliierten an der Küste der Normandie. Anfang Juli standen die Amerikaner in Chartres – nur 60 Kilometer von Paris entfernt. Coco Chanel bangte um ihren »Spatz«. Hans Günther von Dincklage hatte seiner Geliebten vorgeschlagen, ihn auf dem Rückzug zu begleiten. Im allgemeinen Durcheinander des zusammenbrechenden Reiches hoffte er, mit ihr in die Schweiz fliehen zu können. Doch Coco Chanel lehnte ab. Ihre Heimat war das Haus Chanel – und das befand sich in Paris, nicht in der Schweiz.

Am 26. August 1944 stand Coco Chanel an der Rue de Rivoli und wurde Zeugin des

Einmarschs der Alliierten. Während ganz Paris im Freudentaumel der Befreiung versank, blieb Coco Chanel gelassen. Sie fürchtete sich nicht; ihr Name und ihre guten Beziehungen, glaubte sie, würden sie vor der Rache ihrer Landsleute schützen. Doch im September 1944 tauchten frühmorgens im »Ritz« zwei Männer mit den Armbinden der Forces Françaises de L'Intérieur (FFI) auf und verlangten »Mademoiselle Chanel« zu sprechen. Sie wurde verhaftet. Kollaborateure mussten mit den schlimmsten Demütigungen rechnen. Der wütende Mob schor »Deutschenliebchen« den Kopf zur Glatze und trieb sie unter wüstesten Beschimpfungen durch die Städte.

Doch die Haft der großen Modeschöpferin dauerte nur drei Stunden. Coco Chanel hatte Recht behalten: Ihre Berühmtheit schützte sie vor allen Konsequenzen – und die Briten. Akten des Londoner Foreign Office belegen, dass es die britische Regierung war, die auf eine Freilassung Coco Chanels drängte. Hielt Winston Churchill persönlich seine schützende Hand über Coco Chanel?

Von der bizarren »Operation Modellhut«, bei der Coco Chanel eine wesentliche Rolle gespielt hatte, erfuhr die FFI jedenfalls nie. Als man sie im Verhör auf ihren deutschen Liebhaber Hans Günther von Dincklage ansprach, soll die mittlerweile über 60-Jährige gezischt haben: »Wenn eine Frau in meinem Alter das Glück hat, einen Liebhaber zu finden, kann man nicht von ihr erwarten, dass sie sich seinen Pass zeigen lässt.«

»Ganz Paris im Freudentaumel«: Nach der Befreiung der Stadt durch die Alliierten im August 1944 musste Chanel die Rache ihrer Landsleute fürchten

Doch die Franzosen verziehen der großen Modeschöpferin nur in Raten. Coco Chanel begab sich zunächst ins Schweizer Exil und lebte mit Dincklage in Lausanne. »Es waren die schrecklichsten Jahre ihres Lebens«, sagt ihre Biografin Edmonde Charles-Roux.

> **Es war ihre letzte Chance auf Sex und Liebe.**
>
> BIOGRAFIN EDMONDE CHARLES-ROUX
> ÜBER CHANELS AFFÄRE MIT DINCKLAGE

»Coco stritt sich häufig mit ihrem Liebhaber, nicht selten schlug sie ihn und schimpfte ihn einen Schmarotzer.« Dincklages Chef Walter Schellenberg war inzwischen in Nürnberg angeklagt und verurteilt worden: Von allen Kriegsverbrechern erhielt er die geringste Strafe und wurde vorzeitig entlassen. Es heißt, er habe Coco Chanel erpresst, in seinen Memoiren alles über »Mademoiselle Chanel« und die »Operation Modellhut« an die Öffentlichkeit zu bringen. Marcel Haedrich bestätigt, dass Coco Chanel Schellenberg Geld schickte, doch er begründet diese Zuwendungen anders: »Sie kümmerte sich um ›Spatz‹ und Schellenberg. Ihren Liebhabern blieb sie immer treu.«

> **Drei Namen aus diesem Jahrhundert in Frankreich werden Bestand haben: de Gaulle, Picasso und Chanel.**
>
> ANDRÉ MALRAUX, SCHRIFTSTELLER
> UND EHEMALIGER FRANZÖSISCHER KULTURMINISTER

Coco Chanel war eine Kämpfernatur; an ihrem Comeback arbeitete sie hart. 1954 präsentierte sie mit frischem Selbstbewusstsein eine neue Kollektion und eroberte sich ihren Rang in der Modewelt zurück. Die Reichen und Schönen der Fünfziger- und Sechzigerjahre machten ihren »Look« erneut weltberühmt. Doch niemand verstand es, ihre Mode so überzeugend zu präsentieren wie sie selbst. Bis zu ihrem Tod im Jahr 1971 sah man sie stets im klassischen Chanel-Kostüm mit Perlencollier und obligatorischer Kettenhandtasche. Die von aller Welt gefeierte Modeschöpferin starb allein – in ihrem Zimmer im »Ritz«. Kein Liebhaber stand ihr in ihrer letzten Stunde bei.

»Mit frischem Selbstbewusstsein zurück«: Bereits in den Fünfzigerjahren war Chanel wieder eine der ersten Adressen der Haute Couture

EIN DEUTSCHES FLUGBLATT

DIES ist der Text eines deutschen Flugblatts, von dem ein Exemplar nach England gelangt ist. Studenten der Universität München haben es im Februar dieses Jahres verfasst und in der Universität verteilt. Sechs von ihnen sind dafür hingerichtet worden, andere wurden eingesperrt, andere strafweise an die Front geschickt. Seither werden auch an allen anderen deutschen Universitäten die Studenten „ausgesiebt". Das Flugblatt drückt also offenbar die Gesinnungen eines beträchtlichen Teils der deutschen Studenten aus.

Aber es sind nicht nur die Studenten. In allen Schichten gibt es Deutsche, die Deutschlands wirkliche Lage erkannt haben ; Goebbels schimpft sie „die Objektiven". Ob Deutschland noch selber sein Schicksal wenden kann, hängt davon ab, dass diese Menschen sich zusammenfinden und handeln. Das weiss Goebbels, und deswegen beteuert er krampfhaft, „dass diese Sorte Mensch zahlenmässig nicht ins Gewicht fällt". Sie sollen nicht wissen, wie viele sie sind.

Wir werden den Krieg sowieso gewinnen. Aber wir sehen nicht ein, warum die Vernünftigen und Anständigen in Deutschland nicht zu Worte kommen sollen. Deswegen werfen die Flieger der RAF zugleich mit ihren Bomben jetzt dieses Flugblatt, für das sechs junge Deutsche gestorben sind, und das die Gestapo natürlich sofort konfisziert hat, in Millionen von Exemplaren über Deutschland ab.

Manifest der Münchner Studenten

Erschüttert steht unser Volk vor dem Untergang der Männer von Stalingrad. 330.000 deutsche Männer hat die geniale Strategie des Weltkriegsgefreiten sinn- und verantwortungslos in Tod und Derderben gehetzt. Führer, wir danken Dir !

Es gärt im deutschen Volk. Wollen wir weiter einem Dilettanten das Schicksal unserer Armeen anvertrauen ? Wollen wir den niedrigsten Machtinstinkten einer Parteiclique den Rest der deutschen Jugend opfern ? Nimmermehr !

Der Tag der Abrechnung ist gekommen, der Abrechnung unserer deutschen Jugend mit der verabscheuungswürdigsten Tyrannei, die unser Volk je erduldet hat. Im Namen des ganzen deutschen Volkes fordern wir von dem Staat Adolf Hitlers die persönliche Freiheit, das kostbarste Gut der Deutschen zurück, um das er uns in der erbärmlichsten Weise betrogen hat.

In einem Staat rücksichtsloser Knebelung jeder freien Meinungsäußerung sind wir aufgewachsen.

G.39

Neues im Fall der Geschwister Scholl: Lieferte ein Verräter aus den eigenen Reihen die Gruppe ans Messer? Warum legten die Widerständler eine solch naive Sorglosigkeit an den Tag, obwohl ihnen die Gestapo bereits auf den Fersen war?

Donnerstag, der 18. Februar 1943, Punkt elf Uhr vormittags: Die Studenten, die Hitlers Krieg der Münchner Universität noch gelassen hat, strömen aus den Vorlesungssälen. Draußen bietet sich ihnen ein ungewohntes Bild: Hunderte Flugblätter flattern ihnen im hohen Lichthof des Hauptgebäudes entgegen, zahlreiche weitere Exemplare liegen auf Treppenabsätzen und Fenstersimsen verstreut. Viele ahnen, um welche Art Schriften es sich dabei handelt, waren doch in den vorangegangenen Monaten an der Universität mehrmals schriftliche Appelle einer Oppositionsgruppe namens »Weiße Rose« aufgetaucht. »Leistet Widerstand«, war in ihnen zu lesen gewesen, »verhindert das Weiterlaufen dieser atheistischen Kriegsmaschine« und: »Zerreißt den Mantel der Gleichgültigkeit, den ihr um euer Herz gelegt!« Und erst wenige Tage zuvor hatte man am Hauptgebäude der Universität Parolen wie »Freiheit« und »Nieder mit Hitler« lesen können, ehe sie hastig abgewaschen worden waren. Doch kaum einer wagt einen genaueren Blick auf die Zettel, die wenigsten haben den Mut, eines der Flugblätter aufzuheben und durchzulesen – denn schon das allein gilt in Hitlers Reich als Hochverrat.

Die Preisgabe von Stalingrad bedrückte ihn ungeheuer, dass Hitler einfach so Zigtausende von Soldaten fallen ließ. Er meinte, es müsse etwas geschehen, so könne es nicht weitergehen. Er fragte dann, ob ich etwas dagegen hätte, wenn er einige Zeilen schreiben würde. Ich hatte natürlich nichts dagegen. Dann setzte er sich an den Küchentisch und schrieb ungeheuer eifrig, während ich nebenher meine Sachen erledigte. Irgendwann fragte ich: »Sag mal, was schreibst du denn da so eifrig?« Er winkte nur ab: »Ach, nichts!« Doch das war wohl der Flugblattentwurf, den Hans Scholl später bei seiner Verhaftung in der Tasche hatte.

HERTA SIEBLER-PROBST,
WITWE VON CHRISTOPH PROBST

»Auf uns sieht das deutsche Volk«: Das letzte Flugblatt der »Weißen Rose« wurde von den Alliierten abgeschrieben und über Deutschland abgeworfen

129

So verhallt die Botschaft der Flugblätter weitgehend ungehört. »Erschüttert steht unser Volk vor dem Untergang der Männer von Stalingrad«, ist dort zu lesen. »Dreihundertdreißigtausend deutsche Männer hat die geniale Strategie des Weltkriegsgefreiten sinn- und verantwortungslos in Tod und Verderben gehetzt. Führer, wir danken dir! Es gärt im deutschen Volk: Wollen wir weiter einem Dilettanten das Schicksal unserer Armeen anvertrauen? Wollen wir den niedrigsten Machtinstinkten einer Parteiclique den Rest unserer deutschen Jugend opfern? Nimmermehr! Der Tag der Abrechnung ist gekommen, der Abrechnung der deutschen Jugend mit der verabscheuungswürdigsten Tyrannis, die unser Volk je erduldet hat. ... Studentinnen! Studenten! Auf uns sieht das deutsche Volk!«

Plötzlich entsteht über den Köpfen der Studenten Unruhe. »Lächerlich, so etwas!«, ruft jemand. »Es ist eine Unverschämtheit, einen in der Universität herinnen festzunehmen!« Kurz darauf sieht man, wie ein junger Mann und eine junge Frau von einem Universitätsbediensteten abgeführt werden und die drei in den Katakomben des Universitätsgebäudes verschwinden. Einige, die genauer hingeschaut haben, kennen die beiden. Es sind der Medizinstudent Hans Scholl und seine Schwester Sophie. Kaum einer ahnt, dass es tatsächlich diese beiden sind, die hinter den Flugblättern mit dem Pseudonym »Weiße Rose« stecken.

Auch nach mehr als 60 Jahren ist noch immer unklar: Warum wagten Hans und Sophie Scholl an diesem Tag eine derart selbstmörderische Aktion? Warum riskierten sie vor aller Augen das lebensgefährliche Auslegen der Flugblätter an der Universität?

Waren sie einfach zu sorglos – meinten sie, dass Ihnen nichts passieren könne? Oder trieb sie etwas anderes? Fühlten sie sich bedrängt und glaubten, ein letztes verzweifeltes Fanal setzen zu können? Oder war die Gestapo ihnen ohnehin schon auf die Spur gekommen? Gab es, wie jüngst einige Presseberichte vermeldeten, möglicherweise sogar einen Verräter in den eigenen Reihen?

Die »Weiße Rose« galt nach dem Krieg als leuchtendes Beispiel einer moralischen Opposition unter dem Nazi-Regime. Obwohl die Gruppe nicht aus Hans und Sophie Scholl allein bestand, entwickelte sich doch bald insbesondere um die beiden Geschwister eine Art Heldenkult. Straßen und Plätze in ganz Deutschland wurden nach ihnen benannt, Schulen oder Jugendzentren bekamen ihren Namen. Stets sah man sie dabei als aufrichtige, unbeugsame Kämpfer gegen den Nationalsozialismus, die geradlinig den Weg des Widerstands gegangen seien. In den letzten Jahren wurde das makellose Heldenbild der Geschwister Scholl freilich immer mehr angekratzt. So waren die beiden in den ersten Jahren des Dritten Reiches alles andere als Gegner der NS-Diktatur gewesen. Aufgewachsen in einer protestantisch geprägten, gutbürgerlichen Familie, waren sie durchaus empfänglich für die Verlockungen des Regimes. Beide traten in das nationalsozialistische »Jungvolk« ein und übernahmen dort schnell Führungsaufgaben. Hans war sogar »Fähnleinführer« und damit Anführer von gut 100 »Pimpfen«.

»Empfänglich für die Verlockungen des Regimes«: Hans und Sophie Scholl mit Eltern und Geschwistern bei einem Ausflug Ende der Zwanzigerjahre

Wer hat die Toten gezählt, Hitler oder Goebbels – wohl keiner von beiden. Täglich fallen in Russland Tausende. Es ist die Zeit der Ernte, und der Schnitter fährt mit vollem Zug in die reife Saat. Die Trauer kehrt ein in die Hütten der Heimat, und niemand ist da, der die Tränen der Mütter trocknet. Hitler aber belügt die, deren teuerstes Gut er geraubt und in den sinnlosen Tod getrieben hat.

Jedes Wort, das aus Hitlers Munde kommt, ist Lüge. Wenn er Frieden sagt, meint er den Krieg, und wenn er in frevelhaftester Weise den Namen des Allmächtigen nennt, meint er die Macht des Bösen, den gefallenen Engel, den Satan. Sein Mund ist der stinkende Rachen der Hölle, und seine Macht ist im Grunde verworfen.

AUS DEM VIERTEN FLUGBLATT DER »WEISSEN ROSE«

Auch Sophie leitete eine Gruppe von jungen Mädchen. Doch die Kirchenpolitik des Regimes, Gerüchte über Konzentrationslager und die Verfolgung jüdischer Bürger machten aus begeisterten Anhängern des Nationalsozialismus bald erbitterte Gegner des Regimes. Erste Erfahrungen mit der repressiven Macht des Regimes musste Hans Scholl 1937 machen, als er wegen der Zugehörigkeit zu einem verbotenen Jugendbund kurzzeitig verhaftet wurde. 1939 begann er dann ein Medizinstudium in München; nach einer Ausbildung zur Kindergärtnerin und einem Dienstpflichtjahr folgte Sophie ihrem Bruder im Mai 1942 an die Isar. Schon 1941 hatte Hans die Bekanntschaft des katholischen Publizisten Carl Muth gemacht, durch den er weitere Regimekritiker kennen lernte. Ein

kleiner Kreis von Gleichgesinnten bildete sich heraus – neben Hans Scholl waren das vor allem die Medizinstudenten Alexander Schmorell, Willi Graf und Christoph Probst.

Diese jungen Menschen haben keine politischen Ziele verfolgt außer der Beseitigung von Hitler. Sie haben sich machtlos gegen das Dritte Reich aufgelehnt, und sie haben dabei keine persönlichen Ziele verfolgt. Sie haben nur ihr Gewissen befragt und daraus gehandelt.

DIETER SASSE, CHRISTOPH PROBSTS HALBBRUDER

Schnell fühlte sich auch Sophie Scholl, die Biologie und Philosophie studierte, in diesem Kreis heimisch. Offen wurde über den verbrecherischen Charakter des Regimes

»Von fürchterlichen Verbrechen erfahren«: Hans Scholl, Willi Graf und Alexander Schmorell an der Ostfront, Sommer 1942

diskutiert. Fast alle Gespräche der Freunde führten zu einem Ergebnis: Man müsste doch etwas tun! Im Unterschied zu vielen anderen Deutschen, die Hitlers Regime zwar kritisierten, sich jedoch nicht zu einem aktiven Handeln gegen die Diktatur entschließen konnten, schritten die Studenten zur Aktion. »Seid aber Täter des Wortes und nicht Hörer allein«, war das biblische Wort, das sie nicht nur zitierten, sondern lebten.

Im Juni 1942 tauchten die ersten Flugblätter der »Weißen Rose« auf. Warum diese Bezeichnung? »Der Name ›Die Weiße Rose‹ ist willkürlich gewählt«, erklärte Hans Scholl später im Gestapo-Verhör. »Ich ging von der Voraussetzung aus, dass in einer schlagkräftigen Propaganda gewisse feste Begriffe da sein müssen, die an und für sich nichts besagen, einen guten Klang haben, hinter denen aber ein Programm steht.« Es ist unter Historikern bis heute umstritten, ob es tatsächlich ein festes »Programm« der »Weißen Rose« gegeben hat. Dagegen scheint klar, dass es die Empörung über die nationalsozialistischen Gewaltverbrechen in den besetzten Ostgebieten, die »Weiße-Rose«-Mitglied Willi Graf als Soldat an der Ostfront miterlebt hatte, für die Studenten wohl der entscheidende Impuls war, um von der inneren Ablehnung des Regimes zum offenen Widerstand gegen die braunen Machthaber überzuwechseln. »Wer von uns ahnt das Ausmaß der Schmach, die über uns und unsere Kinder kommen wird, wenn einst der Schleier von unseren Augen gefallen ist und die grauenvollsten und jegliches Maß unendlich überschreitenden Verbrechen ans Tageslicht treten?«, heißt es schon im ersten Flugblatt der Gruppe; und im zweiten: »Nur als Beispiel wollen wir die Tatsache kurz anführen, die Tatsache, dass

seit der Eroberung Polens dreihunderttausend Juden in diesem Land auf bestialischste Art ermordet worden sind. Hier sehen wir das fürchterlichste Verbrechen an der Würde des Menschen, ein Verbrechen, dem sich kein ähnliches in der ganzen Menschengeschichte an die Seite stellen kann.«

Die Texte der ersten Flugblätter formulierten Hans Scholl und Alexander Schmorell gemeinsam und tippten sie dann auf einer geborgten Reiseschreibmaschine ab. Dann legten sie einzelne Blätter – insgesamt waren es zunächst nur wenige hundert – an der Universität aus oder verschickten sie an ausgewählte Empfänger, vor allem Akademiker. Sie hofften, auf diese Weise zunächst die gebildeten Stände, die »Elite des Volkes«, gegen das Regime mobilisieren zu können. »Nichts ist eines Kulturvolkes unwürdiger, als sich ohne Widerstand von einer verantwortungslosen und dunklen Trieben ergebenen Herrscherclique ›regieren‹ zu lassen«, heißt es in einem Flugblatt. »Wenn jeder wartet, bis der andere anfängt, werden die Boten der rächenden Nemesis unaufhaltsam näher und näher rücken, dann wird auch das letzte Opfer sinnlos in den Rachen des unersättlichen Dämons geworfen sein. Daher muss jeder Einzelne seiner Verantwortung als Mitglied der christlichen und abendländischen Kultur bewusst in dieser letzten Stunde sich wehren, so viel er kann, arbeiten wider die Geißel der Menschheit, wider den Faschismus und jedes ihm ähnliche System des absoluten Staates.« Die angeschriebenen Bildungsbürger, aber auch Gastwirte und kleine Händler sollten nach den Vorstellungen von Scholl und Schmorell als Multiplikatoren wirken und das Gelesene im Volk weiterverbreiten.

»Den Funken des Widerstands anfachen«: Professor Kurt Huber war einer der wichtigsten Vordenker der »Weißen Rose«

»Nur dem Gewissen gefolgt«: Auch der Medizinstudent Christoph Probst (hier mit seinem Sohn Michael) war im Widerstandskreis aktiv

> **Meine Mutter hat auch mal ein Flugblatt der ›Weißen Rose‹ mit der Post bekommen und zu Christoph gesagt: »Schau mal, was ich da gekriegt habe, das ist ja wirklich mutig.«**
>
> HERTA SIEBLER-PROBST,
WITWE VON CHRISTOPH PROBST

Dies war im NS-Überwachungsstaat jedoch kaum möglich, da die Angst vor Denunziation vielfach zu groß war. »Als ich eines Tages in der Schublade meines Laborplatzes ein Flugblatt fand«, berichtet beispielsweise Hildegard Hamm-Brücher, die damals in München studierte, »war ich so feige, dass ich es nur schnell überflog. Ich habe es dann eingesteckt, so schnell wie möglich in kleine Schnipsel zerrissen und in der Toilette heruntergespült.«

Im Sommer 1942 verstummte die »Weiße Rose« zunächst – ihre Hauptakteure wurden zu einem medizinischen Praktikum an der Ostfront abkommandiert. Am Abend vor der Abreise versammelten sich die Freunde noch einmal und fassten den Beschluss, nach der Rückkehr den Widerstand auf breiterer Basis zu organisieren. »Wir müssen versuchen, den Funken des Widerstands, der in Millionen ehrlicher deutscher Herzen glimmt, anzufachen, damit er hell und mutig lodert«, erklärte der den Studenten nahe stehende Professor Kurt Huber.

> **Es gab für mich nur das Mittel des offenen und öffentlichen Widerspruchs, nicht des Widerstandes.**
>
> KURT HUBER, 19. APRIL 1943

Im Spätherbst fand man sich erneut zusammen. Die Basis der Gruppe hatte sich verbreitet, Freundeskreise in anderen Städten waren hinzugekommen. Die Auflage der Flugblätter stieg – hatte man im Sommer 1942 nur wenige hundert Exemplare gedruckt, so waren es jetzt mehrere tausend. Neue Mitglieder, mehr Flugblätter und eine verstärkte Aktivität bedeuteten freilich auch eine größere Gefahr, entdeckt zu werden. Um die Gestapo von München abzulenken, fuhren Mitglieder der Gruppe deshalb in verschiedene Städte und warfen die Briefe dort ein. Es war in der rationierten Kriegswirtschaft auch ein großes Problem, größere Mengen Briefmarken und Briefumschläge zu besorgen, ohne sich verdächtig zu machen. Sophie Scholl berichtet im Gestapo-Verhör von einer Kurierfahrt Ende Januar 1943: »In einer Aktentasche führte ich rund 250 Briefe an in Augsburg wohnende Adressaten mit. Da etwa 100 dieser Briefe nicht frankiert

»Riesengroße Dummheit«: Hans Hirzel machte die Gestapo auf die Geschwister Scholl aufmerksam (Foto von 2003)

waren, kaufte ich mir beim Bahnpostamt Augsburg 100 Briefmarken à 8 Pfennige und habe die unfrankierten Briefe mit Marken versehen und bei der Bahnpost eingeworfen.« Danach fuhr sie nach Ulm und traf sich mit einem »Weiße-Rose«-Sympathisanten namens Hans Hirzel.

Der damals 18-jährige Gymnasiast war der Bruder einer Jugendfreundin – ein hochbegabter Schüler, der aber auch als etwas »spinnert« galt, wie man in Süddeutschland sagt. Sophie hatte ihn im Sommer 1942 angesprochen, um Flugblattaktionen der »Weißen Rose« auch auf ihre Heimatstadt auszudehnen. Hirzel war sofort Feuer und Flamme und besorgte sogar einen gebrauchten Vervielfältigungsapparat und passendes Zubehör. Doch dann passierte erst einmal einige Monate lang nichts, weil Hans Scholl und seine Freunde an der Ostfront Dienst leisten mussten. Hirzel, dessen Drang zur Aktion jedoch offenbar kaum zu bremsen war, wurde unruhig und suchte schon einmal auf eigene Faust nach Mitstreitern für eine eigene Flugblattaktion in Ulm. Aber er hatte Pech: Schon beim ersten Kontakt geriet er an den Falschen, einen in Ulm stadtbekannten Mann namens Albert Riester. Dieser war eine zwielichtige Gestalt. In den ersten Jahren des Dritten Reiches hatte er selbst Flugblätter gegen Hitler verteilt, war dann aber von der Gestapo verhaftet und »umgedreht« worden. Jetzt arbeitete er als V-Mann für Hitlers Terrororganisation. Riester meldete Hirzels widerständische Ambitionen sofort an seine Vorgesetzten weiter – und Hirzel stand fortan unter Beobachtung der Gestapo.

Wissen konnten die Mitglieder der »Weißen Rose« in München davon freilich nichts, doch es sprechen einige Anzeichen dafür, dass sie die drohende Gefahr ahnten.

Anscheinend war den Studenten klar, dass ihnen nicht mehr viel Zeit blieb – es scheint fast, als spürten sie bereits den Atem der Verfolger im Nacken. Zeitzeugen berichten, Hans Scholl sei gewarnt gewesen, dass die Gestapo der »Weißen Rose« auf der Spur sei – wenn nicht dem engsten Münchner Kreis, dann wohl einem der mehr oder weniger locker in die Aktionen eingebunden Freunde in der Provinz.

Dennoch machten die Scholls und ihre Freunde weiter. Der Untergang der 6. Armee in Stalingrad, der Anfang Februar 1943 in den deutschen Zeitungen bekannt gegeben wurde, trieb sie zu jener letzten Aktion an, die ihnen zum Verhängnis wurde. Sie malten in einer Nacht-und-Nebel-Aktion hitlerfeindliche Parolen an die Wände; und erneut wurde in einer Auflage von mehreren tausend Stück ein Flugblatt vorbereitet, das sich ganz direkt an die Studentenschaft wandte. Doch beim Versand der Flugblätter gab es Pannen. Zunächst schrieben die Studenten Adressen möglicher Empfänger aus einem veralteten Vorlesungsverzeichnis heraus; dann fehlten wieder einmal Briefumschläge, um weitere Pamphlete zu versenden. Nur ein Bruchteil der Auflage konnte deshalb verschickt werden. Zudem mehrten sich jetzt auch in München selbst die Anzeichen, dass die Gestapo auf die Urheber der Flugblätter aufmerksam geworden war. Wie immer hatten die Studen-

ten auch das letzte Flugblatt an sich selbst geschickt – und keines war angekommen. Wer, wenn nicht die Gestapo, sollte sie abgefangen haben? Möglicherweise verdichteten sich bei Hans Scholl derartige Mutmaßungen zum Glauben, dass sich die Schlinge um seinen Hals unrettbar zuzöge.

Und erneut tauchte kurz vor der Verhaftung der beiden Scholl-Geschwister der Name Hans Hirzel in den Gestapo-Akten auf. Wieder hatte er versucht, Mitstreiter zu werben, und wieder war er an die Falschen geraten. Zwei Jugendliche aus Stuttgart, die er bei einer Laienspielgruppe der Hitlerjugend kennen gelernt hatte, hatten ihn bei der Gestapo denunziert. Hirzel wurde polizeilich vorgeladen, am 17. Februar 1943 in Ulm verhört und mit der Aussage der beiden Hitlerjungen konfrontiert. Dabei beging er einen verhängnisvollen Fehler. Als ihn die Beamten nach Hintermännern der geplanten Aktionen fragten, ließ er den Namen Scholl fallen. Damit war klar: Es konnte nun nicht mehr lange dauern, bis die Häscher endgültig auf die Spur der Drahtzieher der »Weißen Rose« kommen würden. War Hirzel also der Verräter der »Weißen Rose«? So einfach ist die Sache nicht. Die »Weiße-Rose-Stiftung«, die sich um das Erbe der Gruppe kümmert, will so weit nicht gehen. »Es war kein Verrat«, so erklärt Franz J. Müller, der Vorsitzende der Stiftung. Zumindest hatte Hirzel jedoch eine riesengroße Dummheit begangen. Dessen war er sich auch bewusst. Sofort nach seiner Entlassung am Nachmittag des 17. Februar machte er sich auf zum Haus der Familie Scholl in Ulm und bat die Eltern, ihre Kinder in München zu warnen.

Doch als der Freund und spätere Ehemann der Scholl-Schwester Inge, Otl Aicher, am nächsten Vormittag Hans und Sophie in München aufsuchen wollte, um ihnen die Warnung aus Ulm zu überbringen, waren diese bereits unterwegs zur Universität. Was hatte sie zu dieser Eile veranlasst? Kürzlich aufgefundene Dokumente sprechen dafür, dass der Grund dafür der aus Ulm stammende Student Jakob Bürkle gewesen ist. Im Verhör des US-Geheimdienstes CIC gab er 1945 an, am Morgen des 18. Februar bei Hans Scholl gewesen zu sein, um ihn vor der drohenden Verhaftung zu warnen. Den Tipp hatte er laut Protokoll von V-Mann Riester erhalten.

Der Glaube, dass ihre Verhaftung unmittelbar bevorstünde, muss für Hans und Sophie Scholl damit so übermächtig geworden sein, dass sie sich entschlossen, sofort und ohne Rücksprache mit den anderen Mitgliedern der »Weißen Rose« zu handeln. Schließlich lagen in ihrer Wohnung noch tausende in mühsamer Kleinarbeit hergestellte Flugblätter. Was lag näher, als sie in einer spontanen Aktion dort zu verteilen, wo deren Empfänger saßen – in der Universität –, statt sie zu verbrennen oder auf andere Weise zu beseitigen? In fieberhafter Hast packten sie die Restauflage des sechsten Flugblatts und einige Exemplare des fünften in einen Reisekoffer und eine Aktentasche und fuhren zur Universität. War die Aktion also ein Versuch, auf diese Weise belastendes Material verschwinden zu lassen? Dagegen spricht, dass in ihrer Wohnung noch zahlreiche Flugblattentwürfe und anderes »hochverräterisches« Material lagerten und dass Hans Scholl sogar einen Flugblattentwurf von Christoph Probst in der Jackentasche bei sich trug, der diesem die Todesstrafe einbringen sollte.

»80 bis 100 Flugblätter vom 2. Stock heruntergeworfen«: Der Lichthof der Ludwig-Maximilians-Universität München

Es war schließlich schon Viertel vor elf, als Hans und Sophie Scholl an der Universität eintrafen. Um elf Uhr, das wussten sie, würden die Vorlesungen beendet sein und die Studenten aus den Lehrsälen herausströmen. Sie legten Flugblätter auf Treppenstufen und Fenstersimse und waren schon wieder am Hinterausgang, als sie sich entschlossen, noch einmal umzukehren. Sie gingen zurück in den Lichthof der Universität und kippten den Koffer mit den restlichen Flugblättern aus dem zweiten Stock. »In meinem Übermut oder meiner Dummheit habe

»Tausende aufrütteln«: Mit einem Mahnmal in Form von Flugblättern wird vor der Münchner Universität der »Weißen Rose« gedacht

ich den Fehler begangen, etwa 80 bis 100 solcher Flugblätter vom 2. Stockwerk der Universität in den Lichthof herunterzuwerfen, wodurch mein Bruder und ich entdeckt wurden«, erklärte Sophie Scholl der Gestapo. Jakob Schmid, ein Hausschlosser der Universität, hielt sie fest und übergab sie der Polizei. Nur die Annahme, dass ohnehin alles zu spät sei und die Gestapo das Gebäude möglicherweise bereits umstellt habe, kann die Geschwister – schließlich waren sie zu zweit gegen den Schlosser – davon abgehalten haben zu fliehen. In diesem Sinne wäre ihr Handeln tatsächlich als der Versuch anzusehen, ein letztes verzweifeltes Zeichen des Widerstands zu setzen – und sei es unter Preisgabe des eigenen Lebens.

Eine besondere Tragik gewinnen die Ereignisse in München dadurch, dass die Eile, mit der die Geschwister ihre Flugblätter loswerden wollten, eigentlich vollkommen unbegründet war. Die Ulmer Gestapo hatte nämlich ihre Erkenntnisse aus dem Hirzel-Verhör keineswegs direkt an die Kollegen in München weitergeleitet. Hirzels Aussagen hielt man für Fantastereien, dieser sei ein »ausgesprochen schizothymer Psychopath, der sehr nervenkrank ist«, notierte ein Beamter. So schlug die Nachricht von der Verhaftung der Scholls in Ulm ein »wie eine Bombe«. Nun geriet auch dort der Staatsapparat ins Rollen, und es erfolgten zahlreiche Festnahmen. Unter anderen wurden Hirzel und seine Schwester verhaftet. Der »unreife Wirrkopf« Hirzel, wie er in der Urteilsbegründung von Hitlers Blutrichter Freisler genannt wurde, bekam für seine Beteiligung an den Aktionen der »Weißen Rose« fünf Jahre Haft. Nach dem Krieg arbeitete er als Redakteur der *Frankfurter Hefte* und als Assistent bei Theodor W. Adorno, ehe er Mitte der Neunzigerjahre als Bundespräsidenten-Kandidat der Republikaner unrühmliche Schlagzeilen machte. V-Mann Riester wurde nach 1945 Mitarbeiter des Verfassungsschutzes und war später Sicherheitsbevollmächtigter bei Daimler-Benz. Im Jahr 1984 wurde er mit dem Bundesverdienstkreuz Erster Klasse ausgezeichnet.

Ich bin nach wie vor der Meinung, das Beste getan zu haben, was ich gerade jetzt für mein Volk tun konnte. Ich bereue deshalb meine Handlungsweise nicht und will die Folgen, die mir aus meiner Handlungsweise erwachsen, auf mich nehmen.

Sophie Scholl nach ihrer Verurteilung zum Tode, 22. Februar 1943

Hans und Sophie Scholl bezahlten ihren Protest gegen das nationalsozialistische Regime jedoch mit ihrem Leben. Gemeinsam mit Christoph Probst wurde ihnen schon vier Tage nach ihrer Verhaftung der Prozess gemacht und die Hinrichtung noch am selben Tag, dem 22. Februar 1943, vollzogen. Auch gegen Alexander Schmorell, Willi Graf und Professor Kurt Huber wurden wenige Wochen später Todesurteile verhängt. »Was liegt an meinem Tod, wenn durch unser Handeln Tausende von Menschen aufgerüttelt und geweckt werden?«, fragte Sophie Scholl kurz vor ihrer Hinrichtung. Ihre Hoffnung, der Widerstand würde von vielen fortgesetzt werden, erfüllte sich nicht. Dennoch bleibt ihr Handeln in der dunkelsten Epoche der deutschen Geschichte vorbildlich – bis heute.

1943 kündigte Italien die Waffenbrüderschaft mit Hitler, woraufhin dieser drakonische Strafmaßnahmen anordnete. Was lange umstritten war, kann jetzt bewiesen werden: Auf der griechischen Insel Kephalonia begingen deutsche Fallschirmjäger einen Massenmord an den ehemaligen Verbündeten.

Zuerst traf es den italienischen Hauptmann. Der deutsche Offizier setzte ihm den Pistolenlauf an den Nacken und drückte ab. Doch Amos Pampaloni war nicht tot. Schwer verwundet stürzte er zu Boden und sah, wie deutsche Soldaten Maschinengewehrsalven auf seine Männer abfeuerten. Er hörte ihre Schreie, sie riefen nach ihren Müttern, sie riefen nach Gott. Nach einer Weile war es still. Die deutschen Soldaten gingen durch die Reihen und prüften, ob einer der Italiener überlebt hatte. Plötzlich ein einzelner Feuerstoß – der Gnadenschuss für einen italienischen Soldaten. Dann zogen die Deutschen singend weiter. Nur Amos Pampaloni blieb zurück – als einziger Überlebender. Die Pistolenkugel hatte zwar seinen Hals durchschlagen, ihn aber nicht getötet. Seine Kameraden jedoch bezahlten den Bruch der deutsch-italienischen »Achse« an diesem 21. September 1943 auf der griechischen In-

»Wer nicht für uns ist, ist gegen uns«: Deutsche Soldaten auf Kephalonia, Oktober 1943

sel Kephalonia mit ihrem Leben. Deutsche und Italiener in Griechenland und das grausame Ende einer Waffenbrüderschaft – ein weithin vergessenes Kapitel in der Geschichte des Zweiten Weltkriegs.

Drei Jahre zuvor schien das Bündnis zwischen Italien und Deutschland noch ungetrübt. Während Hitlers Armeen schon halb Europa besetzt hielten, träumte der italienische Diktator Mussolini davon, das alte Römische Reich wiedererstehen zu lassen und die gesamte Mittelmeerregion zu beherrschen. Doch der »Duce« war zu dieser Zeit nicht mehr als ein Juniorpartner für die Weltreichfantasien Hitlers. In Griechenland wollte der italienische Diktator den Spieß noch einmal herumdrehen und mit eigenen Eroberungen das Machtgleichgewicht der »Achse« wieder herstellen. Der italienische Feldzug im Herbst 1940 entwickelte sich jedoch zu einer Katastrophe. Griechische Einheiten gingen zur Gegenoffensive über und wurden bald von britischen Soldaten unterstützt. Dies war jetzt mehr als nur ein italienisches Problem – für die Deutschen bedeuteten die Briten eine strategische Gefahr: Die deutsche Südflanke war beim bevorstehenden Angriff auf die Sowjetunion durch die Eröffnung einer britischen Front in Südosteuropa ebenso bedroht wie die rumänischen Erdölfelder. Hitler hatte nicht das geringste Interesse an einem Krieg mit Griechenland, das für die deutsche Kriegswirtschaft völlig ohne Bedeutung war. Aber nun musste er seinem Achsenpartner aus der Patsche helfen.

Anfang April 1941 begann der deutsche Griechenlandfeldzug – und er war rasch wieder beendet. Die kleine griechische Armee war nach den monatelangen Kämpfen gegen die Italiener am Ende ihrer Kräfte und hatte der deutschen Kriegsmaschinerie nichts mehr entgegenzusetzen. Auch das britische Expeditionskorps war den Einheiten von Wehrmacht und Waffen-SS unterlegen. Doch der »Duce« stand auch nach diesem Feldzug mit leeren Händen da – der deutsche Anteil am Erfolg war schlicht zu überwältigend. Von einem deutsch-italienischen Machtgleichgewicht konnte noch weniger als zuvor die Rede sein. So durften italienische Truppen nur einen Teil Griechenlands besetzen, darunter die der westgriechischen Küste vorgelagerten Ionischen Inseln wie Korfu und Kephalonia. Der weitaus größere Teil blieb in der Hand der Deutschen.

Bis 1943 hatte sich das Kriegsglück dann immer mehr gegen Hitler und damit auch gegen Mussolini gewendet. Zunächst läutete die Katastrophe von Stalingrad zu Jahresbeginn den Anfang vom Ende der Diktatoren ein. Dann kapitulierten im Mai die Achsenmächte in Nordafrika, über 250 000

Deutsche und Italiener mussten den Weg in alliierte Gefangenschaft antreten. Für die allermeisten Italiener war damit das Maß voll – Kriegsmüdigkeit griff um sich. Die Bereitschaft, den Krieg einfach zu beenden, steigerte sich mit der Landung amerikanischer und britischer Truppen auf Sizilien Anfang Juli. Noch immer hielt Mussolini in »Nibelungentreue« am Bündnis mit Hitler fest. Doch nicht einmal seine engsten Mitarbeiter hielten mehr zum »Duce«: Der »Große Faschistische Rat« ließ ihn am 25. Juli 1943 kurzerhand absetzen und gefangen nehmen, und König Vittorio Emanuele III. bestellte Marschall Pietro Badoglio zum Ministerpräsidenten. Dieser erklärte zwar zunächst, dass Italien den Krieg gegen die Alliierten fortsetzen werde, handelte jedoch hinter verschlossenen Türen einen separaten Waffenstillstand mit Großbritannien und den USA aus.

> **Die Italiener hielt man nicht für besonders gute Soldaten. Und die Stimmung war so, dass man sagte: Sie haben uns während des Ersten Weltkriegs verraten, und jetzt verraten sie uns wieder.**
>
> Elmar Thurn, Gebirgsjäger

Wenig später betraten alliierte Truppen in Kalabrien das italienische Festland. Dies war, im Sprachgebrauch der Zeit, der »Stoß in den weichen Unterleib« der Achse.

Die deutsche Führung war indes nicht untätig geblieben. Ihr Operationsplan sah vor, bei einem Abfall Italiens die italienischen Streitkräfte zu »neutralisieren«, also zu entwaffnen – in Italien ebenso wie in den von Italien besetzten Gebieten auf dem Balkan und in Griechenland. Als Italien tatsächlich das Bündnis mit Deutschland kündigte, konnte die Wehrmacht schnell reagieren und innerhalb von 48 Stunden fast ganz Italien besetzen. Meist verliefen die Entwaffnungsaktionen ohne wesentlichen Widerstand der kriegsmüden italienischen Truppen. Nur selten kam es zu kurzen Gefechten zwischen deutschen und italienischen Truppen. Dies lag vor allem an den unklaren Anweisungen der neuen italienischen Staats- und Heeresführung, die sich noch kurz vor dem deutschen Einmarsch größtenteils schon wieder abgesetzt und ihre Untergebenen ohne klare Verhaltensregeln zurückgelassen hatte. Der vereinzelte italienische Widerstand brachte jedoch wiederum Hitler, der angesichts des »italienischen Verrats« ohnehin erzürnt war, gegen den einstigen Bündnispartner auf. In einer Besprechung des Oberkommandos der Wehrmacht (OKW) am 11. September 1943 bestimmte er kategorisch: »Wer nicht für uns ist, ist gegen uns.« Was das bedeutete, sollte sich gerade auf Kephalonia zeigen.

Dort war seit 1941 die italienische Division »Acqui« stationiert, die knapp 12 000 Mann unter Waffen hatte. Die Offiziere und Soldaten der Division hatten die Nachrichten aus der Heimat mit großem Interesse verfolgt. Auch sie waren vom Krieg zur Genüge bedient und wollten am liebsten schnell nach Hause. Doch auch auf Kephalonia herrschte in den Tagen nach dem Ausscheren Italiens aus der gemeinsamen Front mit dem Deutschen Reich Verwirrung. Weder aus der Hauptstadt Rom noch aus dem italienischen Armeehauptquartier in Athen erfolgten irgendwelche Anweisungen für die Truppe. Nach einigen Tagen der völligen Unsicherheit ging beim kommandierenden General Antonio Gandin ein Funkspruch ein mit der Order, die schweren Waffen den Deutschen zu übergeben.

> **General Gandin hat gesagt: Ich nehme Befehle nur von meinem König entgegen. Das Tragische war, für ihn und für uns, dass der König die Seite gewechselt hat und dass die früheren Verbündeten nun plötzlich Feinde waren.**
>
> ELMAR THURN, GEBIRGSJÄGER

Gandin war unsicher. Kam dieser Befehl wirklich aus dem italienischen Hauptquartier, oder war er vielleicht gefälscht und nur eine Finte der Deutschen? Nach Beratungen mit seinen Offizieren entschied er sich, die Weisung nicht zu befolgen. Gandin ließ sogar die einfachen Soldaten befragen – ein einmaliger Vorgang in der Militärgeschichte. Auch sie wollten sich nicht einfach entwaffnen lassen, denn sie fürchteten, statt nach Hause als Gefangene zur Zwangsarbeit nach Deutschland gebracht zu werden. Schließlich funkte Gandin nach Athen, er werde Befehle nicht von irgendwelchen Militärstellen, sondern nur von seinem König entgegennehmen.

Die Deutschen hatten mit einer derartigen Gegenwehr auf Kephalonia nicht gerechnet. Schon einige Wochen zuvor war ein kleines deutsches Kontingent auf die Insel verlegt worden, dessen Aufgabe jetzt eigentlich lautete: Entwaffnung und Gefangennahme der Italiener. Doch die deutsche Truppe war den fast 12 000 Italienern hoffnungslos unterlegen. Wo immer die Deutschen versuchten, die Italiener zu entwaffnen, wehrten sich diese, und die Deutschen mussten empfindliche Verluste hinnehmen. Dies verschärfte die Lage auf der Insel erheblich. Und Kephalonia war kein wertloses Eiland, sondern von einer erstrangigen strate-

»An der Nibelungentreue festgehalten«: Treffen Hitlers mit Mussolini wenige Tage vor dessen Absetzung

»Jetzt verraten sie uns wieder«: Jubel in den Straßen Roms nach der Entmachtung Mussolinis

»Waffenstillstand ausgehandelt«: Der neue italienische Regierungschef Badoglio (rechts) mit dem britischen General Mason-Macfarlane, September 1943

»Deckname Achse«: Deutsche Fallschirmjäger nehmen im September 1943 italienische Soldaten gefangen

gischen Bedeutung – die Insel beherrschte die Einfahrt in den Golf von Korinth und blockierte damit den Seeweg vom Ionischen Meer in die Adria. Wer Griechenland besitzen wollte, brauchte auch die Insel. Die deutschen Befehlshaber schickten deshalb umgehend Verstärkung nach Kephalonia. Einheiten der 1. Gebirgsdivision, wegen ihres taktischen Zeichens auch »Edelweißdivision« genannt, und die 14. Jägerdivision wurden abgestellt, um auf der Insel für »Ordnung« zu sorgen. An ihrer Spitze stand Major Harald von Hirschfeld, ein nationalsozialistischer Heißsporn.

Die Lage spitzte sich weiter zu, als auch

»Nationalsozialistischer Heißsporn«: Harald von Hirschfeld führte die deutschen Truppen auf Kephalonia

Hitler sich persönlich in die Vorgänge um Kephalonia einschaltete. »Widerstand bedeutet Verrat« – dies hatte er am 11. September vor dem OKW ausdrücklich erklärt und für sich widersetzende Einheiten außerdem bestimmt: »Offiziere sind zu erschießen, Unteroffiziere und Mannschaften nach dem Osten zum Arbeitseinsatz zu verbringen.« War dies schon ein klarer Verstoß gegen das Völkerrecht, so verschärfte der deutsche Diktator jetzt diese Regelungen noch weiter. Auf Kephalonia wurde der deutsche Funkoffizier Elmar Thurn Zeuge des folgenschweren »Führer«-Befehls: »Ich setzte mich an die Entschlüsselungsmaschine, und es kam ein ganz kurzer Funkspruch heraus: ›In Kephalonia sind keine Gefangenen zu machen. Adolf Hitler.‹« Für Elmar Thurn war dieser Befehl ein Schock, denn »wir hatten gelernt, dass ein Soldat, der sich ergibt, als Kriegsgefangener zu behandeln ist«.

Es ist etwas ganz anderes, ob man einen abstrakten Befehl in den Händen hält oder ob man die Verzweiflungsschreie, das Entsetzen und Weinen sieht.

ELMAR THURN, GEBIRGSJÄGER

Und er fügt hinzu: »Insofern war das schon etwas Ungeheuerliches.« Und auch der Befehlshaber des für Griechenland zuständigen XXII. Armeekorps, General Hubert Lanz, zeigte sich von Hitlers Order geschockt. Doch er unternahm zunächst nichts gegen den Mordbefehl des Tyrannen.

Von alledem ahnte Amos Pampaloni nichts, als er am Abend des 20. September mit seinen 80 Mann in der Nähe des Dorfs Dilinata Stellung bezog. Am nächsten Morgen war er ge-

Wir wussten nicht, dass es aus Berlin einen Befehl gegeben hatte, alle Gefangenen zu töten.

AMOS PAMPALONI, ITALIENISCHER OFFIZIER

rade dabei, sich anhand einer Karte in der kargen Landschaft zu orientieren, als plötzlich einer seiner Soldaten auf ihn zurannte: »Herr Hauptmann, Herr Hauptmann, die Deutschen kommen!« Pampaloni hoffte, der Mann habe sich geirrt, doch ein Blick ins Fernglas überzeugte ihn: Tatsächlich bewegten sich deutsche Soldaten einen Hügel hinab auf seine Batterie zu – aus der Ferne wirkten sie wie Ameisen. Hektisch versuchten die Italiener, eine Verteidigungsstellung aufzubauen, doch sie waren mit ihren zwei Maschinengewehren und einigen Karabinern hoffnungslos unterlegen. Die Deutschen kamen immer näher. Pampaloni gab nach einigen Minuten den Befehl, das Feuer einzustellen. Sofort war die Batterie von den deutschen Gebirgsjägern umzingelt, die den Italienern die Waffen abnahmen und ihnen befahlen, sich hintereinander aufzureihen. Währenddessen betrachtete Pampaloni den deutschen Hauptmann, der sich schließlich an seine Seite stellte. »Er sah jovial aus, wie ein guter Familienvater. Er hatte ein kleines Bäuchlein und trug eine Brille mit Goldfassung.« Sah so ein Mörder aus?

In der Hand hielt er zwar eine Pistole, doch Pampaloni beunruhigte das nicht. Sicherlich würde man sie in ein Gefangenenlager geleiten, und die Waffe diente nur als Sicherheit, falls er oder einer seiner Männer zu fliehen versuchte. Und tatsächlich erfolgte der Befehl zum Abmarsch. Doch in diesem Moment spürte Pampaloni den kalten Stahl des Pistolenlaufs in seinem Genick. Das Massaker begann.

Der deutsche Hauptmann stellte sich an meine Seite. Dann befahl er mir zu gehen. Ich machte einen Schritt, und er schoss mir ins Genick. Ich fiel, ohne Schmerzen zu empfinden, ohne zu verstehen, was da gerade geschah, auch wenn ich die Schüsse eines Maschinengewehres hörte, das gerade alle meine Offiziere und Soldaten tötete.

AMOS PAMPALONI, ITALIENISCHER OFFIZIER

Amos Pampaloni überlebte, weil er unbeschreibliches Glück hatte: Die Kugel streifte zwar seine Wirbelsäule und seinen Kehlkopf, doch sie verletzte ihn nicht lebensgefährlich. Während die deutschen Gebirgsjäger mit ihren Maschinengewehren alle seine Soldaten niedermähten, konnte er unbemerkt in Deckung kriechen – und als die Deutschen weiterzogen, hielten sie ihn für tot. Obwohl er durch die Schusswunde viel Blut verloren hatte, gelang es ihm, nach einer ihm endlos erscheinenden Zeit aufzustehen und zum nächsten Dorf zu laufen. Dort erfuhr er sofort aufopfernde Hilfe von den Dorfbewohnern. Der Dorfpfarrer versteckte ihn; um seine Verwundung kümmerte sich der »Praktikos«, ein heilkundiger Einwohner der Gemeinde. Nach einigen Tagen kam er wieder zu Kräften. Später schloss er sich den Partisanen an, die sich im Bergland der Insel verborgen hielten und von dort aus die Besatzer bekämpften.

Die deutschen Soldaten, die damals auf Kephalonia dabei waren, haben bis heute geschwiegen. Doch jetzt liegen Auszüge aus Tagebüchern von Gebirgsjägern vor, die eine eindeutige Sprache sprechen: »Gefangene werden keine gemacht! Alles, was vor die Mündung kommt, wird umgelegt!«, heißt es

»Was vor die Mündung kommt, wird umgelegt«: Italienische Massakeropfer auf Kephalonia

dort beispielsweise. Mord aus Überzeugung? Wie ihr »Führer« waren die Gebirgsjäger vor Ort erfüllt von Hass- und Rachegefühlen gegen die Waffenbrüder von einst. Die Stimmung unter seinen Kameraden, so berichtet auch Elmar Thurn, sei wegen des Widerstands der Italiener gereizt gewesen. Doch erst Hitlers verbrecherischer Befehl machte sie zu Massenmördern. So hatten selbst Italiener, die sich mit erhobenen Händen ergeben wollten, keine Chance. Praktisch ohne auf Widerstand zu treffen drangen die Gebirgsjäger ins Inselinnere vor und hinterließen dabei eine Blutspur. Innerhalb von anderthalb Tagen erschossen sie ganze Kompanien.

Wenige Stunden nach Pampalonis Männern traf es das Bataillon von Major Altarilla, das sich in das Städtchen Keramis zurückgezogen hatte. Auch seine Einheit wurde von

deutschen Truppen eingekreist und war gezwungen, sich zu ergeben. Nach der Entwaffnung mussten die knapp 900 Italiener in einer langen Reihe den Ort verlassen. Nach einiger Zeit wurden sie von deutschen Kommandos umringt und auf freiem Feld zusammengetrieben.

Zugweise werden sie in nahe Steinbrüche und ummauerte Gärten nahe vor das Städtchen getrieben und von den MGs ... niedergemäht. Zwei Stunden sind wir im Ort, während dieser Zeit hämmern unaufhörlich die MGs und MPs und dringen die Schreie bis in die Häuser der Griechen.

AUS EINEM TAGEBUCH

Plötzlich und völlig unerwartet wurde von allen Seiten das Feuer auf die wehrlosen Italiener eröffnet. Nach kurzer Zeit verstummten die Angstrufe und Schmerzensschreie; Stille breitete sich aus. Schließlich rief ein deutscher Soldat auf Italienisch, dass sich die Überlebenden erheben sollten, ihnen werde nichts mehr geschehen. Als fünf Italiener tatsächlich aufstanden, traf sie eine weitere Salve, und auch sie starben im Kugelhagel. Dann zogen die Deutschen weiter. Drei italienische Soldaten überlebten dieses Massaker, weil die Leichen ihrer Kameraden sie schützten.

Andere Italiener hatten Glück, weil die Deutschen in der sengenden Hitze ihre Waffen nicht selbst tragen wollten. Ein Freund berichtete Elmar Thurn von einem solchen Vorfall: »›Die Italiener liefen auf uns zu‹«, erzählte er, ›sie wollten nicht mehr kämpfen. Da entschied ein Unteroffizier, ob jemand leben sollte oder nicht. So wurden vielleicht fünf, sechs Leute begnadigt, um die Soldaten beim Tragen der Waffen zu unterstützen, und die anderen wurden erschossen.‹«

Das wahllose Abschlachten der italienischen Soldaten hörte erst am Abend des 22. September auf, als General Lanz auf der Insel eintraf. Die Bilanz des Mordens war erschreckend: Zwischen 4000 und 5000 Mann der Division »Acqui« wurden »gemäß dem Befehl des Führers«, wie die Deutschen nach Berlin meldeten, niedergemacht, als sie sich ergeben wollten oder dies schon getan hatten. Bei den Kämpfen fielen nach italienischen Angaben 65 Offiziere sowie 1250 Unteroffiziere und Mannschaften. Die verbliebenen 5000 Italiener hatten doch noch rechtzeitig die Waffen niedergelegt und den vorrückenden Deutschen keinen Widerstand geleistet. Lanz ließ erneut in Berlin anfragen, was mit diesen geschehen sollte – offensicht-

lich plagten ihn angesichts des Kriegsverbrechens Skrupel. Der Blutdurst Hitlers war jedoch gestillt. Der schnelle Sieg hatte seinen Wunsch nach Rache befriedigt und ihn milde gestimmt. Er befahl, diese 5000 Mann als Kriegsgefangene zu behandeln.

Die deutschen Gebirgsjäger hatten ihren Auftrag gnadenlos erfüllt: Es gab keine kampffähige italienische Einheit mehr auf der Insel. Doch noch waren zahlreiche italienische Offiziere in der Hand der Deutschen. Für sie galt der Gnadenerlass Hitlers nicht – »General Gandin und seine verantwortlichen Kommandeure sind gemäß Führerbefehl unverzüglich zu behandeln«, hieß es aus dem OKW. Es war der Morgen des 24. September 1943, als deutsche Soldaten die 160 Offiziere

»Säuberung Kephalonias abgeschlossen«: General Hubert Lanz

»Ungesühntes Verbrechen«: Als 1947 in Nürnberg gegen die so genannten »Südost-Generäle« verhandelt wurde, kamen die Morde von Kephalonia nur am Rande zur Sprache

der italienischen Division zur Casetta Rossa brachten, einem kleinen Landhaus außerhalb von Argostoli direkt an der Küste des Ionischen Meeres. Kein deutscher Offizier war anwesend. Das Kommando führte ein Feldwebel – als wollte man die italienischen Offiziere noch im Tode demütigen. Die Italiener mussten sich an der Strandböschung aufreihen.

> **Es ist etwas anderes, nur zu hören, dass italienische Offiziere erschossen worden sind, als zu sehen, dass viele dieser Offiziere sich aufstellten und riefen: »Es lebe der König! – Es lebe Italien!«**
>
> ELMAR THURN

Ein letztes Mal blickten sie übers Meer – nach Westen, in Richtung der Heimat, die sie niemals wiedersehen würden. Zuerst wurde General Gandin vor das Erschießungskommando gerufen. Gefasst sah er dem Tod ins Auge. »Viva il Rè, viva la patria!« – »Es lebe der König, es lebe das Vaterland!«, waren seine letzten Worte. Fast alle übrigen Offiziere folgten ihrem Kommandeur an diesem Morgen in den Tod. Gruppenweise wurden sie vor das Exekutionskommando beordert und nach ihrem Namen gefragt, der in ein vorbereitetes Formular eingetragen wurde. Dann bekamen sie noch mitgeteilt, dass sie

»wegen Verrats zum Tode verurteilt« seien. Ein ordnungsgemäßes Kriegsgerichtsverfahren fand in keinem Fall statt. Bis zum Mittag dauerten die Exekutionen. Dann endlich schwiegen die Waffen auf Kephalonia.

Am Abend dieses Tages meldete ein Funkspruch an das deutsche Armeehauptquartier: »Säuberung Kephalonias abgeschlossen.« Die nüchterne Sprache der Meldung verschleierte das Kriegsverbrechen von Kephalonia. Es war der grausame Höhepunkt des Hitlerschen Rachefeldzugs gegen den einstigen Verbündeten Italien. Mindestens 4000 Menschen starben, weil die Gebirgsjäger den Befehl ihres »Führers« fanatisch befolgten. Und: Kephalonia war kein Einzelfall – auch auf Korfu, auf dem griechischen Festland und in Albanien erschossen deutsche Soldaten Italiener. Und für zahlreiche Soldaten, die das Massaker auf Kephalonia überlebt hatten, war das Leiden noch nicht zu Ende. Viele ertranken, als Schiffe, die sie in die Kriegsgefangenschaft bringen sollten, auf Seeminen liefen.

Das Verbrechen von Kephalonia ist bis heute ungesühnt. Zwar war nach dem Krieg der Wunsch nach Rache in Italien weit verbreitet, doch die italienische Regierung verzichtete schließlich Ende der Fünfzigerjahre auf die Auslieferung der Haupttäter, weil mitten im Kalten Krieg dem neuen NATO-Partner Deutschland kein Ärger gemacht werden sollte.

Ende der Fünfzigerjahre fand die italienische Militärstaatsanwaltschaft die Namen von 32 beteiligten deutschen Offizieren heraus. Doch die italienische Regierung stellte keinen Auslieferungsantrag, da es nicht opportun schien, die deutsche Regierung um die Auslieferung zu bitten. Es war die Zeit des Kalten Krieges.

Amos Pampaloni

Eine Argumentation, die der heute über 90-jährige Amos Pampaloni nie nachvollziehen konnte. Doch nicht nur die Opfer und ihre Hinterbliebenen, auch einen Teil der Täter verfolgen die Erschießungen bis heute: »Dieser Moment«, erzählt ein anonymer Augenzeuge über die Exekution, »ist im Leben eines Menschen eingebrannt bis zur letzten Stunde! Ich bekenne mich dazu, nachdem ich Jahre gebraucht habe, damit fertig zu werden.« Seit einiger Zeit interessiert sich auch die deutsche Justiz wieder für solche Erinnerungen: Die Staatsanwaltschaft Dortmund hat im Herbst 2001 die Ermittlungen zum Fall Kephalonia wieder aufgenommen.

Traudl Junge war in Hitlers Nähe bis zum letzten Akt im Bunker unter der Reichskanzlei. Als Vertraute von Eva Braun nahm sie teil an der gespenstischen Hochzeitszeremonie. Kurz vor ihrem Tod fasste sie noch einmal ihre Beobachtungen zusammen.

»Eines muss ich Ihnen gleich sagen« – die Stimme am anderen Ende der Leitung klingt warmherzig, aber bestimmt –, »für Fernsehinterviews stehe ich nicht zur Verfügung.« Immerhin lässt sich die freundliche ältere Dame zu einem persönlichen Gespräch, ohne Kamera und Notizblock, überreden. Das ist schon viel wert, denn sie hat einen handfesten Grund für ihre Scheu vor der Öffentlichkeit: Von Ende 1942 an war Traudl Junge Hitlers Sekretärin, bis zu seinem kläglichen Abgang im Berliner Bunker.

Als wir uns ein halbes Jahrhundert später in ihrem bescheidenen Appartement in München-Schwabing gegenübersitzen, ist ihre nervöse Anspannung unverkennbar. Sachte klappert die Teetasse beim Servieren gegen den Unterteller. Zögernd, tastend beginnt der Ausflug in das Schattenreich der Erinnerungen. Allmählich bricht der Erzählfluss

»Genaue Beobachterin«: Traudl Junge 1943 auf der Terrasse von Hitlers »Berghof« auf dem Obersalzberg bei Berchtesgaden

den Bann. Und nach einiger Überredung ist Traudl Junge schließlich bereit, ihre Erinnerungen vor der Kamera wiedererstehen zu lassen. Sie eröffnet einen ungewöhnlichen Einblick in die Chefetage der Diktatur. Es ist der Blick einer genauen Betrachterin, von der sich damals niemand beobachtet gefühlt hatte.

Bald wird erkennbar, dass diese Frau die Medien nicht deshalb mied, weil sie unangenehme Einsichten scheut – im Gegenteil: Traudl Junge hat es sich nie leicht gemacht mit ihrer Vergangenheit. Die Sammlung zeithistorischer Werke in ihrem Bücherregal und die Bemerkungen im Gespräch bezeugen dies. Sie lässt nicht den geringsten Zweifel am Unrechtscharakter des Regimes ihres damaligen Chefs, seine Verbrechen benennt sie in schonungsloser Deutlichkeit. Wohltuend hebt sie sich ab von der Wirklichkeitsverweigerung und vom nostalgischen Selbstbetrug der meisten Überlebenden aus Hitlers Entourage. Aber sie fürchtet die vereinfachenden Trugschlüsse, das Diktat der nachkriegsklugen Deutungsmacht. Wie soll sie nach all den Jahren auch jemandem begreiflich machen, dass sie den Verursacher des millionenfachen Leids als einen durchaus charmanten, ja oftmals geradezu fürsorglichen Vorgesetzten erlebt hat? Wie kann sie von ihren abendlichen Unterhaltungen berichten, die um Banalitäten kreisen, aber das Böse nie berührten, ohne den Verdacht der Verdrängung hervorzurufen? Traudl Junge kann es ja selbst nicht begreifen. Zeitlebens hat sie unter dieser Belastung gelitten. Wie konnte ihr im unmittelbaren Zentrum der Macht all das entgangen sein, das sich im Rückblick mit dem Namen ihres Arbeitgebers verbindet? Wie konnte sie einem Mann loyale Gefolgschaft leisten, dem menschliche Regungen offenkundig fern lagen? Wie konnte sie im Auge des Taifuns die Verwüstungen übersehen, die er der europäischen Zivilisation zufügte?

Wie sollte sie auch? In ihrem Münchner Elternhaus hatte sie schon frühzeitig gelernt, dass Politik keine Angelegenheit für heranwachsende Mädchen sei.

Ihr Vater Max Humps, Teilnehmer an Hitlers dilettantischem Putschversuch von 1923 und »Blutorden«-Träger der NSDAP, verlässt die Familie, als Traudl gerade fünf Jahre alt ist. Zurück bleibt die Sehnsucht nach einer Vaterfigur. Die Heranwachsende lässt sich von Hitlers Aufstieg und dem Mythos der »Volksgemeinschaft« auf schwärmerische Weise beeindrucken, sie trägt die braune BDM-Weste mit Stolz. Doch nachzufragen oder gar infrage zu stellen, welche politischen Absichten die »Bewegung« hegt, das steht ihr nicht zu – genauer: Man gesteht es ihr nicht zu, wie den meisten Mädchen ihrer Generation. Traudl lebt in anderen Welten. Im Tanzen findet sie ihre Erfüllung, auf leichten Fü-

ßen vermag sie sich über Niederungen hinwegzusetzen. Das Ballett ist ihr Lebensziel.

Allerdings erweist sich der Krieg als schlechte Zeit für Tänzerinnen. Statt auf der Bühne findet sich die ausgebildete Stenotypistin mit Tanzdiplom an einem Schreibtisch wieder. Immerhin – der steht in der Reichshauptstadt, die auf die Münchnerin wie eine Weltstadt wirkt, an durchaus illustrem Ort: In der Kanzlei des »Führers« erhält Traudl 1941 auf Vermittlung einer befreundeten Tänzerin eine Anstellung in der Posteingangsstelle. Doch ehe sie sich versieht, ist die talentierte Sekretärin schon unterwegs nach Ostpreußen in Hitlers Hauptquartier »Wolfsschanze«, zum Bewerbungsgespräch als Schreibkraft beim »Führer« persönlich. Sie findet es aufregend, dem Mann gegenüberzutreten, den Millionen verehren.

Hitler war für mich eine Vaterfigur. Das ist mir erst hinterher aufgefallen. Ich bin ohne Vater aufgewachsen, war beim Großvater, und ich glaube, er hat mich doch sehr durch seine väterliche Art beeindruckt ...

TRAUDL JUNGE

Hitler, der hier, fern der Öffentlichkeit, eine Brille trägt, empfängt sie ausgesprochen galant, ist angetan von ihrem Können und ihrer süddeutschen Unbefangenheit. Vielleicht erinnert sie ihn an Eva Braun, seine heimliche Geliebte. »Heute fällt es mir schwer, das zu sagen: Aber er war sympathisch, und ich hatte ihn gern«, sinniert Traudl Junge im Rückblick, immer noch verwundert. »Ich habe ihn nicht von einer anderen Seite kennen gelernt. Erst in der allerletzten Zeit, wenn er so vor sich hinstarrte, da spürte man schon eine düstere Kraft, die in ihm steckte.«

»Süddeutsche Unbefangenheit«: Traudl Junge war die jüngste Sekretärin Hitlers

Ich war damals wahnsinnig jung, unbefangen und naiv. Es hat mich damals schon beeindruckt, wenn Hitler etwa sagte, dass er es in seinem Beruf keiner Frau antun würde, dass sie ihn sich mit der Politik teilen müsse. Außerdem sei es für Genies immer schwer, Kinder zu bekommen, da diese dann immer am Maßstab der Väter gemessen würden. Da dachte ich mir schon: Da ist aber ein gewaltiges Selbstbewusstsein am Werk. Später wurde mir klar, dass das Größenwahn war.

TRAUDL JUNGE

Doch zu Beginn erscheint der jungen Frau all das wie ein Traum, den sie sich selbst nie erträumt hatte. Sie wird Hitlers persönliche Schreibkraft; dafür muss sie sich rund um die Uhr, im Schichtbetrieb mit anderen Sekretärinnen, zur Verfügung halten. Es kommt durchaus vor, dass der »Chef« um vier Uhr morgens gedenkt, eine Rede zu diktieren – die er stets fließend und ohne Notizen aus dem Stegreif zu Papier bringen lässt. Wie er dabei mit Lügen und Täuschung, mit Phrasen und Worthülsen jongliert, das wird Traudl Junge erst so richtig bewusst, als alles zu spät ist. Damals ist für sie Gesetz, was Hitler sagt – wie für so viele.

»Er hat ununterbrochen gesagt: ›Wir werden siegen‹«, erinnert sich die Sekretärin. »›Wir müssen siegen, wir werden den Krieg zu Ende führen, und wir werden ihn gewinnen!‹ Er wollte danach Memoiren schreiben und nie wieder Uniformen in seiner Umgebung haben. Ich dachte, wenn er das sagt, muss er doch Möglichkeiten haben, den Krieg zu gewinnen. Deshalb war für mich der Zusammenbruch nachher so unfassbar.«

Abseits der Diktate sind es eher unpropagandistische Weisheiten, die Hitler in ihrer Gegenwart von sich gibt, belanglose Diskurse, oberflächliche Plaudereien. Es geht um Leinwandhelden, Architektur oder die alltäglichen Befindlichkeiten seiner Entourage. Ausreichend Gelegenheit, den Monologen des Redesüchtigen zu lauschen, findet Traudl Junge, als der gesamte Hofstaat im Frühjahr 1943 in Hitlers »Berghof« bei Berchtesgaden umzieht.

Wenn wir abends zusammensaßen, in munterem Geplauder, habe ich oft irgendwelche Filmschauspielerinnen nachgeahmt. Darauf sagte Hitler immer: »Sie müssen unbedingt zur Bühne gehen – sobald der Krieg zu Ende ist.« – »Ja, wann ist denn der Krieg zu Ende?«, hab ich gefragt. Und er: »Wenn wir gesiegt haben.« Ich entgegnete: »Bis dahin bin ich vielleicht schon eine wunderliche alte Frau.« Darauf sagte er dann nichts mehr.

TRAUDL JUNGE

»Von der Vorsehung bestatigt«: Rundfunkansprache Hitlers nach dem Attentat vom 20. Juli 1944, unter den Zuhörern Traudl Junge (zweite Reihe, Mitte)

Der Alltag dort folgt einem gleich bleibendem Ritual. Gegen Nachmittag versammelt sich die Hofgesellschaft, bestehend aus Gästen, Vertrauten, Verbindungsleuten, Adjutanten und Bediensteten, zu der auch die Sekretärin gehört, zum »Mittagsmahl«, um dann in Hitlers Teehaus auf dem Kehlstein umzusiedeln und nach dem gemeinsamen Abendessen den Tag vor dem Kamin des »Berghofs« ausklingen zu lassen – bis weit nach Mitternacht.

Kein Wort fällt in diesem mittelmäßigen Konklave vom Rassenwahn, vom Völkermord, vom millionenfachen Tod. Nur ein einziges Mal berührt das Gespräch bei Tisch in Traudl Junges Gegenwart die Konzentrationslager des Regimes, als Himmler sich aufgeräumt brüstet, mit welcher Finesse er kriminelle Gefangene zu Hilfsaufsehern umfunktioniert. Als Henriette von Schirach, die

Frau des Gauleiters von Wien, sich einmal – in der naiven Annahme, der »Führer« würde davon nichts wissen – über Razzien gegen Juden in Amsterdam erregt, wird sie fortan vom »Berghof« verbannt. Es ist, als wolle Hitler vor dem Grauen fliehen, den sein Wahn weithin beschwört.

Auch das Gesicht des Krieges, wenngleich er über ihn bis ins Detail unterrichtet ist, meidet er. Wenn der Kriegsherr mit seinem Zug durch zerstörte deutsche Städte fährt, zieht er für gewöhnlich die Jalousien herunter. Fatalerweise verstärkt gerade das Attentat auf Hitler am 20. Juli 1944 in der »Wolfsschanze«, das Traudl Junge in Hörweite miterlebt, diese Flucht in die Verleugnung der Wirklichkeit. »Weil er die Bombenexplosion überlebt hat, hat er sich erst recht von der Vorsehung bestätigt gefühlt«, glaubt die Wegbegleiterin im Rückblick. »Ich habe mir später oft gedacht, dass er sich dadurch von neuem seine Mission auferlegt fühlte, den Krieg bis zum Ende zu führen.«

Nach dem Attentat vom 20. Juli 1944 entstand ein ungeheures Rache- und Hassgefühl. Da hat Hitler sich wirklich nur noch von Verrätern und Verrat umgeben gefühlt. Da spürte man bis in unsere Kreise, dass er wahnsinnig enttäuscht, aufgebracht und hasserfüllt war. Und er sagte zu uns: »Nach dem Krieg will ich keine Uniformen mehr um mich sehen!« Er hat nie viel von den Offizieren um ihn herum gehalten.

TRAUDL JUNGE

Was das in letzter Konsequenz bedeutet, das erlebt die Sekretärin aus unmittelbarer Nähe mit. Als Hitlers Tross im Frühjahr 1945 wieder Quartier in der Reichshauptstadt nimmt, steht das Leben zunächst noch im Zeichen relativer Normalität, soweit das unter den Bedingungen des totalen Kriegs noch möglich ist. Die Mitarbeiter leben in ihren Dienstwohnungen nahe der Reichskanzlei – allein die Arbeit geht ihnen nun allmählich aus. »Wir haben zu ihm gesagt«, erinnert sich Traudl Junge, »›mein Führer, wir haben so wenig zu tun. Sie halten keine Reden mehr. Wir könnten doch sicher Nützlicheres tun, als hier zu warten.‹ Da hat er geantwortet: ›Eure Aufgabe ist viel kriegswichtiger als alles andere. Ich kann mir keine Ferien leisten, ich kann mir keine Pause gönnen. Die einzige Entspannung, aus der ich Kraft schöpfe, ist die Gesellschaft mit den paar Sekretärinnen und den wenigen Menschen, mit denen ich noch ein leichtes, angenehmes Gespräch führen kann.‹ Damit hat er uns immer wieder festgehalten und getröstet.«

Doch auch Hitlers Sympathiebekundung kann die Sekretärin nicht über die zunehmend gespenstische Atmosphäre in der verwüsteten Metropole hinwegtrösten. Die alliierten Truppen stehen schon so tief auf deutschem Territorium, dass der Berliner Galgenhumor den Spruch prägt, bald könne man von der West- zur Ostfront mit der S-Bahn fahren. Eine Dienststelle nach der anderen wird aus der umkämpften Hauptstadt evakuiert. Fortwährende Bombenangriffe, aber auch schon erste Artilleriesalven tragen die Kriegswirklichkeit bis ins Zentrum der Macht.

Im Bunker entstand dann – nicht urplötzlich, sondern eher schleichend – so eine verkrampfte Form von »Angstlustigkeit«. Jeder versuchte, seine Angst nicht zu zeigen, und es kam dann eine ganz merkwürdige, makabre Stimmung auf.

TRAUDL JUNGE

Der Urheber der Katastrophe haust Ende April 1945 mit seiner Entourage unter der elf Meter dicken Betondecke des Bunkers der Reichskanzlei, der eigentlich nur für kurzzeitige Aufenthalte während eines Luftangriffs vorgesehen war. Jetzt wird der Sicherheitstrakt für den rapide schwindenden Führungszirkel des untergehenden Reiches zum unterirdischen Verlies. Neben Adjutanten und Bediensteten bleibt nur noch eine Hand voll Generäle und Paladine an Hitlers Seite. Joseph Goebbels, der dieses zweifelhafte Privileg als Erfüllung seiner Nibelungen-Treuseligkeit betrachtet, zieht – unterstützt von seiner Frau – sogar seine sechs kleinen Kinder mit in den Untergang. Auch Eva Braun, die öffentlich stets verleugnete Lebensgefährtin, darf jetzt, im Wartestand für das Gemeinschaftsgrab, zum ersten Mal so etwas wie Anerkennung fühlen.

Hitlers letztes Geburtstagsfest am 20. April erlebt Traudl Junge wie einen makabren Abgesang: »Es war ein ganz stiller, bescheidener Empfang. Wir haben mit einem Glas Sekt angestoßen, aber schon gar keine Gratulation mehr über die Lippen gebracht. Die Stalinorgel machte die Musik dazu. Man hat versucht, die Angst zu unterdrücken, und ist in eine Art Krampfzustand verfallen. Jede natürliche Fröhlichkeit war verflogen.«

In der Tiefe des Bunkers gibt es keinen Unterschied mehr zwischen Tag und Nacht, und auch nicht mehr zwischen »Führer« und Gefolge. »Man muss sich das vorstellen wie in einem U-Boot«, beschreibt Traudl Junge. »Links und rechts gab es winzige kleine Räume wie Kabinen, und im Mittelgang konnte man Hitler sitzen sehen mit seinem Hund auf dem Schoß. Er wollte nicht mehr allein sein.« Auch den Bediensteten kann nun nicht mehr entgehen, dass sie in einer Falle sitzen, aus der kaum ein Entkommen möglich ist.

> **Ich dachte immer, dass es noch einen Ausweg geben müsse. Aber nach der Lagebesprechung am 22. April 1945 kam Hitler raus; alle Offiziere standen da mit versteinerten Gesichtern – alle waren wirklich verstört –, und Hitler sagte: »Jetzt ist alles verloren, und ich werde mich umbringen.«**
> **Wir haben ihn dann gefragt: »Gibt's denn keinen Ausweg?« – »Nein«, sagte er, »ich will nicht lebend in die Hand der Feinde fallen.«**
>
> TRAUDL JUNGE

Spätestens nach der militärischen Lagebesprechung am 22. April ist allen Beteiligten klar, dass jede Illusion einer Wende des Krieges vergebens war. »Wir saßen im Korridor«, berichtet die Sekretärin, »auf einmal ging die Tür auf, und Hitler kam heraus mit einem ernsten, ganz fahlen Gesicht. Zu uns Sekretärinnen und zu Eva Braun sagte er: ›Packen Sie alles zusammen, in zwei Stunden geht das letzte Flugzeug!‹ Da entgegnete Eva Braun: ›Aber du weißt doch, dass ich bei dir bleibe.‹ Und dann ist er auf sie zugegangen und hat ihr, was er noch nie vor Zeugen getan hatte, einen Kuss gegeben. Unter dem Eindruck dieser Treuebekundung haben wir Sekretärinnen gesagt: ›Ja, wir bleiben auch!‹«

Es war ein verhängnisvoller Entschluss. Statt Siegesparolen lässt Hitler von da an nur noch Selbstmordgedanken verlauten. Unumwunden räsoniert der einst so gepriesene Heilsbringer über todsichere Selbstmordvarianten – aus purer Angst, seinen Feinden lebend in die Hand zu fallen. Mit Entsetzen vernimmt er die Kunde von dem Lynchmord an seinem italienischen Bundesgenossen Mussolini oder von fehlgeschlagenen Suizidversuchen anderer Machthaber. Da er in dieser Hinsicht dem Pistolenschuss misstraut, entscheidet Hitler sich für die Zyankalikapsel. Auch seinen Sekretärinnen legt er die Giftkugel nahe – beinahe als böte er ihnen Pralinen an. Und immer noch zeigt das »Führer«-Wort seine bezwingende Wirkung. »Ich habe gedacht, das werde ich auch tun müssen, und das werde ich tun«, sinniert Traudl Junge im Rückblick. »Es war für mich die einzig denkbare Lösung.«

Doch vor den kalkulierten Kollektivabgang setzt Hitler ein Rührstück, das an grotesker Schaurigkeit kaum zu überbieten ist. »Heute werdet ihr noch weinen«, hatte Eva Braun den Vorzimmerdamen noch am Morgen des 28. April zugeraunt. Sie meinte damit aber nicht Tränen der Trauer, sondern der Rührung. Denn nun, da ohnehin alles vorbei

»Das Ende rückt näher«: Russische Soldaten stürmen eine deutsche Stellung in der Innenstadt von Berlin

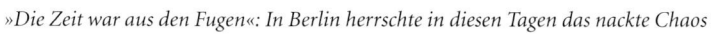

»Die Zeit war aus den Fugen«: In Berlin herrschte in diesen Tagen das nackte Chaos

war, hatte Hitler endlich eingewilligt, sie zu ehelichen. Für die blonde Gespielin ist dieses Zeremoniell die Erfüllung eines lang gehegten Jungmädchentraums. Eilends wird ein Standesbeamter herbeizitiert, der mit staubbedecktem Mantel in die Unterwelt des siechen Restreiches hinabsteigt. Kurz nach Mitternacht wird der bizarre Amtsakt vollzogen. Noch einmal gibt es ein Glas Sekt für die Bunkerbewohner.

Während dieses kärglichen Hochzeitsempfangs, der eher einem Leichenbegängnis gleicht, nimmt Hitler seine Sekretärin beiseite und fragt sie, ob sie ausreichend geschlafen habe. Als Traudl Junge verdutzt bejaht, führt er sie in einen Nebenraum. »Dann hat er gesagt«, erzählt sie, »ich will Ihnen mein Testament diktieren.‹ Da dachte ich, jetzt ist der Augenblick der Wahrheit gekommen. Jetzt erfahre ich, warum dieser Krieg so enden muss und warum alles so gelaufen ist. Er hat sich mit beiden Händen auf einem Tisch aufgestützt und mit leiser Stimme, aber fließend, ohne zu stocken, begonnen, seine zwei Testamente zu diktieren. Ich habe wie in Trance alles mitstenografiert und es dann in die Maschine getippt. Aber schon beim Schreiben dachte ich: Das ist keine Offenbarung, da ist nichts Neues drin, keine Reue, keine Erklärung. Es war eine große Enttäuschung für mich. Und dann dieser Satz: Das deutsche Volk sei nicht reif für die Mission, die er ihm zugedacht habe. All das Leid, ging es mir durch den Kopf, dieses Elend, das da passiert, alles umsonst. ...«

Es ist vielleicht das erste Mal, dass für sie die ganze Fassade zu bröckeln beginnt, dass sie spürt, wie sie sich hatte betrügen lassen von einem vermeintlich väterlichen Patron, der seine Anvertrauten eiskalt dem Verderben ausliefert. Die Erkenntnis dämmert erst, als beinahe alles zu spät ist.

Signal für den letzten Akt ist ein Geschenk. Mit gönnerhafter Miene vertraut Eva Hitler, geborene Braun, der acht Jahre jüngeren Schicksalsgefährtin ihren heiß geliebten Pelzmantel an. Im Dämmerzustand der Unwirklichkeit freut sich Traudl Junge noch über das vollkommen nutzlos gewordene Präsent. Dann folgt ein letztes Mal das unvermeidliche Ritual des Mittagsmahls. Nie zuvor war die heitere Gelassenheit so künstlich und aufgesetzt wie an diesem 30. April.

Während die Sowjets sich über der Erde bereits bis an das Zentrum der Reichshauptstadt herangekämpft haben, entzieht sich der Kriegstreiber unter der Erde jeder Verantwortung auf klägliche Weise. Zum Abschied drückt er der Sekretärin noch einmal die Hand, murmelt ein paar unverständliche Worte. Seine Gedanken sind schon fern.

Ich habe dann zu Hitler gesagt: »Mein Führer, warum gehen Sie nicht als Soldat zu den Truppen?« Aber er erwiderte darauf: »Ich kann das nicht tun. Wenn ich verwundet werden würde, ist keiner von meinen Leuten bereit, mich zu erschießen.«

TRAUDL JUNGE

In der Hoffnung, Ablenkung zu finden, flieht Traudl Junge zu den Kindern des Ehepaars Goebbels, um die sich niemand mehr zu kümmern scheint. »Sie hatten noch nicht einmal gegessen und irrten verlassen durchs Treppenhaus«, erinnert sie sich. »Wir haben Brote gemacht und uns um einen runden Tisch zum Essen gesetzt. Und auf einmal ertönt dieser Schuss. Das muss gegen drei Uhr nachmittags gewesen sein. Jedenfalls war das

Interesse zu dienen und seine eigenen Vorteile demgegenüber zurückzustellen. Von allen Deutschen, allen Nationalsozialisten, Männern und Frauen und allen Soldaten der Wehrmacht verlange ich, daß sie der neuen Regierung und ihren Präsidenten treu und gehorsam sein werden bis in den Tod.

Vor allem verpflichte ich die Führung der Nation und die Gefolgschaft zur peinlichen Einhaltung der Rassegesetze und zum unbarmherzigen Widerstand gegen den Weltvergifter aller Völker das internationale Judentum.

Gegeben zu Berlin, den 29. April 1945, 4.00 Uhr.

Als Zeuge:

ein ganz erheblicher Knall, und Helmut, der jüngste Sohn, sagte: ›Das war ein Volltreffer!‹ Da hab ich gedacht: ›Eigentlich hast du Recht, das war wirklich ein Volltreffer‹ – der Schuss, der Hitlers Leben beendet hat.«

Doch dieses Ende wurde für sie nicht zum Schlussstrich, wenngleich Hitlers Tod seine Untergebenen zunächst in einen Zustand vollkommener Orientierungslosigkeit versetzte: »Es war so, als ließe ein Marionettenspieler plötzlich alle Fäden los, und dann hängen die Puppen ohne Leben rum. Keiner ist mehr da, der befiehlt, was getan wird, der die Richtlinien vorgibt und das Leben der anderen mitbestimmt. Jeder muss plötzlich für sich allein entscheiden.«

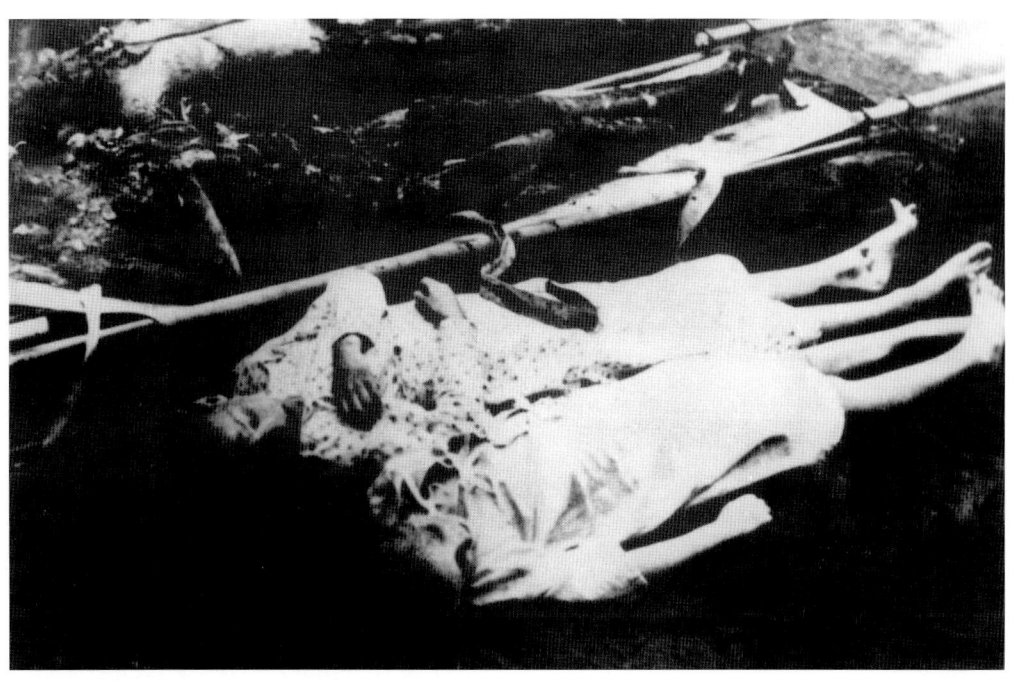

»Erfüllung der Nibelungen-Treuseligkeit«: Die halb verkohlten Leichen von Joseph Goebbels und seiner Frau Magda (oben) und von zweien ihrer sechs Kinder

»Unterirdisches Verlies«: Der Notausstieg des »Führer«-Bunkers unter der Reichskanzlei nach dem Ende der Kämpfe

Das hat ihr vermutlich das Leben gerettet. Denn erst als die junge Frau allmählich aus der fremdbestimmten Lähmung erwacht, kehrt auch ihr Überlebenswille wieder zurück, wie sie im Rückblick beschreibt: »Auf einmal war der Selbsterhaltungstrieb stärker. Ich habe gedacht: Wenn ich jetzt hier im Bunker auf die Kapsel beiße und die Russen dann kommen, dann wird nie jemand aus meiner Familie erfahren, was aus mir geworden ist. Und da sind wir zu dem Schluss gekommen, wir müssen einen Ausbruchversuch machen.«

Wie durch ein Wunder gelangen die Flüchtlinge aus der Unterwelt in der Nacht zum 2. Mai 1945 durch U-Bahn-Schächte, brennende Ruinen und Gewehrsalven, vorbei an apokalyptischen Szenerien, lebend ins Freie – aber nicht in die Freiheit. Für Traudl Junge beginnt nach ihrer Gefangennahme eine monatelange Odyssee durch sowjetische Gefängnisse, bis sie nach Berlin und schließlich nach Bayern zurückkehren kann. Prägend für ihr ganzes Leben bleibt ihr eigentlicher Ausbruchversuch: Zum ersten Mal steht sie wieder auf eigenen Beinen im Leben, zum ersten Mal folgt sie nicht mehr den Weisungen scheinbar unerschütterlicher Instanzen. Sie ist dem Bann eines Trugbilds entronnen – aber erst, als es vollständig in Scherben lag.

Nach Hitlers Tod – das war ein ganz merkwürdiges Vakuum. Als die Kraft, die einen zuvor am Leben erhalten hat, plötzlich weg war, da erwachten langsam wieder die eigenen Reaktionen; die eigenen Gefühle kamen wieder an die Oberfläche des Bewusstseins.

TRAUDL JUNGE

»Einsicht in den Irrweg«: Hitlers letzte Sekretärin im ZDF-Interview

Doch Traudl Junge ist der Einsicht in den Irrweg nicht ausgewichen. Erst nach und nach hat sie von den Dimensionen der Verbrechen erfahren, die dort befohlen wurden, wo sie sich einst zu Hause fühlte. Von dem Schuldgefühl hat sie sich zeitlebens nicht befreien können, wenngleich sie sich schwer tat, auch in ihrem eigenen, jungen Leben Schuld zu finden, außer der, naiv, arglos und ahnungslos gewesen zu sein. Diese Erkenntnis und Folgerung daraus, Autoritäten infrage zu stellen und sich nie wieder einfältiger Führergläubigkeit hinzugeben, haben sie dann doch bewogen, am Ende ihres Lebens ihre persönlichen Erfahrungen der jüngeren Generation zugänglich zu machen. Angesichts der vielen Unverbesserlichen und Wirklichkeitsverleugner aus Hitlers Umgebung, die sich innerlich nie von ihrer NS-Vergangenheit lösen können, war ihr Erfahrungsbericht ein Glücksfall. Im Februar 2002 ist Traudl Junge in München im Alter von 81 Jahren gestorben.

Kurz vor Kriegsende 1945 lief ein deutsches U-Boot aus dem Kieler Hafen aus. Zielort Japan. An Bord hatte es geheime Unterlagen und atomwaffenfähiges Material. Doch das Boot kam nie an seinem Bestimmungsort an.

Mittelatlantik, 8. Mai 1945. Seit vier Tagen gehen im Funkraum von U 234 Meldungen über die bevorstehende Kapitulation der Wehrmacht ein. Plötzlich wird eine Weisung vom Führer der U-Boote, Kapitän Rösing, aufgefangen: »U 234, weiterlaufen oder nach Bergen zurückkommen!« Der Kommandant, der 34-jährige Kapitänleutnant Fehler, überlegt eine Zeit lang und entschließt sich dann, weiter Kurs Südwest zu halten.

»An alle! Bei Kapitulation Kriegsflagge setzen. Auf Befehl Alliierter würdig niederholen. BdU«

Zwei Tage später, am 10. Mai, werden die Kapitulationsanordnungen der Alliierten durchgegeben: Alle deutschen U-Boote, die noch in See stehen, sollen auftauchen, eine schwarze Flagge setzen und sich in den nächsten alliierten Hafen begeben. Fehler ist

»Kapitulieren oder einfach weiterfahren?« Ein deutsches U-Boot am Kriegsende

unsicher, was er tun soll. Eine schwarze Flagge am Kommandoturm – eine Piratenflagge –, womöglich ein böses Omen für die bevorstehende Behandlung? Soll er sich wirklich mit seinem Boot in die Hand des Feindes begeben? U 234 ist in streng geheimer Mission unterwegs nach Japan. Niemand kennt den Standort des Bootes, niemand weiß – so denkt Fehler –, ob die Besatzung überhaupt noch am Leben ist. Denn seitdem man die schützenden norwegischen Gewässer verlassen hat, wurde Funkstille bewahrt, und das Boot verschwand in den Weiten des Atlantiks. Warum also nicht einfach weiterfahren? Schließlich führt Japan noch immer Krieg gegen Briten und Amerikaner.

Fehler ruft seine Offiziere zusammen, fragt sie nach ihrer Meinung. Der Erste Wachoffizier Richard Bulla und der Ladeoffizier Karl Pfaff schlagen vor, Kap Horn zu umrunden, auf irgendeiner verlassenen Insel im Südpazifik an Land zu gehen und den Gang der Dinge in Ruhe abzuwarten. Schließlich hat das Boot 480 Tonnen Dieselöl und Proviant für fünf Monate an Bord, es besteht also keine Notwendigkeit, rasch einen Hafen anzulaufen. Den anderen scheint dieser Plan doch etwas zu abenteuerlich zu sein. Wolfgang Hirschfeld, der Oberfunkmeister, hält es für das Beste, nach Japan weiterzufahren oder nach Norwegen zurückzukehren. General der Flieger Keßler, einer der zwölf Passagiere an Bord, die Fehler sicher nach Japan bringen soll, ist strikt dagegen, zu kapitulieren und in Gefangenschaft zu gehen. Er schlägt vor, nach Argentinien oder Uruguay zu fahren, wo sein ältester Sohn lebt. Das Boot habe eine wertvolle Ladung an Bord, damit müsse es doch möglich sein, so Keßler, die Freiheit der Besatzung zu erkaufen. Die Aussprache bringt kein klares Ergebnis und Fehler in seiner Entscheidungsfindung nicht einen Schritt weiter. In der Offiziersmesse wird weiter diskutiert. Dann, am 13. Mai, geht noch einmal ein Funkspruch ein: »Wer jetzt nicht kapituliert, wird als Pirat erkannt und vor ein ordentliches Seegericht gestellt.« Offenbar sind also auch andere U-Boote der Aufforderung zur Kapitulation nicht nachgekommen, und die Alliierten fürchten, dass diese »grauen Wölfe« den Krieg auf eigene Faust weiterführen könnten. Im Radio wird schließlich gemeldet, dass Japan die Beziehungen zu Deutschland abgebrochen hat – die Fahrt fortzusetzen ist also sinnlos geworden. Der Kommandant bespricht erneut mit seinen Offizieren die Lage und entschließt sich dann gegen den Widerstand von General Keßler zur Kapitulation. Am 13. Mai 1945, fünf Tage nach der Gesamtkapitulation, taucht U 234 im Mittelatlantik auf und funkt seinen Standort. Am Sehrohr weht ein schwarz gefärbtes Bettlaken.

Briten und Amerikaner hatten schon fieberhaft darauf gewartet, dass das geheimnisumwitterte Boot kapitulieren würde. Aus der Decodierung des Diplomatenfunkverkehrs zwischen Berlin und Tokio wussten sie nämlich, dass ein deutsches U-Boot mit einer streng geheimen Ladung auf dem Weg nach Ostasien war. Und diese fette Beute wollte man sich nicht entgehen lassen.

Doch wie kam es überhaupt dazu, dass dieses U-Boot nach Japan geschickt wurde? Und was hatte es wirklich an Bord?

Die Hauptaufgabe war, den Japanern zu helfen, dass sie den Krieg erfolgreich weiterführen können.

HEINZ SCHLICKE, BESATZUNGSMITGLIED VON U234

Seit dem Ausbruch des Krieges mit der Sowjetunion im Juni 1941 waren die Landverbindungen zwischen den beiden Verbündeten Deutschland und Japan unterbrochen. Es blieb nur noch der Seeweg, um wichtige Güter und Personal auszutauschen. Anfangs schaffte es noch eine ganze Reihe von Handelsschiffen, die Blockadebrecher, den gefahrvollen weiten Weg von Westfrankreich durch den Atlantik und den Indischen Ozean bis nach Japan zurückzulegen und mit dringend benötigten Rohstoffen an Bord in die »Festung Europa« zurückzukehren. Als die Verluste zu groß wurden, versuchten U-Boote den alliierten Blockadering zu durchbrechen. Angesichts der See- und Luftüberlegenheit von Briten und Amerikanern waren solche Unternehmungen jedoch Himmelfahrtskommandos. Bis März 1945 gelang es nur zwei deutschen und einem japanischen U-Boot, mit einer wertvollen Rohstoffladung den deutschen Machtbereich zu erreichen, neun weitere Materialtransporter wurden von den Alliierten versenkt. Daraufhin wurden diese Fahrten weitgehend aufgegeben. U 234 war das letzte U-Boot, das sich auf den Weg nach Fernost machte.

Im März 1944 wurde es samt einer blutjungen Mannschaft, von der zwei Drittel gerade einmal 19 Jahre alt waren, in Dienst gestellt. Nur die Unteroffiziere hatten als U-Boot-Veteranen bereits viele Feindfahrten hinter sich und waren dabei oftmals nur knapp dem Tod entronnen. Kommandant Fehler selbst wurde bei der Besatzung durch sein warmherziges Wesen schnell beliebt. Die alten Hasen zweifelten jedoch daran, ob er über genug Erfahrung verfügte, im Atlantik lange zu überleben. Schließlich kam er aus der Handelsmarine und war im Krieg bis zur Übernahme dieses Kommandos nur auf einem Hilfskreuzer gefahren. Doch U 234 sollte auch nicht Jagd auf feindliche Schiffe machen. Kurz nach der Indienststellung wurde es in ein Fracht-U-Boot umgebaut und mit den modernsten technischen Geräten ausgerüstet. Geräuschtorpedos zur Selbstverteidigung, ein Radargerät und ein Radardetektor der neuesten Bauart waren an Bord. Ein verlängerter Luftmast, der Schnorchel, ermöglichte es dem Boot, sich auch unter Wasser mit der Antriebskraft der Dieselmotoren fortzubewegen. Es musste also nur noch in weniger stark überwachten Gewässern auftauchen und blieb ansonsten der alliierten Überwachung weitgehend entzogen.

Während die Amerikaner bei Remagen den Rhein überschritten, die letzten deutschen Offensiven in Ungarn scheiterten und die Rote Armee Pommern eroberte, wurde das Boot im zerbombten Kiel beladen:

»Kaum Überlebenschancen«: Ein deutsches U-Boot, das im Atlantik von US-Flugzeugen angegriffen wird

> **Nun wussten wir ja nicht, was das für hochinteressante Dinge sind, die wir an Bord genommen haben. Das waren ganz wenige Leute, die das wussten.**
>
> WERNER BACHMANN, FUNKER AUF U234

74 Tonnen Blei, 26 Tonnen Quecksilber, sieben Tonnen optisches Glas, 43 Tonnen Flugzeugpläne, Instrumente und medizinische Güter sowie eine Tonne Kurierpost verschwanden in den Frachträumen. In einem der Minenschächte fand sogar die »Wunderwaffe« der Luftwaffe Platz: ein zerlegter Düsenjäger vom Typ Me 262 samt zwei Strahltriebwerken. Mit deutschem Knowhow sollte den verheerenden amerikanischen Luftangriffen auf japanische Städte endlich Einhalt geboten werden. Zuletzt wurden noch zehn würfelförmige Metallbehälter, jeweils 23 mal 23 Zentimeter in den Ausma-

ßen, verladen – eine merkwürdige Fracht, auf die sich keiner einen Reim machen konnte –, die Ölbunker des Bootes bis zum Rand gefüllt sowie Waffen, Munition und Proviant übernommen. Kurz vor dem Auslaufen stiegen dann noch elf Passagiere ein: zwei japanische Ingenieuroffiziere, die in ihre Heimat zurückbeordert worden waren, zwei Ingenieure des Flugzeugbauers Messerschmitt, drei Offiziere der Luftwaffe, die in den Stab des deutschen Luftwaffenattachés abkommandiert waren, und vier Offiziere der Kriegsmarine, die für den künftigen Neuaufbau einer deutschen Überwasserflotte Erfahrungen bei der japanischen Marine sammeln sollten. Ironischerweise lagen zu diesem Zeitpunkt die meisten Schiffe der einst so mächtigen japanischen Hochseeflotte auf dem Grund des Pazifiks. Und der klägliche Rest war wegen Treibölmangels gar nicht mehr einsatzfähig.

Am 25. März 1945, die Alliierten standen kurz davor, auf breiter Front den Rhein zu überschreiten, war es dann soweit. Gegen zehn Uhr machte U 234 die Leinen los; wie in alten Zeiten spielte die Musik auf, und die Kameraden der 5. U-Boot-Flottille winkten zum Abschied. »Auf Wiedersehen in einem Jahr!«, riefen sie. Dass die Fahrt nach Japan gehen sollte, war zwar offiziell streng geheim, es hatte sich freilich an Land in Windeseile verbreitet. »Ich habe nie gehofft, überhaupt wieder zurückzukommen«, berichtete Franz Wiedenhöft später. Als das schwer beladene Boot langsam aus dem Kieler Hafen lief, kreisten die Gedanken der Besatzung um die ungewisse Zukunft. Ob sie jemals nach Deutschland zurückkehren würden? Jedem war die aussichtslose Kriegslage bewusst – und dass der Kampf eigentlich nicht mehr lange dauern konnte.

Das Boot nahm Kurs auf Norwegen, schmuggelte sich durch das Kattegatt und erreichte zwei Tage später den Oslofjord. Im südnorwegischen Hafen Kristiansand stieg dann der letzte Passagier zu: General der Flieger Ullrich Keßler, ein hochgebildeter Offizier, der im Frühjahr 1944 durch allzu realistische Lagebewertungen in Ungnade gefallen war und nun auf den entlegensten Posten abgeschoben wurde, den die Luftwaffe zu bieten hatte: Er war als neuer Luftwaffenattaché in Tokio vorgesehen. Plötzlich erging der Befehl, noch auf einen besonderen Passagier zu warten. Wollte vielleicht eine Nazi-Größe versuchen, sich fünf Minuten vor zwölf aus dem Staub zu machen? Doch es ließ sich niemand blicken, und bald hieß es: Fortsetzung der Operation nach Plan.

»Kameraden, wenn ihr von dieser Fahrt heimgekehrt sind, dann ist der Endsieg entschieden.«

KAPITÄN ZUR SEE RÖSING AM 15. APRIL 1945 ZUR BESATZUNG VON U234

Am 15. April verließ U 234 die norwegischen Gewässer und nahm Kurs Nordwest. Der Kommandant richtete sich mit einer kurzen Ansprache an die Besatzung: »Kameraden, ihr habt alle die letzten Nachrichten gehört und wisst, wo der Feind steht und wie es in der Heimat aussieht. – Deutschland geht einer schweren Zeit entgegen. Wie dieser Krieg auch ausgehen mag, ich werde alles tun, um euch heil wieder nach Hause zu bringen.« Das Boot tauchte ab, durchquerte dank der modernen elektronischen Ausrüstung unbehelligt von alliierten Flugzeugen die Nordsee und erreichte den Atlantik.

Nach einem Monat auf See ging die Nachricht von der Kapitulation der Wehr-

»Modernste Kriegstechnik«: Die Besatzung von U 234 am Tag der Indienststellung im März 1944

»Bei der Besatzung schnell beliebt«: Der Kommandant von U 234, Johann Heinrich Fehler (rechts)

macht ein, und Fehler war nach tagelangen Beratungen entschlossen, Boot und Besatzung auszuliefern. Der nächste alliierte Hafen war Halifax in Kanada. Die Offiziere an Bord lehnten es jedoch ab, sich in die Hände der Kanadier oder Briten zu begeben, weil sie befürchteten, von diesen den Franzosen ausgeliefert zu werden. Es sei besser, sich den Amerikanern zu ergeben, war die einhellige Meinung. Obwohl die Briten alles daransetzten, das Boot per Funk nach Halifax zu dirigieren, ignorierte Fehler ihre Anweisungen und fuhr aufgetaucht nach Westen, in Richtung amerikanische Ostküste. Dieser Entschluss war für zwei Passagiere an Bord überaus brisant. Die beiden japanischen Offiziere, Oberst Genzo Shosi und Korvettenkapitän Hideo Tomonaga, versuchten verzweifelt, den Kommandanten zu überreden, die Fahrt nach Japan fortzusetzen und das Boot nicht den Alliierten zu überlassen. Doch Kapitänleutnant Fehler sah keinen Sinn mehr darin, um die halbe Welt zu fahren und womöglich wie ein Pirat vor ein Seegericht gestellt zu werden. Als die beiden Japaner erkannten, dass all ihre Bemühungen vergebens waren, verabschiedeten sie sich von den Besatzungsmitgliedern. Tomonaga verschenkte noch seine in der Schweiz eingekauften Armbanduhren an die U-Boot-Männer. Zunächst konnte sich niemand dieses Verhalten erklären. Selbstmord – so dachten die deutschen Offiziere – konnten die Japaner nicht begehen. Tomonagas Samuraischwert befand sich in der Obhut des Kommandanten, und andere Waffen besaßen sie nicht. Doch dann bemerkte einer der anderen Passagiere, dass Shosi und Tomonaga in ihren Kojen lagen und merkwürdig röchelten. Sie hatten etwas eingenommen – also doch Selbstmord.

In ihrem Gepäck fand man einen Abschiedsbrief, in dem sie darum baten, in Ruhe sterben zu dürfen und ihre Leichen nicht den Amerikanern zu überlassen. Die Besatzung war fassungslos über den unbeugsamen Ehrenkodex der beiden japanischen Offiziere, die es als unvorstellbar ansahen, in Gefangenschaft zu gehen. Sie waren an einer Überdosis Luminal-Schlaftabletten gestorben, die sie für alle Fälle auf die lange Reise mitgenommen hatten. Fehler erfüllte ihnen den letzten Wunsch. In der Nacht des 14. Mai wurden die Leichen zusammen mit ihren Geheimpapieren und Tomonagas Samuraischwert in mit Gewichten beschwerten Seesäcken bestattet.

Kurze Zeit später erschien der amerikanische Zerstörer »Sutton« und setzte ein Prisenkommando aus. »Mein Gott, wie bewaffnet die sind«, staunte der Erste Wachoffizier. In der einen Hand eine Maschinenpistole, in der anderen eine Pistole, um den Hals mehrere Patronengurte, so kamen die amerikanischen Matrosen an Bord. Eine dicke Eisenkette wurde um den Sehrohrblock gelegt und durch die Turmluke nach unten geworfen, damit diese sich nicht mehr schließen ließ. Die Amerikaner wollten unbedingt verhindern, dass U 234 doch noch einen Fluchtversuch unternahm. Die Besatzung musste fast vollständig auf die »Sutton« umsteigen, wobei es sich General Keßler nicht nehmen ließ, frisch rasiert, in voller Uniform, am Hals das Ritterkreuz, auf der Brücke zu erschei-

»In der Hand des Gegners«: Fritz von Sandrart, einer der Unteroffiziere von U 234, betritt die »Sutton«

»Einen Fluchtversuch verhindern«: An Bord der »Sutton« fährt die Mannschaft des deutschen U-Boots einem unge-wissen Schicksal entgegen

nen. Über einem Auge blinkte ein Monokel. »Darüber ärgern sich die Amis am meisten«, bemerkte er lächelnd. An Bord blieben nur der Erste Wachoffizier und ein paar Maschinisten, die das Boot unter amerikanischer Leitung fuhren.

Am 19. Mai machte das Boot in Portsmouth im US-Bundesstaat Virginia fest. Nachdem die Besatzung in die Gefangenschaft abgeführt worden war, inspizierten die Amerikaner eingehend ihre Beute. U 234 war ein riesiges U-Boot. Von diesem Typ war den Alliierten noch kein Exemplar in die Hände gefallen. Nach und nach wurde die wertvolle Ladung an Land befördert. Aus jedem Winkel wurden geheime Pläne, Zeichnungen und technisches Gerät geklaubt. Die modernsten Entwicklungen der deutschen Luftrüstungsindustrie waren nunmehr in der Hand der Amerikaner: Düsentriebwerke, Radargeräte, Bombenzielgeräte, eine Druckkabine sowie die Pläne für den Bau fast aller modernen deutschen Jagd- und Kampfflugzeuge. Später stellte sich freilich heraus, dass die meisten Utensilien an Bord für die Amerikaner keine Geheimnisse mehr waren: Selbst von den neuen Me 262 hatten sie in Deutschland einige flugfähige Exemplare erbeutet. Ihr eigentliches Interesse galt den zehn mysteriösen Stahlkisten in den vorderen Minenschächten. Während seiner Vernehmung machte der Ladeoffizier, Leutnant Karl Pfaff, die Amerikaner darauf aufmerksam, dieses Frachtgut besonders vorsichtig zu behandeln, und bot an, ihnen bei der Entladung behilflich zu sein, was ohne weiteres akzeptiert wurde. Schließlich konnte niemand wissen, ob die Deutschen die brisante Fracht nicht vermint hatten und das ganze Boot in die Luft flog, wenn man die Kisten aus dem Rumpf

zog. Vorsichtig wurde die Ladung geborgen und in ein Lagerhaus gebracht. Was die Funkentzifferung bereits vermuten ließ, wurde nun zur Gewissheit: Die zehn Stahlkisten enthielten insgesamt 560 Kilogramm Uranoxid – Material, das zum Bau von Atombomben benutzt werden konnte! Wäre es Japan also mit deutscher Hilfe möglich gewesen, noch eine dieser verheerenden Waffen herzustellen, wenn der Krieg nur einige Monate länger gedauert hätte? Das Material hatte Dr. Nishina Yoshio, der Direktor des japanischen Atomforschungsprogramms, bestellt, da es im japanischen Machtbereich keine nennenswerten Mengen Uranoxid gab. Bereits 1943 orderte Tokio das seltene Erz, freilich ohne genauer zu erklären, wozu man es eigentlich brauchte. Man würde es als Katalysator bei chemischen Reaktionen einsetzen, hieß es zunächst vage. Erst als die Deutschen mit der Lieferung zögerten, gab man den eigentlichen Verwendungszweck preis:

Es war mir klar, dass der Zweck war, den Japanern zu helfen die Atombombe zu entwickeln.

Man brauche es zur Erforschung der Isotopengewinnung und der Urananreicherung. War also doch eine japanische Atombombe im Bau? In der Tat wäre es möglich gewesen, aus dieser Menge Uranoxid etwa 3,5 Kilogramm des Isotops U 235 zu gewinnen, etwa ein Fünftel der Menge, die für den Bau einer Atombombe damaliger Bauart notwendig war. Der weltweit einzige Reaktor zur Isotopengewinnung stand damals freilich in den Vereinigten Staaten. Japan befand sich in der Atomforschung noch ganz am Anfang und war meilenweit davon entfernt, eine Atom-

»Deutsches Uran für die amerikanische Atombombe«?: Opfer des Angriffs auf Hiroshima

bombe auch nur theoretisch zu entwickeln, geschweige denn die enormen praktischen Probleme zu lösen.

Doch was passierte mit dem deutschen Uranoxid in den Vereinigten Staaten? Nach dem Krieg kamen Gerüchte auf, es sei beim Bau jener Atombombe benutzt worden, welche am 6. August 1945 Hiroshima vernichtete. Und Karl Pfaff, der den Amerikanern bei der Entladung des Bootes half, erinnerte sich, dass auch Robert Oppenheimer, der Vater der amerikanischen Atombombe, in Portsmouth auftauchte. Offenbar waren US-Wissenschaftler an dem brisanten Material interessiert.

Das U-Boot war ein Gottesgeschenk. Es kam zur richtigen Zeit zum richtigen Ort.

John Lansdale (»Manhattan Project«)

John Lansdale, ehemals Sicherheitschef des »Manhattan Project«, sagte nach dem Krieg aus, dass das Material direkt zur Atomfabrik Oak Ridge im US-Bundesstaat Tennessee befördert worden sei. Andere Quellen besagen freilich, dass sich das Uranoxid noch Anfang Juli 1945 in einem Lagerhaus in Brooklyn befunden habe. In diesem Fall hätte die Zeit zur Aufbereitung nicht mehr ausgereicht, um es noch für die Atombombe zu verwenden.

Die Spur des Materials verliert sich im Juni 1945. Bis heute sind keine offiziellen Dokumente aufgetaucht, die einwandfrei belegen, was mit dem Uranoxid von U 234 geschehen ist.

Nach all den Rätseln um die letzte Fahrt von U 234 nahm das Boot dann ein unspektakuläres Ende: Nach ausführlicher Erprobung durch die Amerikaner wurde es an einem Novembertag des Jahres 1947 vor die Küste von Massachusetts geschleppt und hier von einem U-Boot der US-Kriegsmarine als Übungsziel versenkt. Die Besatzung war zu diesem Zeitpunkt schon zum größten Teil in die Heimat entlassen. Was bleibt, ist das ungewisse Schicksal von zehn kleinen, mysteriösen Stahlkisten mit Uranoxid.

© '58 C. Lorenzen

Im Juni 1947 fanden Viehzüchter bei Roswell im US-Bundesstaat New Mexico nicht näher identifizierbare Überreste einer Explosion auf ihren Weiden. Das Gerücht vom Absturz Außerirdischer machte die Runde. Oder handelte es sich um geheime Experimente der amerikanischen Luftwaffe?

Es geschah am 2. Juli 1947 gegen 21.50 Uhr. Das Ehepaar Wilmot saß auf der Veranda seines Hauses in der Kleinstadt Roswell im US-Bundesstaat New Mexico und blickte in den klaren Abendhimmel. Plötzlich bemerkte Dan Wilmot nach eigenem Bekunden ein großes, glühendes Objekt: »Es kam von Südosten und flog in nordwestlicher Richtung, nicht hoch, ein paar hundert Yards nur – und sehr schnell, vielleicht 600 bis 800 Stundenkilometer.« Einer der Nachbarn, William M. Woody, damals 14 Jahre alt, erklärte später an Eides statt, er und sein Vater hätten dasselbe Objekt auf der gleichen Flugbahn gesehen.

120 Kilometer nordwestlich von Roswell, im Gebiet um Corona, tobte in jener Nacht ein schweres Gewitter. Als der Rancher Mac Brazel eine heftige Explosion hörte, dachten er und seine Familie zunächst an einen Blitzeinschlag. Früh am nächsten Mor-

»Sie beobachten uns«: Fotografie eines UFOs über der Wüste von New Mexico – ein Phänomen, das in dieser Region häufiger auftrat

gen ritt Brazel in Begleitung des sieben Jahre alten Nachbarsohns William Proctor aus, um nach Gewitterschäden zu suchen. Nach etwa zehn Kilometern in südlicher Richtung erreichten die beiden eine Gegend, in der eine von Brazels Herden graste. Die Tiere machten einen unaufgeregten, ruhigen Eindruck. Doch rechts von ihnen, über einen Hügel hinweg, bot sich Brazel und seinem jungen Begleiter ein erschreckender Anblick: Vor ihren Augen erstreckte sich ein Trümmerfeld, eine etwa 1200 Meter lange und 200 Meter breite Schneise voller metallischer Bruchstücke. Mac Brazel hatte auf seinem riesigen Weideland schon häufiger Fragmente abgestürzter Wetterballons gefunden. Doch diese Teile, da war er sich sicher, stammten nicht von einem Wetterballon. Dazu waren es auch zu viele. Einige Stücke leuchteten silbrig, die meisten indes metallisch-matt. Es gab große und kleine Teile. Manche waren so leicht, dass sie im Wind flatterten. Am meisten aber staunte der Rancher über Stäbe mit rötlich schimmernden Hieroglyphen, leicht wie Bal-

»Unidentifizierte Flugobjekte über Roswell«: Die örtliche Zeitung machte die angebliche Sensation publik

saholz. Die Neugier trieb ihn zu kleinen Experimenten. Brazel holte sein Messer aus der Tasche und versuchte, die Stäbe zu durchschneiden. Doch das Material wies nicht den kleinsten Kratzer auf. Auch verbrennen ließ es sich nicht. Mac Brazel packte einige Fragmente zusammen und ritt mit dem kleinen Proctor wieder zur Ranch zurück. Beim Mittagessen zeigte er die Fundsachen Floyd und Loretta Proctor, den Eltern des Siebenjährigen. Am 5. Mai 1991 erklärte Loretta Proctor an Eides statt, die Fragmente so gesehen zu haben, wie sie schon von Brazel beschrieben wurden. Seine Tochter Bessie beschwor diese Angaben am 22. September 1993.

Am 6. Juli 1947, einem Sonntag, fuhr Mac Brazel nach Roswell, um dort Sheriff Wilcox von seinem Fund zu berichten. Dieser ver-

ständigte sofort die Roswell Army Air Force Base und sprach mit Major Jesse A. Marcel. Der schaute sich im Sheriffsbüro die Wrackteile an, lud das größte in seinen Wagen und fuhr zur Basis zurück, wo er das Trümmerstück direkt zum Kommandanten, Oberst William Blanchard, brachte. Blanchard verlor keine Zeit und schickte Marcel zusammen mit Captain Cavitt, dem ranghöchsten Spionageabwehrmann, zur Absturzstelle. Einen ganzen Tag lang sammelten sie Trümmerteile auf und verstauten sie in ihren Wagen. Inzwischen hatte sich das Pentagon, das US-Verteidigungsministerium in Washington, gemeldet. Alle Fundstücke sollten umgehend in einem versiegelten Container in die Hauptstadt transportiert werden. Innerhalb kürzester Zeit wurde das Absturzgelände von Soldaten hermetisch abgeriegelt. Auf dem

Weg zurück nach Roswell machte Marcel rasch noch Station zu Hause, um seinem kleinen Sohn den ungewöhnlichen Fund zu zeigen. Noch 30 Jahre später beschrieb der Nachrichtenoffizier das geborgene Material als extrem leichte und stabile Blechfolien mit ebenso leichten und stabilen Stäben, in die undefinierbare Zeichen graviert waren. Und sein Sohn Jesse Marcel jr., heute Chefarzt einer Hals-Nasen-Ohren-Klinik, unterzeichnete am 6. März 1991 eine eidesstattliche Erklärung, dass er jene fremdartigen Trümmerteile seinerzeit daheim auf dem Küchenboden gesehen hatte.

> **Es gab so viele UFO-Sensationen in den letzten Jahrzehnten, und am Ende entpuppten sie sich immer wieder als großer Schwindel.**
>
> WERNER WALTER, UFO-EXPERTE VOM CENTRALEN ERFORSCHUNGSNETZ AUSSERGEWÖHNLICHER HIMMELSPHÄNOMENE (CENAP), MANNHEIM

Am Montag, dem 7. Juli 1947 – Marcel und Cavitt sammelten auf Mac Brazels Weideland gerade die Wrackteile ein –, erhielt der Bestattungsunternehmer Glenn Dennis einen Anruf vom Bestattungsoffizier der Roswell Army Air Force Base. Wie groß die kleinsten luftdicht versiegelbaren Särge seien, lautete die Frage. »1,20 Meter«, antwortete Dennis. Dann die nächste Frage: Wie man einen Körper konservieren könne, der eine Zeit lang in der Wüste gelegen habe. Als Glenn Dennis wenig später ins Armeekrankenhaus kam, standen vor der Tür drei Krankentransporter. Militärpolizisten bewachten merkwürdig aussehende Wrackteile. Kaum war Dennis eingetroffen, kreuzte auch schon ein Offizier auf und ließ den Bestatter hinauswerfen, nicht ohne ihn zuvor anzuraunzen: »Sie haben gar nichts gesehen. Es hat hier keinen Unfall gegeben. Und Sie gehen jetzt nicht in die Stadt und verbreiten Gerüchte, sonst können Sie eine Menge Ärger kriegen.«

Zivilist Dennis missachtete die Anordnung. Tags darauf traf er sich mit einer befreundeten Krankenschwester, die auf dem Stützpunkt Dienst tat. Sie erzählte ihm aufgeregt, die Mediziner im Armeehospital hätten bei fürchterlichem Gestank seltsame kleine Körper seziert, schwarz und übel zugerichtet. Dann zeichnete die Krankenschwester einen der Leichname auf einer Serviette auf. Als der Bestattungsunternehmer sie später noch einmal anrufen wollte, wurde ihm mitgeteilt, die Bekannte sei zu einem Fortbildungslehrgang geschickt worden und bei einem Flugzeugabsturz ums Leben gekommen.

Schon einige Tage vor den Ereignissen um Roswell hatten Augenzeugen »unidentifizierte Flugobjekte« am Himmel über Amerika gesichtet. Als der Privatpilot Kenneth Arnold am 24. Juni die Cascade Mountains im US-Bundesstaat Washington überflog, sah er plötzlich neun scheibenförmige Objekte an sich vorbeiziehen.

> **Ich glaube seine Story nicht.**
>
> JACK TILMAN ÜBER SEINEN FREUND, DEN PRIVATPILOTEN KENNETH ARNOLD, DER AM 24. JUNI 1947 IM US-BUNDESSTAAT WASHINGTON NEUN SCHEIBENFÖRMIGE UFOS GESEHEN HABEN WILL

»Sie sahen aus wie fliegende Untertassen«, berichtete er. Am selben Tag, ergänzte unabhängig davon der Bauarbeiter Roy Timm aus Oregon, habe er drei Scheiben beim Flug über sein Haus beobachtet. Weitere US-Bürger wollten in jenen Wochen des Jahres 1947 mehr als 1000-mal silbrig glänzende Schei-

»So sahen sie aus«: Auch dieser Augenzeuge, ein Flugkapitän der United Airlines, wollte ein UFO gesehen haben

ben, mal zylinder-, mal kugelförmige Raumschiffe gesichtet haben, alle sehr schnell und überaus wendig.

Allein, was bei Roswell geschah, gilt bis heute als der berühmteste Fall einer angeblichen Landung Außerirdischer auf dem Planeten Erde. Bis heute streiten sich die Experten – Polizisten und Physiker, Militärs und Mediziner, Ufologen und Psychologen – über wahre und falsche Behauptungen, Verschwörung und Vertuschung bei Behörden, Manipulationen und Sinnestäuschungen bei Zeugen. Was ist Fakt und was Fiktion? »Wie sollen wir denn eine solche Verschwörung hinkriegen, wo wir noch nicht einmal einfache Geheimnisse bewahren können?«,

spottete Colonel John Haynes, als er im Juni 1997 eine detaillierte Untersuchung der US-Luftwaffe zum Geheimnis von Roswell der Öffentlichkeit präsentierte. Die Studie mit dem Titel »Der Roswell-Report: Fall erledigt« erschien pünktlich zum 50. Jahrestag des Mysteriums und sollte ein für alle Mal den Gerüchten ein Ende setzen. Zwei Jahre lang hatten Fachleute dafür die Pentagon-Akten durchforstet und in penibler Kleinarbeit 231 Seiten mit Dokumenten und Fotos zu ehemaligen Forschungsprojekten der Air Force zusammengetragen – laut Haynes »die endgültigen Worte über den Roswell-Zwischenfall«. Fazit der Untersuchung: irdische Irrtümer ja, außerirdischer Absturz nein.

Doch für UFO-Anhänger und -Skeptiker war der Fall damit noch längst nicht erledigt. Nach wie vor sind viele davon überzeugt, dass im Frühsommer 1947 bei Roswell ein Raumschiff abgestürzt sei; die Militärs hätten die Leichen geborgen, und die Regierung vertusche seitdem alles. Nach einer Umfrage des US-Nachrichtensenders CNN glauben 80 Prozent der Amerikaner, dass ihre Regierung Wissen über Außerirdische geheim halte. Die meisten sind von der Existenz fliegender Untertassen überzeugt. Auch fast jeder dritte Deutsche glaubt, dass hin und wieder Raumschiffe aus fremden Sternensystemen unsere Stratosphäre durchkreuzen. Die Schar der Gläubigen wird angeführt von renommierten Wissenschaftlern.

Harvard-Professor John E. Mack hält gar Entführungen durch Außerirdische für wahrscheinlich. Der Physiker Stanton Friedman, Guru der amerikanischen UFO-Gläubigen, schmetterte den Luftwaffenreport über Roswell mit der Frage ab: »Wie viele Lügen müssen wir uns eigentlich noch anhören?«

Das Misstrauen, das ihnen nach wie vor entgegenschlägt, haben die US-Militärs selbst geschürt. Am 8. Juli 1947, einen Tag nachdem Major Marcel und Spionageabwehrmann Cavitt die Trümmerteile in der Army Air Force Base von Roswell abgeliefert hatten, verkündete der Presseoffizier des Stützpunkts, Walter Haut, die sensationelle Neuigkeit, man habe tatsächlich ein echtes UFO gefunden. Die heiße Nachricht lief

»Verwirrende Informationen«: Die UFO-Teile entpuppten sich als Überreste eines simplen Wetter- beziehungsweise Spionageballons. US-Militärs bei der Untersuchung, 8. Juli 1947

sofort um die ganze Welt. Stunden später wurde die Meldung widerrufen: Es habe sich lediglich um den Absturz eines Wetterballons gehandelt. Doch die nachgeschobene Erklärung wollte kaum jemand glauben. Der Rückzieher der Behörden glich dem Versuch, bereits ausgedrückte Zahnpasta wieder in die Tube quetschen zu wollen. Presseoffizier Walter Haut blieb übrigens auch Jahrzehnte später noch bei der ersten Version, derzufolge die Armee die Überreste eines abgestürzten UFOs sichergestellt habe.

Und die verwirrende Informationspolitik der US-Militärs setzte sich fort. In einem ersten Roswell-Report 1994, für den der Luftwaffenoberst Richard Weaver zuständig war, wurde aus dem Wetterballon plötzlich ein Spionageballon.

> **Roswell ist für viele eine Religion geworden – und eine Religion wird alles überstehen.**
>
> RICHARD WEAVER, OBERST DER US-LUFTWAFFE UND AUTOR DES ROSWELL-REPORTS VON 1994

Dahinter verbarg sich das in den Vierzigerjahren hochgeheime »Project Mogul«. Die Amerikaner wollten mithilfe sensibler, in 12 000 Meter Höhe schwebender Spionageballons Atombombentests und Atomraketenversuche der Sowjetunion aufspüren. Empfindliche Sensoren an Bord der Ballons waren in der Lage, Druckwellen von Nuklearexplosionen aufzufangen. Und tatsächlich registrierte 1949 eines dieser Fluggeräte einen sowjetischen Atombombentest. Im Jahr darauf wurde »Project Mogul« beendet, da Druckwellen von Atomversuchen nun auch am Boden gemessen werden konnten. Einer dieser Spionageballons, so behaupteten die Militärs 1994 schließlich, sei bei Roswell

abgestürzt. Von ihm stammten die 1947 gefundenen Trümmerteile.

Es blieb die Frage: Was hatte es dann mit den »Aliens« auf sich? Verschiedene Zeugen beschrieben sie als kleine Wesen, 1,50 bis 1,65 Meter groß, mit winzigen Ohren und Nasen, ohne Haare und Augenbrauen. »Ihre Gesichter waren aschfarben«, schilderte Frank Kaufman, damals Zivilangestellter der Armee, ihr Aussehen, »und bekleidet waren sie mit einem einteiligen Anzug.« Auch dafür fiel den Militärs eine irdische Erklärung ein. Oberst John Haynes, Autor des letzten Roswell-Reports von 1997, machte die Aliens kurzerhand zu Plastikpuppen: »Zwischen 1953 und 1959 hat die Luftwaffe mit riesigen Spezialballons rund 250-mal Plastikpuppen in die Stratosphäre transportiert, um sie

»Kleine Wesen mit winzigen Ohren«: Immer wieder tauchen Fotos auf, die angebliche »Aliens« zeigen

dann in 30 Kilometer Höhe in Richtung Wüste abzuwerfen.« Mittels der Dummies habe das Militär Fallschirme für Piloten hoch fliegender Düsenjäger testen wollen. »Die Puppen wurden dort überall heruntergeworfen«, behauptete Haynes.

Ich bin sicher kein Roswell-Gläubiger, aber was die U.S. Air Force in diesem Zusammenhang an Erklärungen gegeben hat, ist dermaßen absurd, dass sich jeder vernünftige Mensch nur noch an den Kopf fassen kann.

DR. JOHANNES FIEBAG,
SPIEGEL-LESER AUS NEUSTADT/BAYERN

»Die einzigen Dummies in dieser Sache wären wir, würden wir auch nur ein Wort davon glauben«, reagierte Dennis Balthasar vom so genannten UFO-Netzwerk Mufon auf diese Erklärung. Schließlich seien die Puppentests erst ab 1953 durchgeführt worden, während das Ereignis von Roswell dagegen im Juli 1947 stattgefunden habe. Auch diesem Einwand entgegnete Untersuchungschef Haynes mit einer, diesmal psychologisch begründeten Antwort: »Den Zeugen sind in der Erinnerung Beobachtungen und Zeiträume durcheinander geraten. In einer Art Zeitkompression sind die unterschiedlichen Geschehnisse zu einem einzigen Ereignis verschmolzen – und damit zur Roswell-Legende.« Für Roswellianer wie Dennis Balthasar – seine Visitenkarte weist ihn als »beglaubigten UFO-Ermittler« aus – sind »solche Erklärungen der Regierung schlichtweg eine Beleidigung unserer Intelligenz«.

Überirdische Ausmaße nahm das Misstrauen von UFO-Befürwortern und Alien-Gläubigen an, als die US-Behörden 1994 ein weiteres Militärgeheimnis preisgeben mussten. Bis dahin wusste kein Normalbürger von »Area 51«, 150 Kilometer nördlich von Las Vegas gelegen. Schon der Name ist rätselhaft. Er leitet sich von einem Plan aus den Fünfzigerjahren ab, der die Einöde des Wüstenstaats Nevada für Atombombentests in Planquadrate zerlegte. 1954 wurde ein Luftwaffenstützpunkt aus dem Wüstensand gestampft, um dort heimlich Militärtechnologie zu testen. Niemand weiß genau, was in dem abgesperrten Bereich auf 4687 Quadratmeilen vor sich geht. Die gesamte Militärzone ist mit 30 500 Quadratkilometern etwas kleiner als Nordrhein-Westfalen. Auf Satellitenaufnahmen sind über 100 Bauten zu erkennen. Das auffälligste Gebäude ist ein Hangar, so groß, dass ein Spaceshuttle huckepack auf einem Flugzeug hineinpasst. Die längste Landebahn misst unglaubliche 9,6 Kilometer. Täglich werden tausende Mitarbeiter auf das Gelände gebracht. Insgesamt 20 Boeing-737-Jets ohne Kennzeichen fliegen sie vom McCarren International Airport Las Vegas aus ein. Beschäftigte aus der unmittelbaren Umgebung werden von unauffälligen Bussen abgeholt. Das ganze Gelände soll weiträumig unterkellert und von kilometerlangen Gängen durchzogen sein. Umliegende Berge schützen das Gebiet vor neugierigen Blicken. Warnschilder, die alle 50 Meter in den Wüstenboden gesteckt wurden, weisen auf den Gebrauch tödlicher Waffen hin. Die Grenzen werden von den »Cammo Dudes« bewacht, einer privaten Wachgesellschaft, deren Mitglieder weiße Jeeps mit Regierungskennzeichen fahren. Überwachungskameras in der Sperrzone zeichnen jede Bewegung auf. Der verbotene Luftraum über dem Gelände beträgt mehr als 33 000 Quadrat-

»Absolut vertrauenswürdig«: Alien-Gläubige vermuten in der hermetisch abgesperrten »Area 51« außerirdisches Leben

kilometer. Wer sich ins Sperrgebiet vorwagt, muss mit einem Jahr Gefängnis und 6000 Dollar Strafe rechnen. Das direkte Kommando über »Area 51« hat unbestätigten Informationen zufolge die Air Force. Auch die CIA, die NSA (National Security Agency) sowie jene Planungsabteilung des Flugzeugherstellers Lockheed, welche sich mit dem Bau hochgeheimer Maschinen beschäftigt, sollen vertreten sein.

Kein Wunder, dass unter diesen Gegebenheiten »Area 51« zum Eldorado für Vermutungen, Spekulationen und Gerüchte wurde. Diejenigen, die an eine Landung von Aliens im Juli 1947 glauben, sind davon überzeugt, dass in den weit verzweigten unterirdischen Labors Außerirdische und deren Flugobjekte versteckt sind. Manche verstiegen sich sogar zu Verschwörungen der Vierten

Art (direkter Kontakt mit Außerirdischen) an höchster Stelle. Präsident Dwight D. Eisenhower, so wird kolportiert, soll sich Mitte der Fünfzigerjahre auf einen Deal mit Außerirdischen vom Zeta-Reticuli-Sternensystem eingelassen haben: Demnach erteilte er ihnen die Genehmigung, Genforschungen an Menschen und Tieren zu betreiben und das Wüstenareal in Nevada als Landebahn für Raumschiffe zu nutzen. Als Gegenleistung erhielt die US-Regierung die Erlaubnis, die hochentwickelte Technologie der Aliens zu erforschen. Der New Yorker Autor Budd Hopkins zählt in seinem Bestseller »Intruders« 140 »absolut vertrauenswürdige« Personen auf, die von Aliens »entführt und untersucht« worden seien. Alle Fälle liefen nach etwa dem gleichen Muster ab: Immer waren es grauweiße Zwerge mit birnenförmigem, kahlem

Schädel und sehr großen blanken Augen, die ihre Opfer an Bord seltsam geformter Raumschiffe verschleppten. Auch das bunte Programm an Bord ähnelte sich: medizinische Tests, Fortpflanzungsversuche, ein Gespräch mit den Entführten, ein Entschädigungstrip im Raumkreuzer rund um die Erde oder ins All und die Rückkehr an den Ort der Entführung. Fazit von UFO-Forscher Hopkins: »Wahrscheinlich werden bereits menschliche Wesen in den Laboratorien der Aliens gezüchtet – ein Zuchtprogramm, dessen Hintergründe wir nicht einmal erahnen können.«

Solche Theorien prallen an den Behörden ab, vor allem die Gerüchte um »Area 51«. Statt Aliens, so die US-Regierung, werden dort atomar verseuchte Giftmüllabfälle gelagert – eine Erklärung, die zumindest in dieser Region kaum für bare Münze genommen wird. Selbst die einheimischen Politiker mochten sich lieber mit der außerirdisch spannenden Version anfreunden. Denn nachdem die US-Luftwaffe 1994 die Existenz des geheimen Testgeländes zugegeben hatte, benannte das Parlament des Bundesstaates Nevada die State Route 375, die einzige Straße, die zur »Area 51« führt, offiziell in »Extraterrestrial Highway« um.

Doch nicht nur die Geheimniskrämerei der Behörden sorgte im Fall Roswell für Misstrauen, sondern auch die UFO-Gläubigen selbst machten sich oft genug unglaubhaft. 1987 zum Beispiel wurden dem britischen UFO-Forscher Tim Good Unterlagen zugespielt, aus denen hervorging, das US-Militär habe in Roswell vier tote Außerirdische geborgen und in der Folgezeit Kontakt zu Aliens aufgenommen. Unterschrieben waren die Dokumente vom damaligen Präsidenten Harry S. Truman. Good unterrichtete die Medien, und die sorgten für den entsprechenden Wirbel. Grafologische Untersuchungen wiesen indes nach, dass die präsidiale Signatur gefälscht war. Drastischer noch entwickelte sich die Geschichte um einen achtzehnminütigen 16-Millimeter-Schwarz-Weiß-Film, den der britische Filmemacher Ray Santilli dem 82-jährigen Jack Barnett, einem ehemaligen Kameramann der US-Streitkräfte, für 150 000 Dollar abgekauft haben will. Zu sehen war ein wasserköpfiges Wesen auf einem Metalltisch, mit offenen Augen ohne Iris und mit sechs Fingern. Im rechten Oberschenkel klaffte eine tiefe Wunde. Zwei mit Schutzanzügen vermummte Gestalten beugten sich über die Kreatur, betasteten den geschwollenen Bauch und stocherten im offenen Bein herum. Dann griffen sie zu ihren Skalpellen und schnitten innere Organe aus dem Leib. Die schockierende Szene zeigte angeblich, wie amerikanische Militärärzte vor laufender Kamera einen der außerirdischen Bruchpiloten von Roswell sezierten.

1995 brachte Santilli den Film an die Öffentlichkeit. Fernsehsender in 28 Ländern kauften für viel Geld die vermeintlich wichtigen Sequenzen ein. In Deutschland zeigte RTL einige Szenen. Die Öffentlichkeit war wie elektrisiert. Das Magazin *Focus* schrieb vom vielleicht »unfassbarsten Dokument in der Geschichte der Menschheit«. Die britische Zeitung *Independent* bezeichnete den Film als »ersten Beleg dafür, dass Außerirdische die Erde besucht haben«. Selbst die Berliner *taz* verstieg sich zu folgender Formulierung: »US-amerikanische Militärangehörige untersuchen ein totes außerirdisches Wesen.« Nur durch Zufall und über viele Umwege, dies erklärte Ray Santilli den Medienvertretern, sei er an die Top-secret-Aufnahmen geraten. Kameramann Barnett habe die Filmrollen jahrzehntelang heimlich aufbewahrt und sie jetzt herausgegeben.

Unvorstellbar, wie Leute auch nur erwägen können, dass an diesem Blödsinn etwas dran ist.

GEOFFREY LENGMAN, BRITISCHER PATHOLOGE, ÜBER DEN ANGEBLICH VON JACK BARNETT GEDREHTEN AUTOPSIEFILM MIT EINEM ALIEN

Der Schwindel flog bald auf. In dem im Film gezeigten Obduktionsraum hing ein Telefon mit Spiralkabel an der Wand. Doch ein solches Wandtelefon, entworfen von dem Designer Henry Dreyfuss, hat die US-Telefongesellschaft AT&T erst 1956 auf den Markt gebracht, also neun Jahre nach dem vorgegebenen Zeitpunkt der »Alien-Obduktion«. Außerdem handelte es sich um keinen fachgerechten wannenförmigen Sektionstisch mit Drainagelöchern, sondern um eine einfache Liege mit einem schlichten Brett, völlig ungeeignet für Obduktionen. Überhaupt kein echtes Haar ließen die Fachmediziner an dem Machwerk. »Bei dem Film handelt es sich um eine für einen Pathologen leicht durchschaubare Fälschung«, lautete das Urteil des Münchner Rechtsmediziners Wolfgang Eisenmenger. »Die Obduzenten öffnen den Schädel so ungeschickt, als ob sie das erste Mal in ihrem Leben eine Sektionssäge in ihren Händen halten. Ich kann mir nicht vor-

»Leicht durchschaubare Fälschung«: Der Film, auf dem angeblich eine Obduzierung eines Außerirdischen zu sehen ist, heizte die Spekulationen erneut an

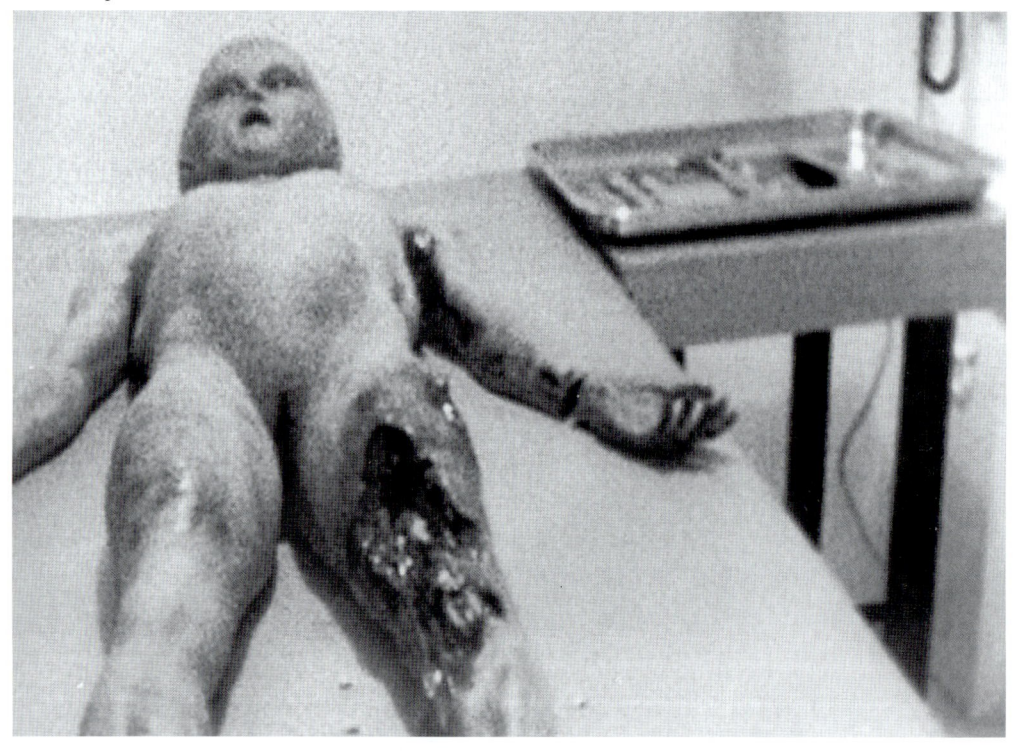

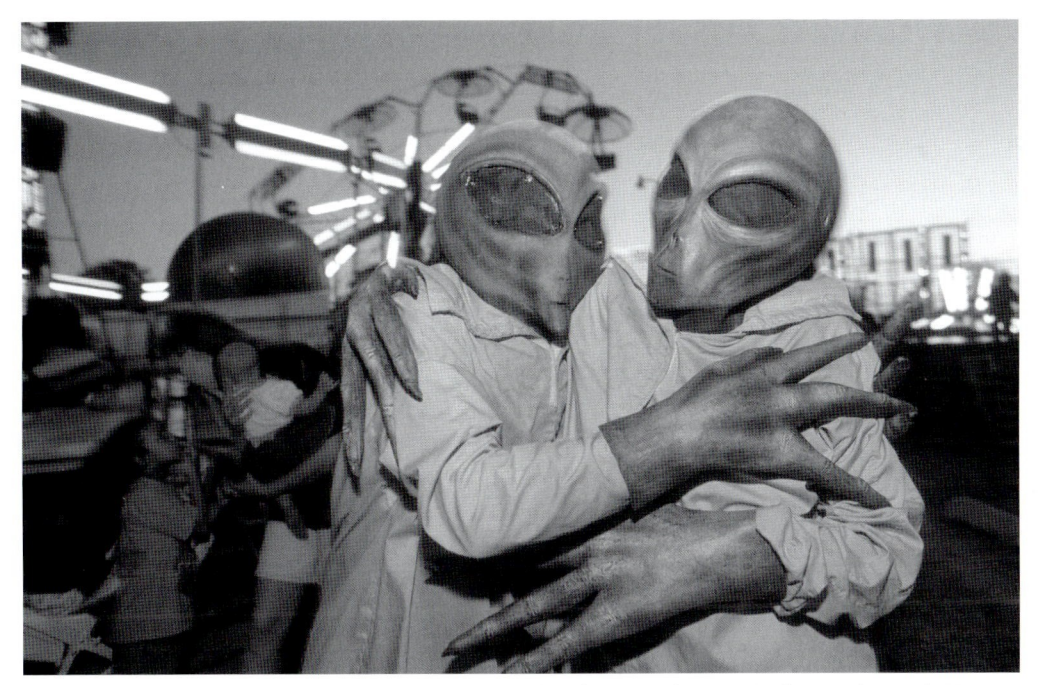

»Roswell ist eine Religion geworden«: Jahr für Jahr versammeln sich UFO-Befürworter in dem Provinznest in New Mexico

stellen, dass man bei einer Jahrtausendautop sie solche Dilettanten herangelassen hätte.«

Obwohl solche Fälle die Seriosität der UFO-Forschung immer wieder in Zweifel ziehen, glaubt die Mehrheit der Menschen weiterhin fest daran, dass irgendwo im weiten Weltall intelligentes Leben existiert. Der US-Wissenschaftler Professor Frank Drake rechnete mittels einer komplizierten Formel hoch, dass in jeder der bislang entdeckten 50 Milliarden Galaxien, von denen die Milchstraße nur eine ist, potenzielle 200 intelligente Lebensgemeinschaften existieren könnten.

Die Wahrheit ist ganz einfach: Wir sind nicht allein – und sie beobachten uns.

ROBERT DEAN, BUCHAUTOR
UND CHEF DER UFOLOGEN-VEREINIGUNG
»STARGATE INTERNATIONAL«

Viele seriöse Wissenschaftler forschen systematisch nach Leben im All. Die »Gesellschaft für die Erforschung außerirdischer Intelligenz« (SETI = Search for Extraterrestrial Intelligence) lauscht seit vielen Jahren mit dem Radiowellen-Teleskop nach ungewöhnlichen Signalen aus dem Weltraum. Den stärksten Ausschlag gab es im August 1977. »Da empfingen wir ein Signal, das 30-mal stärker war als alles, was wir vorher oder nachher gehört haben«, berichtete Dr. Jerry Ehman von der Ohio State University. »Die Ursache für dieses ungewöhnliche Signal haben wir nicht gefunden. Aber wir suchen weiter. ...«

Auch im Fall Roswell suchen die Ufologen weiter. Und selbst wenn die Ereignisse vom Sommer 1947 wohl ganz rational erklärbar sind – seinen Platz in der Geschichte hat Roswell sicher.

Aus den britischen Slums schaffte er den Aufstieg zum größten Künstler aller Zeiten. Unvergessen die Karikierung des »großen Diktators« durch den Juden Chaplin. 1952 erklärten die USA den Komiker zur »unerwünschten Person«. Warum?

Noch verbanden die armdicken, teerbezogenen Taue den eleganten schwarzen Rumpf des Ozeanriesen mit dem Kai. Im brackigen Wasser tuckerten die Schlepper heran, um den Koloss aus dem Hafen zu bugsieren. Während überall an Bord hektische Betriebsamkeit herrschte, stand ein kleiner Mann ruhig an der Reling der »Queen Elizabeth«. Neben ihm auf dem Oberdeck, auf ein bisschen Abstand bedacht, wartete seine Familie, Fotografen machten letzte Bilder. Er nahm sie nicht wahr. Es war der 18. September 1952.

Der kleine Mann mit Namen Charles Spencer (»Charlie«) Chaplin hatte alle Formalitäten erledigt. Als Ausländer musste er vor Verlassen der Vereinigten Staaten seine Steuern bezahlen. Das hatte er getan. Und er musste die Genehmigung zur Wiedereinreise beantragen. Auch das hatte er getan – und die Bestätigung zur Wiedereinreise erhalten. Das Papier befand sich in seiner Brieftasche. Die Dinge waren also geordnet. Die Reise über den Atlantik führte Chaplin in seine alte Heimat, nach England. Während seine Hände das glatt polierte Holz der Reling umspannten, beobachtete er das Ablegemanöver der »Queen Elizabeth«, hörte die Schiffssirenen im Hafen von New York, sah die vielen hundert Menschen, die am späten Nachmittag gekommen waren, um ihn jubelnd auf die Reise zu schicken – weg aus der Neuen Welt, zurück in die Alte Welt. Dass es eine Reise ohne Wiederkehr werden würde, wussten zu diesem Zeitpunkt nur einige wenige hohe US-Staatsbeamte. Doch die behielten ihr Geheimnis für sich.

Die übrigen Passagiere an Deck der »Queen Elizabeth« wahrten respektvolle Distanz zum personifizierten Mythos der Filmgeschichte. Das sollte während der ganzen Reise so bleiben. Still genoss der Star noch einmal die öffentliche Aufmerksamkeit, den

»Der kleine Tramp«: In dieser Rolle wurde Charlie Chaplin zur Legende – Szene aus dem Film »The Kid« von 1921

»Reise ohne Wiederkehr«: Der große Mime und seine Frau Oona vor der Abreise nach Europa

schon, viel besser als noch zu Zeiten seines ständigen Überlebenskampfs aus Kinder- und Jugendtagen im schäbigen Londoner Stadtteil Kennington. Was hatte er nicht alles angefangen, um die Familie zu ernähren: Botenjunge, Zeitungsverkäufer, Drucker, Straßentänzer, sogar Einseifer bei einem Friseur war er gewesen.

Charlie Chaplin ist eine Art Adam, von dem wir alle abstammen.

FEDERICO FELLINI, ITALIENISCHER REGISSEUR

Die Schule war die Straße. Mal mit, mal ohne seine kranke Mutter Hannah lebte er in verschiedenen Armenhäusern in Lambeth und Norwood. Seinen Vater Charles lernte Charlie nie richtig kennen. Mit fünf Jahren hatte er den ersten Bühnenauftritt, mit zwölf die erste kleine Rolle.

Was Charlie der Freiheitsstatue zugerufen hatte, machte er wahr. Nach seinem Eroberungsversprechen an das Land der unbegrenzten Möglichkeiten ging es Schlag auf Schlag. Im Frühjahr 1913 engagierte ihn die Keystone Film Company für 150 Dollar die Woche. Ein paar Monate später begann die unvergleichliche Karriere des größten Schauspielers, Autors, Regisseurs und Produzenten der Filmgeschichte, die insgesamt 88 Filme von und mit ihm zählte.

Jubel des Publikums. In der Dämmerung passierte der Luxusliner die Freiheitsstatue. So war es auch damals gewesen, bei seiner Ankunft im Jahr 1910, wenn auch nicht auf einem Luxusschiff. Wie lange war das jetzt her? 42 Jahre? Ein halbes Leben. Sein halbes Leben.

»Amerika, ich komme, dich zu erobern!«, hatte der 21-jährige Charlie damals der Freiheitsstatue laut zugerufen. Er war als armer Einwanderer aus Europa angereist, um seinen amerikanischen Traum zu verwirklichen. Doch wie viel besser ging es ihm da

»Making a living« / »Man schlägt sich durch« (1914) – konnte es einen besseren Titel für Charlies ersten Film geben? Und wie sich Charlie durchschlug: Bei Keystone drehte er in einem Jahr 35 Filme, fast einen pro Woche. Bereits im ersten erschien eine signifikante Figur auf der Leinwand, die weltberühmt werden sollte: der kleine Tramp mit dem

Schnauzbärtchen und dem weltberühmten Watschelgang. Dabei war die Kreation dieser Figur eher ein Schnellschuss. Während der spontanen Produktion des zweiten, halb dokumentarischen Films »Kid Auto Races at Venice« / »Seifenkistenrennen« (1914) griff sich Charlie mehr oder weniger zufällig alles, was er in der unaufgeräumten Garderobe fand: übergroße, ausgebeulte Hosen, ausgelatschte Elbkahnstiefel, die er auf falsche Füße zog, um nicht auszurutschen, den viel zu kleinen Hut, das Bambusstöckchen. Der kleine Tramp war geboren, und er sollte Charlie Chaplin unsterblich machen.

Noch 1914 wechselte Charlie zur Assony (Essanay) Film Company, für 1000 Dollar die Woche. Das heißt, ganz genau waren es 1075 Dollar. »Die 75 Dollar brauche ich zum Leben, die 1000 gehen aufs Sparkonto«, soll er bei der Unterschrift gesagt haben.

Clown sein ist eine Sache, über die man verzweifeln kann.

CHAPLIN

Seine neue Figur verlangte nach einem eigenen Film: Mit »The Tramp« / »Der Vagabund« (1915) schaffte der kleine Brite den Durchbruch. Von nun an kam es zu einer weltweiten Identifikation mit dem kleinen Tramp: Der kleine Tramp ist Charlie Chaplin – Charlie Chaplin der kleine Tramp. Der im Grunde seines Herzens traurige Vagabund, die tragikomische Gestalt des stets vom Leben Herumgestoßenen, der mit fixen Bewegungen und hoffnungsvollem Lebenswitz ab und zu den Alltag besiegte, stand für die kleinen Leute und das Menschsein schlechthin.

Je populärer der arme, kleine Tramp wurde, desto besser ging es seinem Schöpfer. Die Mutual Film Company zahlte Charlie 1916 die damals unvorstellbare Wochengage von 10 000 Dollar. Nur ein Jahr später wurde Chaplin der erste Schauspieler mit einem Jahreseinkommen von einer Million Dollar, ein Angebot der First National Film Company. Der Junge aus den Slums von London war mit 28 Jahren der höchstbezahlte Star der Welt.

Finanziell unabhängig, gründete er 1919 die United Artists. Danach wuchs auch die internationale Popularität. Der Film »The Kid« / »Der Vagabund und das Kind« (1921) wurde zu einem weltweiten Erfolg. Für »The Circus« / »Der Zirkus« (1928) erhielt Chaplin 1929 den Oscar. Noch als Stummfilm kam »City Ligths« / »Lichter der Großstadt« (1931) in die Kinos, aber schon mit Toneffekten. Charlie ahnte sehr rasch, dass der Ton den Tod für den stets stummen kleinen Tramp bedeutete. Aber noch lebte der viel geliebte Vagabund.

Geld, Macht, Reichtum – wenn er selbst so gedacht hätte, wären alle seine Filme nicht entstanden.

SYDNEY, CHAPLINS ZWEITER SOHN

Obwohl Charlie Chaplin in nur wenigen Jahren zu einem der wohlhabendsten Männer der Filmgeschichte wurde, prägten ihn die Erfahrungen seiner verarmten Kindheit nachhaltig. Stets wahrte er eine emotionale Nähe zu den kleinen Leuten – nicht zuletzt über den kleinen Tramp. Die Lebensbedingungen der anderen waren ihm nicht gleichgültig. Auch Politik hatte ihn immer interessiert. Nach dem Kriegseintritt der USA im Frühjahr 1917 meldete sich der britische

Staatsbürger Charles Spencer Chaplin bei der Musterungsbehörde, wurde jedoch für untauglich befunden. Zusammen mit seinem Schauspielerkollegen Douglas Fairbanks ging Charlie auf Liberty-Bonds-Tournee und warb für die US-Kriegsanleihen. Charlie wollte seinen Teil beitragen und zeigen, dass er ein verantwortungsbewusster Angelsachse war. Doch seine pazifistische Grundeinstellung mochte er nicht verleugnen, ließ sie bei öffentlichen Auftritten immer wieder durchschimmern. Im letzten Kriegsjahr, 1918, unterstrich Charlie seinen Standpunkt auch filmisch: mit der Satire »Shoulder Arms« / »Gewehr über« – seiner ersten wirklich politischen Produktion. »Das Grundthema unseres Lebens ist Konflikt und Leid«, beschrieb er einmal den Antrieb zu seiner Kreativität. »Rein instinktiv entspringen alle meine Clownerien dieser Erkenntnis. Humor sorgt dafür, dass die Bösartigkeit des Lebens uns nicht ganz und gar überwältigt.«

Nach dem Krieg reiste Chaplin 1921/22 erstmals wieder nach Europa und besuchte – wenige Jahre nach der Oktoberrevolution – die Sowjetunion. Nun wurden die US-Behörden aufmerksam, und die Geheimdienste unterzogen die Chaplin-Filme einer genaueren Betrachtung. Vorwürfe wurden laut: Chaplin entwickle sich zum Sprachrohr der Bolschewiken in den USA. Mit den Politskeptikern meldeten sich auch die Moralapostel zu Wort und kritisierten den Lebenswandel des Künstlers: Seine erste Frau Mildred Harris, die er im Oktober 1918 heiratete, war mit 16 Jahren noch minderjährig, ebenso seine zweite Frau Lillita McMurray (Lita Grey), mit der er 1924 den »Bund fürs Leben« schloss. Die dritte Verbindung 1936 mit der 19-jährigen Paulette Goddard war Charlie heimlich eingegangen, was ihm den Vorwurf der wilden Ehe einbrachte. Plötzlich interessierte sich die Öffentlichkeit weniger für Charlies Filme als vielmehr für seine politischen Einstellungen und privaten Angelegenheiten.

Die Schiffsreise in die Alte Welt in jenen Septembertagen 1952 verlief ruhig. Abends saß Charlie mit seiner vierten Frau Oona am Tisch des Kapitäns. Es blieb ihm nicht erspart, beim Dinner dort Platz nehmen zu müssen. Man hatte ihn auf der »Queen Elizabeth« offiziell begrüßt – und die Gäste im großen, prachtvoll ausgestatteten Speisesaal hatten Charlie mit lang anhaltendem Beifall bedacht. Oona O´Neill war gerade 18 Jahre alt, 36 Jahre jünger als Charlie, als sie im Juni 1943 geheiratet hatten. Nach dem Dinner ging Chaplin nicht mehr ins Bordkino, sondern früh zu Bett. Vielleicht waren es die sanft rollenden Bewegungen der »Queen

»Den Moralaposteln ein Dorn im Auge«: Der Schauspieler 1926 mit seiner zweiten Frau Lillita und seinem Sohn Charles Spencer jr.

Elizabeth«, die ihn von seiner zweiten Europareise träumen ließen. In London hatte er 1931 Mahatma Gandhi getroffen, der ihn stark beeindruckte. Wenig später besuchte er 1932 in Wien Sigmund Freud. Der Vater der Psychoanalyse sagte danach über Charlie Chaplin: »Er ist ein außerordentlich einfacher und durchsichtiger Fall. Er spielt immer nur sich selbst. Wie es in seiner unsäglichen Jugend war. Er kommt über die Demütigungen seiner Jugend nicht hinweg.«

Während der Weltwirtschaftskrise 1932 nahm die Öffentlichkeit die gesellschaftskritischen Kommentare Chaplins zum ersten Mal ernsthaft zur Kenntnis. Deutlich unterstützte Charlie die Politik des »New Deal« von US-Präsident Franklin D. Roosevelt, forderte die Einführung einer internationalen Währung, einen milden Kapitalismus und eine staatliche Arbeiterfürsorge. Das Establishment reagierte verstört. Man war es nicht gewöhnt, dass Künstler so offen ihre politische Meinung vertraten. Und da Charlie nicht irgendein Künstler war, wurden seine Äußerungen entsprechend registriert und diskutiert.

Ich bin Anarchist. Ich hasse Regierungen und Vorschriften und Fesseln. Menschen müssen frei sein.

CHAPLIN

Der Biograf Wolfgang Tichy hielt Chaplin für politisch naiv: Der Schauspieler habe seine gesellschaftlichen Ideen mit unausgegorenen persönlichen Gedanken vertreten, die zu seinem Lebensstil und seinen liberalen Überzeugungen in absolutem Kontrast gestanden hätten.

Mit »Modern Times« / »Moderne Zeiten« (1936) brachte der Künstler Chaplin gesellschaftspolitisch relevante Themen wie Arbeitslosigkeit, Fließbandterror und die Haltlosigkeit der persönlichen Arbeits- und Lebenswirklichkeit einer ganzen Generation auf Zelluloid. Der Streifen ging als beißende Gesellschafts- und vernichtende Kapitalismuskritik in die Filmgeschichte ein, als Zivilisationssatire, die schonungslos die Gefahren einer entfremdeten Industriearbeit aufzeigte. Von nun an galt Chaplin bei vielen als Sozialrevolutionär. Er rüttelte auf, ergriff Partei für die kleinen Leute und irritierte die Großen aus Politik und Wirtschaft. Ein Schauspieler, der sich derart in ihr Metier einmischt, dies hatte man noch nicht erlebt. Das war neu. Die Zeit, da Schauspieler in den Vereinigten Staaten sogar Präsidenten werden konnten, lagen freilich noch in ferner Zukunft.

In den Dreißigerjahren waren die USA vor allem mit der Bewältigung der Folgen der Weltwirtschaftskrise beschäftigt. Gegenüber den politischen Entwicklungen in Europa, hier vor allem in Deutschland, hielt man sich noch zurück. Die innenpolitischen Probleme standen im Vordergrund. Die Filmbranche war da sensibler: In Hollywood gründeten 4000 Schauspieler die Anti-Faschisten-Liga. Und es kam ein weiterer filmisch-politischer Paukenschlag aus dem Studio, der erste vollständige Tonfilm des Meisters: die karikie-rende Verwechslungssatire »The Great Dictator« / »Der große Diktator« (1940). Der Film war ein grandioser Aufruf zur Menschlichkeit. Die schreckliche Absurdität Adolf Hitlers und seiner brutalen Macht- und Vernichtungspolitik, sein Größenwahn und seine Menschenverachtung wurde den Menschen deutlich, von denen viele, gerade in Amerika, nicht einmal den Namen des Diktators kannten. Monatelang hatte Chaplin Hitlers Gestik, Mimik und Tonfall einstudiert. Aber: Der Film blieb in der Rolle. Mit dieser Reaktion

»Grandioser Aufruf zur Menschlichkeit«: Szene aus »Der große Diktator« (1940)

hatte der Hauptdarsteller nicht gerechnet. Die deutschfreundliche Hearst-Presse startete eine Hetzkampagne gegen Chaplin. Und der geriet mitten zwischen die innenpolitischen Fronten. Denn US-Antikommunisten erhofften sich vom kommenden deutschen Krieg gegen die Sowjetunion, dass sich Nationalsozialisten und Kommunisten gegenseitig zerfleischten. Erst nach Pearl Harbor und dem Kriegseintritt der USA im Dezember 1941 wurde der Film freigegeben. Nun konnte jeder sehen: Chaplins Analyse des Faschismus erwies sich als zutreffend.

Charlie war nie so populär wie während des Zweiten Weltkriegs, er wurde zum Symbol aller Hoffnungen und all der verwirrenden Ängste, mit denen die Menschen in die Zukunft blickten.

»Die Russen kämpfen für uns«: Chaplin auf einer Veranstaltung des Komitees der US-Russlandhilfe, Dezember 1942

Schon vor dem deutschen Überfall auf die Sowjetunion im Juni 1941 sprach Chaplin von der Notwendigkeit einer zweiten alliierten Front in Europa zur Entlastung der Sowjetunion. Er war der Überzeugung, »dass auf dem Schlachtfeld Russland die Demokratie siegen oder sterben wird«. 1942 hielt Chaplin auf Einladung des amerikanischen Komitees für Russlandhilfe in San Francisco eine für ihn persönlich folgenreiche Rede. Ein Auszug: »Genossen, am heutigen Abend sind Russen anwesend, und wie ihre Landsleute in diesem Augenblick kämpfen und sterben, das lässt es nur als Ehre erscheinen, sie Genossen nennen zu dürfen. … Ich bin kein Kommunist, ich bin ein Mensch, und ich glaube, ich weiß, wie menschliche Wesen fühlen und denken. Kommunisten sterben ebenso, wie wir alle sterben. Ich habe gehört, zwei

Millionen alliierter Soldaten langweilen sich in Nordirland, während die Russen alleine 200 Nazi-Divisionen gegenüberstehen. … Die Russen sind unsere Verbündeten, und sie kämpfen nicht nur für ihre eigene Lebensform, sie kämpfen auch für unsere – und wie ich die Amerikaner kenne, weiß ich, dass sie es vorziehen, ihre Kämpfe selbst auszutragen.« Der Saal tobte. Das FBI auch. Die Bundespolizei stellte eine grundlegende Untersuchung an. Chaplins Akte nahm an Umfang zu. Doch der Filmstar ließ sich nicht einschüchtern und wiederholte seine militärischen Forderungen in einer Rede, die in den New Yorker Madison Square Garden übertragen wurde. Und er fügte eine innenpolitische Forderung hinzu: die Gleichbehandlung von Kommunisten in der amerikanischen Gesellschaft. Für viele war dies eine ungeheuerliche Anmaßung.

Schon Ende 1944 zeichneten sich zwischen den Alliierten Meinungsverschiedenheiten ab, etwa über die Neuordnung des bald besiegten Deutschland. Der Zweite Weltkrieg geriet zum Kalten Krieg, zur Ost-West-Konfrontation und zum atomaren Wettrüsten. Die amerikanische Außenpolitik bestimmte nun »containment«, die Eindämmung der sowjetischen Expansion. Parallel zur Entwicklung der Weltlage beherrschte zu Beginn der Fünfzigerjahre in den USA eine Art antikommunistisch-moralischer Kulturkampf das aufgeheizte innenpolitische Klima. Die Diskussionen, Verdächtigungen und Untersuchungen führten vor dem Hintergrund der weltpolitischen Lage, wie etwa dem Koreakrieg, zu einer antikommunistischen Verfolgungswelle. Charlie Chaplin wurde dabei zum herausgehobenen, prominenten Ziel der amerikanischen Kommunistenhasser in Politik und Publizistik.

Aber auch sein Publikum tat sich von Film zu Film schwerer mit Charlie. Solange er in der Figur des kleinen Tramps gesellschaftspolitische Kritik laut und vor allem sichtbar werden ließ, wurde sie zumeist toleriert, weil sie mit der Komik und Tragik des kleinen Vagabunden daherkam. Doch plötzlich gab es den Tramp nicht mehr – und damit auch keine liebenswerte Gestalt, die unliebsame Anklagen gegen die Lebensumstände relativiert hätte.

Die Wende wurde eingeleitet mit »Monsieur Verdoux« / »Der Frauenmörder von Paris« (1947). Chaplin schrieb das Drehbuch, komponierte die Musik, führte Regie, doch er ließ den kleinen Tramp beiseite. Inhalt: Monsieur Verdoux, von Chaplin gespielt, hat nach dem großen Bankenkrach von 1929 seine Anstellung verloren. Er betätigt sich nun als Heiratsschwindler, der reiche Damen ausnimmt und tötet, weil er keine andere Möglichkeit sieht, seine gelähmte Frau und seinen Sohn zu ernähren. Mit diesem Film, der 1947 in die Kinos kam, erlebte das Publikum einen anderen, ungewohnten Charlie – nicht als Vagabund verkleidet, sondern unmittelbar, direkt, kritisch. Viele waren enttäuscht.

Der 19. September 1952 war ein wunderschöner Tag auf See, aber auch einer der bedeutungsschwersten Tage im Leben des Charlie Chaplin. An Deck der »Queen Elizabeth« drehten im Morgengrauen ein paar Frühsportler ihre Runden. Charlie war schon auf, Oona kümmerte sich um die vier Kinder. Ihre älteste Tochter Geraldine (geboren 1944) half ihrer Schwester Josephine (geboren 1949) beim Anziehen, während ihre Mutter noch die kleine Victoria (geboren 1951) fütterte. Michael John (geboren 1946) war mit seinem Vater schon an Deck. Später sah man einen elegant gekleideten kleinen Mann mit seinen Kindern stolz in der Atlantiksonne sitzen. Offiziell hatte Charlie zehn Kinder, acht mit Oona. Allerdings kursierten in der Gerüchteküche Hollywoods die Geschichten von weiteren ungezählten Affären. Einige davon führten zu Vaterschaftsklagen. In einem Fall wurde Chaplin 1944 zur Alimentenzahlung verurteilt, wobei man einen Bluttest, der ihn entlastete, in Kalifornien nicht als Beweis anerkannte.

Die harmonische Ehe mit Oona, das Spiel mit den Kindern und die Vorfreude auf das Wiedersehen mit der alten Heimat hätten

Charlie als besonders glücklichen Menschen ausweisen können. Wäre da nicht die Hetzkampagne gewesen, die der republikanische Senator und konservative Antikommunist Joseph Raymond McCarthy als Leiter des »Ausschusses zur Untersuchung unamerikanischer Umtriebe« gegen verdächtige Politiker, Journalisten, Schriftsteller, Wissenschaftler und Schauspieler initiiert hatte. Bereits seit 1949 hatte McCarthy Charlie Chaplin im Visier, agitierte gegen ihn mit Spekulationen, Denunziationen und Verdächtigungen.

Die Öffentlichkeit blieb von solchen Attacken gegen den Filmstar nicht unbeeindruckt, zumal die Beschuldigungen gleich von mehreren Seiten geäußert wurden. Politisch warf man Chaplin vor, er zeige Interesse für den Kommunismus, sei Sympathisant der Sowjetunion und Mitglied oder wenigstens Unterstützer der kommunistischen Partei. Finanziell lag der Verdacht der Steuerhinterziehung in der Luft. Moralische Bedenken und Einwände gab es gegen sein unkonventionelles Privatleben, die drei gescheiterten Ehen – besonders verwerflich: zwei davon mit Minderjährigen, die dritte vermutlich inoffiziell –, seine zahlreichen angeblichen Affären und die vielen ungeklärten Vaterschaftsklagen. Hinzu kamen vermeintliche Verstöße gegen den »man act«, einen Moralerlass gegen illegale Prostitution, und schließlich eine unterschwellige Stimmung, die das Selbstverständnis des konservativen Amerika deutlich machte: einerseits Begeisterung für Chaplins künstlerische Kreativität, andererseits Neid auf den materiellen Erfolg. War Charlie Chaplin einfach zu populär? Der Hollywood-Korrespondent der *Süddeutschen Zeitung* schrieb dazu im

Herbst 1952: »Er lebte über dreißig Jahre in den Vereinigten Staaten, ohne zu lernen, dass dieses Land zwar ungewöhnliche Talente schätzt, ihnen aber niemals ungewöhnliche Rechte zubilligt.« Wohl war auch gekränkter amerikanischer Stolz im Spiel: Chaplin hatte sich stets geweigert, die US-Staatsbürgerschaft anzunehmen. Er fühle sich als Weltbürger, lautete seine Begründung. »Ich bin Internationalist, kein Nationalist, deswegen brauche ich keine Staatsbürgerschaft. Ich bin kein Superpatriot. Wenn ich je eine Nationalität erwerben sollte, dann nur die von Andorra, dem kleinsten und unbedeutendsten Land der Welt.« Und bei anderer Gelegenheit sagte er einmal: »Ich bin Gast – aber zahlender Gast.« Das war unmissverständlich. Zu deutlich, zu unabhängig, zu selbstbewusst für Amerika?

Chaplin erhielt von Senator McCarthy mehrere Vorladungen, um vor dem »Ausschuss für unamerikanische Umtriebe« auszusagen. Er dachte nicht daran und sandte stattdessen ein Telegramm nach Washington. Chaplin bezeichnete sich als Prokommunist, Proindividualist und Antibürokrat. Dann schrieb er: »Jedoch, um es Ihnen zu erleichtern, möchte ich Ihnen das sagen, was Sie, glaube ich, wissen wollen. Ich bin kein Kommunist und habe in meinem ganzen Leben keiner politischen Partei oder Organisation angehört. Ich bin das, was man einen Friedenshetzer nennen könnte. Ich hoffe, das stört Sie nicht.« Der Ausschuss verzichtete auf eine weitere Vorladung. Doch die öffentlich-administrative Verfolgung Chaplins hielt an. Es gab konservative Boykottdrohungen gegen Kinos; seine Filme wurden nicht mehr gespielt. Und schließlich forderte der streng konservative republikanische Abgeordnete

Rankin mit den Worten, Chaplin sei »dem moralischen Charakter der USA schädlich«, seine Ausweisung. Die antikommunistischen, puritanischen, prüden Vereinigten Staaten von Amerika holten gegen den kleinen Mann zum großen Schlag aus.

Die »Queen Elizabeth« war gut 24 Stunden auf See, als die Katastrophe über Charlie Chaplin hereinbrach. FBI-Direktor J. Edgar Hoover hatte die Ermittlungsakten dem US-Generalstaatsanwalt übergeben, woraufhin dieser die bereits erteilte Genehmigung zur Wiedereinreise für ungültig erklärte. Am Morgen des 19. September 1952 hatte die US-Administration Charlie Chaplin wegen seiner angeblichen Sympathien für den Kommunismus zum unerwünschten Ausländer erklärt.

Am Nachmittag saß Charlie mit seiner Familie beim Tee an Deck der »Queen Elizabeth«, als viele Seemeilen weiter westlich US-Justizminister James P. McGranery der Einwanderungsbehörde die Anordnung erteilte, »den englischen Staatsbürger Charles Spencer Chaplin bei Betreten amerikanischen Territoriums bis zur weiteren Einvernahme festzuhalten«. Erst wenn kein Verstoß gegen das US-Einwanderungsgesetz vorliege und die politische Zuverlässigkeit geklärt worden sei, dürfe Chaplin wieder einreisen. Der Minister berief sich dabei auf einen Paragraphen des US-Einwanderungsgesetzes, demzufolge aus Gründen der »Moral, Gesundheit oder Geistesgestörtheit oder bei Befürwortung von Kommunismus oder der Verbindung mit Kommunisten oder pro-kommunistischen Organisationen« die Einreise abgelehnt werden konnte. Zwei Stunden später überreichte ein ahnungsloser Steward dem Passagier das Telegramm mit der niederschmetternden Nachricht.

Ob ich dieses unglückliche Land je wieder betrat oder nicht, bedeutete mir nur wenig. Ich hätte gerne gesagt, dass ich diese hasserfüllte Atmosphäre so rasch wie möglich abschütteln wollte, dass die Beleidigungen, die Amerika mir zugefügt hatte, und seine moralische Aufgeblasenheit mir zum Halse heraushingen. ...

Charlie war wie vor den Kopf gestoßen. Was sollte er tun? Sollte er versuchen, in die USA zu gelangen, so würde man ihn und seine Familie wie ganz gewöhnliche Einwanderer sofort in das Lager Ellis Island stecken, um dort nach ihrer Vernehmung über die eventuelle Einreise zu entscheiden. Charlies »re-entry-permit«, die Genehmigung zur Wiedereinreise, steckte noch in seinem Jackett – ein Stück Papier, vor kurzem noch kostbar, jetzt plötzlich völlig wertlos. Die Neue Welt hatte den kleinen Tramp vor die Tür gesetzt.

Wenige Tage später lief die »Queen Elizabeth« majestätisch in ihren Heimathafen Southampton ein. Großbritannien begrüßte den verlorenen Sohn. Ob in Southampton, während der Zugfahrt nach London oder der bei Ankunft in Waterloo Station – überall grenzenloser Jubel. Vor dem Savoy-Hotel am Ufer der Themse war kein Durchkommen. Am 16. Oktober 1952 bereiteten die Briten ihrem Charlie noch einmal einen glamourösen Abend. Im Odeon Theatre am Leicester Square feierte »Limelight« / »Rampenlicht« unter den Augen von Prinzessin Margaret Weltpremiere – nicht in der Neuen, sondern in der Alten Welt.

»Von den USA vor die Tür gesetzt«: Familie Chaplin an Bord der »Queen Elizabeth«.
Charlie hält Josephine, Geraldine steht neben Oona

»Grenzenloser Jubel«: Überall wurde Chaplin begeistert willkommen geheißen, wie hier in London

Er verspritzt sein Genie über die Leinwand, ohne in zwei Stunden und zwanzig Minuten jemals zu straucheln.

Der Kritiker des *Atlantic Monthly*, einer bekannten amerikanischen Wochenzeitung, schrieb damals: »Es ist ein Verbrechen, dass unsere Bibliotheken und Schulen keine Kopien von den Werken Chaplins haben, ähnlich wie von den Werken Michelangelos und Mozarts. Sie sollten den Studenten zugänglich sein, wie alle Meisterwerke.«

Ich kehre nicht nach Amerika zurück, und wenn Jesus Christus Präsident würde.

Chaplin

Der erzwungene Abschied von den USA tat Charlie Chaplin unendlich weh. Er konnte nicht verstehen, dass ein so großes und mächtiges Land Angst vor ihm hatte. Im Januar 1953 ließ er sich mit seiner Familie in Manoir de Ban in Corsier sur Vevey am Genfer See in der Schweiz nieder. Ein Jahr später erhielt er den Friedenspreis des Weltfriedensrates, eines sowjetisch kontrollierten Gremiums. Amerika schäumte. Erst 1972 kam es zu einer kurzen, 14-tägigen Versöhnungsreise in die USA. Charlie Chaplin erhielt den Ehren-Oscar für sein Lebenswerk und »für die unschätzbaren Verdienste, die er sich darum erworben hat, den Film zur Kunstform des 20. Jahrhunderts zu machen«. Drei Jahre später adelte Königin Elizabeth II. Chaplin mit einem Ritterschlag. Sir Charles Spencer starb am Weihnachtsmorgen des 25. Dezember 1977 – geadelt, finanziell unabhängig und mit sich im Reinen. »Weißt du«, so waren seine letzten Worte auf dem Sterbebett zu seiner Frau Oona, »das ist der Himmel.«

»Unschätzbare Verdienste«: Erst 1972, als er den Ehren-Oscar für sein Lebenswerk erhielt, kehrte Chaplin für wenige Tage in die USA zurück

Er war der Schicksalsberg der Deutschen: der Nanga Parbat, der »nackte Berg«. Hier wollten deutsche Bergsteiger mit der Ersteigung eines Achttausenders ihren britischen Kollegen am Mount Everest zuvorkommen. Eine tragische Geschichte.

Als Hermann Buhl aus seinem Zelt auf fast 7000 Meter Höhe herauskroch, zeigte das Thermometer draußen minus 20 Grad. Es war der 3. Juli 1953, zwei Uhr nachts. Der österreichische Ausnahmebergsteiger trug nur das Nötigste auf dem Leib: drei Garnituren Unterwäsche, Hose und Überhose, Wickelgamaschen, einen dünnen Pullover. Wenn er überhaupt eine Chance auf das Erreichen des Gipfels haben wollte, musste er mit möglichst wenig Gepäck gehen. Buhl plante, noch vor Einbruch der Dunkelheit wieder unten zu sein. Biwaksack und warme Kleidung ließ er zurück. Ebenso verzichtete er jetzt auf seinen Seilgefährten, Otto Kempter. Der lag noch im Schlafsack – zu müde, um den Kampf mit dem Berg zu beginnen.

Vor Buhl lagen 1300 Höhenmeter. Die Luftlinie zum Gipfel betrug sechs Kilometer, der größte Teil davon war unbekanntes Terrain in der so genannten Todeszone. Und diese musste ohne künstliche Sauerstoffzufuhr bewältigt werden.

Der 28-Jährige wollte alpine Geschichte schreiben. Dafür war er bereit, alles auf eine Karte zu setzen – sogar sein Leben. Würde es reichen, um den Nanga Parbat zu besiegen, den unheilvollen Bann des »deutschen Schicksalsberges« zu durchbrechen?

Der Nanga Parbat ist etwas Einmaliges. Als Berg steht er ganz allein da. Kein anderer ist in seiner Nähe. Ein fantastischer, ein herrlicher Gipfel. Ein richtiger »König der Berge«.

KURT DIEMBERGER, SEILGEFÄHRTE HERMANN BUHLS

Der Nanga Parbat liegt am äußersten Rand des Karakorum, er ist sozusagen der westliche Eckpfeiler der 2500 Kilometer langen Himalajakette. Mit 8125 Metern ist er der neunthöchste Berg der Welt. Während sich die anderen Achttausender im Umfeld der ihnen vorgelagerten Bergzüge erheben, ragt das Massiv des Nanga Parbat schroff aus den

»Ein fantastischer, ein herrlicher Gipfel!«: Die Bezwingung des Nanga Parbat wurde zahlreichen Deutschen zum Verhängnis

Tälern empor: Vom Indus, dessen Wasser den Berg zu Füßen umspülen, bis zum Gipfel beträgt der Höhenunterschied mehr als sieben Kilometer. Mit der 4500 Meter hohen Rupal-Wand erhebt sich hier auch die höchste Steilwand der Erde. Die ständigen Wetterwechsel machen den »nackten Berg« – so sein Name in der Sprache der Einheimischen – unberechenbar. Er wirft täglich mehrere Dutzend Lawinen ins Tal. Diesen Giganten umweht die Aura des Todes – er ist die ultimative Herausforderung für jeden Bergsteiger.

Der Erste, der dem Reiz des Nanga Parbat erlag, war Albert Frederick Mummery. Der wohlhabende Engländer machte sich 1895 auf, den Berg mit Nagelschuhen, Tweedjacke und Hanfseil zu besiegen. Der Versuch endete tragisch. Mummery und seine zwei Träger verschwanden spurlos – erste Opfer, die der Nanga Parbat forderte. Viele weitere sollten folgen.

Es waren vor allem englische Gentlemen, die das Bergsteigen populär gemacht hatten. Im 19. Jahrhundert gingen sie daran, die Gipfel der Alpen zu erobern. Bis 1865 waren die rund 80 Viertausender bezwungen. Neue Herausforderungen mussten her. Nach den Niederlagen im Kampf um Nord- und Südpol suchte die Forschernation Großbritannien nun die Entscheidung im Kampf um den »dritten Pol«. Die Briten, die führende Bergsteigernation, bliesen zum Angriff auf den mit 8850 Metern höchsten Berg der Erde, den Mount Everest. Zwei Expeditionen, 1921 und 1923, schlugen fehl, und 1924 ereignete sich dann die Katastrophe: Beim Versuch, den Gipfel zu erreichen, verschwanden George Mallory und Andrew Irvine. Vor allem der Tod des schillernden Mallory sorgte weltweit

für Schlagzeilen. Waren sie vor dem Unglück vielleicht ganz oben gewesen? Auf die Frage eines Journalisten, warum er unbedingt den Everest besteigen wolle, hatte der Exzentriker mit den Worten geantwortet: »Weil er da ist!« Mallory und Irvine wurden zu Ikonen, der Everest zum »Berg der Briten«.

> **Die deutschen Bergsteiger der Dreißigerjahre waren wirklich viel besser als die britischen. Sie hatten in den Alpen extrem schwere Touren gemeistert – zum Beispiel die Eigernordwand oder die Nordwand des Matterhorns.**
>
> MICHAEL WARD, TEILNEHMER DER EVEREST-EXPEDITION 1953

Der Kampf um die höchsten aller Berge war aber nicht allein den Briten vorbehalten, denn in den Dreißigerjahren kamen die führenden Bergsteiger vom Kontinent. Beim »Gefahrenbergsteigen« gaben vor allem die Deutschen den Ton an. Sie bewältigten die gefährlichsten Routen in den Alpen, ohne Rücksicht auf Leib und Leben. Dabei setzten sie Mauerhaken, Karabiner und Seilzüge ein – Hilfsmittel, die bei den britischen Gentleman-Kletterern verpönt waren.

Schon in der Republik von Weimar war das Bergsteigen immer mehr ins Blickfeld gerückt: alpine Siege als Trostpflaster für die Verlierer des Ersten Weltkriegs. Auch das Deutschland Adolf Hitlers wusste, was es an seinen Bergsteigern hatte. »Reichssportführer« Hans von Tschammer und Osten brachte es 1934 auf den Punkt: »Die Bergsteiger brauche ich nicht das Kämpfen zu lehren, weil Bergsteigen selbst kämpfen bedeutet.«

Gekämpft wurde im Himalaja schon vor 1933. Die deutschen Expeditionen zum 8586 Meter hohen Kangchendzönga – 1929

»Kampf um den dritten Pol«: George Mallory und Andrew Irwine am Mount Everest, Juni 1924

und 1931 – blieben erfolglos. Jetzt rückte der Nanga Parbat ins Visier der deutschen Bergsteiger. 1932 erfolgte eine erste Erkundungsmission, der sich zwei Jahre später der erste »Angriff« anschloss. Die »Eroberung« des ersten Achttausenders war eine »vaterländische Aufgabe«, welche die Reichsregierung gern unterstützte. Die Schirmherrschaft der Expedition übernahm der Reichssportführer höchstpersönlich. Aber auch das deutsche Volk war vom Nanga-Parbat-Fieber ergriffen. 600 000 Reichsbahner spendeten für die »Deutsche Himalajaexpedition«. Eisenbahnern und Regierung versprach Expeditionsleiter Willy Merkl nichts Geringeres als den Gipfel des Nanga Parbat. Auf der Expedition lastete ein enormer Erfolgsdruck.

Am 25. März 1934 brach die Truppe in München auf. Neben Merkl waren noch weitere acht Bergsteiger mit von der Partie, darunter auch der Kletterkünstler Willo Welzenbach. Gut zwei Monate nach Abfahrt war das Hauptlager am Fuße des Nanga Parbat errichtet.

Der Angriff auf den Berg sollte von Norden her erfolgen. Nach dem Labyrinth des Rakhiot-Gletschers mit seinen Spalten und Riesenblöcken galt es, die Rakhiot-Eiswand zu erklimmen. Auf dem Hauptgrat sollte bis zum »Silbersattel« auf 7450 Meter Höhe vorgestoßen werden – vorbei am »Mohrenkopf«, einem frei stehenden schwarzen Felsen. Ein langes Plateau führte zum Nordgipfel, von dort ging es hinab in die Bazhin-Scharte. Das letzte Stück bildete ein Aufstieg von etwa 300 Metern zum Hauptgipfel (8125 Meter). Eine Kette von acht Lagern sollte den Sturm auf den Gipfel sichern.

Die Expedition stand von Anfang an unter keinem guten Stern. Wenige Tage nach Einrichtung des Hauptlagers starb ein Expeditionsmitglied an einem Lungenödem. Am 7. Juli errichteten Expeditionsteilnehmer das Lager VIII, das »Sturmlager«, auf dem Silbersattel. Trotz des tragischen Unglücksfalls war die Stimmung gut, am kommenden Tag sollte der Gipfel bezwungen werden. Doch der Nanga Parbat wehrte sich. Über Nacht zog ein Orkan auf. Merkl zögerte – er war nicht bereit, die Plackerei der vergangenen Wochen für einen Sturm aufzugeben, der genauso schnell wieder vorbei sein konnte, wie er entstanden war. Das Zögern erwies sich als fatal. Die Hochlager wurden zur Todesfalle. Ein Teil der Bergsteiger schaffte noch den Abstieg in ein tiefer gelegenes Lager. Merkl, Welzenbach und ihr Seilgefährte Ulrich Wieland blieben zurück. Sie biwakierten in offenem Gelände. Merkl und Wieland erfroren die Hände.

»Wir liegen seit gestern hier, nachdem wir Uli [Wieland] im Abstieg verloren. Sind beide krank. Ein Versuch, nach 6 vorzudringen, misslang wegen allgemeiner Schwäche. Ich, Willo, habe vermutlich Bronchitis, Angina und Influenza. Bara Sahib [Merkl] hat allgemeines Schwächegefühl und Erfrierungen an Füßen und Händen. Wir haben beide seit sechs Tagen nichts Warmes gegessen und fast nichts getrunken. Bitte helft uns bald hier im Lager 7.

Willo und Willy.«

Letzter Brief Welzenbachs vom 10. Juli 1934.
Der Brief wurde 1938 gefunden

Da kein Platz mehr in den Schlafsäcken war, schlief der am besten abgehärtete Welzenbach im Schnee. 30 Meter vor Lager VII starb Wieland. Bis zuletzt hofften die Eingeschlossenen auf Rettung – vergeblich. Welzenbach hielt noch bis zum fünften Tag aus, dann war auch sein Ende gekommen. Merkl schleppte sich noch bis zum Mohrenkopf, wo er wahrscheinlich am 16. Juli – eine Woche nach Ausbruch des Orkans – sein Leben ließ. Gay-Lay, sein persönlicher Träger, wollte sich nicht von ihm trennen und starb an Merkls Seite. Ihre eng umschlungenen Leichen wurden 1938 gefunden.

Durch ihren [Welzenbachs, Merkls und Wielands] Tod avancierte der Nanga Parbat zum »Schicksalsberg der Deutschen«.

Berghistoriker Ralf-Peter Märtin
in seinem Buch »Nanga Parbat«

Die bis dahin größte Katastrophe in der alpinen Geschichte nahm das neue Regime zum Anlass, die toten Bergsteiger zu Helden zu verklären. In einer Gedenkstunde des Deutschen Reichssenders wurde ihr »Opfergang für Deutschland« gepriesen. Der *Völkische Beobachter* berichtete voller Pathos: »Bis zum letzten Atemzug galten seine [Merkls] Gedanken, wie die seiner Kameraden, dem deutschen Vaterland und seinem Führer Adolf Hitler. Das neue Deutschland wird die Helden Merkl, Welzenbach und Wieland nicht vergessen und ihnen im Herzen ein ewiges Denkmal setzen.« Reich und Volk, so hieß es, seien es den Toten schuldig, den Kampf gegen den Himalajariesen fortzusetzen. Der Nanga Parbat wurde zum »deutschen Schicksalsberg« erhoben.

Drei Jahre später hatte »Carlo« Wien, ein Schüler Welzenbachs, die Aufgabe, das Vermächtnis der Toten zu erfüllen. Der erste Achttausender sollte endlich fallen. Hermann

»Unter keinem guten Stern«: Auch die Expedition von 1937 unter Karl Wien (oben, 4. von links) scheiterte tragisch

Göring spendete zu diesem Zweck 7500 Reichsmark aus eigener Tasche. Wien führte die Expedition straff; anfangs verlief alles planmäßig – auch das Wetter hielt. Am 6. Juni konnten die Deutschen Lager IV unterhalb des Rakhiot Peak errichten. Von einem Tag auf den nächsten änderten sich die klimatischen Verhältnisse. Die Temperatur sank auf minus 23 Grad, es schneite unentwegt, was die Lawinengefahr erhöhte. Wien entschloss sich daraufhin, Lager IV zu verlegen. Doch am Nanga Parbat gibt es keinen Ort, der völlig sicher ist – ihrem Schicksal konnten die Männer nicht entgehen. Kurz nach Mitternacht, am 15. Juni, stürzte eine gewaltige Eislawine vom Rakhiot Peak herab. Gigantische Eisblöcke begruben die Zelte unter sich. Die Mannschaft wurde von den tödlichen Eismassen im Schlaf überrascht. Drei Tage später erreichte eine aufsteigende Bergsteigergruppe den Platz des Camps. Ein Expeditionsmitglied schrieb in sein Tagebuch: »Bedrückende Stille ringsum. Eine verwehte Spur zog wie ins Endlose gegen den Grat im Osten. Weit und breit keine Spur vom Lager. Die Mannschaft ist nicht mehr.« Sieben Bergsteiger und neun Träger hatten ihr Leben verloren.

Auch die neuen Opfer des »Mörderberges« wurden mit offiziellen »Feierstunden« in ihrer Heimat geehrt. Am 12. Dezember erklärte Reichssportführer von Tschammer und Osten in Berlin: »Deutschland bleibt führend im opferreichen Kampf um die höchsten Gipfel der Erde.« Bis zu diesem Zeitpunkt waren 26 Bergsteiger und Träger »gefallen«. Wie der Berghistoriker Ralf-Peter Märtin treffend bilanziert, wurde der Nanga Parbat für die Nazis mehr und mehr zu einem »alpinen Stalingrad«.

Vor uns liegt noch ein steiler Aufstieg. Aber wir glauben, dass er eher von einem Volke bezwungen werden kann, das durch jahrelange harte Übung in den Strapazen des Bergsteigens geschult ist.

Goebbels, 20. September 1942

Der Wahnsinn am Berg hatte danach vorerst ein Ende. Eine weitere deutsche Expedition zum Nanga Parbat versank 1938 im Schnee. Hitler-Deutschland erlangte die Bestätigung für die »Überlegenheit« deutscher Bergsteiger im selben Jahr nicht im Himalaja, sondern in den Alpen: Eine deutsch-österreichische Viererseilschaft meisterte die damals als unbesteigbar geltende Eigernordwand. Anderl Heckmaier, Ludwig Vörg, Fritz Kasparek und Heinrich Harrer wurden über Nacht zu Helden. Der Österreicher Harrer, der erst kurz zuvor in die SS eingetreten war, führte 1939 eine Erkundungsexpedition zum Nanga Parbat. Der Ausbruch des Zweiten Weltkriegs durchkreuzte die bergsteigerischen Pläne: Harrer geriet in britische Gefangenschaft, aus der er im April 1944 fliehen konnte. Es folgten »*Sieben Jahre in Tibet*«: Harrers Erlebnisse und seine Freundschaft zum damals noch jungen Dalai-Lama sollten ihn weltberühmt machen.

Während der Zweite Weltkrieg tobte, herrschte Ruhe um die höchsten Berge der Erde. Doch der Traum von den Gipfeln war nur aufgeschoben.

Die Franzosen waren die Ersten, die nach 1945 den Kampf um die Himalajariesen wieder aufnahmen – und gewannen. Tibet war inzwischen von den Chinesen besetzt worden. Jetzt öffnete das bis dahin unzugängliche Königreich Nepal seine Grenze; der Weg zu den meisten Achttausendern im Himalaja war damit frei. 1950 planten die Franzosen eine Attacke auf den sechsthöchsten Berg der Erde, den 8167 Meter hohen Dhaulagiri. Vor Ort erwies er sich als nicht besteigbar. Die französische Expedition um den ehrgeizigen Expeditionsleiter Maurice Herzog änderte kurzfristig ihren Plan: Jetzt sollte der benachbarte Annapurna (8089 Meter) fallen. Unerbittlich trieb Herzog das Team an. Um 14 Uhr des 3. Juni 1950 betraten er und sein Begleiter Louis Lachenal als Erste den Gipfel eines Achttausenders – ein Triumph, den sie teuer bezahlten. Beide erlitten schwerste Erfrierungen an Händen und Füßen. Sherpas mussten sie den größten Teil des Weges zurücktragen. Herzog verlor fast alle Finger. Doch sie überlebten – und die Grande Nation hatte ihre Helden.

Auch die Briten verstärkten nun wieder ihre Anstrengungen um den Mount Everest. Ihr Weltreich war zerbrochen, die englische Herrschaft über Indien endete 1947. Der Everest, der bis dahin in ihrem Einflussbereich gelegen hatte, war jetzt für alle Nationen leichter zugänglich. 1952 war eine Schweizer Expedition nur knapp unterhalb des Gipfels gescheitert. Für 1954 hatten bereits die Franzosen eine Ersteigungsgenehmigung erhalten, 1955 würden Schweizer und Amerikaner folgen. Den Briten blieb nur noch eine Chance, ihren »Union Jack« doch noch auf dem Gipfel wehen zu lassen. Alles konzentrierte sich auf die Expedition 1953.

Gleichzeitig blickten deutsche Bergsteiger wieder zum Nanga Parbat. Der erste Achttausender konnte es zwar nicht mehr sein, aber der bis dahin höchste – und wohl schwierigste. Immerhin übertraf der »nackte Berg« den Annapurna an Höhe noch um 25 Meter.

> **Herrligkoffer hatte eine fixe Idee, dass er das Vermächtnis seines Bruders gewissermaßen erfüllen würde.**
>
> Hermann Köllensperger,
> Teilnehmer der Nanga-Parbat-Expedition 1953

Für Karl Maria Herrligkoffer spielten diese Überlegungen keine Rolle. Der Münchner Arzt war aus familiären Gründen vom Nanga Parbat besessen. Er wollte das Erbe Willy Merkls antreten – seines Halbbruders, der 1934 dem »Mörderberg« zum Opfer gefallen war. Zum Gedächtnis an die Toten organisierte er die erste deutsche Nachkriegsexpedition in den Himalaja.

Herrligkoffers Initiative kam zur richtigen Zeit. Das Deutschland der Fünfzigerjahre sehnte sich nach heiler Bergwelt. Der Heimatfilm boomte, Bergromantik war wieder »in«. Geschickt nutzte er seine Kontakte zu den Firmen, die bereits in den Dreißigerjahren die Nanga-Parbat-Unternehmungen unterstützt hatten.

Neben großzügigen Sachspenden beschaffte Herrligkoffer auch die notwendigen finanziellen Mittel. Erstmals wurden die Rechte an der Veröffentlichung eines Buches und von Zeitschriftartikeln zur Expedition vorverkauft. Den Löwenanteil der anfallenden Kosten deckte jedoch der Vorschuss für den Expeditionsfilm. Hierfür wurde kein Geringerer als Hans Ertl, der bevorzugte Kameramann Leni Riefenstahls, der unter anderem maßgeblich an dem berühmten Olympia-Streifen von 1936 mitgearbeitet und Hitlers Staatsbesuch in Italien 1938 gefilmt hatte, engagiert. Während des Zweiten Weltkriegs hatte er als filmischer Kriegsberichterstatter von sich reden gemacht. Der hervorragende Kletterer – Erstdurchsteiger der

Königsspitze und der Ortlernordwand – war extra aus seinem bolivianischen Exil zurückgekehrt, um an diesem Projekt mitzuarbeiten.

Das Team setzte sich aus zehn Bergsteigern zusammen. Herrligkoffer fungierte als Expeditionsleiter und Arzt. Die bergsteigerische Führung übertrug er Peter Aschenbrenner, der bereits 1934 bei der Merkl-Expedition mit dabei gewesen war. Diese »Deutsch-Österreichische Willy-Merkl-Gedächtnisexpedition« bestand aus exzellenten Bergsteigern – keiner von ihnen konnte jedoch dem Österreicher Hermann Buhl das Wasser reichen.

Hermann Buhl war wirklich außergewöhnlich. Unglaublich zäh, extrem stark und sehr, sehr entschlossen. Wenn damals irgendjemand den Gipfel des Nanga Parbat erreichen konnte, dann war es Hermann Buhl.

SIR EDMUND HILLARY,
ERSTBEZWINGER DES MOUNT EVEREST

Buhl, am 21. September 1924 in Innsbruck geboren, galt als »Wunderkletterer«. Mit dem »bürgerlichen Leben« kam der Vater einer Tochter nicht zurecht. Als Magazinarbeiter, Kirchturmmaler und Verkäufer in einem Sportgeschäft brachte er seine Familie gerade so durch. Ehrgeiz entwickelte der drahtige Tiroler nur in den Bergen. Beinahe schlafwandlerisch fand er seine Wege auf die Gipfel. Buhl erfand das Bergsteigen bei Nacht. Er kletterte im Winter, ohne Handschuhe, mit einem Schneeball in der Faust, um seine Fähigkeiten in Eis und Schnee zu verbessern. Buhls Ausdauer und Geschwindigkeit am Berg waren ohnegleichen, seine Touren legendär. Im Karwendel überwand er 25 Gipfel der dortigen Gletscherkette während einer

Tour. Er brauchte dafür nur 33 Stunden und kletterte zwei Nächte durch.

Bis 1953 konnte er sich der erfolgreichen Bewältigung von 100 Touren mit dem höchsten Schwierigkeitsgrad rühmen. Aber von den Bergriesen im Himalaja hatte Buhl bisher nur träumen können. Jetzt bekam er seine Chance. Für den Traum vom Gipfel war er bereit, alles aufs Spiel zu setzen.

Am 17. April 1953 brach die »Willy-Merkl-Gedächtnisexpedition« nach Pakistan auf. Einen Monat später war das Hauptlager am Rakhiot-Gletscher eingerichtet. Die Route zum Gipfel entsprach der von 1934. Der Ton, den Herrligkoffer anschlug, klang ebenfalls wie aus den Dreißigerjahren. Die Teilnehmer mussten zu Beginn des Aufstiegs einen heiligen Eid schwören: »Wir geloben im Kampf um einen der höchsten Achttausender der Erde ehrenhafte Kämpfer zu sein, zum Ruhme der Bergsteiger in aller Welt und zur Ehre unserer Heimat.« Dann wurde der Gipfel in Angriff genommen.

Schnell zeigten sich die ersten Probleme. Herrligkoffer war als Leiter einer Expedition denkbar ungeeignet. Ab dem Basislager sei er »keinen Schuss Pulver wert« gewesen, so das spätere, vernichtende Urteil von Teilnehmer Hans Ertl. Herrligkoffer hatte darauf verzichtet, Sherpas als Hochträger zu engagieren. Die »überforderte Krämerseele« (Märtin) stellte gerade mal 15 Hunza ein, Einheimische aus dem Karakorum, die keine bergsteigerische Erfahrung hatten. Das schreckliche Grollen der Lawinen, das täglich gleich mehrfach zu hören war, erschreckte die Träger dermaßen, dass sie immer wieder ihre Arbeit im Stich ließen. Die Bergsteiger der Expedition, die sich

Die Nanga-Parbat-Expedition von 1953, darunter Karl Maria Herrligkoffer (ganz oben, Mitte), Hermann Buhl (dritter von rechts) und Hans Ertl (zweiter von rechts)

»Zum Ruhme aller Bergsteiger und zur Ehre unserer Heimat«: Die Bergsteiger auf dem Weg zum Gipfel

eigentlich für das Spuren und den Gipfelsturm schonen sollten, sahen sich immer wieder gezwungen, selbst die Lasten in die Hochlager zu schleppen.

Wir haben überhaupt nicht verstanden, was die Deutschen da oben wollten. Oben auf dem Gipfel gibt es doch nichts anderes als Schnee.

AKBAR ALI KHAN, HUNZA-TRÄGER
BEI DER NANGA-PARBAT-EXPEDITION 1953

Das Wetter war typisch für den Nanga Parbat: Es blieb unberechenbar. Ständig wechselten Regen und Schnee, bittere Kälte und gleißende Sonne. Je weiter sich die Expedition die Hänge emporquälte, desto langsamer ging es voran. Die Hunza-Träger weigerten sich, in die Rakhiot-Eiswand zu steigen. Nachschub traf nur sehr schleppend in den Hochlagern ein, woraufhin dort häufig der Brennstoff ausging. Die Expedition stand kurz vor dem Scheitern, als die deutsch-österreichische Truppe eine sensationelle Nachricht erreichte: Die Briten hatten den Mount Everest bezwungen.

Der Druck auf das britische Everest-Unternehmen von 1953 war extrem gewesen. Die Konkurrenz lauerte schon in den Startlöchern, eine erfolgreiche Gipfelersteigung anderer war nur noch eine Frage der Zeit. In der Heimat stand die Krönung Elizabeths II. an – die Nation erwartete ein »besonderes« Krönungsgeschenk. Alles wurde getan, um die Erfolgschancen der nächsten Expedition zu erhöhen. Zuallererst wurde die Teamleitung ausgetauscht: Der populäre Eric Shipton musste gehen – er war eher Wissenschaftler als Abenteurer – und wurde durch John Hunt, einen Armeeoffizier und kühlen Strategen und »Macher«, ersetzt. Generalstabs-

mäßig plante er den Erfolg. Über ein Jahr lang wurde neue Ausrüstung angefertigt, getestet und erprobt. Für die Expedition wurde eigens ein neues Sauerstoffsystem entwickelt. Hunt holte sich die besten und motiviertesten Bergsteiger des Commonwealth.

Der Teamgeist war bei uns sehr ausgeprägt. Wir haben wirklich gut zusammengearbeitet und waren fest entschlossen, dass einer von uns den Gipfel erreichen sollte – ganz egal, wer.

SIR EDMUND HILLARY

Mit dem Neuseeländer Edmund Hillary und dem Sherpa Tenzing Norgay gab er sogar zwei »Nichtbriten« die Chance auf den Gipfel. Die Hochlager waren bestens bestückt, die Lager für den Fall eines Rettungseinsatzes bemannt. Das Wetter hielt. Das zweite Gipfelteam hatte schließlich Erfolg: Am 29. Mai 1953 um 11.30 Uhr erreichten Hillary und Tenzing den Gipfel – als erste Menschen auf dem höchsten Berg der Erde.

Dieser Triumph der Briten war ein harter Schlag für Buhl. Die Konkurrenten von der Insel verfügten über eine fähige Expeditionsleitung und ein eingespieltes Team. Dagegen erwiesen sich Herrligkoffer und Aschenbrenner als Stümper, durch die deutsch-österreichische Seilschaft verlief ein Riss. Buhl machte einen verzweifelten Vorschlag. Statt der Hunza sollten drei Mitglieder der Gruppe Proviant und Ausrüstung bis zum Mohrenkopf schleppen. Dort wollte der Innsbrucker in einer Eishöhle übernachten, um tags darauf allein den Aufstieg zum Gipfel zu versuchen. Doch wieder durchkreuzte der »Mörderberg« den Angriffsplan: Das ganze Unternehmen drohte im Neuschnee zu ersticken.

»Ausgeprägter Teamgeist«: Edmund Hillary und Tenzing Norgay waren die ersten Menschen auf dem Mount Everest

Herrligkoffer hat am Berg einfach alles geschehen lassen. Wobei er in der Schlussphase auch noch alles falsch gemacht hat. Als das Wetter perfekt und klar war, dass dieser Ausnahme-Buhl die Fähigkeit haben könnte, den Gipfel zu erreichen, hat er den ganzen Gipfelansturm abbrechen wollen.

REINHOLD MESSNER

Am 30. Juni klarte es schlagartig auf. Doch die Gipfeltruppe in Hochlager IV konnte sich über die Wetterbesserung nicht freuen, denn die Expeditionsleitung hatte Weisung zum Abstieg erteilt. Es gebe einen neuen »Angriffsplan«, so die Erklärung aus dem Basisla-

ger. Auch in den folgenden Tagen wiederholten Aschenbrenner und Herrligkoffer ihren Abstiegsbefehl – trotz besten Wetters. Die Gruppe um Ertl und Buhl sah ihre letzte Chance, jemals den Gipfel zu erreichen, schwinden. Mit den Worten »Ihr könnt's uns mal!« beendete Ertl den Funkverkehr. Schließlich musste die Expeditionsleitung erkennen, dass die »Meuterer« es auch ohne ihre Erlaubnis versuchen würden. Resigniert gab man grünes Licht: »Also, geht's zu, unsern Segen habt's.«

Am 2. Juli fiel die Entscheidung über das Gipfelteam: Hermann Buhl sollte am nächsten Tag vom 27-jährigen Münchner Otto Kempter begleitet werden. Es würde nur einen Versuch geben.

Buhl und Kempter bezogen das letzte Biwak in gut 7000 Meter Höhe. In der Nacht vor dem Gipfelgang setzte starker Wind ein, woraufhin Buhl das Zelt mit Pickeln und Skistöcken sichern musste. Kempter bekam davon nichts mit. Als Buhl ihn gegen ein Uhr weckte, um den Abmarsch vorzubereiten, verwies ihn sein Seilgefährte auf die geplante Aufbruchzeit von drei Uhr und drehte sich in seinem Schlafsack noch einmal zur Seite. Buhl entschloss sich, schon mal allein vorzugehen. Wenn Kempter ausgeschlafen hatte, würde er auf einem gespurten Pfad schnell folgen können, so seine Hoffnung. Als die Sonne am 3. Juli um fünf Uhr aufging, war Kempter bereits zu sehen – in einem Abstand von ungefähr einer Stunde. Buhl war zuversichtlich: Das Wetter konnte besser nicht sein – es war sonnig und trocken. Gegen sieben Uhr erreichte er das Silber-Plateau in 7450 Meter Höhe. Kempter war währenddessen immer weiter zurückgefallen, und Buhl erkannte, dass er den Rest des Weges wohl

»Der deutsche Schicksalsberg«: Hermann Buhl beim Aufstieg zum Nanga Parbat

»Ihr könnt uns mal!«: Buhl brach schließlich auf eigene Faust zum Gipfel auf und quälte sich allein durch die Todeszone

allein würde zurücklegen müssen. Auch die vorgesehene Gipfelankunft um die Mittagszeit konnte er abschreiben. Auf sich gestellt und ohne jegliche Ausrüstung hatte er eigentlich keine Chance. Alles sprach für eine Rückkehr ins Lager.

Buhl hat sich als Motor der Expedition ziemlich verausgabt, um überhaupt ins letzte Lager zu kommen. In der Schlussphase war er immer alleine an der Spitze, um gegen das schlechte Wetter, gegen die Hoffnungslosigkeit, den Gipfel zu erreichen, es doch zu schaffen.

REINHOLD MESSNER,
ZWEIMALIGER BEZWINGER DES NANGA PARBAT

Trotzdem entschloss sich Buhl, seinen einsamen Weg fortzusetzen. Um noch schneller voranzukommen, ließ er sogar seinen Rucksack mit Proviant und zusätzlicher Kleidung

am Vorgipfel zurück. Bis hierhin hatte es auch 1934 ein Team geschafft, bevor es vom Orkan überrascht wurde. Gegen 14 Uhr hatte der Ausnahmekletterer den Abstieg in die Bazhin-Scharte geschafft. Zu seinem Ziel fehlten ihm noch gut 300 Höhenmeter. Buhls Kräfte schwanden zusehends, er bewegte sich seit Stunden in der so genannten Todeszone: Ab einer Höhe von 7500 Metern erholt sich der Körper auch beim Rasten nicht mehr. Ohne zusätzlichen Sauerstoff lässt die Konzentration mehr und mehr nach, der Bergsteiger stirbt einen »langsamen Tod«. Buhl hatte keinen Sauerstoff bei sich. Koffeintabletten gaben ihm noch einmal etwas Kraft. Das letzte Stück legte er kriechend auf allen vieren zurück. Um 19 Uhr war es schließlich geschafft: Nach 17 Stunden Aufstieg rammte Buhl seinen Eispickel in den Gipfel des Nanga Parbat. Er hatte ihn ganz allein besiegt.

Hier stehe ich nun, seit Erdenbestehen der erste Mensch, auf diesem Fleck, am Ziel meiner Wünsche! Ich bin mir der Bedeutung dieses Augenblicks nicht bewusst, fühle auch nichts von Siegesfreude, komme mir gar nicht als Sieger vor. Ich bin froh, dass ich heroben bin und all diese Strapazen vorläufig ein Ende haben. Ich bin vollkommen fertig.

BUHL

Doch wie würde der Berg reagieren? Die Dunkelheit brach langsam herein. Wie sollte er eine Nacht auf dem Gipfel überleben – ohne Zelt, Biwaksack oder warme Kleidung? Er hatte keinen Brennstoff bei sich, nichts zu essen und zu trinken. Buhl wusste, dass der Tod wahrscheinlicher war als das Überleben. Mit seiner Kodak-Kamera schoss er ein paar Bilder. Schnell band er noch einen Wimpel mit den pakistanischen Nationalfarben an den Schaft des Eispickels, den er auf dem Gipfel zurückließ. Nach einer halben Stunde machte sich der Bezwinger des Nanga Parbat wieder an den Abstieg.

Buhls Lage verschlimmerte sich weiter. Nach nur wenigen Schritten hatte sich ein Steigeisen gelöst. Der Ausnahmekletterer konnte sich jetzt nur noch tastend fortbewegen. Um 21 Uhr musste Buhl seinen Abstieg in einer Felswand unterbrechen – es war zu dunkel. Der 28-Jährige lehnte sich an den Fels, zog sich seine Wollmütze ins Gesicht und ein zweites Paar Handschuhe an. Die nächsten acht Stunden durfte er sich nicht bewegen oder einschlafen, um nicht aus der Wand zu stürzen. Die Temperatur sank auf unter 20 Grad minus, aber Buhl hatte Glück im Unglück: Der sonst übliche, eisige Wind blieb aus – wenige Windböen hätten gereicht, und er wäre in der Wand stehend erfroren.

Die ersten Sonnenstrahlen erlösten den Tiroler. Die Nacht hatte er zwar überlebt, doch vor ihm lag noch ein langer Rückweg. Der Durst wurde quälend, Buhl schleppte sich weiter. Für jeden Schritt brauchte er mittlerweile zehn Atemzüge. Gegen Mittag begann er zu halluzinieren: Er hatte plötzlich einen Seilgefährten, mit dem er sich sogar unterhielt und der irgendwann auch wieder verschwand. Mit allerletzter Kraft schwankte Buhl ins rettende Lager. Es war der 4. Juli 1953, 19 Uhr – Buhl war zu diesem Zeitpunkt 41 Stunden unterwegs. Hans Ertl hielt die Rückkehr des Innsbruckers, dessen Haut verbrannt und an einigen Stellen bereits aufgeplatzt war, auf Film fest. Tiefe Falten hatten sich in sein Gesicht gekerbt. In zwei Tagen war Buhl äußerlich um Jahrzehnte gealtert.

Der Gipfelsieg ist ohne die Hilfe der Expeditionsleitung und gerade gegen sie errungen worden.

BUHL IN DER MÜNCHNER *ABENDZEITUNG*, 1. AUGUST 1953

Über Funk wurde das Hauptlager von der erfolgreichen Erstbesteigung informiert. Der Empfang, den man Buhl im Basislager bereitete, fiel äußerst reserviert aus. Bevor Expeditionsarzt Herrligkoffer daranging, Buhls Erfrierungen an den Füßen zu versorgen, wollte er erst einmal alles über dessen Gipfelgang hören. Nach einem kurzen Blick attestierte er dann nur, dass da »wohl nichts mehr zu machen« sei, man würde die schwarzen, eitrigen Zehen »abtrennen« müssen. Die medizinische Ausrüstung sei aber leider schon verpackt und auf dem Heimweg. Die »Siegesfeier« am Abend fiel ebenfalls eisig aus: Buhls Festmahl bestand aus aufgewärmten Nudeln vom Vortag.

»Mit letzter Kraft ins Lager geschwankt«: Buhl nach der Rückkehr vom Gipfel des Nanga Parbat

Herrligkoffer nahm dem Gipfelhelden seine Befehlsverweigerung sichtlich übel. Für ihn hatte Buhl den Geist der Expedition verraten. Der Münchner Arzt fühlte sich der Tradition seines Halbbruders Willy Merkl verpflichtet. »Was im Himalaja entscheidet, ist … die Gemeinschaftsarbeit, die nicht dem persönlichen Ehrgeiz, sondern einzig dem großen Ziele dient«, stand im Buch der 1934er-Expedition zu lesen. Der Triumph von 1953 war dagegen das Werk eines einzelnen Mannes, der von seiner ungeheuren Willensstärke und seinem beispiellosen Ehrgeiz angetrieben wurde. Herrligkoffer wollte daraus nachträglich einen Mannschaftserfolg machen, und dazu musste er die Leistung Buhls möglichst klein reden.

Die Kluft zwischen der Expeditionsleitung und Buhl vertiefte sich zusehends. In den ersten Zeitungsmeldungen über die Besteigung musste Buhl lesen, dass ihm Aschenbrenner den Sturm auf den Gipfel befohlen habe. Bei einer ersten Pressekonferenz in Indien behauptete Herrligkoffer, der laut Expeditionsvertrag auch als Pressesprecher des Teams fungierte, Buhl habe Sauerstoff beim Gipfelgang eingesetzt. Als Buhl dies richtigstellen wollte, fuhr ihn Herrligkoffer an: »Halt's Maul, das geht dich einen Dreck an!« Erst nach Intervention des deutschen Botschafters in Indien war der Expeditionsleiter dazu bereit, Buhl in der ersten Maschine nach Deutschland mitfliegen zu lassen. Dort bereitete man dem Helden vom Nanga Parbat einen triumphalen Empfang: »Über allen Bergen ist Buhl« wurde damals zum geflügelten Wort. Doch das Bild, das Herrligkoffer in allen Beiträgen und Berichten über die Expedition zeichnete, sah anders aus. Demnach war es vor allem der Expeditionsleitung zu verdanken, dass der Gipfel des Nanga Parbat 1953 fiel. Ertl und Buhl forderten eine Richtigstellung, aber nichts dergleichen geschah – im Gegenteil: Herrligkoffer verwies die deutschen Zeitungs- und Zeitschriftenredaktionen darauf, dass »alle Beiträge, die Ihnen von Expeditionsteilnehmern zugehen, meiner Gegenzeichnung bedürfen«. Schließlich platzte dem »Wunderkletterer« der Kragen, als sein Seilgefährte Kempter in einem Zeitungsartikel behauptete, Buhl sei ihm auf dem Weg zum Gipfel einfach »davongelaufen«. Buhl reagierte: In der *Abendzeitung* vom 1. August 1953 stand unter der Überschrift »Endlich die Wahrheit« zu lesen, dass der Gipfelsieg »ohne die Hilfe der Expeditionsleitung« und »gerade gegen sie errungen« worden war.

Jetzt hatte die Erfolgsgeschichte ein juristisches Nachspiel. Rechtsanwalt Franz Pfister, der die Interessen Buhls vor Gericht vertrat, hatte schon viel erlebt. Doch das Ausmaß dieser Schlammschlacht überraschte auch ihn: »Alles, was nach Nanga Parbat riecht, ist zum Kotzen. Schade um den schönen Berg.« 1954 einigten sich die streitenden Parteien per Vergleich.

»Über allen Bergen ist Buhl«: Der Ausnahmekletterer bei der Rückkehr aus dem Himalaja

Auf dem Rückweg versuchte er noch den benachbarten Chogolisa zu erklimmen: In einer Höhe von 7500 Metern stürzte der »Wanderer zwischen Erde und Wolken« ab, seine sterblichen Überreste wurde nie gefunden.

Buhls Erfolg am Nanga Parbat brachte ihm kein Glück. Zwar wurde unter Bergsteigern seine Leistung höher eingestuft als die des Everest-Bezwingers Hillary, dennoch konnte er nicht davon profitieren. Den Neuseeländer machten Vortragsreisen und Bücher weltberühmt, lukrative Werbeverträge bescherten ihm einen bescheidenen Wohlstand. Buhl dagegen erhielt vom Volkswagenwerk einen Käfer – geliehen, für ein Jahr. Und während Hillary seine Abenteuer nach 1953 in der Antarktis oder auf dem Ganges suchte, konnte Vollblutbergsteiger Buhl der Faszination der Himalaja-Bergriesen nicht widerstehen. 1957 bestieg er den 8047 Meter hohen Broad Peak – in nur drei Tagen, ohne Hochträger. Damit war er der erste Mensch, der zwei Achttausender bezwungen hatte.

Karl Maria Herrligkoffer sollte noch 24 weitere Expeditionen führen – davon zehn allein zum Nanga Parbat –, und noch einmal sollte er mit einem Ausnahmekletterer am »nackten Berg« aneinander geraten. 1970 erreichten Reinhold Messner und sein Bruder Günther über die gefährliche Rupal-Wand den Gipfel. Beim Abstieg über die unbekannte Diamir-Seite verschwand Günther Messner spurlos. Der auf Bergkameradschaft und Mannschaftsgeist pochende Herrligkoffer machte den ehrgeizigen Südtiroler für das Unglück verantwortlich. Individualist Messner warf Herrligkoffer unterlassene Hilfeleistung vor. Auch hier trafen sich beide Parteien vor Gericht. Erst in unseren Tagen gelang es Reinhold Messner, den Beweis zu erbringen, dass er seinen Bruder nicht im Stich gelassen hatte.

Wie lässt sich ein Verhältnis zwischen einem hohen Parteifunktionär und einer jungen Karrierefrau in legale Bahnen lenken? 1953 heiratete Erich Honecker die »Heldin der Arbeit«, Margot Feist. Gemeinsam machten sie Karriere im »Arbeiter-und-Bauern-Staat«. War es Liebe oder politisches Kalkül?

Flughafen Santiago de Chile, 14. Januar 1993. Keine 30 Stunden ist es her, seit das Berliner Verfassungsgericht die Einstellung des Verfahrens gegen Erich Honecker verfügt und den Haftbefehl gegen den ehemaligen Staats- und Parteichef der DDR aufgehoben hat. Jetzt steht er aufrecht und sichtlich um Haltung bemüht in der Kabinentür des Flugzeugs, das ihn in die chilenische Hauptstadt gebracht hat. Man sieht ihm seine schwere Krankheit an – die Bewegungen sind langsam, seine Hand zittert. Vorsichtig steigt er die Gangway hinab, setzt bedächtig einen Schritt nach dem anderen. Unten wartet in einem Pulk von Journalisten seine Ehefrau Margot, die er seit fast einem halben Jahr nicht gesehen hat. Ein kurzes Aufwallen der Gefühle – sie umarmen sich, ein flüchtiger Kuss. Dann holt er einen Zettel hervor und verliest mit brüchiger Stimme eine vorbereitete Erklärung: Nach zahlreichen Kranken-

»Das erste Paar im Staate«: Margot und Erich Honecker schwingen anlässlich der Eröffnung des »Palasts der Republik« das Tanzbein

hausaufenthalten und zuletzt fünf Monaten Haft in Deutschland habe er angesichts seiner fortschreitenden Krankheit nicht geglaubt, dass er seine Frau, seine »tapfere und treue Mitstreiterin«, noch einmal wiedersehen würde. »Damit erfüllt sich mein letzter persönlicher Wunsch.« Wieder einmal scheiden sich an Erich und Margot Honecker die Geister: Ist dieses Wiedersehen der Anfang vom Ende einer großen Liebe oder nur der Schlussakkord einer politischen Schmierenkomödie?

Die Franzosen haben ein Sprichwort: »Cherchez la femme!«, sie fragen nach jedem Unglück, wo die Frau ist, die dahinter steckt. Hinter dem Unglück DDR steckte Margot Honecker.

REINHOLD ANDERT, AUS »NACH DEM STURZ«

Über die Beziehung der Honeckers wurde immer viel gesprochen – nicht nur in der DDR, wo sie seit den Siebzigerjahren das erste Paar im Staate waren. Doch viele Fragen blieben bis heute offen: Stimmt es, dass

Honecker mehrmals verheiratet war, sogar schon ein Kind hatte, als er Margot kennen lernte, und für sie seine Familie verließ? Und hat sich die junge Margot damals den 15 Jahre Älteren nur geangelt, weil sie glaubte, an der Seite des aufstrebenden SED-Funktionärs am besten Karriere machen zu können? Was war das für eine Beziehung, welche die beiden führten? War die ausgefuchste DDR-Bildungsministerin dem einfältigen Honecker geistig nicht haushoch überlegen? Hatte sie die Hosen an, in der Ehe wie in der Politik?

»Ikone der DDR-Geschichte«: Margot Feist gratuliert dem DDR-Staatspräsidenten Wilhelm Pieck nach dessen Wahl am 11. Oktober 1949

War sie am Ende vielleicht die heimliche Staatschefin der kleinen Republik zwischen Ostsee und Erzgebirge?

Der Lebensweg einer First Lady wurde der späteren Frau Honecker jedenfalls nicht in die Wiege gelegt. Margot Feist stammte aus Halle an der Saale, wo sie in einfachen Verhältnissen aufwuchs. Die Eltern waren Kommunisten; der Vater saß während der Nazi-Zeit im KZ – lupenreiner proletarischer »Adel« also. Nach dem Kriegsende 1945 und mit Protektion der sowjetischen Besatzer waren die ehemals Unterdrückten jetzt an den Schalthebeln der Macht. Unter diesen Umständen verabschiedete sich Margot von ihrem eigentlichen Berufswunsch »Lehrerin« und entschied sich für einen schnelleren Karriereweg – als Funktionärin der »Freien Deutschen Jugend« (FDJ). Zunächst kümmerte sie sich um die Hallenser FDJ-»Kindergruppen«, bald war sie Chefin der »Jungen Pioniere«, wie die Kindergruppen ab 1948 hießen, in ganz Sachsen-Anhalt. Richtig bekannt wurde sie mit der Gründung der DDR im Oktober 1949. In der neu gewählten Volkskammer durfte das adrette Mädchen dem greisen Staatsoberhaupt Wilhelm Pieck einen Blumenstrauß überreichen. Das Foto dieser Begegnung wurde schnell zur DDR-Ikone und machte sie quasi über Nacht im ganzen Land berühmt.

So wurde auch der FDJ-Vorsitzende Erich Honecker auf das ehrgeizige Mädchen aus Halle aufmerksam. Seit dem Sommer 1945 hatte Honecker auf Weisung Ulbrichts die Jugendarbeit der wiederbegründeten KPD organisiert und gleichzeitig die Schaffung einer überparteilichen Jugendorganisation vorbereitet. Nachdem diese, die FDJ, im

Februar 1946 gegründet worden war, übernahm er als unumstrittener Chef die Führung der Blauhemden. Von der postulierten Überparteilichkeit war freilich bereits bald nichts mehr zu spüren; die FDJ entwickelte sich unter Honeckers Führung zur lupenreinen kommunistischen Nachwuchstruppe. Auch die »Jungen Pioniere«, deren Funktionärsriege immer noch vom sozialreformerischen Geist der alten Sozialdemokratie durchweht wurde, mussten entsprechend auf Linie gebracht werden. Margot Feist, die sich schon in Halle als ideologische Hardlinerin ausgezeichnet hatte, war in den Augen des FDJ-Chefs die richtige Person dafür. Also holte er sie Ende 1949 nach Berlin und machte sie zur Vorsitzenden der Pionierorganisation.

Sie kam zur rechten Zeit, denn gerade stand ein epochales Ereignis vor der Tür – der 70. Geburtstag von Stalin. Im gesamten Ostblock überbot man sich mit Geschenken und Ehrerweisungen an den selbst ernannten Führer des Weltproletariats. Auch in Ostberlin machte man sich Gedanken, wie man Stalins Ehrentag würdigen sollte. Bei der FDJ kamen die Funktionäre auf die Idee, Unterschriften für eine »Grußadresse der deutschen Jugend« an den Diktator zu sammeln und diese dann vor Ort in Moskau zu übergeben. Als es darum ging, wer die Botschaft in Moskau überreichen soll, fiel die Wahl schnell auf den FDJ-Chef. Doch sollte Honecker allein die Grüße der Jugend an Stalin überbringen? Schließlich einigte man sich darauf, Margot Feist mit auf die Reise nach Moskau zu schicken.

Es wurde für beide eine unvergessliche Fahrt – aus zweierlei Gründen. Zunächst waren beide glühende Stalinisten, sie erleb-

»Epochales Ereignis«: FDJler sammeln Unterschriften zu Stalins 70. Geburtstag

ten die Tage in Moskau wie im Rausch. Die Begeisterung für ihr Idol Stalin war ihnen noch Jahrzehnte später anzumerken: Die Reise nach Moskau sei ein »großes Erlebnis« gewesen, erklärte Honecker 1990 in einem Interview, und er erinnerte sich noch genau daran, wie tief ihn die Festveranstaltungen und natürlich der Auftritt Stalins selbst beeindruckt hatten. Aber noch etwas anderes faszinierte Honecker – seine hübsche Reisegefährtin. Er und Margot kamen sich bald

»Sehr anlehnungsbedürftig«: Edith Baumann und Erich Honecker Hand in Hand nach der Rückkehr vom »Friedensflug nach Osten« im August 1947

auch privat näher. Aus dem FDJ-Chef und der Vorsitzenden der »Jungen Pioniere« wurde im Vaterland aller Werktätigen ein Paar.

Margot Feist war im Unterschied zu Edith Baumann eine sehr hübsche Person, von der viel Weiblichkeit ausging. In sie hat sich Honecker wohl richtiggehend verknallt.

KLAUS BÖLLING,
BIS 1947 MITARBEITER HONECKERS

Pech nur, dass Honecker just zu dieser Zeit einer anderen die Treue gelobt hatte. Am 8. Dezember 1949, nur zwei Wochen vor der Reise nach Moskau, hatte er seine Stellvertre-

terin im FDJ-Vorsitz, Edith Baumann, geheiratet, mit der er seit zweieinhalb Jahren zusammen war. Auch diese Beziehung hatte auf einer Reise in die Sowjetunion begonnen, während des so genannten »Friedensflugs nach Osten«, den Honecker und einige Mitglieder der FDJ-Führung im Juli 1947 unternahmen. Honecker und Baumann lebten bald zusammen – ohne Trauschein. Das ehemalige SPD-Mitglied Baumann repräsentierte in der FDJ, die zu dieser Zeit offiziell immer noch mit einem überparteilichen Anspruch auftrat, den sozialdemokratischen Part. Es wurde oft gemutmaßt, dass die spätere Heirat lediglich eine Art politischer Schachzug gewesen sei.

Honecker widersprach dieser Auffassung zeitlebens: »Das war keine politische Ehe. Ich war damals sehr anlehnungsbedürftig.« Edith Baumann, nicht unbedingt eine Schönheit, verkörperte für ihn wohl eine Art Mutterersatz. Sie war drei Jahre älter als Honecker, half ihm, seine Reden zu formulieren, und tippte sie dann auf der Schreibmaschine ab. Honecker weiter: »Die Heirat – wir hatten keine Abneigung, im Gegenteil, wir hatten eng zusammengearbeitet.« Das sichtbare Zeichen dieser allzu engen Zusammenarbeit war es auch, das Erich und Edith aufs Standesamt brachte: Edith Baumann war schwanger. Und ein FDJ-Vorsitzender in »wilder Ehe« mit einem unehelichen Kind – das war damals in der kommunistischen SED, in der es in dieser Beziehung noch recht prüde zuging, ein Ding der Unmöglichkeit.

Doch als Honeckers Tochter Erika im März 1950 geboren wurde, hatte er längst schon nur noch Augen für Margot. Es begann das klassische Spiel der ehelichen Untreue: Erich ließ sich kaum noch bei Frau und Kind blicken, und wenn, dann kam er erst um Mitternacht nach Hause und gab vor, solange arbeiten zu müssen. Doch Edith Baumann war nicht dumm – sie bekam schnell Wind von der Affäre mit Margot Feist, als sie bei ihrem Mann verfängliche Fotos fand, und wandte sich an Ulbricht. Der war wenig erbaut, dass

der FDJ-Chef bereits wenige Monate nach der Legalisierung des Verhältnisses Honecker/Baumann ein neues Techtelmechtel am Hals hatte, und schickte das Ehepaar Honecker in einen Kurzurlaub, um die Sache zu klären.

Wieder zurück in Berlin, war bald alles wie vorher. Edith Baumann schrieb daraufhin einen bitterbösen Brief an Ulbricht, der im Panzerschrank des Stasi-Chefs Mielke die Zeiten überdauerte: »Seine unbefangene Lebhaftigkeit verwandelte sich in formale, befangene Freundlichkeit, er kommt wieder vor 12.00 – 1 Uhr nachts nicht nach Hause und hat zwei Nächte hindurch das wirreste Zeug fantasiert.«

Edith Baumann spuckte Gift und Galle gegen den Grund für die unruhigen Nächte – »M. F.«, wie sie ihre Rivalin in ihrem Brief nannte. Dreimal habe diese Erich Honecker bereits »brutal die Frage der Trennung« gestellt, beschwerte sie sich erbost. »Er weiß, dass er in sein Unglück läuft, aber es frisst wie ein Feuer in ihm, er kommt nicht von dem Mädel los, trotzdem er mehrfach versucht hat, sie zu behandeln wie jede andere.« Edith Baumann schlug dann vor, Margot Feist zurück nach Halle zu schicken, auch dort gebe es sicherlich noch verantwortungsvolle Posten. »Ist es wirklich nur ein Feuer, wie Erich selbst sagt, so wird es verlöschen, wenn ihm die tägliche

»Bruch der sozialistischen Moral«?: Die spätere Frau Honecker mit ihrer Tochter Sonja, 1952

Nahrung fehlt.« Doch Honecker stand weiter in Flammen – er ließ sogar verlauten, lieber werde er wieder als Dachdecker arbeiten, ehe er von Margot ließe.

Und auch Margot Feist hatte hochrangige Beschützer – vor allem den Staatspräsidenten Pieck, dem sie seit ihrem Zusammentreffen in der Volkskammer ans Herz gewachsen war. Honecker selbst konnte sich der Loyalität des Parteivorsitzenden Ulbricht sicher sein, der seinen FDJ-Chef trotz der erneuten Affäre nicht opferte. Obwohl Honecker zu offiziellen Anlässen immer noch mit seiner Frau Edith auftrat, war die neue Beziehung intern schon weitgehend akzeptiert. So beschloss das SED-Politbüro im August 1952 sogar, Honecker und Feist zu einem gemeinsamen Urlaub in die Sowjetunion zu schicken. Erich und Margot gaben sich fortan kaum noch Mühe, ihr Verhältnis zu kaschieren. Mitte 1952, zwei Jahre nach dem Beginn der Affäre, war Margot Feist schwanger. Im Dezember 1952 wurde dann Honeckers zweite Tochter Sonja geboren. Honecker zog endgültig zu seiner jungen Geliebten, ließ sich von Edith Baumann scheiden und heiratete Margot Feist.

> **Edith und ich waren nicht böse aufeinander. Wir sind im Guten auseinander gegangen und haben noch zusammengewirkt. Wir haben uns kameradschaftlich gut verstanden.**
>
> Erich Honecker, 1990

Baumann war danach kein glückliches Leben mehr beschieden. Sie wurde in die Ostberliner Verwaltung abgeschoben und starb verbittert im Alter von 64 Jahren.

War Margot Feist also Honeckers zweite Ehefrau, oder ist dies noch nicht die ganze Geschichte? Gehen wir zurück in Honeckers Vergangenheit. Wie Margot Feist stammte auch Erich Honecker aus kleinen Verhältnissen. Er war in seiner Heimat Wiebelskirchen im Saarland in der kommunistischen Jugend aktiv, die ihm zum »wichtigsten Lebensinhalt« (Honecker) wurde. Eine Freundin hatte da keinen Platz. Erst als ihn die KPD 1930 zu einem Studienaufenthalt nach Moskau schickte, verliebte sich der 18-Jährige zum ersten Mal: in eine russische Mitschülerin namens Natascha. Über diese Beziehung sprechen mochte Honecker in späteren Jahren nicht sprechen – er gab nur so viel preis, dass es ihm sehr schwer gefallen sei, sich wieder von Natascha zu trennen. Schon diese erste Beziehung war symptomatisch für Honecker: Stets fand er Freunde (und dementsprechend auch Freundinnen) nur in seinem engsten Umfeld – hier in seiner Schulklasse. Dass er sich auch später fast ausschließlich in kommunistischen Kreisen bewegte und mit Andersdenkenden kaum zusammentraf, garantierte, dass seine Liebschaften ebenfalls den jeweils richtigen »Klassenstandpunkt« hatten.

Nach seiner Rückkehr linderte schon bald eine neue Liebe den schmerzlichen Abschied von Natascha – die Neue hieß Charlotte Schon und war erneut eine stramme Kommunistin, die Honecker bei der Parteiarbeit im Saargebiet kennen gelernt hatte. Einige Quellen sprechen davon, dass er sich sogar mit ihr verlobt habe. Die große Liebe also? Doch wieder einmal war ihm die Parteiarbeit wichtiger als das private Glück. Nach der »Machtergreifung« der Nazis im Reich konn-

ten die Kommunisten im autonomen Saargebiet zunächst noch normal weiterarbeiten und unterstützten ihre jetzt andernorts in die Illegalität gezwungenen KPD-Genossen. Auch Honecker reiste mehrfach zu geheimen Zusammenkünften nach Frankfurt am Main oder ins Ruhrgebiet.

Als Hitlers Arm nach der Volksabstimmung Anfang 1935 auch bis an die Saar reichte, verließ der polizeibekannte Kommunist das Land Richtung Frankreich – ohne Charlotte. Im Sommer kehrte er mit gefälschten Papieren nach Deutschland zurück, jedoch nicht ins Saargebiet, sondern nach Berlin, wo er laut Parteiauftrag die illegale Arbeit der KPD unterstützen sollte. Doch schon nach wenigen Monaten wurde Honecker festgenommen. Aus der Untersuchungs-

»Kein Platz für eine Freundin«: Der achtzehnjährige Erich Honecker während seiner Studienaufenthalts in Moskau

»So jung werde ich diese Zellen nicht mehr verlassen«: Honecker in Gestapo-Haft, 1935

haft schickte er Charlotte Schon ein Porträtfoto mit der schriftlichen Aufforderung: »Präge es dir bitte nicht so fest ins Herz ein, ich glaube, so jung werde ich diese Zellen nicht mehr verlassen. Verzeihe mir diese Härte, aber man muss mit offenen Augen in die Zukunft sehen.« Honeckers Realitätssinn mag man bewundern – doch die wahre Liebe sieht wohl anders aus. Charlotte Schon schien den Wink mit dem Zaunpfahl verstanden zu haben, jedenfalls ist von ihr in den kommenden Jahren nicht mehr die Rede. Honecker aber sollte mit seiner pessimistischen Prognose Recht behalten: Mehr als neun Jahre – die Zeit zwischen seinem 24. und 33. Lebensjahr – verbrachte er hinter Gittern.

Den größten Teil seiner Haft saß Honecker im Zuchthaus Brandenburg-Görden ab – nicht die beste Adresse für Frauenbekanntschaften. Erst als er im Frühjahr 1944 mit anderen Häftlingen nach Berlin geschickt wurde, um dort unter Bewachung Bombenschäden zu beheben, bekam er wieder weibliche Wesen zu Gesicht. Honecker und seine Mitgefangenen wurden für die Zeit ihrer Einsätze in der Reichshauptstadt im Frauengefängnis Barnimstraße untergebracht. Dort avancierte er offenkundig schnell zum Liebling des weiblichen Wachpersonals, dessen Angehörige zumeist schon vor 1933 im Staatsdienst gewesen und deshalb keine »Nazi-Aufseherinnen« waren. Eine Hilfsaufseherin – wieder hieß sie Charlotte – hatte es Honecker ganz besonders angetan. Wie er selbst war sie in der Weimarer Republik Mitglied im Arbeitersportbund »Fichte« gewesen; das erleichterte die Kontaktaufnahme. Gemeinsam hörten sie nun heimlich die deutschsprachigen Nachrichtensendungen von BBC oder Radio Moskau. Doch das war nicht das einzige Interesse. Wera Küchenmeister, damals Wohnungsnachbarin dieser Aufseherin in der Landsberger Straße in Berlin-Mitte, erinnert sich: »Wenn bei jungen Frauen, die zu Hause oder in der Arbeit unentwegt nur von Frauen umgeben sind, plötzlich junge Männer daherkommen, entsteht mehr und wird mehr wach. Man ist ausgehungert in solchen Zeiten.« Dies galt umgekehrt natürlich auch für die Häftlinge.

Wie stark das Band zwischen Honecker und seiner Charlotte bald war, zeigte sich im März 1945. Da nämlich nutzte Honecker mit einem Mitgefangenen die Gelegenheit und floh während eines Arbeitseinsatzes. Sein erster Weg draußen führte ihn in die Landsberger Straße, nur einen Steinwurf vom Gefängnis Barnimstraße entfernt. Eine paradoxe Situation: Ein geflohener Häftling versteckt sich ausgerechnet bei seiner Bewacherin. In diesen Tagen des untergehenden Dritten Reiches war das freilich nicht die beste Wahl – eine Wachtmeisterin, die einen Kommunisten versteckt, wäre von den gerade aufkommenden Standgerichten sicherlich bevorzugt abgeurteilt worden, von Honecker selbst ganz zu schweigen. Doch Charlotte schaffte es sogar, ihn ins Gefängnis zurückzuschleusen, und sie sorgte dafür, dass sein »unerlaubtes Fernbleiben« keine weiteren Folgen hatte.

Kurz vor Kriegsende wurde Honecker nach Brandenburg zurückverlegt und das junge Glück auseinander gerissen. Dies war nicht ganz ungefährlich, denn noch am 20. April 1945 richtete die SS dort politische Häftlinge hin, ehe die Rote Armee eine Woche später das Zuchthaus befreite. Doch Honecker hatte Glück. Er erlebte die Ankunft der sowjetischen Truppen unbeschadet und machte sich sofort auf eigene Faust wieder auf den Weg nach Berlin. Sein Ziel war erneut die Wohnung seiner Geliebten in der Landsberger Straße, wo er Anfang Mai wohlbehalten eintraf.

Honecker hat es zeitlebens vermieden, Details über die Beziehung zur Wachtmeisterin aus dem Gefängnis Barnimstraße preiszugeben. Es herrscht deshalb schon um den Namen dieser Frau, der Honecker so viel zu verdanken hat, einige Verwirrung. Wera Küchenmeister nennt sie Lotte Grund, weil deren ebenfalls in der Landsberger Straße lebende Mutter immer »Oma Grund« gerufen wurde. Küchenmeister erinnerte sich sogar, dass Honecker diese Lotte Grund nach Kriegsende geheiratet habe. Was lange Spekulation war, kann jetzt bewiesen werden. In den Aktenschränken des Berliner Standesamts I fand sich eine Urkunde, derzufolge Erich Honecker 1946, einen Tag vor Heiligabend, mit der »Wachtmeisterin Gertrud Margarete Charlotte Schanuel« in den Stand der Ehe getreten ist. Es besteht kein Zweifel, dass Lotte (Charlotte) Grund und Charlotte Schanuel ein und dieselbe Person sind. Was es mit den verschiedenen Nachnamen auf sich hat, konnte bisher noch nicht geklärt werden. Möglicherweise hatte Charlottes Mutter noch einmal geheiratet und dabei den Namen ihres zweiten Ehepartners – Grund – angenommen.

In der offiziellen DDR-Geschichtsschreibung wurde Honeckers erste Ehe ohnehin verschwiegen – eine Charlotte Honecker existierte in keiner der meist staubtrockenen Abhandlungen, die sich mit Honeckers Leben befassten. Frank-Joachim Herrmann, der langjährige Sekretär Honeckers, erklärte dazu, sein Chef habe immer den Eindruck erweckt, dass er nicht nach Einzelheiten gefragt werden wollte: »Kommunist heiratet Aufseherin aus dem Nazi-Zuchthaus, das ist speziell in der frühen DDR eine problematische Konstellation gewesen.

Es gab da ein ungeschriebenes Reinheitsgebot, das solche menschlichen Verbindungen eigentlich ausschloss, wegen des ideologischen Gegensatzes sozusagen. Da herrschte zeitweilig eine große Strenge. Und wenn man es erst einmal weggelassen hatte, musste man es auch weiterhin weglassen.« Auch bei Honeckers frühen Weggefährten hatte Charlotte Schanuel keinen bleibenden Eindruck hinterlassen. Wera Küchenmeister entsinnt sich einer »zurückhaltenden, aber sehr geradlinigen Person. Man hatte das Gefühl, man könne sich auf sie verlassen. Obwohl sie ein eher schmaler Typ war, hatte sie etwas sehr Mütterliches.« Genau diese Mütterlichkeit schien Honecker – wie später bei Edith Baumann – in der mehr als neun Jahre älteren Frau gesucht zu haben. Wera Küchenmeister bestätigt das: »Was er suchte, waren mütterliche Frauen. Er war ja noch relativ jung und eine Zeit lang aus dem Leben entfernt durch das Zuchthaus. Ich weiß, dass er sehr an seiner Mutter hing und dass er die Trennung von seiner Mutter sehr schwer verkraftete.« Außerdem war er der ehemaligen Wachtmeisterin natürlich unendlich dankbar, dass sie ihn über die gefahrvollen letzten Monate des Hitler-Reichs hinweggerettet hatte. Wie die erste Honecker'sche Ehe endete, ist unbekannt – keine Dokumente geben darüber Aufschluss, und Honecker selbst schwieg sich diesbezüglich aus. Wera Küchenmeister weiß nur noch, dass Charlotte Honecker im Laufe des Jahres 1947 an einer Krebserkrankung gestorben ist.

Ohnehin schien Honeckers Bedarf an Mütterlichkeit zunächst gedeckt. Der FDJ-Chef hatte in dieser Zeit den Ruf eines Schürzenjägers.

> Für einen Jugendfunktionär ist er ein schon etwas zu alter, im Westen würde man sagen, Playboy, gewesen, der versuchte, Jugendlichkeit darzustellen mit großem Elan – allerdings immer unter dieser trockenen, hölzernen Fuchtel des Marxismus-Leninismus und der Parteidisziplin. Das Ganze wirkte auf mich immer eher linkisch und gekünstelt und im Prinzip nicht frei.
>
> FRITZ SCHENK

Fritz Schenk, der später in den Westen floh und als ZDF-Fernsehmoderator Karriere machte, war damals Mitarbeiter im DDR-Wirtschaftsministerium. In Funktionärskreisen, berichtet er, sei gemunkelt worden, Honecker und andere FDJ-Spitzenfunktionäre würden in Ferienlagern, wie man es nannte, »Zicken« machen. »Es ist bekannt geworden, dass es dort bei Minderjährigen zu Schwangerschaften gekommen ist und dass dann unter strengsten Sicherheitsvorkehrungen im Regierungskrankenhaus illegale Abtreibungen vorgenommen wurden.« Heinz Keßler, einer von Honeckers damaligen Mitstreitern im FDJ-Zentralrat, erklärt dazu schelmisch, ohne jedoch allzu deutlich zu werden: »Wir waren junge Leute und hatten natürlich das Bedürfnis, Freude und Spaß zu haben. Wir waren Menschen von Fleisch und Blut – und es war uns nichts Menschliches fremd.«

War Margot Feist für Honecker also auch nur eine »Zicke«, in die er sich dann wirklich verliebt hat? Oder verhielt es sich eher umgekehrt: Hat sich die attraktive Margot den nicht mehr ganz jungen Honecker geangelt, um an seiner Seite Karriere zu machen? Es war ein offenes Geheimnis in Funktionärskreisen, dass sich Margot Erich damals praktisch »auf den Bauch gebunden«

»Hochrangige Beschützer«: Staatspräsident Pieck sorgte dafür, dass Honeckers Verhältnis zu Margot Feist (hinten) keine negativen Auswirkungen hatte

habe, um mithilfe des FDJ-Chefs das eigene Fortkommen zu beschleunigen. Sie wusste genau, was sie wollte. Intellektuell sei sie Honecker ohnehin schon damals voraus gewesen, meint Wolfgang Seiffert, ein einstiger FDJ-Funktionär: »Obwohl sie ja aus gleich einfachen Verhältnissen stammte, war sie ihm immer überlegen. Sie war geschickt genug, das nicht auszuspielen, aber wenn man das so ein bisschen beobachtete, war das so.« Zudem war sie jung, hübsch und eine überzeugte Kommunistin – Honecker, immerhin fast 40, fühlte sich von ihren Avancen geschmeichelt. Die eher spröde Edith Bau-

mann hatte dem – außer dass sie »flink Schreibmaschine schreiben« (Honecker) konnte – wenig entgegenzusetzen. Und wen die selbstbewusste Margot erst einmal in ihren Fängen hatte, den ließ sie nicht so schnell wieder los.

Zunächst sah es jedoch so aus, als hätte sie aufs falsche Pferd gesetzt. Denn obwohl die Affäre Honecker/Feist mit der Heirat ausgestanden schien, gab es immer noch Kräfte in der SED-Spitze, die Honecker den Bruch der sozialistischen Moral nicht verzeihen wollten. Noch nicht einmal ein Jahr nach der Geburt ihrer Tochter wurde Margot quasi zur Strafe zum Studium in die Sowjetunion abgeschoben.

Die Intrigen, die da waren und die ich nicht verhindern konnte, führten natürlich dazu, dass in der schönsten Zeit des Zusammenlebens, das heißt mit dem heranwachsenden Baby, Margot durch einen Beschluss des Sekretariats des ZK der Partei zur Jugendhochschule nach Moskau entsandt wurde. Es ist für eine Mutter, ungeachtet der Liebe zu dem Mann, doch sehr schwer, sich von dem Baby zu trennen.

Erich Honecker, 1990

Auch Pieck konnte diesmal nichts für sie tun, also ging sie im September 1953 für ein Jahr nach Moskau. Als sie zurückkehrte, wussten die Kaderexperten der SED zunächst nichts mit ihr anzufangen. Zurück zur FDJ wollten sie sie nicht schicken. Eher zufällig geriet sie so in das Volksbildungsministerium, in dem sie zunächst eine nachgeordnete Abteilung leiten durfte.

Auch Honeckers Zenit als Jugendfunktionär war inzwischen überschritten. Zehn Jahre, nachdem er von Ulbricht den Auftrag zum Aufbau des Jugendverbands bekommen hatte, wurde er im Mai 1955 als FDJ-Vorsitzender abgelöst und ebenfalls zur Parteihochschule nach Moskau beordert. Nach seiner Rückkehr war sein Name nicht mehr in der ersten Riege der SED-Führer zu finden, dennoch arbeitete er sich im Parteiapparat immer weiter nach oben. Ulbricht machte ihn zum ZK-Sekretär für Sicherheitsfragen, was Honecker die Kontrolle von Polizei und Staatssicherheit garantierte. Mit der Organisation des Mauerbaus im August 1961 legte er sein »Meisterstück« ab.

Auch Margot Honecker bastelte mit zähem Ehrgeiz an ihrer Karriere. 1958 wurde die Acht-Klassen-Schülerin stellvertretende Ministerin, 1963 übernahm sie das Amt, das sie bis zum Ende der DDR innehaben sollte: Volksbildungsministerin der DDR. Ihr Ehemann war derweil der unumstrittene zweite Mann im SED-Politbüro und zunächst ein treuer Diener seines Herrn, Ulbricht. Doch Ende der Sechzigerjahre intrigierte der designierte Kronprinz immer häufiger hinter Ulbrichts Rücken, betrieb immer offensichtlicher dessen Ablösung. Im Mai 1971 setzte Honecker sich dann selbst an die Spitze der Partei. Es gibt nicht wenige Stimmen von Insidern, die Margot Honecker hinter diesem Szenario vermuten. Er allein, so heißt es, hätte niemals den Ehrgeiz und die Energie besessen, ein derartiges Spiel bis zum Ende zu spielen.

Mit dem neuen Parteichef hielt auch ein neuer Stil im Politbüro Einzug. Während unter Ulbricht endlos diskutiert worden war und sich Sitzungen meist bis tief in die Nacht hinzogen, war unter Honecker schon mittags Schluss. Es wurde nicht mehr gestritten, sondern nur noch abgenickt. Kritik an der Linie des Generalsekretärs galt bald als nicht opportun. Nur eine Person wagte ihn überhaupt noch zu kritisieren – seine Frau Margot. »Die Widersprüche zu Hause«, gibt Honeckers Sekretär Frank-Joachim Herrmann zu Protokoll, »haben ihm seine Arbeit gewiss nicht erleichtert. Vielleicht ist er dort in vieler Hinsicht mehr infrage gestellt worden als auf allen anderen Ebenen sonst.« Wer bei Honecker etwas erreichen wollte, wandte sich deshalb an Margot. Und natürlich hatte sie auf diese Weise auch direkten Einfluss auf das Politbüro, dem sie selbst nicht angehörte.

»Abgekühltes Verhältnis«: Die Honeckers mit ihrem Enkel Roberto und Tochter Sonja, 1977

Wilfried Poßner, der letzte Vorsitzende der »Jungen Pioniere«, schildert einen derartigen Fall aus dem Jahr 1987. In einer Schule in Jena stellte ein Schüler Margot Honecker unangenehme Fragen zur pompös aufgezogenen 750-Jahr-Feier von Berlin. Während in seiner Heimatstadt die Häuser zusammenfielen, werde in Ostberlin alles für den Jahrestag herausgeputzt. Die Volksbildungsministerin war erbost. »Es ist völlig klar, woher diese Fragen kommen: vom Gegner«, teilte sie Poßner mit. Man müsse den Jugendlichen die Politik der SED einfach noch viel besser erklären. Schon am nächsten Tag klingelte bei Poßner das Telefon. Egon Krenz fragte im Auftrag Erich Honeckers, woher denn die »ideologischen Unklarheiten« in der FDJ-Führung zur 750-Jahr-Feier Berlins und zum Wohnungsbauprogramm der SED kämen.

In der Liebe gab es auch später Höhen, und es gab Probleme, wo man sich nicht so verstand. Wir haben uns viel zusammengerauft. Rückblickend kann ich sagen, dass sich unsere Ehe schließlich in einer schweren Zeit bewährt hat.

ERICH HONECKER, 1990

»Meine tapfere und treue Mitstreiterin«: Das Ehepaar Honecker nach Erichs Ankunft in Santiago de Chile, 14. Januar 1993

Das private Verhältnis der Honeckers war freilich schon seit Mitte der Sechzigerjahre immer mehr abgekühlt. Die Ehe wurde nur noch als Zweckgemeinschaft aufrechterhalten. Wilde Gerüchte über Margots Affären machten die Runde – sogar ein uneheliches Kind von einem bekannten Schauspieler soll sie bekommen haben. Dies ist zwar Unsinn, doch Margot war im Gegensatz zu ihrem Mann immer gerne unter Leuten, sie liebte Bälle und Empfänge. Sie war empfänglich für Komplimente und ging durchaus offensiv auf Leute – auch auf Männer – zu. Ihr Ehemann fand Ruhe und Entspannung derweil

fast nur noch auf der Jagd. Fast jeden Dienstag nach der Politbürositzung fuhr er mit seinem engsten Genossen Günther Mittag in die Schorfheide und frönte seinem einzigen Hobby.

Die Beziehung bestand fast nur noch über die gemeinsame Tochter Sonja und die Enkelkinder Roberto und Mariana weiter. Doch als die zweijährige Mariana 1988 starb, vereinte die Trauer um das Kind Margot und Erich wieder. Noch mehr schweißte sie freilich Erichs schwere Krankheit und vor allem seine Absetzung als Staats- und Parteichef zusammen.

In der Odyssee der folgenden Jahre wurde Margot tatsächlich wieder zu Erichs treuer Mitstreiterin. Doch es zeigte sich in dieser Situation der völligen Machtlosigkeit, wie sehr er auf seine resolute Ehefrau angewiesen war. Der Liedermacher Reinhold Andert, der 1990 mehrere Gespräche mit den Honeckers führte, erlebte eine Margot Honecker, die ihren Mann voll im Griff hatte. Sie regelte den Tagesablauf, bestimmte die Termine, lenkte den Verlauf der Gespräche. »Er wurde von ihr«, so Anderts Fazit, »ohne dass er es merkte, wie eine Marionette geführt.«

Etwa 450 Menschen schleuste in den Sechzigerjahren der Medizinstudent Burkhart Veigel auf verschiedene Art und Weise aus der DDR in den Westen – darunter auch ausgerechnet in einem Cadillac, dem automobilen Symbol des Kapitalismus.

Langsam rollt der Wagen auf die Schranke zu. Ein Cadillac, hier an der Nahtstelle zwischen Ost und West, der Grenze zwischen der ČSSR und der Bundesrepublik? Mitte der Sechzigerjahre ein ziemlich ungewöhnlicher Anblick! Die tschechischen Grenzbeamten sind jedoch aus einem anderen Grund sofort wie elektrisiert: Sie haben einen Tipp bekommen, dass ein US-Straßenkreuzer als Fluchtfahrzeug genutzt wird. Sollte dieser Wagen etwa der gesuchte sein? Sie winken das automobile Symbol des Kapitalismus an die Seite, lassen es auf eine Rampe fahren und untersuchen den Wagen akribisch. Sie laden das Gepäck aus, schrauben Verkleidungen ab, leuchten mit Taschenlampen in jede Ritze und schauen mit Spiegeln in alle Winkel. Nach mehr als anderthalb Stunden geben sie auf – gefunden haben sie nichts. Fahrer und Beifahrer erhalten ihre Pässe zurück, die Beamten murmeln gequält lächelnd eine Ent-

»Nacht-und-Nebel-Aktion«: DDR-Betriebskampfgruppen am 13. August 1961 vor dem Brandenburger Tor

schuldigung, und der Cadillac verschwindet Richtung Deutschland. Das Lächeln wäre den Grenzern wohl vergangen, hätten sie gewusst, dass ihnen tatsächlich um ein Haar ein Flüchtling aus der DDR in die Hände gefallen wäre – versteckt in einem engen Verschlag hinter dem Armaturenbrett.

Wir bauten den Flüchtling in das Versteck ein, fuhren auf die Grenze zu, zeigten unsere Ausweise wie immer, mussten allerdings aussteigen, weil das Auto auf eine Rampe gefahren wurde. Da stand es für etwa anderthalb Stunden.

GÜNTER IRRGANG, FAHRER DES CADILLAC

Seit die DDR am 13. August 1961 in einer Nacht-und-Nebel-Aktion ihre Grenzen dichtgemacht hatte, konnten DDR-Bürger ihr Land nur noch auf derart abenteuerliche und gefahrvolle Weise in Richtung Westen verlassen. In den Jahren zuvor hatte sich die Flucht in den Westen zum Massenphänomen entwickelt: Zwischen 1949 und 1961 kehrten mehr als zwei Millionen Ostdeutsche dem »Paradies der Arbeiter und Bauern« den Rücken. Von Januar bis August 1961 waren es allein 180 000. Nur durch die Mauer und den verstärkten Ausbau der Grenzsicherungsanlagen konnte die SED-Führung verhindern, dass ihr allmählich das Volk abhanden kam. Wenn danach auch der große Strom der Flüchtlinge versiegte – weder schärfste Kontrollen an der Grenze noch die Androhung schwerer Strafen bei »Republikflucht« vermochten den Wunsch von Ulbrichts Untertanen nach individueller Freiheit zu unterdrücken. Ganz im Gegenteil: Viele Menschen nahmen nun enorme Risiken auf sich, um den Eisernen Vorhang zu überwinden. Sie konnten dabei auf Hilfe aus dem Westen bauen. Denn dort weckten Einzäunung und Einschließung von Landsleuten Kräfte der Empörung – ganz normale Menschen wurden zu Fluchthelfern. Einer der erfolgreichsten von ihnen war Burkhart Veigel.

Als sich die DDR einbetonierte, war der damals 23-jährige Westberliner gerade in Griechenland, wo er die unglaubliche Nachricht aus der Presse erfuhr. Tatenlos zusehen wollte der Medizinstudent nach seiner Rückkehr in die geteilte Stadt nicht. Von einem Kommilitonen an der Freien Universität (FU) angesprochen, ob er bei einer »Mauergruppe« mitmachen wollte, sagte Veigel sofort zu: »Die Freiheit des Denkens und des Handelns ist für mich eine ganz zentrale Sache. Deshalb war es damals für mich unerträglich, dass Leute plötzlich abgeschlossen waren von ihren Verwandten, von der Art, wie sie leben wollen – ich musste einfach etwas tun.« Er schloss sich dem »Unternehmen Reisebüro« an, einer Fluchthilfeorganisation, die Studenten der FU bereits am Abend des Mauerbaus gegründet hatten. Um die drei Köpfe des Unternehmens, Detlef Girrmann, Dieter Thieme und Bodo Köhler, scharten sich engagierte Studenten, denen das Schicksal ihrer Landsleute im Osten nicht gleichgültig war und die jenseits aller Lippenbekenntnisse auch handelten.

Um die Motivation der Fluchthelfer zu verstehen, muss man sich die Atmosphäre der damaligen Zeit vor Augen halten: Die Politik erschöpfte sich in Wehklagen und Anklagen, tat aber nichts, konnte nichts tun, wie wir heute wissen. Die Presse klagte auch, hetzte gegen den angeblichen Sozialismus und machte Statistiken auf, der wie viele Tote an der Mauer das heute war. Und in der Bevölkerung machte sich eine tiefe Depression breit, dass der Russe (in Berlin sprach man mehr in dieser Form von seinen Feinden, nicht von »den Russen«) als Nächstes dann Westberlin einnehmen würde, wenn er nur wollte. Da war es ungeheuer befreiend, in einer Gruppe mitzuarbeiten, die doch etwas machen konnte!

VEIGEL

Ein gewagtes Spiel zwischen wenigen Fluchthelfern im Westen und der Staatsmacht im Osten begann. Die ersten »Kunden« der akademischen Fluchthelfer waren »Bildungsgrenzgänger«, wie sie im SED-Jargon hießen – Mitstudenten an der FU, die in Ostberlin lebten und beim »Klassenfeind« studierten. In den ersten Tagen nach dem Mauerbau war alles noch recht einfach, da Westberliner problemlos in den Ostteil der Stadt einreisen konnten. Also besorgten sich die Fluchthelfer die Kartei der Ostberliner FU-Studenten, zogen durch die Uni und sprachen Weststudenten an, deren Konterfei auch nur eine ent-

»Mit Sack und Pack nach Westen«: Nur noch Bewohner von Häusern, die direkt an die Westsektoren grenzten, konnten am 13. August entkommen

»Direkt durch den Stacheldraht«: Westberliner Fluchthelfer schleusen DDR-Bürger über die Grenze

»Anfangs oft ein Auge zugedrückt«: Ein Taxi aus Westberlin passiert die Sektorengrenze an der Heinrich-Heine-Straße

So gab einmal ein »Vopo«-Wachtmeister dem Fahrer eines Westberliner Wagens die hinausgereichten Ausweise mit der Bemerkung in breitestem Sächsisch zurück: »Eene dr beeden Dam'n gönnde 'n Bruder von mei'm Vader sein.« Die »Dame« war ein Bäckergeselle aus Ostberlin, notdürftig getarnt mit Kleid und Strohhut.

Doch nach zehn Tagen war es mit der Nachsicht der Volkspolizei vorbei. Am 23. August klebte an den Litfaßsäulen in Ostberlin eine Bekanntmachung des DDR-Innenministers: Westberlinern war es fortan nur mit einem Passierschein gestattet, den »Demokratischen Sektor der Hauptstadt der DDR« zu betreten. Da sich Ostberliner Magistrat und Westberliner Senat nicht über eine entsprechende Regelung einigen konnten, war dieses Mauerschlupfloch fortan verstopft.

Doch die Leute vom »Unternehmen Reisebüro« ließen sich nicht unterkriegen. Wenn auch Westberliner nicht mehr in den Osten durften – für Inhaber eines bundesdeutschen oder ausländischen Passes gab es keine Beschränkungen. Die Studenten der Fluchthil-

fernte Ähnlichkeit mit einem der Karteibilder aufwies. Fast niemand sagte Nein, wenn ihn die Mauerkämpfer darum baten, ihnen seinen Pass für ein oder zwei Tage »auszuleihen«. Die Studenten vom »Unternehmen Reisebüro« schmuggelten die gepumpten Pässe dann in den Osten und nahmen auf dem Rückweg ihre Ostberliner Mitstudenten mit über die Grenze. Noch verunsichert über den Ausgang des Mauer-Abenteuers, drückten viele ostdeutsche Volkspolizisten, im damaligen westlichen Sprachgebrauch »Vopos«, oft beide Augen zu. »Es war sogar so, dass sie uns relativ freundlich behandelt haben, weil sie dachten, sie müssten uns überzeugen, dass der Sozialismus das Paradies auf Erden sei«, sagt Veigel.

feorganisation baten Freunde und Bekannte deshalb um Pässe aus der Bundesrepublik oder dem westeuropäischen Ausland und mussten dabei eine bittere Tatsache zur Kenntnis nehmen: Die Bereitschaft, den Fluchthelfern mit solchen Dokumenten zu helfen, war dabei im Ausland ungleich größer. »Die Menschen in [West-]Deutschland hatten große Angst davor, sich für unsere Sache einzusetzen«, sagt Veigel heute. »Sie wollten kein Aufsehen erregen, fürchteten Strafverfolgung aufgrund illegaler Projekte und wollten einfach schön angepasst weiterleben.« Stattdessen waren die Studenten gezwungen, sich Pässe in Holland, der Schweiz oder in Dänemark zu beschaffen. Einmal kreuzte sogar ein Belgier mit einem ganzen Koffer voller Blankodokumente seiner Heimatgemeinde auf.

»Ich musste einfach etwas tun«: Burkhart Veigel wollte sich mit der Einmauerung seiner Landsleute im Osten nicht abfinden

Pro Tag wurden auf diese Weise zwischen fünf und 20 Pässe präpariert.

VEIGEL

In die Ausweise mussten die Fluchthelfer dann nur noch die Fotos der potenziellen Flüchtlinge einfügen – oder im Jargon der Fluchthelfer »umhängen«. Legal war das zwar auch nach bundesdeutschen Gesetzen nicht, doch zumindest in dieser Hinsicht ließen die Westberliner Behörden Milde walten. So kam es, dass im Herbst 1961 auffällig viele Untertanen des belgischen Königs Baudouin die Berliner Sektorengrenze passierten, die zuvor nie nach Ostberlin eingereist waren.

Da Veigel als Westdeutscher relativ problemlos in den »Demokratischen Sektor« fahren konnte, wurde er als »Läufer« eingesetzt, das heißt, er fungierte als Kurier nach Ostberlin. Jede einzelne Fluchtaktion war dabei generalstabsmäßig geplant. Zu jedem Pass dachten sich die Angehörigen des »Unternehmens Reisebüro« eine Lebensgeschichte aus. Diese »Story« hatte zunächst der »Läufer« auswendig zu lernen. Außerdem musste er sich für seinen eigenen Aufenthalt in Ostberlin eine absolut wasserdichte Geschichte ausdenken, die ihn natürlich keinesfalls als Fluchthelfer verdächtig machen durfte. »Wenn ein Läufer verhört wurde, musste er zu jeder Situation, in der er angetroffen wurde, eine plausible Story bereit haben«, erläutert Veigel. »Dabei musste man versuchen, die Story möglichst nahe an die aktuelle Realität zu koppeln, weil man dann glaubhafter und dauerhafter schwindeln konnte.« Zudem hatte sich jeder Läufer für seinen Einsatz in Ostberlin mehrere Treffpunkte und Kennwörter zu merken. Veigel schrieb sich die Angaben meist in verschlüsselter Form in alte Chemie-Lehrbücher, die bei keiner »Vopo«-Kontrolle Argwohn erweckten. Mit der S-Bahn fuhr er dann nach Ostberlin und traf sich zunächst mit dem Transporteur, der die falschen Pässe der Fluchtwilligen nach Ostberlin geschmuggelt hatte. Meist waren das befreundete ausländische Diplomaten oder ihre Mitarbeiter, die beim Passieren der Grenze nicht oder nur flüchtig kontrolliert wurden. Dann begann er seine Tour und suchte die einzelnen Fluchtwilligen auf, bei denen es sich schnell nicht mehr nur um vormalige FU-Studenten handelte. »Anträge« im »Reisebüro« stellten binnen kurzem auch ganz normale DDR-Bürger aus Ostberlin und der gesamten »Zone«. Veigel machte die Flüchtlinge dann mit ihrer »Story« vertraut und stattete sie mit typischen Utensilien ihres »Gastlandes« aus – Zigarettenschachteln, Straßenbahnfahrscheine, Kleideretiketten. Akribisch versuchte er seine Schützlinge auf mögliche Fragen der Grenzer vorzubereiten und ihnen die Angst vor der Kontrolle zu nehmen.

Dennoch kam es immer wieder zu Verhaftungen. Auch Veigel lernte schon bald die berüchtigte Stasi-Zentrale in der Ostberliner Normannenstraße kennen. Leichtsinnigerweise hatte er versucht, für eine befreundete Medizinstudentin einen Totenschädel einzuschmuggeln. »Eingesperrt in eine winzige Zelle, einen halben Quadratmeter groß, ohne Licht, ohne Luft – das war schon etwas beängstigend. Aber ich hatte meine Story bereit, die gepasst hat. Als ich anschließend einige Stunden verhört wurde, konnte ich die glaubhaft machen«, sagt Veigel. Er hatte Glück, die Vernehmerin glaubte ihm seine frei erfundene Liebesgeschichte. Er konnte unbehelligt wieder nach Westberlin ausreisen und nahm dort seine Fluchthelfertätigkeit umgehend wieder auf.

Auch die meisten Flüchtlinge, die an der Grenze aufgehalten wurden, kamen nach wenigen Stunden wieder frei, weil sie stur an ihrer falschen Identität festhielten. So kapitulierte eine 24-jährige Ostberlinerin Mitte November 1961 nicht, als die wachhabenden »Vopos« ihrem holländischen Pass, ausgestellt auf den Namen Maria van Eupen, nicht recht trauen wollten. Doch der Inhalt ihrer Handtasche – Straßenbahnfahrkarten aus Amsterdam, Briefe an die im Pass angegebene Adresse, einige holländische Gulden – wies sie eindeutig als Niederländerin aus, und auch für ihr perfektes Hochdeutsch hatte sie eine plausible Erklärung parat: Sie stamme aus der Stadt Elten in der Nähe von Arnheim, wo es bekanntermaßen eine zahlenmäßig starke deutsche Minderheit gebe. Auch den letzten Test bestand die beherzte Frau, da sie den Verhöroffizieren mit vorher gepaukten geografischen Details ihrer »Heimat« dienen konnte. »Wie weit ist Ihre Heimatstadt von Arnheim entfernt, und hat sie einen Bahnanschluss?« – »25 Kilometer, und selbstverständlich haben wir eine Bahn!« Wenig später war sie bei ihren Freunden in Westberlin.

Die Flucht mithilfe der »Exoten«, wie die ausländischen Pässe im Mauerkämpferjargon hießen, funktionierte bis kurz vor Weihnachten 1961. Dann wurden plötzlich fast alle Flüchtlinge verhaftet – keiner wusste, warum. Nach einigen Tagen kamen die Fluchthelfer den »Vopos« auf die Schliche – diese markierten jetzt bei der Einreise jeden Pass mit einem kaum erkennbaren Bleistiftstrich, jeden Tag eine andere Stelle. Bei der Ausreise radierten sie das geheime Zeichen wieder weg. Prompt griffen auch die studentischen Fluchthelfer zum Bleistift und taten es ihren Widersachern gleich.

Mit Beginn des neuen Jahres war jedoch auch damit Schluss. »Ich hatte am 6. Januar 1962 noch fünf Flüchtlinge rübergebracht, und es war gar kein Problem«, berichtet Veigel. »Am 7. wollte ich ein älteres Ehepaar rüberholen, die aus der Schlange heraus ihre Pässe abgeben mussten und verhaftet wurden. Ich habe noch eine S-Bahn vorübergehen lassen, weil ich dachte, sie kämen noch, habe dann aber gesehen, dass nichts passiert. Ich bin eingestiegen und habe dann gehört, dass eine S-Bahn nach mir der ganze Verkehr gestoppt wurde, weil das Ehepaar bereits gesprochen hatte.« Die beiden, die nicht aus Ostberlin, sondern aus der »Zone« stammten, waren bereits durch die Reise nach Ostberlin und die ganzen Umstände derart überfordert, dass sie beim Verhör »umkippten« und nicht mehr an ihrer Story festhielten. Die Volkspolizei war jetzt endgültig über die Methoden der Fluchthelfer informiert. Am 17. Januar wurden die Grenzkontrollen endgültig drastisch verschärft: Die DDR-Behörden führten Passierscheine nun auch für Ausländer ein. Das Papier musste bei der Einreise nach Ostberlin

ausgefüllt werden. Fehlte es bei der Ausreise, konnte es sich nur um einen Flüchtling handeln. Damit war auch der letzten Möglichkeit, sich eines überirdischen Schlupflochs durch die Mauer zu bedienen, endgültig ein Riegel vorgeschoben.

Doch Veigel und seine Freunde gaben nicht auf. Schon zuvor hatten sie weitere Möglichkeiten erkundet, Flüchtlingen zu helfen. Sie verfuhren dabei nach dem Motto: Wenn oben nichts mehr geht, dann vielleicht unter der Erde. Ihr Hauptaugenmerk galt dabei der Berliner Kanalisation. Unter dem Pflaster der geteilten Stadt war die Grenze zwar schon durch unterirdische Gitter gesichert, die Überwachung jedoch lückenhaft. Also stiegen Mitglieder der Gruppe hinab in die übel riechenden Abwasserschächte, sägten die Gitterstäbe durch und platzierten sie dann wieder sorgfältig an der vorherigen Stelle. Etwaigen Kontrollgängern sollte so vorgegaukelt werden, dass hier unten alles in Ordnung sei. Nacht für Nacht kletterten sie dann wieder hinunter und dirigierten ganze Gruppen von Flüchtlingen unter der Mauer hindurch nach Westen. Auch diese Aktionen erforderten eine ausgeklügelte Logistik. Neben den unterirdischen »Reiseleitern«, welche die Flüchtlinge mit Taschenlampen durch die Kloake lotsten, trommelten »Läufer« tags zuvor ihre »Ausreisewilligen« für diese nächtlichen »Touren« zusammen. »Deckelmänner« wuchteten die zentnerschweren Schachtabdeckungen wieder auf die Einstiegslöcher, wenn der letzte Flüchtling in der Kanalisation verschwunden war. Diese »Deckelmänner« waren stets das Problem der »Kanalexperten« des »Reisebüros«. Zunächst handelte es sich dabei um Leute aus dem Osten, die

»Nicht selten eine tödliche Falle«: Der Eingang zu einem Geheimtunnel an der Berliner Mauer, gekennzeichnet mit einem Foto des Kosmonauten Gagarin

allerdings oftmals aus Angst, entdeckt zu werden, gleich selbst mit einstiegen. Dies jedoch erhöhte die Gefahr aufzufliegen – angesichts eines offenen Kanaldeckels in Grenznähe dürfte es ostdeutschen Volkspolizisten nicht schwer gefallen sein, sich einen Reim daraus zu machen. Also mussten diese Aufgabe ebenfalls »Wessis« übernehmen. Nach ihrer Ankunft im Westen wurden die übel riechenden Flüchtlinge schließlich Nacht für Nacht in verschiedene Studentenwohnheime gefahren, wo sie sich duschen konnten und neue Kleider bekamen. Währenddessen waren Veigel und seine Leute schon wieder unterwegs, um die nächsten Flüchtlinge abzuholen.

Als wir da unten in der Brühe rumturnten, mit Sportschuhen, kam nach ein paar Tagen jemand und brachte uns lange Gummistiefel. Viel später haben wir dann erfahren, dass die von dem ehemaligen Innensenator Lipschitz kamen. Der hatte Wind gekriegt und gesagt, denen muss geholfen werden.

DIETER THIEME,
MITINITIATOR DES »UNTERNEHMENS REISEBÜRO«

Doch auch der Fluchtweg durch die Kanalisation funktionierte nur für einige Wochen. In der »Glockengasse 4711«, wie die Fluchthelfer mit Sinn für Humor einen besonders frequentierten, 1,60 Meter hohen Mischwasserkanal zwischen den Bezirken Mitte (Ost) und Kreuzberg (West) nannten, war schon nach wenigen Tagen Schluss. Die letzte Gruppe hatte gerade die unterirdische Grenze passiert, und der Erste dieser Flüchtlinge war erleichtert aus dem Ausstiegsloch geklettert, als der Ausguck von einem nahe gelegenen Hochhaus Alarm gab – die Volkspolizei war den Untergrundaktivitäten der Westberliner Fluchthelfer auf die Schliche gekommen. Ein Einsatzkommando riss die Schachtabdeckungen auf und warf Tränengasgranaten in den Kanal. Für diese Nacht konnten die »Vopos« zwar niemanden mehr an der Flucht hindern, doch schon am nächsten Tag brachten sie verstärkte Kanalgitter an und intensivierten die Überwachung der grenznahen Einstiegsschächte. Dennoch hatten es 150 Flüchtlinge allein durch die »Glockengasse« geschafft.

Die letzte Chance, für längere Zeit unentdeckt zu bleiben, boten in der Folge nur noch Tunnelbauten. Auch hier engagierte sich das »Unternehmen Reisbüro«. Die Studenten gruben mehrere Tunnel von Neukölln nach Treptow, meist zwei bis drei Meter unter der Erdoberfläche, zwischen 18 und 30 Meter lang und gerade so breit, dass ein Mensch hindurchkriechen konnte. Auf kostspielige technische Ausstattung wie Licht oder Sauerstoffversorgung verzichteten sie. Auch abgestützt wurden diese Tunnel nicht – dennoch hielten sie. Als Stabilitätstest ließen die Studenten jedes Mal einen voll beladenen Kohlelaster über die Straße rollen, unter der sie ihren Tunnel gegraben hatten. Zu einem Einsturz kam es nie. Auch die Angst, beim »Buddeln« verschüttet zu werden, war für die Fluchthelfer nicht bestimmend. Viel mehr trieb sie die Sorge um, beim Ausstieg im

»Unter dem Pflaster der geteilten Stadt«: Nur Fluchttunnel boten die Chance, für einige Zeit unentdeckt zu bleiben

Osten der Volkspolizei in die Fänge zu geraten.

Natürlich haben wir uns immer gefreut, wenn wir denen da drüben ein paar Leute abgeluchst haben. Dass wir paar Hanseln da gegen den großen Stasi-Apparat ankommen und die uns so überschätzen, das war manchmal schon ein gutes Gefühl.

DIETER THIEME,
MITINITIATOR DES »UNTERNEHMENS REISEBÜRO«

Welches Risiko sie eingingen, zeigte sich am 27. März 1962. An diesem Tag kam es bei einer Tunnelaktion des »Reisebüros« zur Katastrophe. Veigel und sein Freund Heinz Jercha waren eingeteilt, mehrere Flüchtlinge durch den engen Stollen zu schleusen. Veigel wartete als Helfer auf der Westseite, während Jercha unter der Mauer hindurch nach Osten kroch. Doch der Tunnel wurde zur tödlichen Falle. »Heinz ist drüben aus dem Keller herausgetreten, und es wurde sofort geschossen«, berichtet Veigel. Zwar schaffte es Jercha noch, durch den Tunnel bis in den Westen zu robben, doch er war bereits tödlich verletzt. Ein Querschläger hatte seine Lunge durchschlagen – er verblutete in den Armen Veigels. Von diesem Schock haben sich Veigel und seine Freunde bis heute noch nicht völlig erholt.

Doch Veigel machte trotzdem weiter. Er und seine Gruppe suchten immer wieder nach neuen Wegen, den »antifaschistischen Schutzwall« zu durchlöchern. Im Norden Berlins schleusten sie Flüchtlinge direkt durch Stacheldraht. Dabei kam es wieder zu einem brenzligen Moment. Veigel hatte den Stacheldrahtverhau gerade überwunden, als

sich eine Patrouille von DDR-Grenzern näherte – Veigels Helfer hatten es versäumt, ihn rechtzeitig zu warnen. »Die Situation war in dem Moment tatsächlich lebensgefährlich, denn ich war vollständig auf Ostgebiet. Wenn die nur gesagt hätten: ›Stehen bleiben!‹ – ich hätte keine Chance gehabt, ich hätte ja nicht gegen deren Maschinenpistolen loslaufen können. Ich hätte wirklich überhaupt keine Chance gehabt. Und wenn ich doch losgelaufen wäre, hätten sie mich erschossen.« Doch Veigel schaffte es auch diesmal, er sprang im letzten Moment in einen Graben und entkam. Weniger Glück hatte Dieter Wohlfahrt, ein österreichischer Student und Fluchthelfer, der kurze Zeit später bei einer ähnlichen Aktion angeschossen wurde und im Niemandsland zwischen Ost und West verblutete.

Der Tod von Jercha und Wohlfahrt markierte eine Zäsur. Längst war aus dem anfänglichen Räuber-und-Gendarm-Spiel von Fluchthelfern und »Vopos« blutiger Ernst geworden. Auch die DDR-Staatssicherheit hatte die Mauerkämpfer im Visier. Spitzel wurden auf Veigel und seine Freunde angesetzt. »Ich bin im Laufe der Zeit wahnsinnig misstrauisch geworden«, sagt Veigel. Zu Recht, denn so hatte zum Beispiel die Frau, der Wohlfahrt durch den Stacheldraht verhelfen wollte, den Fluchtplan an die Stasi verraten. Auch Veigels Name stand auf der Liste von Mielkes Häschern ganz oben. Man warf »Schwarzer«, so der Tarnname seiner Akte, »feindliche Tätigkeit« vor. Es wurde »aktive Bekämpfung« angeordnet. In den Stasi-Akten bleibt unklar, was das heißt – Entführung oder Schlimmeres? An den Beispielen Jercha und Wohlfahrt konnte Veigel sehen, dass die Genossen von der Sicherheit im Falle eines Falles nicht lange gefackelt hätten.

Fluchthilfe im Sinne der Pläne Veigels und seiner Freunde war danach kaum noch möglich. Gegen das immer perfektere Sicherheitssystem der DDR-Grenze war kaum noch ein Kraut gewachsen. Zu hoch war das Risiko, dass die Studenten hätten eingehen müssen. Und im Gegensatz zur Behauptung der DDR-Propaganda, welche die studentischen Fluchthelfer als »Terroragenten des Frontstadtsenats um Willy Brandt« verunglimpfte, bekamen die Studenten kein Geld aus öffentlichen Kassen. Viele Fluchthelfer zogen sich daraufhin zurück, und das »Unternehmen Reisebüro« löste sich Ende 1963 auf. Die Initiative bei der Fluchthilfe ging jetzt immer mehr auf »Ganoven« über, wie die Studenten sie nannten – professionelle Schleuser, die sich für ihre Dienste fürstlich entlohnen ließen und denen das Schicksal der Flüchtlinge meist herzlich egal war. Deren Methoden brachten nach und nach die gesamte Branche in Verruf. Die Fluchthilfe bekam – auch im Westen – den Beigeschmack des Anrüchigen.

Doch Veigel wollte sich damit nicht abfinden. Er suchte und fand einen neuen Weg – nach dem Motto »auffällig unauffällig«. Mit dem Umbau eines 57er Cadillac zum Fluchtauto gelang ihm der große Coup. In anderthalbjähriger Tüftelei entstand ein raffiniertes, praktisch nicht zu entdeckendes Versteck hinter dem Armaturenbrett des Straßenkreuzers. »Man konnte die Verkleidung komplett herunterklappen, wenn man den Zigarettenanzünder herausgezogen hatte und in das Loch dahinter einen Gegenstand steckte«, berichtet Veigel. Ab 1965 pendelte

der Cadillac zwischen Ost und West – meist über die Tschechoslowakei oder Ungarn. Veigel und andere wechselten sich als Fahrer ab.

Die Organisation einer Flucht geriet dabei noch viel mehr als im geteilten Berlin zu einer logistischen Meisterleistung. Die Flüchtlinge mussten zunächst als ganz normale Touristen in eines der »sozialistischen Bruderländer« reisen. Dort trafen sich der Fahrer und sein Schützling unter konspirativen Bedingungen, um die Details der Flucht zu besprechen. Schließlich wurde der Flüchtling in den Cadillac »eingebaut«, wie Veigel es nennt. Die Fahrt in die Freiheit wurde zunächst zum Horrortrip, wie sich Hans-Friedrich Saalfeld, einer der mit dem Cadillac Herausgeschmuggelten, erinnert: »Das Metall schlug an meinen Kopf, als das Armaturenbrett zuklappte. Ich saß in dem Gefängnis – ich möchte nicht sagen, in der Falle – und hatte kaum Gelegenheit, mich zu rühren. Ich habe überhaupt nicht daran gedacht, was kommen wird; ich wollte nur den Grenzübertritt hinter mich bringen.« Fahrer und Flüchtling erlebten die Kontrollen als Zerreißprobe. »Ich hörte die Stimmen der tschechischen Grenzpolizei genau neben meinem Ohr. Sie untersuchten das Fahrzeug genau, klopften es ab und untersuchten auch den Innenraum«, erzählt Saalfeld. Günter Irrgang, der an diesem Tag das Fluchtauto fuhr, ergänzt: »Ich wusste zwar, dass sie den Flüchtling eigentlich nicht sehen konnten, aber man weiß ja nie. Doch dann bekamen wir die Pässe zurück, die Leute haben sich entschuldigt, und wir waren in Deutschland.«

Nach jeder Tour wurde der Wagen umgespritzt und dann für längere Zeit nicht be-

»Auffällig unauffällig«: Der Umbau eines Cadillac zum Fluchtauto war Veigels Meisterstück

»Schlauheit und Raffinesse«: Hinter dem Armaturenbrett des Straßenkreuzers war das Versteck eingebaut

nutzt, um nicht den Argwohn der Grenzkontrolleure zu wecken. Klar, dass auch Veigel nicht mehr wie noch 1961/62 zum Selbstkostenpreis von 200 Mark West die Fluchthilfe organisieren konnte. Rund 8000 DM musste ein Flüchtling für den aufwändigen Trip in den Westen bezahlen. Nach Saalfeld wurden mit dem Cadillac weitere 50 Leute in den Westen gebracht.

»Ich finde es sehr gut, dass Sie sich eingesetzt haben«, sagt Saalfeld beim Wiedersehen mit Burkhart Veigel. Jahrelang war die Stasi Veigel dicht auf der Spur, gefasst hat sie ihn nie. 1968 verkaufte er den Cadillac, machte Examen und verließ Westberlin auf Drängen seiner Frau. Die Aktionen, an denen er beteiligt war, brachten gut 450 Menschen die Freiheit. Er ist damit der erfolgreichste Fluchthelfer im geteilten Deutschland. Hat er es je bereut? »Ich würde es sofort wieder machen«, meint Veigel, und er ergänzt: »Ich würde eher andersrum sagen: Es trifft mich, dass ich nicht weitergemacht habe.«

Er war der jüngste amerikanische Präsident – und starb vor seiner Zeit. Doch sein kurzes Leben war voller Widersprüche und Geheimnisse.

Auch der hellste Stern beginnt sein Leben mit einem kümmerlichen Flackern. »Den Leuten schien es völlig gleichgültig, dass ein Präsidentschaftskandidat bei ihnen Einzug hielt«, schrieb der Journalist Theodor White über den Politikerbesuch in der Kleinstadt Phillips im US-Bundesstaat Wisconsin. »Er ging von einem Café zum anderen und wandte sich höflich an die vereinzelten Männer und Frauen, die da ihren Kaffee schlürften und belegte Brote aßen. Kurz nach zwölf Uhr fuhr er aus dem kleinen Ort wieder hinaus. Die Einwohner beachteten ihn nicht mehr als den kalten Wind, der über die Dorfstraße fegte.« Erst Monate später mochte es ihnen bewusst geworden sein: Sie hatten den Mann gesehen, der für drei Jahre die westliche Welt mit Glanz überziehen sollte und zu einer Legende wurde – John F. Kennedy.

Noch heute strahlt der Stern dieses Präsidenten so hell, dass der Mensch unter einer Gloriole aus Verklärung und Legende zu verschwinden droht. Er gilt als einer der wahrhaft charismatischen Politiker der Nachkriegszeit. Doch was formte die Magie, die er auf Menschen ausübte, woraus bezog er seine Überzeugungskraft, seine Energie? Warum wurde er Präsident, nicht Wissenschaftler oder Musiker? Die private Hinterlassenschaft des Präsidenten wird im Familienarchiv der Kennedys noch immer der breiten Öffentlichkeit weitgehend vorenthalten. Wer den Mythos John F. Kennedy dechiffrieren will, muss seine Persönlichkeit von Legenden befreien, die üppiger wuchern denn je.

Die Geschichte liebt das doppelte Spiel: Die Amtseinführung von John F. Kennedy am 20. Januar 1961 bedeutete die Krönung seines Lebens. Er war der 35. und jüngste gewählte Präsident in der Geschichte der USA. Trotz extremer Minusgrade an jenem Januartag trug John F. Kennedy zur Vereidigung als Präsident nur ein weißes Hemd und einen dunk-

»Der hellste Stern der westlichen Hemisphäre«:
John F. Kennedy und seine Frau Jacqueline im Präsidentschaftswahlkampf 1960

len Anzug. Jugendliche Kraft ging von ihm aus, eine unbändige Dynamik und Zukunftsgewissheit. Aber es trennten ihn nur noch 1000 Tage von den Kugeln des Attentäters in Dallas, die ihn töten, jedoch gleichzeitig unsterblich machen sollten.

Nach Kennedys Tod behaupteten 65 Prozent aller US-Amerikaner, ihm 1960 ihre Stimme gegeben zu haben. Tatsächlich war der Wahlausgang so knapp gewesen, dass John F. Kennedy während seiner Präsidentschaft oft ein kleines Stück Papier in seiner Hosentasche trug, auf dem lediglich eine Zahl stand: 118 574. Mit einem Vorsprung von gerade mal 118 574 Stimmen hatte er seinen Konkurrenten Richard Nixon besiegt. »Was habe ich bloß angestellt, dass ich so einen Kerl mit nur hunderttausend Stimmen geschlagen habe?«, fragte Kennedy sich vor Vertrauten. Vor der Wahl war er von einem Reporter des Magazins *Time* interviewt worden:

Warum er sich auf das Abenteuer einlasse, Präsident der USA zu werden, wenn alles gegen ihn spreche. »Weil ich es will«, hatte die lakonische Antwort gelautet. Doch nur die Hälfte der Wähler wollte seinem Willen entsprechen. 50 Prozent hielten ihn für zu jung, zu unerfahren, für einen Playboy und einen Sohn reicher Eltern. Zwei Jahre später hatte John F. Kennedy seine Kritiker zum Schweigen gebracht. Eine große Mehrheit der Amerikaner unterstützte seine Politik. John F. Kennedy schien der geborene Präsident zu sein.

Doch bei keinem Präsidenten war und ist die Realität weiter vom Image und Wunschdenken entfernt. Als John F. Kennedy geboren wurde, schien kein Gedanke so absurd wie der, dass dieses Kind einmal der mächtigste Mann der Welt sein würde. Kennedy, von Freunden und Familie Jack gerufen (nur sein Vater nannte ihn Johnny), war schon als junger Mensch todkrank. Eine lebensbedrohliche Schädigung der Nebennierendrüse, als Addison-Krankheit bezeichnet, sowie ein schweres Rückenleiden – Krücken und ein Schaukelstuhl waren auch während seiner kurzen Amtszeit stets in seiner Nähe – sorgten dafür, dass John F. Kennedy in seinem Leben fünfmal die Sterbesakramente erhielt. Während sein älterer Bruder Joe vor Vitalität strotzte, begleiteten schwere Krankheiten Johns Leben. Jung zu sterben schien von Anfang an sein unabwendbares Schicksal zu sein, wenngleich Jugendlichkeit das Pfund war, mit dem John F. Kennedy als Präsident wucherte.

Es ist fraglich, ob sich die Amerikaner für Kennedy als Präsidenten entschieden hätten, wenn ihnen bekannt gewesen wäre, dass er die körperliche Konstitution eines Greises hatte.

John F. Kennedy nahm bis zu zwölf verschiedene Medikamente zu sich, eine brisante Mischung aus Schmerzmitteln, Schlaftabletten, Kortison, Antidepressiva, Testosteron, Aufputschmitteln und Antibiotika. »Er hatte stets das Gefühl, sein gepeinigter Körper würde nicht mehr mitmachen, die Zeit würde knapp. Deshalb wollte er seine Ziele immer so schnell erreichen«, sagt seine Schwester Eunice. Bereits bei seiner ersten Pressekonferenz als Präsident musste John F. Kennedy zur Lüge greifen, um sein Image

»Immer Krach mit dem Bruder«: Die Kennedy-Kinder Mitte der Zwanzigerjahre beim Baden in Hyannis Port am Atlantik: Rosemary, John, Eunice, Joe jr. und Kathleen

aufrechtzuerhalten. Ob er an der Addison-Krankheit leide, wurde er von Journalisten gefragt. »Ich hatte nie die Addisonsche Krankheit, und meine Gesundheit ist exzellent«, machte er der Öffentlichkeit weis. Derweil gaben sich die Ärzte im Weißen Haus die Klinke in die Hand. Kennedys Verhalten Ärzten gegenüber sei nicht weniger promiskuitiv gewesen als sein Umgang mit Frauen, schreibt sein Biograf Richard Reeves.

Wenn eine Mücke meinen Bruder sticht, stirbt sie auf der Stelle.

BOBBY KENNEDY
ÜBER DEN MEDIKAMENTENKONSUM JOHN F. KENNEDYS

Doch auch wenn er kerngesund gewesen wäre – als Zweitgeborenem einer irischen Aufsteigerfamilie war für ihn ursprünglich bestenfalls die Rolle des Steigbügelhalters vorgesehen. Der Erstgeborene, Joe, galt als Hoffnungsträger in der Familie. Großvater »Honey Fitz« hatte bei Joes Geburt prophezeit, dass dieser Junge Präsident werden würde.

»The future president« wurde sein Spitzname. Jacks Charakterisierung Joes war weniger schmeichelhaft: Er litt unter den körperlichen Attacken des »brutalen Kerls« und vergrub sich in eine Welt aus Büchern meist historischen Inhalts. Im Alltag gab Joe den Ton an – in der neunköpfigen Geschwisterschar, in der Schule oder am College: Wohin John auch kam, Joe hatte dort bereits seine Spuren hinterlassen. Er und nicht John bekam glänzende Noten, wurde der Star des Footballteams und Chefredakteur der Schülerzeitung

Ich hatte immer Krach mit meinem älteren Bruder, der größer war als ich. Manchmal behandelte er mich ziemlich grob. Wir hatten etliche Prügeleien, die er natürlich stets gewann. Er war ein Problem in meiner Jugend – in meiner Kindheit. Ich glaube, das ist ein Problem, das alle zweitältesten Brüder haben.

KENNEDY ÜBER SEINEN BRUDER JOE

»Nicht was man ist, sondern was die Menschen von einem halten, ist entscheidend«, hatte Vater Joseph seinen Kindern eingebläut. Von Jack verlangte er, seine Krankheit zu ignorieren und zu überspielen. Und der Zweitälteste tat dies mit Erfolg. »Ich stand dreimal an seinem Totenbett, und jedes Mal verabschiedete ich mich von ihm. Und jedes Mal kam er stärker zurück ins Leben«, sagte Joseph Kennedy stolz über seinen Sohn. Für Vater Joseph war das Leben ein Kampf, den es zu gewinnen galt. Verlierer hatten in der Aufsteigerfamilie Kennedy nichts zu suchen. Mutter Rose unterstützte diese Familienideologie: Liebeszuwendungen waren selten. Ihre Rolle als Mutter beschränkte sich auf Sittenstrenge, Disziplin und Kontrolle ihrer Sprösslinge. Die mütterliche Sorge galt allein dem Gesundheitszustand Jacks, nicht seinem seelischen Befinden. Über das Schickliche hinausgehende Gefühlsäußerungen waren die Ausnahme. »Meine Mutter hat mich nie in den Arm genommen. Nie! Nie!«, beklagte

sich Jack Kennedy noch, als er schon längst erwachsen war.

Von einem übermächtigen Bruder, einer gefühlskalten Mutter, einem Patriarchen als Vater bedrängt, pendelte Jack Kennedy zwischen neurotischer Überanpassung und Rebellion. Den Reinlichkeitsspleen seiner Mutter verinnerlichte er, indem er – auch als Präsident – bis zu fünfmal täglich duschte und sich umzog.

Ich betrachte die Frage der Ordnungsliebe beziehungsweise des Mangels an Ordnungsliebe bei Jack als symptomatisch. Jack macht seine Hausaufgaben erst in letzter Minute, kommt zu spät zu Verabredungen, hat keinen Sinn für materielle Werte und kann oft seine Sachen nicht finden.

BEURTEILUNG KENNEDYS DURCH SEINEN HAUSVATER AUF DEM CHOATE-INTERNAT

Als Teenager verwandelte er sein Zimmer in ein Chaos. Er kämmte sich selten, war chronisch unpünktlich und ein sehr mäßiger Schüler des renommierten Choate-Internats. Mit seinen Kumpels gründete er den »Club der Schufte« und spielte der Lehrerschaft so übel mit, dass im Abschlussjahr ein Schulverweis drohte. Diese Blamage entschärfte er mit einem Coup zur alljährlichen Wahl des Absolventen »mit der größten Aussicht auf Erfolg«. John spannte den »Club der Schufte« zum Stimmenkauf ein – und brachte seine Geheimwaffe ins Spiel: sich selbst. »Was Jack in der Schule und später im öffentlichen Leben am meisten half, war seine Fähigkeit, im Handumdrehen jedermanns Freundschaft und Zuneigung zu gewinnen«, erinnert sich ein Mitschüler. So gewann der Boss der »Schufte« die Wahl mit 36 Stimmen Vorsprung.

Diese Fähigkeit, andere Menschen für sich zu vereinnahmen, hatte Jack Kennedy während seiner langen Krankheitsphasen zur Perfektion entwickelt: damit sie Zeit mit ihm verbrachten, obwohl er das Bett hüten musste. Wer ihm begegnete, erinnerte sich noch lange danach an ihn, sein Lächeln, seine Stimme, seinen Humor. »Er war so amüsant, so geistreich! Er war – einfach so viele Dinge«, sagte ein Freund, der den Studenten John F. Kennedy kurz vor dem Zweiten Weltkrieg kennen lernte. Mit der Zeit wurde es John F. Kennedys Passion, seine Wirkung auf andere Menschen bei jeder sich ihm bietenden Möglichkeit zu erproben: Übungen für

den Augenblick, der seinem Leben Bedeutung geben würde. Auf diesen Moment setzte John F. Kennedy seine Hoffnung. Die Last seines kranken Körpers machte ihm täglich bewusst, dass ihm nur eine kurze Lebensspanne vergönnt sein würde. Könnte es ihm trotzdem gelingen, eine Spur auf dieser Welt zu hinterlassen?

Die Universitätszeit gab John F. Kennedy endlich die ersehnte Gelegenheit, aus den übergroßen Schatten seines Vaters und seines Bruders herauszutreten. Es gelang ihm, in eine der vornehmen Studentenvereinigungen Harvards aufgenommen zu werden: Kommilitonen aus den alten, protestantisch-angelsächsischen Ostküsten-Familien hatten sich einfach geweigert, ohne diesen sympathischen Spaßvogel aus neureicher – und

»Was die Menschen von einem halten, ist entscheidend«: Joseph P. Kennedy mit seinen Söhnen John (links) und Joe

»The future president«: Joe Kennedy überlebte den Krieg nicht

»Für leichtsinnige Manöver bekannt«: John F. Kennedy als Marineoffizier, Juni 1944

dazu noch katholischer – Familie dem elitären Spee-Club beizutreten. Das war ein Triumph für John. Zum ersten Mal hatte er etwas erreicht, woran Bruder und Vater gescheitert waren. Und dies war ihm nicht mit Geld oder herausragenden Leistungen, sondern allein kraft seiner Persönlichkeit gelungen.

Auch politisch gewann John F. Kennedy während seiner Studienjahre an Profil. Im Gegensatz zu seinem Vater war er während seines Studienaufenthalts in London und auf Reisen in Europa zu der Erkenntnis gelangt, dass Hitler den Krieg wollte. Ganz Europa war darauf gefasst, aber England sträflich unvorbereitet. Sein Vater hingegen, seit 1938 US-Botschafter in London, hielt das Nebeneinander von Diktaturen und Demokratien für unvermeidlich und Hitler für politisch kontrollierbar. Joseph Kennedy war ein überzeugter Anhänger der Appeasement-(Be-

schwichtigungs-)Politik des britischen Premierministers Chamberlain – und latent antisemitisch –, sodass der deutsche Botschafter im Vereinigten Königreich nach Berlin meldete, Kennedy sei Deutschlands bester Freund in London. Jack hingegen trat für eine kämpferische Demokratie ein: »Wer sich dafür entscheidet, dass die Demokratie die beste Regierungsform ist, sollte bereit sein, dafür Opfer zu bringen«, schrieb er 1939 in seiner Studienabschlussarbeit, die nach Kriegsausbruch unter dem Titel »*Warum England schlief*« ein Bestseller wurde. In der Auseinandersetzung mit seinem Vater formte sich der Antitotalitarimus John F. Kennedys, der sich später – trotz einer liberalen Grundhaltung – in einer aggressiven Politik gegen die Expansionsbestrebungen der Sowjetunion in der Karibik, Lateinamerika und Südostasien äußerte.

Für Joseph Kennedy war der Ausbruch des Zweiten Weltkriegs eine Katastrophe: »Es ist das Ende der Welt, das Ende von allem.« Für John F. Kennedy war es der Beginn. Ihn zog es mit aller Macht an die Front. Mithilfe der Beziehungen seines Vaters wurde er diensttauglich geschrieben. Eine neue Welt formte sich für Jack, wenngleich unter großen Risiken und Verlusten: Sein Bruder fiel am 12. August 1944 bei einem Angriff auf deutsche V1-Raketenabschussrampen. Auch John F. Kennedy geriet in Lebensgefahr. Doch er überlebte die Versenkung seines Torpedoboots durch einen japanischen Zerstörer. Zeit seines Lebens liebte Kennedy das Risiko, den Nervenkitzel gefährlicher Situationen. Als Kapitän war er für leichtsinnige Manöver bekannt. Dennoch rissen sich die Überlebenden seiner Crew großenteils darum, wieder unter ihm Einsätze bestreiten zu können.

1944 endete John F. Kennedys Navy-Karriere. Aufgrund ständiger Krankheiten befand man ihn für dienstuntauglich. Dennoch wurde er nun der Hoffnungsträger seiner Familie. Einige Zeit liebäugelte der Kriegsveteran damit, Journalist zu werden. Doch er erkannte, dass politische Journalisten meist nur auf Ereignisse reagieren, die von Politikern initiiert wurden. John F. Kennedy wollte bewegen – und nicht bewegt werden. Er beschloss endgültig, Joes Platz einzunehmen und in die Politik zu gehen. Es blieb ihm auch gar nichts anderes übrig. Sein Vater Joseph war bei dem Versuch gescheitert, Präsident Franklin D. Roosevelts Wiederwahl zu verhindern und dessen Nachfolger zu werden. Nun oblag es den Söhnen, diese Scharte auszuwetzen. Geld hatte die Familie mehr als ge-

nug. Der Vater hatte das Millionenvermögen der Kennedys nicht zuletzt durch illegale Insider-Börsengeschäfte an der Wall Street angehäuft. Doch ihr gesellschaftliches Ansehen ließ zu wünschen übrig. Für Vater Joseph galt als die höchste Verkörperung menschlicher Aktivität nicht Wirtschaft noch Kunst, sondern das geschriebene Wort: »In der nächsten Generation werden diejenigen, die an der Regierung sind, die wichtigsten Leute in Amerika sein.« Und so bestimmte er John nach Joes Tod dazu, das Familienbanner nach Washington zu tragen. »Es war, als

»Krücken und Schaukelstuhl«: Schon am Beginn seiner politischen Karriere 1952 war Kennedy ein kranker Mann

wenn man eingezogen worden sei«, sagte Jack später einem Journalisten.

Selten in der Geschichte der USA wurde die Karriere eines Politikers so systematisch aufgebaut wie die von John F. Kennedy. Bei seinem Sohn sollte nichts schief gehen, hatte Joseph Kennedy, der »Architekt unseres Lebens« (so seine Frau Rose), entschieden. 1946 wurde Jack Miglied des Repräsentantenhauses, 1952 errang er einen Sitz im Senat. Und immer halfen die Beziehungen seines Großvaters Honey Fitz und das Geld seines Vaters, den Weg zu ebnen. Allein der Vorwahlkampf um den Sitz im Repräsentantenhaus kostete zwischen 400 000 und 500 000 Dollar. »Mit dem, was ich hier ausgebe, könnte ich auch meinen Chauffeur durch den Wahlkampf bringen«, resümierte Vater Joseph sein finanzielles Engagement.

Die Reaktion kam prompt: Beim Wahlkampf setzte Kennedys schärfster Konkurrent auf die Anti-Kennedy-Karte. Die dubiosen Geschäfte des Clanältesten der Kennedys und dessen zweifelhafte Auffassung von Politik wurden angeprangert. Die brachialen Methoden seines Vaters bedrohten Jacks Wahlerfolg. Wie auf dem Choate-Internat setzte Jack auf seine Geheimwaffe: sein Charisma. Im persönlichen Gespräch mit seinem politischen Gegner gelang es ihm, die Einstellung der Anti-Kennedy-Kampagne zu bewirken. Jack vereinigte schließlich doppelt so viele Stimmen auf sich wie sein Konkurrent.

Doch letztlich waren es nicht nur Geld, gute Beziehungen und Gespräche in verschwiegenen Hinterzimmern, die John F. Kennedys Einzug ins Weiße Haus ermöglichten. »Die neue Generation bietet ihren Führer an« hieß bereits 1945 der Slogan seines Wahlkampfs, und 1952 hatte er schon eine solch enorme Popularität erlangt, dass statt der erforderlichen 2500 Unterschriften eine Viertelmillion zusammenkamen, um Kennedy die Kandidatur auf einen Senatorensitz zu ermöglichen. Kennedy war zum Anführer der Kriegsgeneration geworden: als Sprecher der Frauen, die bei Kriegsende aus den Büros und den Fabriken wieder zurück in die Küche gedrängt wurden, weil die Männer nun ihre Uniformen abgelegt hatten, und als Sprecher der Exsoldaten, die sich auch nach dem Krieg noch immer von der Vätergeneration bevormundet sahen.

Darum konnte die Amtseinführung John F. Kennedys als Präsident symbolträchtiger nicht sein. Die nach einem Schneesturm zu Eis erstarrte Hauptstadt erschien wie ein Symbol der unbeweglichen US-Gesellschaft unter der Präsidentschaft Eisenhowers, wohingegen John F. Kennedys Vereidigung im Beisein seiner weitaus älteren und unter der Kälte leidenden Vorgänger Truman und Eisenhower das Sinnbild für den Wechsel von der verbrauchten Elterngeneration zu der durch Entbehrungen abgehärteten Kriegsgeneration war. »Die Fackel ist weitergereicht worden«, sagte John F. Kennedy in seiner Antrittsrede als Präsident. Und: »… der Schein des Lichts kann wirklich die Welt erleuchten.«

Zu neuen Grenzen wollte John F. Kennedy die Welt führen. »Lasst uns zusammen die Sterne erobern, die Wüsten besiegen, Krankheiten ausrotten, die Tiefen des Ozeans erschließen, die Künste und den Handel fördern.« Hätte dieser Mann die hohen Erwartungen an seine Präsidentschaft erfüllen können, wenn er nicht in Dallas erschossen

»Die Fackel ist weitergereicht«: John F. Kennedy wird als 35. Präsident der Vereinigten Staaten vereidigt

worden wäre? Er war kein Präsident der Konzepte, der ausgeklügelten Politstrategien. Nur kompromissloser Antikommunismus zieht sich wie ein roter Faden durch seine Amtszeit. John F. Kennedy war der Präsident, der die USA in den Sumpf eines nicht zu gewinnenden Guerillakriegs in Vietnam zog.

Impulsive Regungen bestimmen jede seiner Handlungen.

BEURTEILUNG SEINES LEHRERS LEINBACH

Außerdem gelang es ihm nicht, die unter Eisenhower vorbereitete Invasion auf Kuba 1961 zu stoppen. Und nur oberflächlich suggeriert der glückliche Ausgang der kubani-

schen Atomraketenkrise 1962, Kennedy sei stets Herr der Lage gewesen, und seine Unnachgiebigkeit habe Chruschtschow zum Einlenken bewegt. Kennedy wusste, dass es in der Amtszeit fast jedes Präsidenten einen Moment gab, in dem er Unsterblichkeit erlangen konnte. Sein Moment war die Kubakrise. Hinter den Kulissen wurde ein geheimer Deal beschlossen: Die USA zogen ihre Jupiter-Raketen aus der Türkei ab. Dafür verzichteten die Sowjets auf die Stationierung ihrer Raketen auf Kuba. Was für ein Geschenk an Kennedy! Auf der Weltbühne konnte sich Kennedy als Mann feiern lassen, der im letzten Augenblick einen Atomkrieg verhindert hatte. Der kränkliche Jack hatte

»Ein amerikanisches Königshaus«: Kennedy mit Ehefrau Jacqueline und Tochter Caroline

erreicht, wonach er sich sein Leben lang sehnte: Es war ihm gelungen, Geschichte zu schreiben.

> Wenn es nicht um die Kinder ginge, um John und Caroline, um alle Kinder der Welt, dann wäre es so einfach, den Knopf zu drücken.
>
> Kennedy während der Kubakrise
zu seinem Berater David Powers

Seinen strahlenden Nimbus, jene die wirklichen Stars umgebende Nebelhülle, bekam John F. Kennedy von vielen verliehen. Er wurde zur Ikone der Intellektuellen. Nicht alle gingen dabei so weit wie der Poet Robert Frost, der zur Amtseinführung reimte: *So ahnt prophetisch etwas in uns allen / Ein strahlend neues augusteisches Zeitalter / … / Ein goldenes Zeitalter voll Poesie und Macht / Das in dieser Mittagsstunde anbricht.* Dem Dramatiker Arthur Miller waren hingegen die »hart glänzenden Augen« Kennedys aufgefallen, und er fragte sich, ob der Präsident »neben seiner schnellen Auffassungsgabe auch Mitgefühl besitzt«. Eine verständliche Kritik: Schließlich hatte die mit ihm verheiratete Marilyn Monroe ein Verhältnis mit John F. Kennedy. Doch solche Stimmen waren die Ausnahme. Künstler und Geistesgrößen gingen im Weißen Haus ein und aus.

»Ein neuer Stil im Weißen Haus«: Der Präsident mit seinen Kindern Caroline und John F. jr. im Oval Office

»Das Essen ist hervorragend, die Weine sind ausgezeichnet, die Menschen lachen, *lachen laut*, erzählen Geschichten, machen Witze, fühlen sich gut. … Es war eine andere Welt … ein anderer Planet«, beschrieb der Komponist und Dirigent Leonard Bernstein eine Party bei den Kennedys. Das Weiße Haus wurde zu Camelot, der sagenhaften Burg des König Artus – und die ganze Welt wollte an seiner runden Tafel sitzen.

Das Paar im Weißen Haus wurde zur Verkörperung des fortschrittlichen, kultivierten Amerika: dem Neuen zugewandt, ohne mit dem Alten zu brechen, jung, gut aussehend, optimistisch. Weltweit wurde der Lebensstil der Kennedys kopiert. Schnitt und Farbe der Kleider Jacquelines setzten Trends; John F. Kennedys Abneigung, Hüte zu tragen, führte die amerikanische Filzhutbranche in den Ruin. Die Gerüchte um Jacks sexuelle Ausschweifungen gingen in diesem Meer aus Bewunderung unter, ebenso John F. Kennedys anfängliches Desinteresse an der Bürgerrechtsfrage. »Wir mögen es nicht, wenn unsere Symbole Fehler machen«, schrieb die *Newsweek* in einem Artikel mit dem Titel »Ein amerikanisches Königshaus«. »Wir wollen, dass sie alles das sein sollen, was sie zu sein scheinen.« Und so schnellte trotz der gescheiterten Invasion in Kuba, des Desasters in der Schweinebucht 1961, Kennedys Popularität auf unglaubliche 80 Prozent. Ganz allmählich verlor sich das Weiße Haus in sagenhafte Sphären, auch wenn Kennedys Präsidentschaft rein politisch »ein Flickwerk aus Stolpern und bedeutsamen Errungenschaften« war, wie der Biograf Robert Dallek resümiert.

»Keiner kannte John Kennedy«, sagte sein Freund Charlie Bartlett. Und der Präsident wollte es so – weil er dies als eine Erleichterung empfand, zu jedem Menschen ein Verhältnis aufzubauen, dessen Eigenheit und Intensität er allein bestimmte. Er sah sich als eine Radnabe, von der alle Speichen abgehen. Alle Fäden in der Hand zu haben – dies war die Lehre aus der einzigen politischen Niederlage, die er auf seinem Weg ins Weiße Haus erlitten hatte. 1956 war er beim Nominierungs-Parteitag der Demokraten als Kandidat für die Vizepräsidentschaft durchgefallen. An diesem Tag beschloss er: »Künftig werde ich ein totaler Politiker sein.«

Ab sofort sorgte Kennedy dafür, dass jeder, der ihn unterstützte, jeder potenzielle Wähler genau den Kennedy bekam, den er haben wollte. »Er war davon fasziniert, wie man Leute bewegt. Wie man etwas sagt, welche Redewendungen man benutzt, welche Gesten«, erinnert sich der Journalist Hugh S. Sidey.

Ich glaube nicht.

Als erster Präsident bediente er sich konsequent des jungen, aufstrebenden Mediums Fernsehen, um sich und sein Tun in Szene zu setzen und dieses Bild direkt dem Volk zu vermitteln. Er nistete sich damit in den Köpfen der Menschen ein – bis heute. Fällt das Stichwort »Präsident Kennedy«, so tauchen sofort die Bilder auf: von seiner Vereidigung, von seiner Rede in Berlin, von Kennedy im Oval Office, vom Attentat und dem Begräbnis. Auch wenn er in einer Rede 1962 an der Yale University den Mythos als den »großen Feind der Wahrheit« gebrandmarkt hatte – drei Jahre reichten, um eine Ära zu prägen, die noch heute als glücklich im kollektiven Gedächtnis verankert ist. »Heute hat der tote Kennedy unendlich mehr Macht als der lebende«, konstatierte der Schriftsteller Gore Vidal 1967. Kennedy verband in einmaliger Weise das uramerikanische »Pursuit of Happiness«, das Streben nach Glück, mit dem Hohenlied des Wohlstands und streute darüber eine Prise Weltoffenheit, Stilsicherheit und Technikbegeisterung sowie eine Spur soziales Engagement. Mit ihm als Präsidenten schien plötzlich vieles machbar, was vorher anscheinend unmöglich war. Sein Verdienst ist es, der Politik neue Wege aufgezeigt zu haben. Gegangen sind sie, und dies auch nur hin und wieder, andere. In Erinnerung blieb ein Präsident, dem es ernst war, die globale Bedrohung durch Nuklearwaffen zu mindern, der davon überzeugt war, dass Politik das Leben eines jeden Einzelnen verbessern könne, und der glaubhaft versicherte, dass es sich lohne, Zukunft mitzugestalten.

Keiner hat John F. Kennedy gekannt.

So wurde Kennedy zu einem politischen Mythos. Nach seiner Ermordung sagte Jacqueline Kennedy: »Geschichte wird nur von verbitterten alten Männern geschrieben. Jacks Leben hatte mehr mit Mythen, Magie, Legenden und Sagen zu tun als mit politischer Theorie und Wissenschaft.« John F. Kennedys Leben war das eines Menschen, der zur präsidialen Lichtgestalt wurde. Er wollte sich, seiner Familie und der Welt beweisen, dass ein sein halbes Leben von Schmerzen gepeinigter zweitgeborener Sohn aus einer irischen, neureichen Familie Präsident werden konnte. Es war die Rolle seines Lebens. Er spielte sie perfekt. Er schenkte sich damit Unsterblichkeit – und der Menschheit eine Legende.

»No sports« – der beleibte, Zigarre rauchende britische Premierminister wird notorisch angerufen als Schutzheiliger der Fraktion der Unsportlichen. Doch das beliebte Zitat ist ein Irrläufer – Churchill focht und ritt, spielte Kricket und Polo. Und das Zitat ist nirgends belegt.

1965 Churchill, der Sportsmann

»No sports«, soll Sir Winston Churchill in hohem Alter auf die Frage nach dem Geheimnis seiner erstaunlichen Vitalität geantwortet haben. Es ist ein Zitat, das Generationen von Journalisten verbreiten, ohne seinen Ursprung belegen zu können, und das Churchill auf den Leib geschrieben scheint. Seine äußere Erscheinung, sein rundes Gesicht, das im erregten Zustand das Aussehen einer Bulldogge annahm und das meist garniert wurde mit einer schweren Havanna-Zigarre, lassen kaum Gedanken an körperliche Ertüchtigung aufkommen. Schon als junger Mann, so heißt es, soll Churchill in der Sommerfrische in den Schweizer Alpen statt dem Wandern der Schriftstellerei gefrönt und dabei sogar darum gebeten haben, die seine Konzentration störenden Kuhglocken mit Stroh ausstopfen zu lassen. Jahrzehnte später balancierte das politische Schwergewicht als britischer Premier durch die zerstörten Vier-

»No sports«?: In jungen Jahren war Churchill begeisterter Sportler. Hier als Polospieler im Jahr 1913

tel Londons. Das war das Bild, das die Öffentlichkeit von ihm hatte, für das sie ihn liebte. Mit seiner Rundlichkeit schien er den Briten mitten im Krieg bessere Zeiten zu versprechen. Als Renaissancemensch, den irdischen Genüssen zugewandt, beschreiben ihn denn auch seine Biografen. Kaum jemand aber kennt die sportliche Seite jenes Mannes, der bis in sein 52. Lebensjahr hinein leidenschaftlich Polo spielte, der in den Jahren vor seiner großen Berufung zum Gegenspieler Hitlers auf seinem Landsitz Chartwell in Kent eigenhändig Häuser baute, Zierteiche anlegte, gärtnerte und Bäume anpflanzte. »No sports?« – Churchill war ein Mann voller Tatendrang, auf jedem Gebiet.

Doch aller Anfang ist schwer. Churchills Sportleben begann mit kläglichem Versagen. Der Enkel des siebten Herzogs von Marlborough verweigerte sich dem geistigen und sportlichen Drill der britischen Eliteschulen. Als Neunjähriger reagierte er mit einem gesundheitlichen Zusammenbruch auf die

261

strenge Internatserziehung der Public Schools. Schon früh hasste Winston Churchill äußeren Druck. »Meine Lehrer hatten Zwangsmittel in weitgehendem Maße zur Verfügung« – dazu gehörte auch die Prügelstrafe –, »aber alles prallte an mir ab. Wo mein Interesse, meine Vernunft oder meine Fantasie nicht aufgerufen waren, wollte ich oder konnte ich nicht lernen«, resümierte Churchill später in seinen Erinnerungen. Nur seiner noblen Herkunft wegen blieb dem ewigen Sitzenbleiber ein Rausschmiss aus der Schule erspart.

Irgendwann in seinem zweiten Lebensjahrzehnt wurde dann doch Churchills Sportbegeisterung geweckt. »Heute Nachmittag haben wir Kricket gespielt. Ich schlug

»Großes Talent im Angeben, Großtun und Aufschneiden«: Der dreizehnjährige Schüler Churchill

einen Zweier«, schrieb der Zwölfjährige stolz seiner Mutter Jennie, Lady Randolph Churchill, einer lebensfrohen amerikanischen Schönheit, in deren Adern auch indianisches Blut floss. 1889 gewann er mit seiner Mannschaft die nationale Schulschwimmmeisterschaft. Bis weit über seinen 80. Geburtstag schwamm der 1874 Geborene gerne und regelmäßig. Mit 15 Jahren entdeckte Churchill die nächste Sportart: »Ich habe im Fechten gewonnen. Ein sehr schöner Pokal. Zuerst war ich einer der Letzten, in der Schlussrunde aber hat mir niemand etwas anhaben können.« Als Repräsentant seiner Schule bei den englischen Schulmeisterschaften war sein Ehrgeiz entfacht: »Fechten ist jetzt meine Hauptbeschäftigung außerhalb der Schule, denn jetzt, da ich die Schule vertreten soll, muss ich alles aus mir herausholen.« Churchills Einsatzwille wurde belohnt: Er konnte maßgeblich dazu beitragen, den Pokal für seine Schule zu sichern. Der Lokalzeitung war diese Leistung sogar einen Bericht wert. Mit »rasanten und schneidigen Angriffen« habe er seine Gegner überrascht, kommentierte das Blatt Churchills sportliche Leistung.

Wir haben viele Kaninchen niedergemetzelt, gut über 20 insgesamt. Morgen murksen wir die Ratten ab.

<small>DER JUNGE CHURCHILL AN SEINE MUTTER ÜBER SEINE ERSTEN JAGDERFOLGE</small>

Churchills wahre Leidenschaft wurde das Reiten. Sein Vater Lord Randolph, in jungen Jahren ein begnadeter Politiker, hatte für seinen Sohn die Militärlaufbahn vorgesehen. Für etwas anderes schien der Schulversager nicht zu taugen. Dem Jungen fehle es an

»Klugheit, Bildung und der Fähigkeit zu beständiger Arbeit«, klagte Lord Randolph seiner Mutter, der Herzogin von Marlborough, Churchills Großmutter. Er habe »ein großes Talent im Angeben, Großtun und Aufschneiden«. Der Nichtsnutz machte prompt seiner mangelhaften Schulbildung alle Ehre und bestand die Aufnahmeprüfung für das Kadettenkorps des Royal Military College von Sandhurst erst beim dritten Anlauf. Fortan sollte zumindest der Entfaltung Churchills sportlicher Begabung nichts mehr im Wege stehen. 1893 begann seine Ausbildung zum Kavallerieoffizier, da war er 19 Jahre alt. Der Reitunterricht machte ihm »sehr viel Freude«, der Umgang mit den Tieren sei sein »größtes Vergnügen« gewesen, brachte er später zu Papier und sinnierte über die Sittlichkeit seines sportlichen Engagements: »Junge Männer haben sich oft durch den Besitz von Pferden oder durch Pferdewetten ruiniert, aber nie durch das Reiten. Außer, wenn sie sich dabei den Hals brachen, was, wenn es im Galopp geschieht, ein schöner Tod ist.«

1894 gehörte der junge Churchill zu den auserwählten Kadetten, die beim alljährlichen Reitturnier vor Ihrer Majestät, Queen Victoria, ihr Können unter Beweis stellen durften – eine sportliche Genugtuung für die Teilnehmer. Churchills Ehrgeiz trieb ihn zu Höchstleistungen an, nicht ohne Erfolg: »Ich war sehr aufgeregt, und ich glaube, ich bin besser geritten als je zuvor. Ich habe den Sieg nur um einen Punkt verfehlt und wurde mit 199 von 200 möglichen Punkten Zweiter«, berichtete der formidable Reiter stolz seinem Vater, der früh starb und deshalb die steile Karriere seines Sohnes nicht mehr mit erlebte.

Der einstige Schulrebell, der sich schulischer Disziplin konsequent entzogen hatte, gewann Gefallen am militärischen Drill. Ausgerechnet das Kavallerieexerzieren wurde für ihn »etwas Schönes«: »Es liegt ein ganz eigener Zauber in dem Geklirr und Geblitz einer trabenden Kavallerieschwadron; und Galopp steigert den Reiz zur Lust. Das unruhige Schnauben der Pferde, das Knirschen des Sattelzeugs, das Nicken der Federbüsche, der Rausch der Bewegung, das Gefühl, zu einem lebendigen Getriebe zu gehören.«

Ich hasse die Infanterie, die mich körperlich Schwachen beinah wertlos macht und in der ich meine einzige athletische Begabung – das Reiten – nicht einbringen kann.

CHURCHILL, 1894

Mit seiner Einheit, dem 4. Husarenregiment von Aldershot, wurde der frisch gebackene Leutant 1896 in die britische Kronkolonie Indien verlegt. Dort erwartete ihn ein ruhiger Dienst, während dem Churchill im Selbststudium nachholte, was er auf der Schule versäumt hatte. Fast zweieinhalb Jahrzehnte später, 1920 als Kolonialminister der britischen Regierung, würde er sich vehement für einen Verbleib Indiens im britischen Empire einsetzen und Gandhis Unabhängigkeitsbestreben mit Härte entgegentreten. Ende des 19. Jahrhunderts lebte der nur wenig ältere nachmalige charismatische Führer der Inder noch in Südafrika und engagierte sich dort als Anwalt für die Rechte seiner eingewanderten Landsleute. In seiner Heimat jedoch konnten sich englische Kavallerieoffiziere wie Winston Churchill noch unbehelligt ihrem liebsten Zeitvertreib widmen, dem Polo.

Wenige Wochen nach der Ankunft in Bombay sollte ein Team aus Churchills Regiment am renommierten Turnier um den begehrten Wanderpokal der indischen Kavalleriegimenter in Haiderabad teilnehmen, einem bedeutenden sozialen und sportlichen Ereignis in der Kolonie. Weil die Ausbildung der Polopferde viel Zeit kostete, gestand man den Neulingen des 4. Husarenregiments nur Außenseiterchancen zu. Doch Churchills Naturell kannte keinen Fatalismus. Auch durch eine frisch zugezogene Verletzung am Arm ließ er sich von seinem Einsatz auf dem Spielfeld nicht abhalten. Trotz bandagierten Arms gelang es ihm als Mannschaftskapitän, seinem wenig eingespielten Team den nötigen Kampfgeist gegen den erfahreneren Gegner einzuflößen und einen unerwarteten Sieg zu erringen. Vielleicht spürte man hier erstmals etwas von der unbändigen Entschlossenheit zu gewinnen, zum »Sieg um jeden Preis«, mit der er mehr als vier Jahrzehnte später sein Volk im Alleingang gegen die »monströse Tyrannei« in Hitler-Deutschland mobilisieren sollte. »Er reitet mit seiner Mannschaft auf das Spielfeld, als sei sie eine Abteilung schwerer Kavallerie, die sich zur Attacke bereithält«, schilderte ein Zeitgenosse die Szene. »Er trabt auf dem Platz hin und her, beobachtet den Gegner, lässt sich Zeit und erweist sich als Meister in Taktik und Strategie. Plötzlich erkennt er seine Chance, nimmt sein Pony auf und stürmt voran, nicht sehr elegant, aber mit großem, mitreißendem Schwung – und er ist außeror-

dentlich geschickt dabei. Er schaltet seine Gegner durch die Wucht seines Vorstoßes aus und trifft den Ball. Habe ich gesagt, ›trifft‹? Er peitscht den Ball.« Das Publikum war begeistert. Mit diesem sportlichen »Husarenstück« wurde Churchill unverhofft zum Retter seines Regiments.

Nach der Kür des sportlichen Wettstreits suchte Churchill die Herausforderung im Krieg. Mittels der Beziehungen seiner Mutter zur Londoner High Society erwirkte er seine Beurlaubung in Indien, um am Sudanfeldzug von 1898 teilnehmen zu können, mit dem das Königreich eine abtrünnige Kolonie in den Schoß der imperialen Großfamilie zurückzuholen gedachte. In der Entscheidungsschlacht bei Omdurman am 2. September 1898 prallte modernstes Kriegshandwerk auf Krummsäbel und Kettenhemden. Es sollte die letzte große Kavallerieattacke der englischen Kriegsgeschichte werden, und sie fand statt mit Churchills Beteiligung. Wie kaum anders zu erwarten, wurden die Aufständischen, obwohl zahlenmäßig überlegen, von den britischen Einheiten niedergemetzelt. Binnen weniger Stunden starben 11 000 Sudanesen. Mitten im Schlachtgetümmel kämpfte der junge Leutnant Winston Churchill auf seinem grauen Polopony. »Galopp und Angriff, etwas anderes gab es nicht mehr«, berichtete er später einem Freund von der Schlacht. Selbst erstaunt über seine Kaltblütigkeit im Angesicht des Todes, schrieb er seiner Mutter: »Ich fühlte mich überhaupt nicht nervös, ich war so ruhig wie immer.« Der ungleiche Kampf forderte trotz technischer Überlegenheit von den Reitern vollsten Einsatz. In seinen Erinnerungen schilderte Churchill ein Detail der Schlacht: »Ich befand mich auf dem festen, leicht gekräuselten Sand der Ebene, mein Pferd im Trab. Ich hatte den Eindruck von ringsum verstreuten Mahdi, die in alle Richtungen hin und her rannten. Hart vor mir warf sich einer zu Boden. … Im selben Augenblick … sah ich das Aufblitzen seines Krummsäbels, mit dem er zum Hieb gegen die Fesseln meines Pferdes ausholte. Ich hatte gerade noch Zeit und Platz genug, um mein Pony aus seiner Reichweite fortzudrücken, und indem ich mich weit aus dem Sattel lehnte, feuerte ich aus knapp drei Metern zwei Schüsse in ihn hinein. Als ich mich wieder aufrichtete, sah ich unmittelbar vor mir einen anderen Mann mit geschwungenem Säbel. Ich hob meine Pistole und schoss. Wir waren so dicht aneinander geraten, dass ich ihn mit meiner Pistolenmündung berührte. Mann und Säbel verschwanden unter und hinter mir. Zu meiner Linken, zehn Meter entfernt, sah ich einen arabischen Reiter. … Ich feuerte auf ihn. Er machte sich davon. Ich zügelte mein Pferd zum Schritt und blickte mich um.«

Ich war wahrscheinlich der einzige Offizier, dessen Uniform, Sattelzeug und Pferd heil geblieben sind.

CHURCHILL IM SUDANFELDZUG

Reiten, schießen und dabei kühlen Kopf bewahren – der Husarenleutnant Churchill meisterte die physischen und psychischen Anforderungen mit Bravour. Zurück in der Heimat, quittierte er den Dienst in der Armee und schreckte mit einem kritischen Buch über seine Erfahrungen im sudanesischen Kolonialkrieg das politische Establishment Londons auf. Seine »*Story of the Malakand Field Force*« sollte den Anfang einer großen literarischen Karriere markieren, die 1953 sogar mit dem Nobelpreis für Literatur gekrönt wurde. Doch der sich anbahnende schriftstellerische Erfolg hinderte ihn nicht daran, den nächsten militärischen Konflikt des Empire aus nächster Nähe mitzuerleben.

1899 begann der Burenkrieg. Am Südzipfel Afrikas hatten die Nachfahren der Holländer, die Buren, die sich in Transvaal und im Oranje-Freistaat organisiert hatten, London den Krieg erklärt. Die Buren wollten ihre Unabhängigkeit gegen das Empire verteidigen, das jedoch gerade nach der Entdeckung reicher Goldvorkommen in Transvaal solche Alleingänge nicht hinzunehmen gedachte. Winston Churchill hatte sich als Kriegsberichterstatter von der *Morning Post* verpflichten lassen. Für 250 Pfund im Monat, der höchsten Summe, die bis dahin einem Journalisten gezahlt worden war, sollte er die zu erwartenden Siege der Supermacht England im Mutterland vermelden. Doch der Krieg nahm eine unerwartete Wendung. Den militärisch unterlegenen Afrikaans-Bauern gelang es, die stolzen Briten vor der Weltöffentlichkeit lächerlich zu machen. Es war für sie eine Blamage, die auch der burenfreundliche deutsche Kaiser Wilhelm II. mit einem Anflug von Schadenfreude zur Kenntnis nahm. Die mit den örtlichen Gegebenheiten vertrauten Buren gewannen wider Erwarten die ersten Gefechte. Die britischen Feldlager bei Ladysmith, Kimberley und Mafeking wurden eingeschlossen und belagert. Queen Victoria beschloss, die Schmach nicht zur Kenntnis zu nehmen, und gab das Motto aus: »Wir sind an einer möglichen Niederlage nicht interessiert. Es gibt sie nicht.«

Kriegsreporter Winston Churchill war auf dem Weg nach Ladysmith zu den britischen Truppen, als sein Panzerzug in einen Hinterhalt der Buren geriet. Im Durcheinander des Überfalls gelang dem eigentlich als Beobachter reisenden Churchill, die Lokomotive vom Rest des Zuges abzukoppeln und auf ihr die Verwundeten in Sicherheit zu bringen.

Bei der Rückkehr zu den Waggons geriet Churchill in Gefangenschaft – und in die Schlagzeilen der Londoner Presse. »Panzerzug in der Falle – Mr. Churchill gefangen – Seine Kaltblütigkeit und Tapferkeit«, titelte die *Morning Post* am 15. November 1899. Churchills kleiner Befreiungscoup geriet zu einem moralischen Strohhalm in der allgemeinen englischen Stimmungsmalaise.

Die Buren brachten den beherzten Journalisten in ein Offizierslager nach Pretoria, wo er – wie immer in Zeiten der Ruhe – viel las und das Gespräch mit anderen Gefangenen suchte. Wochen später war Churchill wieder in aller Munde: Mitten im Feindesland, ohne Landkarte und ohne Kenntnisse der Landessprache, war der sportliche Exoffizier über die Lagermauer geklettert und geflohen. Mit ein paar Tafeln Schokolade in der Tasche und von Durst geplagt, sprang er auf fahrende Güterzüge auf und versteckte sich in Bergwerken. Die Buren ließen ihn steckbrieflich suchen: 25 Pfund Sterling, »dead or alive«, war ihnen das Wiederaufgreifen ihres berühmtesten Kriegsgefangenen wert. Unter

Kohlen begraben, gelang es Churchill schließlich, sich ins benachbarte Mosambik durchzuschlagen, worauf man ihn England als Nationalhelden feierte. Der Kriegsberichterstatter Churchill ließ sich umgehend als Offizier reaktivieren und kämpfte im nächsten halben Jahr im ganzen Feldzug mit. Als im Juli 1900 die Briten Pretoria einnahmen, gehörte Churchill zur Vorauspatrouille, die die englischen Gefangenen aus dem Lager befreite, in dem er vor noch gar nicht so langer Zeit selbst gesessen hatte.

Churchills Karriere, die so sportlich begann, trug fortan Früchte vor allem auf politischem Gebiet. Die noch frische Popularität eines Kriegshelden verhalf dem 26-Jährigen Ende 1900 zum ersten Einzug ins Unterhaus. Als im Januar des folgenden Jahres Queen Victoria starb, die 64 Jahre in Amt und Würden gewesen war, fühlte er wie so viele seiner Generation den Anbruch einer neuen Epoche, die er wenig bescheiden in hochrangiger Gesellschaft erleben wollte. »Ich überlege, ob ich einen Brief [an den neuen König] schreiben soll«, schrieb er seiner Mutter, »der Beileid und Glückwunsch mischt. Aber ich bin unsicher, wie ich ihn adressieren soll und auch, ob ein solches Vorgehen der Etikette entspräche. Du musst es mir sagen. Ich bin höchst interessiert.... Ich möchte einen Kaiser und König zu meinem Bekannten haben.« Der Wunsch sollte in Erfüllung gehen.

Der Rest ist Geschichte. Bis weit in die zweite Hälfte des 20. Jahrhunderts sollte Sir Winston Churchill die Geschicke Englands mit bestimmen. Die Liste seiner Ämter ist lang: Wirtschaftsminister, Innenminister, Kolonialminister, Munitionsminister, Kriegsminis-

»Kaltblütigkeit und Tapferkeit«: Churchill nach seiner Flucht aus der Gefangenschaft im Burenkrieg, 1899.
Unten: Während einer Ansprache in Durban, Südafrika

»Meister der Taktik und Strategie«: Noch 1925 frönte Churchill seinem geliebten Polo

Sieg um jeden Preis, Sieg trotz all des Terrors, Sieg, wie lang und mühsam der Weg auch immer sein mag, denn ohne Sieg gibt es kein Überleben.

CHURCHILL, 1941

Zur Legende erst wurde Churchill durch seinen Kampf gegen einen übermächtigen Gegner, seinen unbedingten Widerstandswillen gegen Faschismus und Tyrannei. Ein Leben voller »Blut, Schweiß und Tränen« prophezeite er den Briten bei der Amtsübernahme als englischer Premierminister. »Wir werden nie aufgeben«, verkündete er trotzig im Parlament ausgerechnet nach dem Desaster von Dünkirchen. Die zum Buchstaben V gespreizten Finger, dem »V« für »Victory«, wurden sein Markenzeichen. Er verteidigte die Ideale der freien Welt gegen einen Gegner, der mit der Invasion der britischen Insel drohte. Zeitweise stand er als einziger demokratischer Staatsmann gegen das »Dritte Reich« und seine Verbündeten. Der Kriegseintritt der USA markierte den Höhepunkt seiner Karriere. Zusammen mit dem amerikanischen Präsidenten Roosevelt und dem sowjetischen Diktator Stalin führte er die militärische Allianz an. In der Stunde seines größten Triumphes, des Sieges über Hitler-Deutschland, lagen ihm die Briten im wahrsten Sinn des Wortes zu Füßen. »Winnie, Winnie!«, jubelten sie ihm begeistert zu, als er mit der königlichen Familie auf dem Balkon des Buckingham-Palastes erschien. Deshalb kam die nachfolgende Niederlage bei der Wahl zum britischen Unterhaus vom 5. Juli 1945 umso überraschender. Doch

»Größter Brite aller Zeiten«: Mit Ehefrau Clementine erholt sich der siegreiche Premier bei einem Strandspaziergang in Frankreich, 1945

ter. Als Marineminister und damit Chef der größten Seemacht der Welt von 1911 bis 1914 bewies er persönlich sportlichen Wagemut. Sein Ressort war damals für die noch in den Kinderschuhen steckende britische Luftfahrt zuständig, die er förderte. Häufig suchte er die »tollkühnen Männer in ihren fliegenden Kisten« auf, um an deren Abenteuern auf angeblich Hunderten von Flügen teilzunehmen. Der Rausch der Geschwindigkeit muss ihn betört haben, wenn er schrieb: »Die Luft ist eine außerordentlich gefährliche, eifersüchtige und anspruchsvolle Geliebte. Ihre meisten Liebhaber bleiben ihr, wenn sie ihr einmal verfallen sind, treu bis zum Ende, das nicht immer das hohe Alter ist.«

»Steile Karriere«: Churchill (links) während des Ersten Weltkriegs

»Ein Renaissancemensch«: Mit Tochter Mary im Juli 1943

Churchill bewies Größe in der persönlichen Tragödie. Gefragt danach, ob die Abwahl durch seine Landsleute nicht in gewisser Weise ein Zeichen der Undankbarkeit ihm gegenüber sei, antwortete er: »Nein, nein, so würde ich das nicht nennen. Sie hatten schließlich eine sehr schwere Zeit.« Erst 1951 konnte er erneut als Premierminister in Downing Street Nr. 10 einziehen.

Niemals zurückweichen, niemals ermüden, niemals verzweifeln.

<small>CHURCHILLS LEBENSMOTTO</small>

2002 kürte ihn seine Nation in einer landesweiten Abstimmung, initiiert von dem Fernsehsender BBC, zum »größten Briten« aller Zeiten. »Wenn die britischen Nationaltugenden, ›Unkonventionalität‹, ›Großherzigkeit‹, ›Charakterstärke‹, in einer Person zu-

»Wir werden nie aufgeben«: Churchills Standhaftigkeit machte ihn in Großbritannien populär

sammengefasst werden müssten, dann in der Person Winston Churchills«, begründete einer seiner Anhänger seine Wahl. Nach den neuesten Erkenntnissen fehlt auf der Liste der positiven Eigenschaften eine, die sowohl die Briten insgesamt als auch Churchill in persona mit Berechtigung für sich in Anspruch nehmen dürfen: die »Sportlichkeit«. »Nicht eine Stunde, die man im Sattel ver-

bringt, ist verloren«, sagte Sir Winston Churchill zu einem Zeitpunkt, an dem er längst die Phase sportlichen Draufgängertums hinter sich gelassen hatte. Dieser Ausspruch Churchills, der bis in seine Siebziger an Fuchsjagden teilnahm, ist verbürgt – wohingegen sich das Märchen vom unsportlichen britischen Premier nur schwer aus der Welt schaffen lässt.

Geschäftsleute verschwinden auf einer Dienstreise über Alaska. Von Hobbyseglern fehlt jede Spur. Nachforschungen tappen im Dunkeln. Auch die Flugzeuge und Boote der Reisenden sind wie vom Erdboden verschluckt.

1972 Das Bermuda-Dreieck von Alaska

Plötzlich waren sie weg, vermisst, wie vom Erdboden verschluckt. Jahrzehnte sind inzwischen vergangen. Natürlich haben die Angehörigen längst die Hoffnung aufgegeben. Keiner der Hinterbliebenen rechnet mehr damit, seine Lieben noch einmal zu sehen. »Das Schlimmste«, sagt Jason Roth, »ist die Ungewissheit, was passiert ist. Das lässt einen nicht zur Ruhe kommen.« Diese Ungewissheit, die schrecklichen Fragen, die Vorwürfe – sie befallen und quälen Jason Roth noch immer, fast jede Nacht. Er ist zurückgekommen, hat überlebt, als Einziger. Seine Brüder Jeff, Kent, Scott und ihre Freunde bleiben vermisst – verschollen in Alaska.

Er ging ins Nichts.

AUSSPRUCH DER INUPIAT-INUIT (ESKIMOS) VON ALASKA, WENN EIN MENSCH SPURLOS VERSCHWINDET

»Eines der letzten großen Abenteuer unserer Zeit«: Doch der Flug über die Gletscherwelt Alaskas birgt ungeahnte Gefahren

Es war am ersten Maiwochenende des Jahres 1992. Die vier Roth-Brüder machten sich gemeinsam mit ein paar Freunden in zwei Cessnas auf, um in einem über 500 Kilometer entfernten Forellengebiet zu fischen. In der unberührten, wilden Natur Alaskas wollten sie ein paar unbeschwerte Tage miteinander verbringen. Es war ein Ausflug, der schon Tradition hatte. Alles verlief zunächst so erholsam, so entspannend, so erfolgreich wie immer. Die begeisterten Angler machten reiche Beute und brieten diese über dem abendlichen Lagerfeuer vor der Hütte. »Wie stets vergingen die Tage viel zu schnell«, erinnert sich Jason Roth mit Wehmut.

Der Rückflug der Hobbypiloten wurde unruhig, da ein Sturm aufgezogen war – für den Luftraum über Alaska eigentlich nichts Ungewöhnliches. Die beiden Piloten diskutierten über Funk, was zu tun sei. Da sie sich nicht einigen konnten, ging der eine das Risiko ein und steuerte seine Maschine direkt in die Turbulenzen. Jason, der Pilot der anderen Cessna, umflog diese Sturmfront und

273

»Ohne Spur verschwunden«: Kent, Jeff und Scott Roth (von links) sind seit 1992 in Alaska vermisst

landete später sicher auf dem Heimatflugplatz. Dort wartete er auf seine Brüder Jeff, Kent, Scott und zwei Freunde – vergebens. Von ihnen und ihrer Cessna war nichts zu hören und zu sehen. Fünf Männer und ein Flugzeug, einfach verschwunden, wie vom Erdboden verschluckt.

Am nächsten Tag startete die zuständige Behörde eine großflächig angelegte Suchaktion. Die Region an Alaskas Südküste, in der man die Vermissten vermutete, wurde in Planquadrate eingeteilt und nach einem sich überlappenden Rasterfeldsystem gleich mehrfach abgeflogen, so auch der große Prince-William-Sund, das Eingangstor des Landes, wenn man sich südlich vom Golf von Alaska her nähert. Während der sechswöchigen Suche wurde das 60 000 Quadratkilometer umfassende Gebiet gleich mehrfach durchkämmt. Es war eine der längsten und aufwändigsten Suchaktionen in der Geschichte Alaskas. Natürlich beteiligte sich auch Jason Roth. Er fühlte sich besonders schlecht, machte sich Vorwürfe, die anderen von seiner sicheren Flugroute nicht überzeugt, vielleicht zu früh nachgegeben zu haben. »Den ganzen Sommer flog ich jeden Abend nach der Arbeit noch einmal raus, um wenigstens Wrackteile des Flugzeugs zu finden«, berichtete Jason Roth über seine verzweifelte private Suche nach seinen drei Brüdern und den beiden Freunden. Doch sämtliche Bemühungen blieben erfolglos. Noch nicht einmal die Absturzstelle wurde entdeckt – bis heute nicht.

Was war passiert? Lag es am aufziehenden Sturm? Gab es technische Probleme mit der

Cessna, einem ansonsten überaus robusten und zuverlässigen Flugzeug? Wo war sie abgestürzt? Warum fanden sich keine Spuren? Unglücke wie dieses sind in Alaskas Breitengraden keine Seltenheit. Die Schönheit des Landes fasziniert die Menschen seit jeher. Doch die beeindruckende Landschaft birgt erschreckende Gefahren. Fast jede Woche verschwinden Reisende auf ihren Touren durch das weite Land, müssen Flugzeuge notlanden, werden Menschen in den Rocky Mountains unter Lawinen begraben, von Bären oder Wölfen angegriffen. Doch die meisten der ausgelösten Suchaktionen bringen die Vermissten wieder zurück, wenn auch nicht immer lebend.

Alaska ist das größte Luftfahrtmuseum der Welt.

Süddeutsche Zeitung, 15. Juni 2002

Wer nur einige Wochen lang die Berichte der Tageszeitung *Anchorage Daily News* verfolgt, findet Nachrichten wie diese:

»Der Absturz eines Kleinflugzeugs forderte sechs Todesopfer. Rettungsmannschaften fanden einen Tag nach dem Verschwinden das Wrack.« – »Vier deutsche Urlauber sind bei einem Rundflug abgestürzt und ums Leben gekommen. Das Wrack der einmotorigen Maschine wurde in der Nähe des Davidson-Gletschers entdeckt.« – »Auf einem Campingplatz nahe dem Gebirgsort Hyder hat ein Braunbär einen 41 Jahre alten Mann getötet und teilweise aufgefressen.« – »Nach einer Lawinenserie war die Ortschaft Girdwood eine Woche lang eingeschlossen. 2000 Bewohner und Skiurlauber hatten in einer Stadthalle ausgeharrt, die noch beheizt werden konnte. Rettungskräften mit schweren

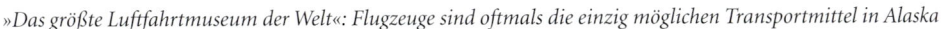

»Das größte Luftfahrtmuseum der Welt«: Flugzeuge sind oftmals die einzig möglichen Transportmittel in Alaska

275

Bulldozern gelang es schließlich, zu den Eingeschlossenen vorzudringen.«

Solche Meldungen wiederholen sich in kurzer Folge. Für die Behörden ist dies fast trauriger Alltag. Was ihnen indes – aber vor allem den Hinterbliebenen – weit mehr zu schaffen macht, ist die auffällige Zahl höchst rätselhafter Fälle: Menschen, Flugzeuge und Schiffe verschwinden auf unerklärliche Weise spurlos. Geschäftsleute kehren von einer Dienstreise nicht mehr zurück. Abenteurer oder Reisende sind plötzlich wie vom Erdboden verschluckt. Flugzeuge stürzen ab, ohne dass ihre Wracks jemals entdeckt werden. Touristen beenden ihre Rundflüge über die Gletscher, ein Höhepunkt jeder Alaskareise, im Nichts. Eines dieser mysteriösen Geheimnisse ist und bleibt der Fall der Gebrüder Roth. Alle Nachforschungen verliefen bis heute ergebnislos.

Immer wieder zeigt die Natur in unverständlichem, verschlüsseltem Gleichklang ihre beiden Seiten: die faszinierende und die Furcht erregende. Mittlerweile sprechen viele Bewohner Alaskas von einem Bermuda-Dreieck des Nordens. Das Gebiet, das ihnen immer wieder Rätsel aufgibt, zieht sich quer durch den Bundesstaat. Es umfasst eine trapezartige Fläche vom Südosten, die sich vom 6050 Meter hohen Mount Logan und der Alaska-Gebirgskette sowie dem Prince-William-Sund bis weit in den Nordwesten Alaskas zur Bergkette Brooks Range und dem nördlichen Polarkreis erstreckt. Mittlerweile gelten im Bermuda-Dreieck von Alaska mehr Menschen als verschollen als im Bermuda-Dreieck der Karibik.

Für die Vielzahl ungeklärter Fälle von verschwundenen Schiffen und deren Besatzungen rund um die Inselgruppe der Bermudas im Karibischen Meer haben Meeresgeologen inzwischen eine wissenschaftliche Theorie entwickelt, die zumindest dieses Phänomen »Bermuda-Dreieck« erklärt: Im Meeresboden, so die Wissenschaftler, komme es aufgrund tektonischer Bewegungen der Kontinente zu Boden- und Sedimentverschiebungen. Diese enormen Kräfte sorgten am Meeresboden für gewaltige Krater. Eine weitere Folge der Bodenbewegungen sei der Austritt von Gasen, zum Beispiel Methan, aus unterirdischen Gaseinlagerungen im Gestein. Diese Bodengase würden durch die Krateröffnungen am Meeresboden entweichen und in einem äußerst starken Wirbel an die Wasseroberfläche gelangen. Zudem veränderten die austretenden Gase die Wasserdichte. Der sich bildende Gaswirbel ziehe die Schiffe, die zu sehr in seine Nähe gerieten, mit unvorstellbarer Kraft unter Wasser. Zudem führe die veränderte Wasserdichte zum Verlust des Auftriebs der Schiffe. Diese Abfolge sei die Ursache für das Sinken so vieler Schiffe im karibischen Bermuda-Dreieck.

Was aber steckt hinter dem Rätsel der verschollenen Flugzeuge und Menschen im Bermuda-Dreieck von Alaska, jenem Land, das unberechenbarer ist als viele andere?

Eine Landschaft von hohen Bergen und Seen, die bis zum Horizont zu reichen scheint. Sie können immer weiter gehen und finden nur immer neue Weiten.

Nick Jans, Autor und Alaska-Kenner

Alaska ist viermal größer als Deutschland, doch im Vergleich zur dicht besiedelten Bundesrepublik mit ihren mehr als 80 Millionen Einwohnern leben dort gerade mal

»Faszinierende und furchterregende Natur«: Great Sitka Mountain (oben). Der Mount McKinley im Denali-Nationalpark (unten)

600 000 Menschen. Die USA hatten dieses strategisch wichtige Territorium am nördlichen Polarkreis, zwischen Beringstraße, Beaufortsee und Kanada, am Golf von Alaska mit der Aleuten-Inselkette gelegen, im Jahr 1867 für den Spottpreis von 7,2 Millionen Dollar von Russland gekauft. Seitdem ist Alaska der größte Bundesstaat der USA.

Die unendliche, nahezu unberührte Schönheit des Landes übt eine gleichsam magische Faszination aus. Was hat Alaska nicht alles zu bieten: den höchsten Berg Nordamerikas, den 6193 Meter hohen Mount McKinley, den Denali-Nationalpark, den Prince-William-Sund, Berge, Seen, Fjorde und Gletscher. In Alaska kann man monatelang mit sich allein sein. Wer aus der Weite wieder in die Zivilisation zurückkehrt, wird von der Last und der Lust der Einsamkeit erzählen, von den Schönheiten und den Tücken einer meist abenteuerlich verlaufenen Tour. Vorausgesetzt, man kehrt wieder zurück.

Alaska ist der einzige Bundesstaat, in dem der amerikanische Westen noch wirklich wild ist.

FRANKFURTER ALLGEMEINE ZEITUNG, 26. JULI 2001

Den täglichen Leichtsinn der Wildnissüchtigen bestraft Alaska sofort. Oft genug ist der Weg in die Natur des Landes der größte Traum der Reisenden – und gleichzeitig ihr größter Fehler. Immer wieder werden die Naturgewalten und Extreme, die riesigen Temperaturunterschiede und das launische Wetter unterschätzt. Viele Menschen machen sich mit einer völlig unzureichenden Ausrüstung auf den Weg, um die Wildnis zu durchstreifen. Was als Spaziergang oder Wochenendtrip gedacht war, artet plötzlich in eine nicht vorgesehene Extremtour aus, die nicht

selten tödlich endet. Besonders die Gletscher erweisen sich dabei als eine lebensgefährliche Eiswüste: »Das gefrorene Meer« nennt die Autorin Sheila Nickerson die unwirtliche Gletscherwelt, vor allem den Davidson- und den Malaspina-Gletscher.

Spektakulär und geheimnisumwittert blieb auch das Unglück, das sich am 16. Oktober 1972 ereignete und einen der mächtigsten Männer der USA das Leben kostete. Es war gegen neun Uhr, als Thomas Hale Boggs, Fraktionsführer der Demokraten im US-Repräsentantenhaus, mit einem jüngeren Parteifreund, dem Kongressabgeordneten Nick Begich, in Anchorage eine zweimotorige Cessna bestieg. Begleitet von dem Assistenten Russell Brow, wollten die beiden Politiker in den Südosten Alaskas, zur drei Flugstunden entfernten Hauptstadt Juneau, um dort Wahlkampfspenden zu sammeln. Die Wetterprognose lautete auf schlechte Sicht: dunkle Wolken, Schnee, Eis – nichts Ungewöhnliches im Oktober. Um 9.12 Uhr meldete der Pilot Don Jonz über dem Portage Pass in den Chugatch Mountains routinemäßig seine Position und die geplante Route an den Tower in Anchorage. Es war der letzte Funkspruch, das letzte Lebenszeichen der Maschine und ihrer Besatzung.

Am Zielflughafen Juneau wurde Suchalarm gegeben, wieder einmal: »Missing – missing – missing: persons in aeroplane are lost.« Die verschwundenen Personen waren engagierte Politiker. Nick Begich war gerade mit einem Gesetzesentwurf für die Rechte der Ureinwohner von Alaska an die Öffentlichkeit getreten. Es ging ihm unter anderem um eine umfassende Entschädigung der dort lebenden Minderheit für den Bau einer Pipeline durch ihr Gebiet. Auch Demokratenführer Thomas Hale Boggs zählte zu den wenigen Politikern, die sich für die Interessen Alaskas und seiner Bevölkerung einsetzten. Wenige Stunden nach Auslösung des Alarms waren Soldaten zur Stelle und suchten am Portage Pass tagelang nach Spuren, was nicht zum ersten Mal der Fall war: In diesem Gebiet waren in der Vergangenheit schon mehrere Flugzeuge verschollen. Eine Hercules der Luftwaffe erfasste das Gebiet mit Wärmebildkameras. Schiffe der Küstenwache suchten den Prince-William-Sund ab, dessen Wasser sich im Oktober auf null Grad abkühlt. Hätten die Politiker einen Absturz überlebt, so wäre ihnen im eiskalten Wasser eine maximale Überlebenszeit von 15 Minuten geblieben.

Erstmals in der Geschichte der Suchaktionen Alaskas kam dabei sogar das streng geheime Spionageflugzeug SR 71 Blackbird, ein Vorläufer des heutigen Tarnkappenbombers, zum Einsatz. Dank seiner Präzisionsinstrumente konnte man aus dem Höhenaufklärer binnen einer Flugstunde eine Fläche von etwa 100 000 Quadratkilometern detailgenau fotografieren. »Wir suchten nach dem Wrack und auch nach Einzelteilen des Flugzeugs. Denn eine Maschine, die abstürzt, hinterlässt Spuren. Sie verschwindet nicht einfach so«, berichtete einer der an der Suche beteiligten Luftwaffenpiloten. Der Mann irrte ebenso wie so viele andere. Es wurden keine Spuren gefunden: weder von der Cessna noch von den Insassen, weder von der Absturzstelle noch von Flugzeugtrümmern – trotz des Einsatzes zahlreicher Suchtrupps und modernsten technischen Geräts. Es wurden sogar übersinnliche Kräfte bemüht: Ein Traumdeuter aus Kenia, zufällig zu

»Einem Komplott zum Opfer gefallen«?: Demokratenführer Thomas Hale Boggs (oben) und der Kongressabgeordnete Nick Begich (unten)

Besuch, hatte eine Vision, in der er das Flugzeug an einer Bergwand sah – intakt, aber unter Blattwerk verborgen.

Am 24. November 1972, nach 39 Tagen, wurde die Suche ohne Ergebnis eingestellt. »Eine solche Situation kann eine Familie verrückt machen«, schilderten die beiden Söhne

279

von Begich, Tom und Nick jr., die Nöte der Angehörigen.

Nicht lange nach Bekanntwerden des Unglücks gab es in der Öffentlichkeit die ersten Spekulationen, denn Thomas Hale Boggs war einer der schärfsten Kritiker des umstrittenen US-Präsidenten Richard Nixon. Boggs hatte daher politische Feinde auf höchster Ebene, mit dem republikanischen Präsidenten der Vereinigten Staaten von Amerika an deren Spitze, und diese Auseinandersetzung gipfelte in der Watergate-Affäre: Nur drei Monate nach dem Verschwinden des Mehrheitsführers der Demokraten erschütterte einer der größten Politskandale des Jahrhunderts die weltweite Öffentlichkeit – der Einbruch im Wahlkampfbüro der Demokraten im Washingtoner Watergate Center. Thomas Hale Boggs hatte schon monatelang das Weiße Haus verdächtigt, eine Intrige gegen seine Demokratische Partei zu planan. Demoskopischen Umfragen zufolge lagen die Demokraten vor den Republikanern, Präsident Nixon würde aller Voraussicht nach seinen Job als mächtigster Mann der westlichen Welt verlieren.

Im Rahmen der Watergate-Untersuchungen gelangten geheime Tonbandaufnahmen aus dem Oval Office, dem Arbeitszimmer des Präsidenten, an die Öffentlichkeit. Darauf war unter anderem zu hören, wie Nixon seinen politischen Gegner Boggs verunglimpfte: »Man kann sich keinen Idioten leisten. Ich glaube, er ist verrückt.« Doch Thomas Hale Boggs hatte nicht nur Richard Nixon zum Gegner. Auch der Direktor des FBI, J. Edgar Hoover, war ihm nicht grün, weil er jahrelang dessen harte Ermittlungs- und Überwachungspraktiken angeprangert,

»Vereisungsgefahr unterbewertet«: Führte Pilot Don Jonz das Unglück vorsätzlich herbei?

»Kein Lebenszeichen«: Thomas Hale Boggs jr. und seine Mutter warten auf Nachrichten aus Alaska, 17. Oktober 1972

sie sogar mit den Methoden des sowjetischen KGB und der Arbeit der Gestapo verglichen hatte. In einer Rede vor dem Kongress am 5. April 1971 forderte Boggs den Rücktritt des FBI-Direktors. »Ich glaube, er war sich sehr bewusst, dass er eine mächtige Persönlichkeit angriff«, versucht Boggs' Sohn Thomas Hale jr. die Motive seines Vaters zu begründen. »Aber er hielt es für notwendig. Das FBI ging ihm damals viel zu weit in seinen Überwachungsmethoden, die vor der Privatsphäre der Bürger nicht Halt machten.«

Auch die Rolle des FBI bei der Ermordung des ehemaligen Präsidenten John F. Kennedy erschien Thomas Hale Boggs nicht hinreichend geklärt. Er war Mitglied der Warren-Kommission, die die Hintergründe des Attentats durchleuchten sollte. Auch in diesem Fall schossen die Spekulationen ins Kraut: Wusste Boggs zu viel? Gab es womög-

lich geheime Zusammenhänge zwischen Watergate und Boggs' Verschwinden in Alaska? 1992, zwei Jahrzehnte später, wurden die Ermittlungen wieder aufgenommen. Die Vermutungen, Verdachtsmomente, Spekulationen über politische Hintergründe hatten neue Nahrung erhalten. Mit einem Mal tauchten bis dahin unbekannte Dokumente, Briefe und Telexe aus den Archiven des FBI auf. Aus den Unterlagen ging hervor: So stand am 16. Oktober 1972, dem Tag des vermutlichen Absturzes, in einem FBI-Telex, ein ziviler Suchtrupp habe mit elektronischem Suchgerät eine mögliche Absturzstelle gefunden. Mitgeführte Infrarotsensoren hätten sogar zwei Überlebende festgestellt. Leider wurde die viel versprechende Spur vom FBI weder selbstständig weiterverfolgt noch als dringend benötigte Information einer anderen Behörde überlassen. Der Absturzort

»Mächtige Persönlichkeiten angegriffen«: War Hale Boggs Präsident Nixon und FBI-Chef Hoover im Wege?

mitten im größten Gletscher Alaskas, dem Malaspina-Gletscher, wurde offenbar verschwiegen. Doch warum nur?

Man kann es sich nur schwer vorstellen, aber manche der Gletscherspalten sind so tief, dass ganze Bürogebäude darin Platz hätten. Ein Flugzeug kann darin spurlos verschwinden.

»Heute, da wir über J. Edgar Hoover eine Menge wissen, wäre ich nicht verwundert gewesen, wenn diese Fernschreiben einfach auf seinem Tisch liegen geblieben wären«, vermutete Nick Begich jr. »Er hat die Informationen nicht weitergegeben, und deshalb tauchen sie in den Berichten nirgends auf.« Als sich die Ermittler 1992 noch einmal Fotos des angegebenen Ortes anschauen wollten, die es nach einer solch gewaltigen Suchaktion ganz sicher gegeben haben muss, stellte sich heraus, dass sie sämtlich verschwunden waren. Und: Alle Namen der damaligen Zeugen waren in den FBI-Akten geschwärzt. »Damit ist ganz sicher ausgeschlossen worden, dass man die Telexe mit den Luftaufnahmen abgleicht«, kritisierte Nick Begich jr. »Man hätte ohne Probleme klären können, ob dort etwas war oder nicht. Nun wird es diese Möglichkeit nie wieder geben.«

Andere Überlegungen beziehen sich auf den Piloten der Unglücksmaschine, Don Jonz. In einem Zeitungsartikel hatte er sich im Oktober 1972, wenige Tage vor dem Unglück, zum Problem der Vereisung von Flugzeugen bei Flügen über Alaska geäußert. Seiner Meinung nach wurde die Gefahr von Vereisung vollkommen überbewertet. »Nachdem ich das gelesen hatte, dachte

ich, der Verfasser würde einen Unfall geradezu provozieren«, urteilte Alaska-Pilot Mike O'Neill, der am Unglückstag ebenfalls eine Cessna 310 auf einer Parallelroute flog. »Vermutlich vereiste Jonz' Flugzeug so stark, dass er nicht mehr in der Lage war, höher zu steigen. Möglicherweise prallte die Maschine deshalb gegen einen Berg und zerschellte.« Hat demnach eine totale Vereisung des Flugzeugs zum Absturz geführt?

Als ich den Artikel des Piloten las, in dem er Enteisungsgeräte generell infrage stellte, wurde ich wirklich wütend. Man kann in Alaska doch nicht mit einem Flugzeug durch die Gegend fliegen, das keine Möglichkeit zur Enteisung hat.

1992 schien immerhin eines klar: Die Cessna mit Thomas Hale Boggs, Nick Begich, Russell Brow und dem Piloten Don Jonz war mit großer Wahrscheinlichkeit über dem Malaspina-Gletscher abgestürzt. Für das komplette Verschwinden der Maschine samt Insassen wurde eine mögliche Erklärung favorisiert: Die Cessna stürzte in eine der unzähligen Gletscherspalten, von denen etliche so tief sind, wie ein Wolkenkratzer hoch ist. Es ist leicht vorstellbar, dass ein Kleinflugzeug auf Nimmerwiedersehen in einer solch gewaltigen Spalte verschwindet – zumal wenn der Schnee die Maschine anschließend mit einer dicken Schicht bedeckt wie im Winter ein Grab auf dem Friedhof.

Beherbergen also die Gletscher des Landes das Geheimnis vom Bermuda-Dreieck in Alaska? Liegen Thomas Hale Boggs und seine

»Gletscherspalten so tief wie Wolkenkratzer hoch«: Das ewige Eis Alaskas gibt seine Geheimnisse nicht preis

Parteifreunde, liegen Jeff, Kent und Scott Roth samt den Wracks ihrer Unglücksmaschinen mehrere hundert Meter tief unter dem Eis eines Gletschers begraben? Oder haben die Eisströme im Gletscher das Wrack schon über viele Kilometer weiterbefördert?

Lasst uns die Opfer nach Hause holen. Im Krieg tun wir das ja auch. Es ist das Mindeste, was wir für unsere Politiker tun können, wenn sie im Dienst ihr Leben lassen.

NICK BEGICH JR.,
SOHN DES VERMISSTEN US-POLITIKERS NICK BEGICH

Die Familie Begich forderte 1992 eine neue Suchaktion über dem Malaspina-Gletscher. Die Angehörigen wollten endlich und endgültig Klarheit haben. »Erst wenn die Toten geborgen und friedlich bestattet sind, finden auch wir unseren Frieden«, begründete Nick Begich jr. die neuerliche Initiative. Doch die Behörden lehnten eine erneute aufwändige Suche ab. Seit über 30 Jahren kommen sie nicht zur Ruhe, die Familien Begich und Boggs, Jason Roth und viele andere Angehörige der Opfer im Bermuda-Dreieck von Alaska. Sie sagen, das Schlimmste sei, nicht Abschied nehmen zu können, nicht zu wissen, wo die Liebsten liegen, nicht zu wissen, wie sie ums Leben kamen. Und vor allem: nicht zu wissen, wer oder was letztlich für ihren Tod verantwortlich war.

Die Indianer im Südosten Alaskas glauben fest daran, dass böse Geister verantwortlich sind für das Verschwinden von Menschen und Maschinen. Sie erzählen Sagen von der verlorenen Welt der »Kushtaka« – Fischottermännern, halb Mensch, halb Tier, die ihren Opfern als Trugbild erscheinen. In Gestalt eines verstorbenen nahen Verwandten locken sie die Ahnungslosen in ihr Reich – auf Nimmerwiedersehen.

Am Heiligabend 1979 starb Dutschke im Bad seiner Wohnung an den Spätfolgen des auf ihn 1968 verübten Attentats, während seine Frau im Wohnzimmer den Christbaum schmückte. Seine kürzlich veröffentlichten Tagebücher geben Auskunft über den wahren Rudi Dutschke, seine politische Begabung, seine Visionen, seine Ängste.

1979 Das kurze Leben des Rudi Dutschke

Heiligabend 1979. Die bescheidene Drei-Zimmer-Wohnung der Familie Dutschke im dänischen Århus war erfüllt von Bratenduft. Im Ofen brutzelte eine Gans, gefüllt mit Äpfeln, Reis und Gewürzen. Der einstige Bürgerschreck Rudi Dutschke, Politikone der Sechzigerjahre, und seine Frau Gretchen wollten das Weihnachtsfest mit den beiden Kindern auf traditionelle Art feiern. Eine dänische Freundin half Dutschkes schwangerer Frau bei den Festvorbereitungen. »Rudi«, wie ihn alle nannten – eigentlich hieß er Alfred Willi Rudolf –, hatte an jenem Tag viel telefoniert. Es galt, Kontakte nach Deutschland zu halten, Projekte zu diskutieren, politische Pläne zu schmieden. Gleich nach den Festtagen wollte Dutschke als Delegierter an der Parteigründung der Grünen in Karlsruhe teilnehmen. Seinen Wohnsitz hatte er bereits nach Deutschland umgemeldet. Die Gespräche des Tages hatten ihn aufgewühlt. Jetzt

»Gratwanderer zwischen Ost und West«: Dutschke im Jahr 1967 auf einer Demonstration

wollte er noch ein Bad nehmen. Als der Gänsebraten fertig war, ging Gretchen Dutschke ins Badezimmer, um ihren Mann zum Essen zu holen. Sie fand ihn leblos in der Badewanne. Noch auf dem Weg ins Krankenhaus verstarb der erst 39-Jährige.

Der Tod ließ sich Zeit. Elf Jahre lang hat er gewartet.

WOLF BIERMANN, EIN FREUND DUTSCHKES

Sechs Jahre später tauchte in Dutschkes Unterlagen ein Umschlag auf mit einem ominösen Hinweis: »Für Gretchen Klotz-D., nur öffnen, wenn Unglück passiert.« Darin seltsame Andeutungen: »Nur eins sollst du nie aus dem Kopf verlieren, das ist die 99,9 % Überzeugung von mir, dass, wenn es einen Abgang von mir gibt, dann ist das in der gegenwärtigen Phase eher durchgeführt durch SU-DDR-Geheimdienst als durch westlichen.« Die Ausdrucksweise war sibyllinisch, die Verweise gaben Rätsel auf: Dutschkes tragischer Tod im Badezimmer – sollte er in Wirklichkeit ein Komplott der Geheimdienste gewesen sein?

Vor allem eines wird aus der geheimen Notiz ersichtlich: Dutschke fühlte sich von östlichen und westlichen Geheimdiensten verfolgt. Nicht ohne Grund: Der Gratwanderer zwischen Ost und West, von beiden Systemen argwöhnisch observiert, war nirgendwo wirklich heimisch. »In der DDR ist alles real, bloß nicht der Sozialismus, in der BRD ist alles real, bloß nicht Freiheit, Gleichheit, Brüderlichkeit« – Dutschkes Fundamentalkritik an beiden deutschen Gesellschaftsformen sicherte ihm die Aufmerksamkeit der »Staatsschützer« auf beiden Seiten des Eisernen Vorhangs. Sein kurzes Leben spielte sich ab unter den Augen der Geheimdienste, die fleißig jeden Schritt protokollierten.

Nur wenige Tage vor dem Bau der Berliner Mauer am 13. August 1961 war Rudi Dutschke aus der DDR nach Westberlin gekommen. Der »Arbeiter-und-Bauern-Staat« hatte ihm, dem guten Schüler, braven FDJ-Jugendfunktionär und mehrfach ausgezeichneten Sportler, wegen einer kritischen Abiturrede das angestrebte Studium der Sportjournalistik versagt. In Luckenwalde unweit Ostberlins ließ er seine Eltern und drei ältere Brüder zurück. Aus dem Überwachungsstaat Ulbrichts verfolgten sie fassungslos den rasanten Aufstieg ihres Jüngsten zum Idol der westlichen Studentenbewegung. Sinn und Zweck des außerparlamentarischen Widerstands gegen das Establishment, den Dutschke propagierte, blieben ihnen zeitlebens fremd. Bis kurz vor ihrem Tod versuchte Mutter Dutschke, ihren Filius zur Räson zu bringen: »Ja, Rudi, wir alle haben nur mit dem Kopf geschüttelt über den Tumult, den ihr auf dem Gelände der FU [der Freien Universität in Westberlin] angestellt habt. ... Für einen Dummejungenstreich bist du doch zu alt. Du machst noch so lange, bis sie dich einsperren.«

Dein Vater lässt dir sagen, ob du so enden willst wie alle Anarchisten, dann hättest du keine sechs Jahre studieren brauchen.

MUTTER DUTSCHKE AN IHREN SOHN, 1967

Für den Soziologiestudenten Dutschke war dies ein längst einkalkuliertes Risiko. Schon lange schleppte er unterwegs immer eine Aktentasche mit Büchern mit sich herum, Lesestoff »für die langweilige Zeit im Knast«. Später würde er sogar seine beiden Kinder zu Besuchen ins Gefängnis mitnehmen. Auch sie sollten beizeiten lernen, »nicht eine panische Angst vor Gefängnissen zu haben«.

Nach dem Mauerbau war dem »Republikflüchtigen« Dutschke die Einreise in seine ehemalige Heimat verwehrt. Jahrelang durfte er seine Eltern und Brüder nicht besu-

»Kurz vor dem Mauerbau noch abgehauen«: Dutschke in seiner Westberliner Studentenbude, 1961

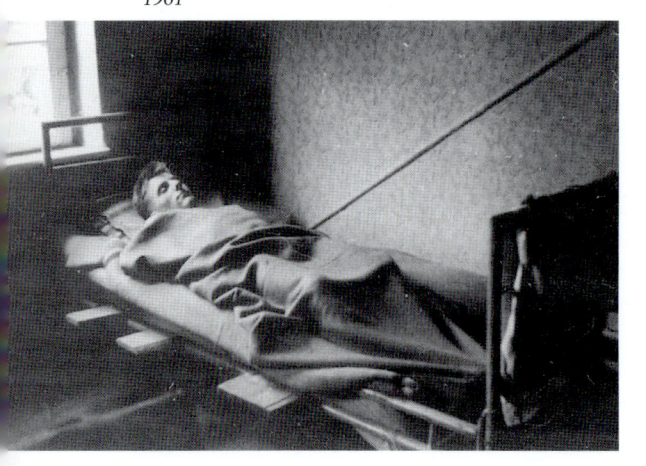

chen. Dafür trieben Agenten aus dem anderen deutschen Staat im goldenen Westen ihr Unwesen. Sie begleiteten unerkannt Dutschkes Aufstieg im »Sozialistischen Deutschen Studentenbund« (SDS), der Keimzelle der außerparlamentarischen Bewegung. Stasi-Agenten berichteten über den viel beachteten Wortführer der linken Studenten an ihre Ostberliner Zentrale, dem Ministerium für Staatssicherheit (MfS). In Dutschkes Stasi-Akte fanden sich sogar Fotos aller näheren Verwandten.

Als seine Mutter 1967 starb, versuchte Dutschke trotz offiziellen Einreiseverbots, an der Beerdigung teilzunehmen. Da kam ihm das Angebot des Vorsitzenden der Sozialistischen Einheitsfront Westberlins (SEW), eines Ablegers der SED im Westen der geteilten Stadt, gerade recht. Gerhard Danelius besorgte für Dutschke und seine Frau eine Aufenthaltserlaubnis. Über einen Grenzübergang für Parteioffizielle passierte daraufhin das Ehepaar Dutschke mit dem Genossen Danelius unbehelligt den Eisernen Vorhang in einer schwarzen Limousine. »Dutschke ist am 14. 11. 67 aus Westberlin nach Luckenwalde eingereist«, notierte prompt ein Stasi-Spitzel und spekulierte über den Urheber der Aufenthaltsgenehmigung. »Es wurden im VPKA [Volkspolizei-Kreisamt] Stimmen laut, dass die Einreise des D. durch das MfS genehmigt wurde.« Und auch in Luckenwalde hatten sich die servilen Spitzel Erich Mielkes bereits umgetan: »Die Personen, die Dutschke aus seiner Lehrzeit bzw. Schulzeit kennen, sind erstaunt über diesen und bewundern ihn wegen seiner polit. Aktivität, seiner Schlagfertigkeit und seines Mutes. Diese Entwicklung hätte dem D. keiner seiner Bekannten zugetraut.« Rudi Dutsch-

kes Bekanntheit reichte längst bis in die »Zone«.

Doch die bequeme Reise aus privatem Anlass hatte ein hochpolitisches Nachspiel. Etliche Zeitungen stellten umgehend Dutschkes politische Integrität infrage: »SED verhalf Dutschke zu Zonen-Reise. Rudi Dutschke, führender Funktionär des SDS, unterhält gute Beziehungen zur Westberliner SED«, schrieb die Berliner *Morgenpost*. Die *Welt* beschuldigte Dutschke, Initiator einer Zusammenarbeit zwischen linksradikalem SDS und der kommunistischen SEW zu sein. In der damaligen Atmosphäre des Kalten Krieges konnte die Andeutung einer solchen Verbindung für einen Mann wie Dutschke das Ende seiner politischen Ambitionen bedeuten, zumal der Studentenführer sich als Befürworter eines unabhängigen Sozialismus sah. Durch Gegendarstellungen versuchte Dutschke, den Eindruck seiner Umarmung durch den Osten zu entschärfen. Freilich blieb absurderweise der Ruch des »Ostagenten« an ihm hängen.

Unser Prozess der Revolution wird ein sehr langer Marsch sein.

DUTSCHKE

Es war der Traum von einer besseren Welt, ohne Ausbeutung und Unterdrückung, die Dutschke und seine jungen Mitstreiter antrieb – wenn auch die positiven Ziele im Nebel gewaltiger Satzungetüme verschwanden, wie der mit Dutschke befreundete Philosoph Ernst Bloch einmal anmerkte. »Unter den Talaren der Muff von 1000 Jahren« – mit Sprüchen wie diesem rebellierten Studenten damals gegen verkrustete Strukturen an den deutschen Hochschulen. Doch schon bald verlagerte sich ihr Protest auf die politischen Brandherde der Zeit. Nicht nur in Berlin gingen damals Studenten auf die Straße und demonstrierten gegen Vietnamkrieg, totalitäre Systeme und deren Hofierung durch westliche Regierungen. Nach dem Motto »Ohne Provokationen werden wir überhaupt nicht wahrgenommen« garnierten Dutschke und die Aktiven der APO, der »Außerparlamentarischen Opposition«, ihren öffentlichen Protest mit Farbeiern und Puddinggeschossen. Für den schmächtigen Mann im Strickpulli war dies nichts weiter als ein »ohnmächtiges Mittel zum Zeichen des Protestes«.

Ich bin ein Revolutionär. Ein Revolutionär muss die Revolution machen.

Für den Staat dagegen bedeutete es eine Gefahr für die öffentliche Ordnung. Als Versuch, »Unordnung und Chaos in unsere Städte und Gemeinden zu bringen«, brandmarkte der damalige Regierende Bürgermeister von Westberlin, Klaus Schütz, solche Aktionen und forderte, sie müssten »bekämpft werden mit den Mitteln, die uns zur Verfügung stehen«. Die biedere Nierentisch-Gemütlichkeit der Fünfzigerjahre schien damit endgültig der Vergangenheit anzugehören. Längst war beiden Seiten der Maßstab für einen angemessenen Umgang miteinander abhanden gekommen. Auf dem Landesparteitag der Berliner SPD im Februar 1968 polemisierte Schütz über die APO: »Ihr müsst diese Typen sehen. Ihr müsst ihnen genau ins Gesicht sehen. Dann wisst ihr,

»Schlagt ihn tot«: Ende der Sechzigerjahre entstand eine regelrechte Anti-Dutschke-Hysterie

»Stoppt Dutschke jetzt«: Dutschke-Attentäter Josef Bach-mann nahm die Presseparolen beim Wort

»Drei Kugeln auf Rudi Dutschke«: Nach dem Attentat auf den Studentenführer am 11. April 1968

denen geht es nur darum, unsere freiheitliche Grundordnung zu zerstören.« Es klang wie eine Kriegserklärung.

Die Presse hieb ihrerseits in dieselbe Kerbe. Großformatige Fotos zeigten die »Krawallmacher« beim Durchbrechen von Sperrgittern der Polizei. Im Februar 1968 ereiferte sich die *Bild*-Zeitung über einem Foto von Rudi Dutschke: »Stoppt den Terror der Jung-Roten jetzt!« Und im Text hieß es: »Man darf über das, was zurzeit geschieht, nicht einfach zur Tagesordnung übergehen. Und man darf auch nicht die ganze Drecksarbeit der Polizei und ihren Wasserwerfern überlassen.« Viele Deutsche fühlten sich angesprochen. Einer sollte die Initiative ergreifen.

Schon im März dieses Jahres, das einer ganzen Generation seinen Namen geben sollte, war bei einer Gegendemonstration der »wahren Berliner« ein Mann, der mit Dutschke verwechselt wurde, fast gelyncht worden. »Hier

ist Dutschke!‹ Das ging wie ein Lauffeuer durch die Menge«, berichtete später das Opfer. »Schlagt ihn tot, hängt ihn auf!«, habe der Mob skandiert. Laut Bekunden von Augenzeugen sei der Verwaltungsangestellte Lutz Mende gerade noch mit dem Leben davongekommen. Seit am 2. Juni 1967 bei einer Demonstration gegen den Besuch des Schahs von Persien der Student Benno Ohnesorg durch eine Kugel aus einer Polizeipistole getötet worden war, herrschte Angst im Land.

Viele der Demonstrationen waren notwendig, um uns auf Schäden in unserer Gesellschaft aufmerksam zu machen.

HELMUT GOLLWITZER, 1970

»Heute Ohnesorg, morgen wir!«, skandierten in Berlin Studenten auf Protestkundgebungen. Jetzt wurde auf beiden Seiten aufgerüstet – die Zeit des harmlosen Kräftemessens zwischen der protestierenden Jugend und den staatlichen Institutionen war endgültig vorbei.

»Haben Sie nicht manchmal Angst, dass Ihnen einer über den Kopf schlägt?« – Die am 11. April 1968 an Rudi Dutschke gerichtete Frage eines Fernsehreporters war nur zu berechtigt. Doch Dutschke, der längst Wohnungen wie Hemden wechselte, wehrte ab: »Nicht Angst, kann passieren. Es kann natürlich irgendein Neurotiker oder Wahnsinniger eine Kurzschlusshandlung durchführen.«

Nur wenige Stunden später, am Gründonnerstag des Jahres 1968, gegen 16.30 Uhr, war es soweit: Der 23-jährige Handwerker Josef Bachmann, Hitler-Fan und NPD-Wähler, lauerte Dutschke auf offener Straße auf und feuerte aus nächster Nähe mehrmals eine Pistole auf ihn ab. Mehrere Geschosse durchdrangen Dutschkes Gehirn. In Bachmanns Tasche fand man ein Exemplar der von dem berüchtigten Verleger Gerhard Frey publizierten *Deutschen National-Zeitung* mit dem Titel »Stoppt Dutschke jetzt«. »Ich war so in Hass, ich hatte so eine Wut«, sollte der Attentäter dem Richter erklären. Er habe Dutschke für einen Kommunisten gehalten. »Er konnte die Jugendlichen mit langen Haaren nicht leiden«, versuchte Bachmanns Mutter später vor laufender Fernsehkamera die Tat ihres Sohnes zu begründen. Die politische Linke sah als Hauptschuldigen für den Anschlag Axel Springer, dessen Zeitungen über Monate eine Kampagne gegen Dutschke geführt hatten.

»Drei Kugeln auf Rudi Dutschke«, dichtete Wolf Biermann. »Wir haben genau gesehen, wer da geschossen hat. … Nicht der Mann mit dem Ballermann, das irregemachte Kind …

Die Kugel Nummer eins kam
aus Springers Zeitungswald.
Ihr habt dem Mann die Groschen
auch noch dafür bezahlt.

Des zweiten Schusses Schütze
im Schöneberger Haus.
Sein Mund war ja die Mündung
da kam die Kugel raus.

Der Edel-Nazi-Kanzler
schoss Kugel Nummer drei.
Er legte gleich der Witwe
den Beileidsbrief mit bei …«

Bundeskanzler Kurt Georg Kiesinger, der von Teilen der Medien wegen seiner Mitgliedschaft in der NSDAP ebenfalls ins Visier genommen wurde, hatte Gretchen Dutschke wenige Stunden nach der Tat Genesungswünsche schicken lassen: »Was immer uns Deutsche an Verschiedenheit der politischen Meinungen trennen mag, es darf in unserem Lande nicht dazu kommen, dass Meinungsverschiedenheiten durch brutale und verbrecherische Gewalt ausgetragen werden. Ich hoffe von Herzen, dass Ihr Mann von seinen Verletzungen völlig genesen wird.« Das versöhnliche Telegramm wurde umgehend zerrissen.

Das Attentat auf Dutschke führte zu gewalttätigen Ausschreitungen bei den folgenden Großdemonstrationen gegen Häuser des Axel-Springer-Verlags. In München starben dabei zwei Menschen. »Wir haben ja auch nie genügend reflektiert, warum Bachmann mich im April 1968 zusammengeschossen hat«, notierte Dutschke 1974 während seines langen Genesungsurlaubs, in dem er wie ein Kind erneut sprechen und denken lernen musste. Dutschke selbst hielt eine Verschwö-

»Sie schmeißen uns raus«: Dutschke mit seiner Frau Gretchen (im Bild rechts) im Dezember 1970 in London

»Ich muss mich in der nächsten Zeit raushalten«: Familie Dutschke 1971 in Dänemark. Vorn die Kinder Hosea Che und Polly

rung für möglich. Der zur Tatenlosigkeit verurteilte Revolutionär schrieb privat ein ausführliches Tagebuch. Immer wieder taucht ein Satz auf, den Dutschke voll dunkler Ahnungen auch auf sich bezog, ein Ausspruch, den Eugen Leviné, ein Mitglied der Münchner Räterepublik, kurz vor seiner Hinrichtung durch reaktionäre Freikorpssoldaten 1919 prägte: »Wir Kommunisten sind Tote auf Urlaub.«

Nach dem Attentat hatte Rudi Angst, ein Revolutionär zu sein.

Gretchen Dutschke

Nach mehreren schweren Operationen und einem Erholungsaufenthalt in einem Schweizer Sanatorium nahm Dutschke für sich und seine Familie die Einladung eines deutschen Freundes in dessen italienische Villa an. »Tagesablauf wie im gutbürgerlichen Urlaub«, spottete der *Stern*, dessen Reporter die Familie unweit von Rom in den Albaner Bergen aufgespürt hatten: »Regelmäßige Mahlzeiten, Rasenspiele, Tischtennis und Fortschritte mit der Doktorarbeit.« Die Pressemeute folgte der einstigen Lichtgestalt der Linken überallhin, belagerte ihre Domizile. Für Dutschke und seine Familie begann eine jahrelange Odyssee. Kein Land wollte den angeschlagenen Agitator aufnehmen, nicht einmal die Vereinigten Staaten von Amerika, obwohl Dutschkes Frau amerikanische Staatsbürgerin war. Die von Rassenunruhen erschütterten USA sahen in »Red Rudolph« eine Gefahr für die öffentliche Ordnung. Belgien erklärte ihn nach zwei Wochen Aufenthalt zur »Persona non grata«. Großbritannien gestand dem Rekonvaleszenten die Einreise zu neurologischen Untersuchungen zu, wies die Familie nach Ablauf

eines kurzen Visums jedoch wieder aus. Erst unter der Bedingung, sich in England nicht politisch zu betätigen, erlaubte London erneut die Einreise. Es war eine Auflage, an der ein politischer Kopf wie Dutschke nur scheitern konnte.

Von Anfang an fühlte sich Dutschke überwacht in Großbritannien. In seinem Tagebuch klagte er über Briefe, die ihre Adressaten nicht erreichten, glaubte an Machenschaften der »Geheimpolizei«. Im Sommer 1969 fuhr er mit einer Fähre nach Calais, um sich dort heimlich mit Bahman Nirumand zu treffen, einem oppositionellen persischen Schriftsteller und bekannten NATO-Gegner. Doch das konspirative Treffen fiel ins Wasser. Die französische Grenzpolizei griff den agilen Exstudentenführer auf und setzte ihn auf das nächste Schiff zurück nach England.

Die erfolglose Stippvisite in Calais sowie Kontakte zu vermeintlich »subversiven Gruppen« fanden ihren Niederschlag in westlichen Geheimdienstunterlagen. Das britische Innenministerium weigerte sich, das Visum der Dutschkes erneut zu verlängern. Dutschke legte Berufung ein. Durch Erich Fried in England und Bundespräsident Gustav Heinemann in Deutschland erfuhr er prominente Unterstützung. Dutschke gefährde die öffentliche Sicherheit in England, er wolle den Umsturz, lautete der Vorwurf der britischen Kommission, vor der Dutschke seine Harmlosigkeit unter Beweis zu stellen versuchte. »Mein erster kleiner öffentlicher Kampf nach dem Attentat begann«, vermerkte Dutschke mit kaum verhohlener Befriedigung in seinem Tagebuch. Doch es war ein Kräftemessen mit ungleichen Mitteln. Es heißt, dass der US-Geheimdienst CIA mit einem Dossier über Dutschkes Kontakte zu linker Politprominenz, darunter ein Briefwechsel mit Horst Mahler, der Entscheidungsfindung der Briten nachgeholfen haben soll. Dem CIA-Dossier sei ferner zu entnehmen, dass Dutschke in England entgegen der Abmachung deutsche, amerikanische und chilenische »Revolutionäre« empfangen habe. Die Briten machten kurzen Prozess. Ende 1970 notierte Dutschke fassungslos in sein Tagebuch: »Nun ist es doch passiert, die pigs schmeißen uns raus.« Die mittlerweile vierköpfige Familie musste Anfang 1971 die Koffer packen. In diesem Augenblick der Not bot Dänemark den Heimatlosen ein Bleiberecht an. Bis zu seinem frühen Tod sollte das dänische Århus fortan Dutschkes neue Heimat werden.

Nach außen normalisierte sich dort Dutschkes Leben. Als Dozent an der Universität Århus schrieb er seine Doktorarbeit. Wiederholt reiste er in die Bundesrepublik, um ein bisschen »rumzuriechen«. Doch der politische Alltag in der Bundesrepublik war längst über ihn hinweggegangen. Manch einer von denen, die Dutschke kannte, war mittlerweile kriminell geworden und im Untergrund. Nur einmal noch geriet der einstige Provokateur in die Schlagzeilen der westdeutschen Presse, als er 1974 am Grab des Terroristen Holger Meins auftauchte und mit erhobenem Arm und geballter Faust ein Unheil verkündendes »Holger, der Kampf geht weiter« ausstieß. Für kurze Zeit war Dutschke wieder »mitten drin«, wie er mit Genugtuung festhielt, während die Presse nach erprobtem Muster über ihn herfiel.

Seinem Tagebuch jedoch vertraute er die brüchige Basis seiner Existenz an. Direkt nach seiner öffentlichen Parteinahme für Holger Meins bekam er es mit der Angst zu tun: »Ich muss mich in der nächsten Zeit raushalten, sonst legen sie mich im Nu um. Sie kennen mich als Gefahr, meine Möglichkeiten sind groß, meine unmittelbare Realität beschissen klein.« Dutschke fühlte sich beobachtet: »Dass ich ›verfolgt‹ werde, ist mir seit vielen Jahren klar.« Argwöhnisch registrierte er verspätete Posteingänge und aufgebrochene Päckchen: »Wer spielte da herum, ist die Frage.« Und an anderer Stelle: »Ist schon eine Scheiße, wir haben schon viermal geschrieben, nichts kommt an; ich kann das nicht verstehen, habe meine eigene Interpretation.« Dutschke litt unter der Ungewissheit. »Ob CIA schon nach Dutschke forstet bzw. aufpasst, weiß ich nicht. Sie werden zuschlagen, wenn sie eine Gefahr sehen. Noch bin ich für sie wahrscheinlich ein Schreiberling, es sei denn, sie wollen [mich] schon am Beginn stoppen.« Früh verband sich das Trauma des Attentats mit einem Verfolgungssyndrom: »Dass mich weder die DDR-Agenten noch die West-Agenten gern haben, ist klar.«

Am Ende jenes Jahrzehnts, in dem die junge deutsche Demokratie eine immense innere Aufrüstung durchlief, arbeitete Dutschke an seinem politischen Comeback. Er hatte sich dem Abenteuer »Grüne« verschrieben, war von der Bremer Landesgruppe als Delegierter für Karlsruhe gewählt worden. Der Umzugstermin nach Bremen stand bereits fest. Mit Dutschkes Tod an Heiligabend 1979 zerplatzten alle Träume wie eine Seifenblase. »Todtraurige Possen treibt das Leben mit den Toten auf Urlaub!«, dichtete Freund Wolf Biermann. Dutschkes merkwürdiges Ableben nährte Spekulationen auf Fremdeinwir-

»Arbeit am politischen Comeback«: Rudi Dutschke kurz vor seinem Tod im Jahr 1979

kung. Er selbst wollte wohl mit seiner seltsamen Notiz die Aufmerksamkeit auf die Rolle der Geheimdienste lenken.

Der Obduktionsbefund des gerichtsmedizinischen Instituts in Århus jedoch sprach eine deutliche Sprache: »Es gibt keine Spur eines Verbrechens.« Dutschke habe in der Badewanne einen epileptischen Anfall erlitten und sei dabei unter die Wasseroberfläche gerutscht. Was kaum jemand wusste: Infolge des Attentats elf Jahre zuvor hatte sich in sein Gehirn ein Knochensplitter eingenistet, den die Ärzte operativ nicht zu entfernen wagten.

Die Zerstörung seines Gehirns war weit größer, als man zunächst annahm. Zwei Kugeln wurden durch sein Gehirn geballert und haben viele Narben von totem Gewebe hinterlassen.

GRETCHEN DUTSCHKE

Dutschke litt seither an Sprachstörungen. Hör- und Sehprobleme erschwerten seinen Alltag. Über Jahre hatte der schwer Schädelverletzte zudem regelmäßig mit Anfällen zu kämpfen. Hilflos notierte er in seinem Tagebuch, wie ihm die Kontrolle über seinen Körper immer wieder entglitt. Am 31. Mai 1970, immerhin zwei Jahre nach dem Mordanschlag von Berlin, lautete der Eintrag: »Nun ist es doch wieder einmal passiert; eine ›Halb-Attacke‹ spielte sich ab, begann um 10.00 Uhr morgens, hatte gerade das Bett verlassen. …War doch sehr unglücklich!! … Wer weiß, vielleicht hört die Scheiße ›nie‹ auf, dennoch gehen meine Ideen durch nichts zurück!« Zwei Tage später ergänzte er: »Wollte Trotzki und Lenin sagen, es stoppte, konnte noch etwas reden, die Regulierung war aber blockiert.«

»Todtraurige Possen mit den Toten auf Urlaub«: Die Beerdigung Dutschkes am 3. Januar 1980

In den ersten Jahren nach dem Attentat wagte es Dutschke nicht, allein in der Wohnung zu bleiben. Jeder Anflug von Stress, jede Änderung im Tagesrhythmus führte zu schweren gesundheitlichen Störungen. Sein Tagebuch ist voll mit Selbstermahnungen, lebenswichtige Medikamente pünktlich einzunehmen und ausreichend Schlaf und Ruhe zu bekommen. Akribisch analysierte Dutschke die trotz entsprechender Vorsorge immer wiederkehrenden Anfälle. »8. März 1971:« – mittlerweile wohnte die Familie in Dänemark – »›erste‹ und hoffentlich ›letzte‹ Attacke im ›neuen Land‹. War spät ins Bett gegangen, hatte am 7. März mein 31. Lebensjahr angetreten. … Die Attacke begann, das rechte Auge erhielt die ›üblichen bunten Farben‹, ich klammerte mich fälschlicherweise an Worten fest (Auto – car), die ich natürlich nicht richtig ausdrücken konnte, was mich weiter verkrampfte. Es kam schließlich zu einer ca. 20–30 sec. Zungen-Verkrampfung, alles bei voller Beibehaltung des Bewusstseins.« Jeder öffentliche Auftritt geriet für Dutschke so zu einem Kampf gegen seinen unberechenbaren Körper, einen Kampf, den er letztlich siegreich überstanden zu haben glaubte. Nur wenige Tage vor seinem Tod hatte er gegenüber Freunden in Düsseldorf voller Optimismus erklärt, dass er sich wieder »topfit« fühle. Mit seinem Engagement bei den Grünen stand er kurz davor, den von ihm propagierten »Marsch durch die Institutionen« selbst anzutreten. Am Schluss musste sein eiserner Wille vor den gravierenden Verletzungen von 1968 kapitulieren.

Es gibt kein Geheimnis.

Die Welt hielt den Atem an: Die US-Raumfähre »Challenger« stürzte 1986 in einem Feuerball vom Himmel. Jetzt kommt ans Licht: Die NASA vertuschte jahrelang die Ursachen der Katastrophe.

1986 Die »Challenger«-Tragödie

Die »Stars and Stripes«, die Nationalflagge der USA, flatterten an diesem strahlenden Dienstagmorgen des 28. Januar 1986 stolz im Wind. Über Florida wölbte sich ein klarer, wolkenloser Himmel. Eine eiskalte Brise, die vom Atlantischen Ozean herüberwehte, ließ das Blau des Himmels besonders intensiv hervortreten. Er war von gleicher Farbe wie der Hintergrund für die 50 Sterne, Symbole der Bundesstaaten auf dem »Star-sprangled banner« der USA.

Der Himmel über Texas, mehr als 2000 Kilometer weiter westlich, interessierte weit weniger an jenem Tag. In den großen Saal der Bodenkontrolle von Houston drang nicht ein Strahl Tageslicht. Alle Augen vor den Bildschirmen und Monitoren, alle Ohren unter den Kopfhörern waren auf die Bilder und Meldungen aus Florida konzentriert. Endlich war es soweit. Nach intensiven Vorbereitungen, nach unendlichen Berechnungen und

»Nationale Tragödie«: Nach dem »Challenger«-Unglück weht die US-Fahne in Cape Canaveral auf halbmast

Konstruktionen, nach ermüdenden Trainingswochen und sorgfältigsten Tests standen die Techniker, Ingenieure und Wissenschaftler des »Lyndon B. Johnson NASA Center« unmittelbar vor Beginn der »Mission 51-L«. Die sieben Astronauten an Bord der »Challenger« (»Herausforderer«), alle Mitarbeiter der NASA sowie Millionen Menschen in den USA und auf der ganzen Welt lauschten der Stimme aus Houston: »Ten… nine… eigth… seven… six… five… four… three… two… one… lift off.«

In diesem Moment zündeten in Cape Canaveral die Triebwerke. Der riesengroße Haupttank mit zwei Millionen Liter flüssigem Sauerstoff und Wasserstoff und die an ihm befestigten beiden Festtreibstoff-Trägerraketen, die »Booster«, hoben ab, das Spaceshuttle auf dem Rücken. Selbst wenn es schon etliche Male vorher zu sehen war – auch jetzt griff wieder sprachloses Staunen um sich über dieses meisterliche Schauspiel menschlicher Ingenieurkunst: an den Fernsehgeräten daheim, bei den Zuschauern vor Ort und bei den NASA-Technikern. Nach ein paar Momenten ging ein allgemeines Aufatmen durch die Bodenkontrolle in Houston, Applaus setzte ein, man beglückwünschte sich gegenseitig. Seit dem »lift off« waren 73 Sekunden vergangen.

In der 74. Sekunde war der Himmel über Florida nicht mehr strahlend blau, sondern rot. Die »Challenger« gab es nicht mehr. Im Bruchteil einer Sekunde verglühten in der US-Raumfähre sieben Astronauten: die beiden Frauen Sharon Christa McAuliffe und Judith A. Resnik sowie ihre fünf männlichen Kollegen Gregory B. Jarvis, Ronald E. McNair, Ellison S. Onizuka, Francis R. Scobee und Michael Smith. In dieser Sekunde, exakt um 11.39 Uhr, 14 Uhr Ostküstenzeit, explodierte die Raumfähre und stürzte als ein gewaltiger Feuerball in den Atlantischen Ozean. Zwar hatten die Experten bei all den riskanten Weltraumprojekten den »worst case«, den schlimmsten Fall, stets mit einkalkuliert. Doch insgeheim war die Vorstellung einer etwaigen Katastrophe immer wieder verdrängt worden. Umso größer waren nun Schock, Entsetzen und Trauer. »Ein Vierteljahrhundert haben wir diesen Tag vermeiden können. Wir hatten gehofft, ihn für immer hinauszuschieben zu können. Wir haben darüber geredet und spekuliert – und nun ist es geschehen«, beschrieb US-Senator John Glenn, der 1962 als erster Amerikaner die Erde umkreiste, die Gefühlslage.

Wie konnte diese Katastrophe passieren? Was war die Ursache? Wer war dafür verantwortlich? Die Untersuchungen dauerten zwei Jahre, und sie waren begleitet von Vermutungen, Gerüchten und Geheimniskrämerei. Mehrere Kommissionen wurden eingesetzt, mehrere Theorien diskutiert. Doch am Ende stand nur eine Erklärung, so einfach und lapidar, dass sie vor allem bei Laien und Außenstehenden für völlige Fassungslosigkeit sorgte.

Was bringt Menschen dazu, sich auf die Spitze eines Feuerwerkskörpers zu setzen und darauf zu warten, dass unten jemand die Lunte zündet?

Tom Wolfe, Schriftsteller, über die Raumfahrt

Zurück zum 28. Januar 1986. Um kurz vor zehn Uhr Ortszeit an diesem Vormittag sahen die Fernsehzuschauer die Lehrerin Sharon Christa McAuliffe und ihre sechs Gefährten noch mit strahlenden Gesichtern und voller Optimismus. Während sie sich über den Steg der Startrampe auf den Weg zur Einstiegsluke des Spaceshuttle machten, winkten alle zum Abschied lächelnd in die Objektive der auf sie gerichteten Kameras. Kaum an Bord, arbeitete die siebenköpfige Crew alle Checklisten ab. Nach einer guten Stunde waren die Astronauten bereit. Sie schnallten sich in ihre Kontursitze, setzten ihre Helme auf, so wie sie es im monatelangen Training im »Lyndon B. Johnson NASA Center« in Houston tausendmal geübt hatten. Der Kommandant der US-Raumfähre »Challenger«, Francis R. Scobee, meldete das Spaceshuttle startklar. Auch die Ingenieure der Bodenkontrolle in Houston hatten ihr Pensum fast erledigt. Nach aufmunternden Worten und letzten Grüßen an die Crew begann die heiße Phase der unmittelbaren Startvorbereitung. Alle Systeme arbeiteten einwandfrei.

»Voller Optimismus«: Kommandant Scobee (vorn) und seine Crew auf dem Weg zur Startrampe. Sharon Christa McAuliffe ist die Dritte von hinten

Für die begeisterte Lehrerin Sharon Christa McAuliffe war ihr Ausflug ins Weltall keine Reise auf Leben und Tod. Es sollte ein Flug voller Chancen werden – mit einer Premiere: Sie wollte die erste Lehrerin sein, die aus dem All Schülern Unterricht erteilte. »Hoffentlich schaut mir dabei auch jeder zu«, hatte die 37-Jährige aus Concord im US-Bundesstaat New Hampshire erwartungsvoll gesagt. Das einjährige Auswahlverfahren hatte Sharon Christa McAuliffe erfolgreich bestanden. Aus 11 000 Kandidaten war sie als Protagonistin des ehrgeizigen »teacher in space program« ausgewählt worden und sollte die erste Zivilperson im Weltall werden. In der sechsmonatigen Vorbereitung für ihren Ausflug ins All hatte sie mit ihrer offenen, zupackenden Art immer wieder für gute Stimmung in der Astronauten-Crew gesorgt – ob bei den medizinischen Belastungstests, beim Probieren der gewöhnungsbedürftigen Astronautennahrung, beim Training der Schwerelosigkeit im ausgepolsterten Bauch einer Transportmaschine im Parabelflug oder bei den wissenschaftlichen Übungen im Spaceshuttle-Labor.

Es war ein Bild machtvoller Eleganz, das die »Challenger« an diesem 28. Januar 1986 in Cape Canaveral auf Startrampe 39-B bot. Viele NASA-Techniker fanden die Raumfähre mit ihrem langen, geraden weißen Rumpf und der schwarzen Kugelnase am Bug sogar ausgesprochen schön. Auf jeder Flanke prangten stolz die »Stars and Stripes«. Der Laderaum des Spaceshuttle barg einen 18 Tonnen schweren Datenübermittlungssatelliten der NASA. Unter den Tragflächen ragten rechts und links die beiden gewaltigen Festtreibstoff-Trägerraketen hervor. In der Mitte ruhte der 47 Meter lange riesige Haupttank. Die für Florida außergewöhnliche Kälte der letzten Tage und Nächte hatte die gesamte Startanlage mit einer dicken Eisschicht überzogen. An vielen Stellen hingen Eiszapfen vom Gestänge. Die letzte Verbindung zwischen Spaceshuttle und Startrampe waren armdicke Kabel. Diese und große Teile der »Challenger« waren ebenfalls vereist. Die Startrampe 39-B war seit den großen Tagen der »Apollo«-Missionen mit den zuletzt schon zur Routine gewordenen Landungen auf dem Mond in den Siebzigerjahren nicht mehr benutzt, aber von Grund auf überholt worden.

Für die National Aeronautics and Space Administration, die NASA, war »Mission 51-L« ein Jubiläum: Der bevorstehende Flug war der fünfundzwanzigste eines Spaceshuttle und der zehnte Einsatz der »Challenger« – wie immer mit Rückfahrkarte zur Erde. Doch die Verantwortlichen standen unter großem Zeitdruck, denn der Zeitplan für »Mission 51-L« war bereits um acht Tage überschritten. Noch am Tag zuvor hatte man den Startvorgang nach einem sechsstündigen Hin und Her wegen eines Problems an der Einstiegsluke des Shuttle abbrechen müssen. Die Nerven waren also bis zum Zerreißen gespannt. Aber nun, am 28. Januar, musste der Start gelingen. Doch schon wieder lag man zwei Stunden hinter dem Zeitplan zurück: Eine defekte Feuerlöscheinrichtung an der Startrampe bereitete Probleme, und wichtige Teile des Spaceshuttle mussten von Eis befreit werden. In sicherer Entfernung zur Startrampe warteten die Angehörigen der Astronauten im kalten Januarwind gespannt auf den Start. Neben ihnen verharrten auf einer Tribüne hunderte NASA-Mitarbeiter und viele Zuschauer.

»›Challenger‹, volle Kraft«: Der Start des Spaceshuttle am 28. Januar 1986

»Wie ein Leichentuch am Himmel«: Nach der Explosion der »Challenger«

Um 11.38:00 Uhr Ostküstenzeit lief endlich der Countdown ab. Alle Triebwerke zündeten gleichzeitig. Ein fünffacher Feuerstrahl schob die »Challenger« langsam nach oben. Die drei Triebwerke der Raumfähre und die beiden Festtreibstoff-Trägerraketen rechts und links des Spaceshuttle traten in Aktion. Im Moment des »lift off« übernahmen die Flugbeobachter der Bodenkontrolle in Houston die Herrschaft über die Raumfähre.

11.38:10 Uhr: Bodenkontrolle an »Challenger«: »Engine throttling up. Three engines now at 104 percent, challenger, go with throttle up.« (»Challenger, volle Kraft.«) Nach einer Phase des verminderten Schubs (65 Prozent) ging die gesamte, fünffache Triebwerksleistung wie geplant auf Volllast (104 Prozent).

11.38:15 Uhr: Kommandant an Bodenkontrolle: »Roger. Go with throttle up.« (»Challenger, auf volle Kraft gehen!«) Es waren die letzten Worte des Kommandanten Francis R. Scobee. Die Fernsehzuschauer überall in der Welt konnten sie nicht hören, nur die Techniker in Houston. Alles schien bis dahin bestens zu funktionieren. Bei den Angehörigen auf der Tribüne in Florida gab es Tränen der Rührung und Freude, und in der Bodenkontrolle in Texas setzte gerade allgemeines Schulterklopfen ein. Stolz erfasste die ganze Nation – wie so oft in diesen Augenblicken, wenn Amerikaner auf Weltraummission gingen.

11.38:25 Uhr: Auf den Kontrollmonitoren bemerkten die Triebwerksexperten plötzlich, wie kleine Flammen am Heck der rechten Festtreibstoff-Trägerrakete züngelten. Für die Zuschauer in Cape Canaveral blieben die Flammen unsichtbar. Zu riesig waren die Startwolken, zu eindrucksvoll war das Schauspiel menschlichen Leistungsvermögens, das sich ihren Augen bot.

Plötzlich gab es einen Abriss aller Datenströme. Wir konnten nur noch eines tun: auf die Fernsehschirme starren.

JAY H. GREENE, NASA-FLUGDIREKTOR

11.38:40 Uhr: Auf den Monitoren der Flugüberwachung in Houston riss plötzlich der fortlaufende Datenstrom ab. Zum Entsetzen aller war nur noch der Buchstabe »S« zu sehen, »S« für »static«: Nichts geht mehr. Zuerst breitet sich fragende Hilflosigkeit auf den Gesichtern der Flugbeobachter aus, dann stummer Schrecken. Die ersten warnenden Rufe erklangen in der Bodenkontrolle. Kein Anzeichen, keine Abweichung irgendwelcher vorgegebener Daten. Nicht eine einzige Kontrolllampe hatte die Katastrophe angekündigt, die sich gerade 2000 Kilometer weiter

östlich über Florida abspielte. »Challenger« raste ohne Vorwarnung ins Inferno.

11.39:10 Uhr: Seit Ende des Countdowns war die Stimme des Sprechers der Bodenkontrolle aus den Lautsprechern ständig zu hören gewesen. Steve A. Nesbitt hatte stetig die aktuellen technischen Flugdaten durchgegeben: »… eine Minute, zehn Sekunden… Geschwindigkeit 2900 Fuß pro Sekunde… Höhe neun nautische Meilen… Entfernung vom Start sieben nautische Meilen…«.

11:39.14 Uhr: Die Datenaufzeichnungen der Bordcomputer endeten bei genau 73,621 Sekunden. In diesem Moment ereignete sich die gewaltige Explosion. Der lange gerade, weiße Strich des gestarteten Spaceshuttle verwandelte sich in einen riesigen roten Feuerball. Der noch vorhandene Inhalt des Haupttanks unterhalb des Spaceshuttle, fast zwei Millionen Liter Treibstoff, explodierte in 16 Kilometer Höhe, acht Kilometer vor der Küste Floridas, über dem Atlantischen Ozean. Nach Sekundenbruchteilen stummen Schreckens ertönten überall entsetzte Schreie. Die Zuschauer in Florida wichen zurück, viele wendeten die Köpfe ab, um dann doch wieder zum feuerroten Schauspiel am Himmel hochzustarren.

Das war für mich das Schlimmste: Die Wolke hing da wie ein Leichentuch am Himmel.

GRACE NEVERGOLD AUS COCOA BEACH, AUGENZEUGIN DER EXPLOSION

Langsam verwandelte sich der riesige Feuerball in einen sich ausdehnenden weißen Wolkenwirbel. Kleinere Explosionen, Feuerstöße und Staubwolken verteilten sich nach allen Seiten. Die beiden losgelösten Festtreibstoff-

»Blankes Entsetzen«: US-Präsident Ronald Reagan und seine Berater betrachten die Fernsehbilder der Katastrophe

Trägerraketen zogen auf einem unkontrollierbaren, wirren Zickzackkurs eine weiße Rauchspur hinter sich her. Die Bodenkontrolle machte dem Irrflug ein Ende und sprengte die beiden Raketenhüllen mittels Funksignalen.

Auf den Gesichtern der NASA-Mitarbeiter in Houston zeigte sich blankes Entsetzen. Nach Momenten stummer Fassungslosigkeit gellten wilde Rufe durch die weitläufigen Räumlichkeiten der Bodenkontrolle. Einige wichen unter Schock von ihren Monitoren zurück. Andere vergruben ihre Tränen an der Schulter des Kollegen. Ein

hilfloser Ausdruck des Nichtbegreifens beherrschte die Techniker, die eben noch von der absoluten Machbarkeit ihrer Ideen überzeugt waren.

Um 11.40:00 Uhr war jedem klar, was sich ereignet hatte: Alle, die es verfolgt hatten, waren Zeugen der bis dahin größten Katastrophe der bemannten US-Raumfahrt geworden. Noch über eine Stunde lang nach der Explosion verglühten Teile des Spaceshuttle am Himmel und stürzten ins Meer, ein Regen kleiner und kleinster Trümmer, die vom Druck der Explosion in die Stratosphäre geschleudert wurden. Rauchstreifen

»Suche nach der Unglücksursache«: Sofort nach der Katastrophe beginnen Schiffe der US-Marine damit, vor der Küste Floridas Wrackteile der »Challenger« zu bergen

markierten den ganzen Nachmittag die Unfallstelle – das Leichentuch der »Challenger«.

Die Tragödie schockte das ganze Land. Große Ernüchterung machte sich breit. Bei der Bewertung des Unglücks wurden Vergleiche zu anderen historischen Schreckensereignissen gezogen: Seit der Ermordung von John. F. Kennedy 1963 oder seit dem japanischen Angriff auf Pearl Harbor 1941 habe kein Ereignis die Amerikaner so aufgewühlt, so ratlos

und mutlos gemacht, so verzweifeln lassen wie das Desaster um die »Challenger«. Der Traum Amerikas, der Traum von einem Land, in dem alles möglich und machbar ist, war geplatzt. Erst die Ereignisse vom 11. September 2001 sollten einen noch größeren Schock auslösen.

Die jährliche Rede des US-Präsidenten, »Zur Lage der Nation«, die für den Abend des 28. Januar 1986 geplant war, wurde abgesagt. Ronald Reagan hatte über eine mutige Amerikanerin sprechen wollen, über die

»Alle Fähren gehören ins Museum«: Mitglieder der »Challenger«-Untersuchungskommission besichtigen die Raumfähre »Atlantis«

Lehrerin Sharon Christa McAuliffe, die aus dem All Schüler unterrichten sollte. Am Schreibtisch im Oval Office des Weißen Hauses saß ein alter Mann, der mühsam um Fassung rang. Die nachmittägliche Fernsehansprache des Präsidenten war kurz. Über Sharon Christa McAuliffe, Judith A. Resnik, Gregory B. Jarvis, Ronald E. McNair, Ellison S. Onizuka, Francis R. Scobee und Michael Smith sagte Ronald Reagan, hinter sich das Sternenbanner: »Wir weinen um sieben Helden.«

Nur Minuten nach der Katastrophe liefen die Untersuchungen der Unglücksursache an. Man konnte den amerikanischen Behörden nicht vorwerfen, sie hätten nicht schnell reagiert. In Cape Canaveral und im »Lyndon B. Johnson NASA Center« wurden sofort sämtliche Unterlagen der NASA beschlagnahmt, alle Computerdaten gesichert und selbst die Bleistiftaufzeichnungen der Bodenkontrolle konfisziert. Kurz nach Mittag wurden alle Produktionsunterlagen in den Büros und Labors der Herstellerfirmen sichergestellt.

Zur gleichen Zeit begannen 13 Schiffe, vier Suchflugzeuge und neun Hubschrauber damit, ein Seegebiet von 26 000 Quadratkilometern nach Trümmerteilen abzusuchen. Mit Tauchrobotern wurden Wrackteile vom Grund des Atlantiks wieder an die Oberfläche befördert. Die Hauptquellen der Ermittler und Untersuchungskommissionen waren diese eingesammelten Wrackteile des Spaceshuttle, das Filmmaterial von über 100 Präzisionskameras rund um Cape Canaveral und die riesigen Datenspeicher der Bodenkontrolle. Es ging dabei um Millionen Messdaten, die jede Millisekunde von mehreren tausend Messpunkten des Spaceshuttle aus zur Erde gefunkt worden waren: Temperaturwerte mit minimalen Abweichungen, kleinste Druckschwankungen in den Antriebs-, Leitungs- und Tanksystemen, Betriebsbereitschaft und Programmzustände von Steuerkreisen, Schaltgeräten und Bordcomputern, Steuerbewegungen der riesigen Triebwerke. All diese Daten mussten ausgewertet werden – ein Mammutprogramm, das zwei Jahre dauern sollte, volle zwei Jahre bis zur Ermittlung der wahren Ursache der »Challenger«-Katastrophe.

Eine Reihe von scheinbar harmlosen Entscheidungen ist gefällt worden, die in der Häufung die Raumfahrtbehörde auf die Katastrophe zugesteuert haben.

DIANE VAUGHAN,
SOZIOLOGIN AM BOSTON COLLEGE

Bis dahin musste sich die mächtige, 1958 gegründete NASA unzählige Fragen stellen — vor allem aber stellen lassen: Waren die enormen Temperaturunterschiede für das Material zu gewaltig? Hatten die Ingenieure nicht auf die Meteorologen gehört und die Kälte unterschätzt? War der Erfolgs- und Zeitdruck zu groß geworden? Gab es ein Treibstofffleck oder sogar eine defekte Tankhülle, eine unbekannte Ansammlung von Kraftstoff-, Triebwerks- oder anderen Gasen? Lagen schwer wiegende Konstruktionsfehler vor? Hatte irgendein Computer einen Rechenfehler begangen? Kam es zu einem unkalkulierten Kurzschluss? Gab es menschliches Versagen?

Es ist technisch unmöglich, ein Spaceshuttle sicher zu machen. Alle Fähren gehören ins Museum.

JOE BARTON, REPUBLIKANISCHER ABGEORDNETER
IM US-KONGRESS

Das 1981 mit mehr als 600 Wissenschaftlern und Astronauten gestartete Shuttle-Programm, das der Welt die technische Überlegenheit Amerikas vor Augen führte und die Amerikaner in dem sicheren Gefühl wiegte, den Weltraum zu beherrschen, wurde sofort eingestellt, alle ehrgeizigen Pläne der NASA wurden auf Jahre verschoben: Keine Sonnensonde »Ulysses«, kein Jupiterbesucher »Galileo«, kein Blick in den Urknall mit dem Weltraumteleskop »Hubble«. Alle Verträge wurden ausgesetzt, darunter das Abkommen über die für 1988 geplante deutsche D2-Mission mit dem europäischen Weltraumlabor »Spacelab«. Es bedeutete nicht nur einen Imageverlust, sondern auch einen immensen wirtschaftlichen Schaden für die NASA. Bis zur endgültigen Klärung der Unfallursache sollte kein US-Spaceshuttle den Boden verlassen. Die beiden anderen Raumfähren, die »Atlantis« und die »Columbia«, verschwanden einstweilen im Hangar.

Aus tausenden Trümmerteilen und Millionen von Computerdaten versuchten die Experten, den Verlauf und die Ursachen des Unglücks genau zu rekonstruieren. Die Untersuchungskommissionen fanden im Laufe der Zeit auf die vielen Fragen mehr und mehr Antworten, vor allem die Rogers-Kommission, benannt nach ihrem Vorsitzenden, dem ehemaligen US-Justiz- und Außenminister William P. Rogers. Eine Untersuchung durch den US-Kongress lief parallel. Natürlich setzte auch die NASA mit ihren eigenen Experten eine Untersuchungskommission ein und legte dem US-Präsidenten ihren Bericht vor. Doch die Öffentlichkeit verfolgte die NASA-Recherchen kritisch. Man konnte sich nicht vorstellen, dass die eventuell Verantwortlichen eigene Fehler offen zugeben würden.

Die Katastrophe ging nach Ansicht der Experten in drei Phasen vonstatten. Zuerst seien kleine, fächerförmige, orangefarbene Flammen am Heck der rechten Festtreibstoff-Trägerrakete ausgetreten, gefolgt von größeren, helleren Flammen, womöglich einer kleinen Explosion im selben Bereich.

»Wir weinen um sieben Helden«: Präsident Reagan während der Trauerfeier für die Opfer des Absturzes

Schließlich soll eine breite Flammenfront oberhalb des Hecks der rechten Trägerrakete auf den Haupttank übergeschlagen sein. All das hatte sich in wenigen Sekunden abgespielt. Zwei Theorien wurde lange diskutiert. Die eine unterstellte, dass das eigene Selbstzerstörungssystem des Haupttanks, an dessen Außenwand eine Vielzahl kleiner Sprengladungen angebracht war, ausgelöst worden sei und so die zuvor separierten Flüssigtreibstoffe Sauerstoff und Wasserstoff miteinander vermischt habe. Die andere Theorie ging von der Flammenentwicklung aus: Die erste orangegelbe Flamme deute darauf hin, dass nicht der flüssige Wasserstoff als Erstes Feuer fing – denn der brenne farblos –, sondern der Festtreibstoff der Trägerrakete.

Technische Unzulänglichkeiten in einer Behörde, die wir für technische Virtuosität bezahlen.

JOHN PIKE, RAUMFAHRTEXPERTE DER VEREINIGUNG AMERIKANISCHER WISSENSCHAFTLER, ÜBER DIE TECHNISCHEN PANNEN DER NASA

Am Ende aller Untersuchungen aber stand nur ein einziges Ergebnis mit einer Ursache. Und es mutete von einer Schlichtheit an, die jedem Außenstehenden für alle Zeiten Angst einjagen konnte bei der Vorstellung, welche im Grunde harmlose Panne ein so kompliziertes System wie eine Raumfähre samt ihrer Besatzung vernichten konnte. Die »Challenger« wurde vernichtet, weil Dichtungsringe in den seitlichen Festtreibstoff-Trägerraketen infolge der eisigen Kälte porös geworden waren. Die Folge: Gas trat aus, entzündete sich und explodierte.

In den Berichten der Untersuchungskommissionen wurde mit Kritik nicht gespart: Die NASA habe sich zu sehr auf den Lorbeeren ihrer Pioniertaten, der Mondlandungen, der »Apollo«-Missionen, der 24 erfolgreichen Shuttle-Flüge, ausgeruht. Die Raumfahrtbehörde sei zu groß, zu aufgeplustert, zu schwerfällig geworden. Ihre Verantwortlichen seien von einer gefährlichen Es-wird-schon-gut-gehen-Mentalität befallen gewesen, hätten sich dem Zeitdruck gebeugt und Qualitätskontrollen vernachlässigt. Und so endete eine Kette von Nachlässigkeiten schließlich an ein paar Dichtungsringen, die keine Kälte vertrugen.

Wer damals geglaubt hatte, eine ähnliche Katastrophe werde sich nicht mehr wiederholen, weil man aus den Fehlern gelernt habe, irrte. 17 Jahre später, am 1. Februar 2003, brach die Raumfähre »Columbia« in 60 Kilometer Höhe über Texas auseinander. Wieder starben sieben Astronauten. Wieder hatten Nachlässigkeit und Sorglosigkeit, so das Ergebnis der 13-köpfigen Kommission zur Untersuchung des Crashs, zum Desaster geführt. Ein Stück Isolierschaum vom Flüssigtreibstoff-Tank war 82 Sekunden nach dem Start auf den linken Flügel geknallt und hatte an kritischer Stelle den Hitzeschild der »Columbia« beschädigt. Beim Wiedereintritt in die Erdatmosphäre, also auf dem Rückflug, drang superheißes Gas ein – die Astronauten verglühten. Das Problem mit den umherfliegenden Schaumstoffbrocken war der NASA längst bekannt. Seit 1981 hat sich bei jedem Start eines Spaceshuttle Isolierschaum vom Tank gelöst, wurde die Raumfähre stets bis zu zwanzigmal von Partikeln dieses Materials getroffen. Zwar hatten die Konstrukteure vor solchen Kollisionen immer gewarnt. Doch weil nie etwas passierte, ließen sich die NASA-Manager zunehmend von der Überzeugung verleiten, dass der Schaumstoffschrott dem Shuttle nichts anhaben kann.

Für die Fachleute der Untersuchungskommission des »Columbia«-Unglücks sind die US-Raumfähren längst hochriskante Experimentalflugkörper. Oder wie es Kommissionsmitglied und Flugsicherheitsexperte Steven Wallace einmal drastisch umschrieb: »Eine Shuttle-Reise ist zehn- bis hundertmal gefährlicher als ein Flug mit einem Kampfjet in einer Luftschlacht.«

Sie war die Ikone der Pazifisten. Mit der »Schwertern-zu-Pflugscharen«-Aufschrift auf ihrem T-Shirt traf sie die Großen des Kalten Krieges. Ihr gewaltsamer Tod wirft Fragen auf: War es Selbstmord oder Mord?

1992 Der rätselhafte Tod der Petra Kelly

Als Staatsanwalt Wolfgang Komp vor die Presse tritt, ist der 20. Oktober 1992 noch keine Stunde alt. Trotz dieses ungewöhnlichen Zeitpunkts hat sich bereits eine bemerkenswert große Anzahl Journalisten eingefunden, begierig auf Neuigkeiten aus dem Haus Swinemünder Straße 6 im Bonner Stadtteil Alt-Tannenbusch. Es ist die Adresse, die am späten Montagabend die Redaktionen alarmiert und zur Eile treibt, nachdem gemeldet worden ist, dass Nachbarn dort gegen 22 Uhr zwei Leichen entdeckt hätten. Die Medienvertreter erreichen den Tatort deutlich vor Mitternacht, nahezu zeitgleich mit der Polizei. Auf dem Klingelschild des so friedlich wirkenden Hauses mit den Halbgardinen am Küchenfenster und dem etwas verwilderten Garten steht zwar der Name »Grothe«, doch es ist längst bekannt, dass hier das bekannteste politische Paar der deutschen Nachkriegsgeschichte wohnt. In den

»An allen Brennpunkten aktiv«: Das Politikerpaar Petra Kelly und Gert Bastian im Juni 1992

Särgen, die später an den laufenden Kameras vorbei aus dem Haus getragen werden, liegen Petra Kelly und Gert Bastian – beide mit einer Kugel im Kopf.

Im Blitzlichtgewitter der Kameras kann Komp jedoch zu diesem Zeitpunkt nicht einmal dazu eine genaue Aussage machen. Zu lange haben die Leichen unentdeckt im Haus gelegen. Ob die Toten unkenntlich seien, wird er gefragt und antwortet: »Das müssten Sie sich an sich vorstellen können im Hinblick auf eine längere Liegezeit.« Einen Unfall scheint Komp allerdings bereits auszuschließen. Bei beiden Toten wurden äußere Verletzungen festgestellt. Handelt es sich um gemeinsamen Selbstmord, Mord mit anschließender Selbsttötung des Täters oder sogar einen Doppelmord? »Alle Möglichkeiten sind noch offen«, meint der Staatsanwalt. Die kriminaltechnischen Untersuchungen gehen weiter, die ganze Nacht hindurch.

Selbstmord oder Mord – auch die politischen Freunde wissen am nächsten Morgen noch nicht, was sie glauben sollen. Als der Grünen-Politiker Lukas Beckmann im »Morgenmagazin« gefragt wird, ob er an einen Freitod seiner beiden engen Freunde glaubt, antwortet er: »Das Hoffnungsprinzip hat beider Leben sehr viel stärker durchzogen als die Resignation.« Ein klares »Ja« hört sich anders an, ein klares »Nein« auch. Man wartet ab. Da sich die Polizei noch nicht äußert, suchen die Journalisten bei den Anwohnern nach Antworten. Fehlanzeige! Dass Petra Kelly und Gert Bastian ihr Haus so lange Zeit weder betreten noch verlassen haben, ist niemandem aufgefallen. »Die waren so viel unterwegs«, erklärt ein Nachbar, »da fiel das gar nicht auf.« Doch an Selbstmord will auch hier niemand glauben. Eine Frau, die Wand an Wand mit den beiden prominenten Politikern wohnte, meint: »Sie waren so nett und offen, überhaupt nicht bedrückt oder depressiv.« Also Mord?

Erst um 15 Uhr wenden Polizei und Staatsanwaltschaft sich wieder an die Presse. Das Ergebnis der Ermittler ist verwirrend, weil es so gar nicht zu den Erwartungen der Öffentlichkeit passen will. Kein Mörder sei in das Haus eingedrungen, teilt Hauptkommissar Hartmut Otto mit, es gebe keinerlei Kampfspuren im Haus. Gert Bastian habe irgendwann um den 1. Oktober herum seine »Derringer Special« geladen, sie der schlafenden Petra Kelly an die Schläfe gesetzt und abgedrückt. Sich selbst habe er dann auf dem

»Längere Liegezeit«: Die Leichen der tot aufgefundenen Politiker werden aus ihrem Haus in Bonn abtransportiert, 20. Oktober 1992

Flur mit dem zweiten Schuss aus der doppelläufigen kleinen Pistole getötet, für die er seit vielen Jahren einen Waffenschein besitzt. Und das Motiv? Hier muss der Hauptkommissar passen. Seine Beamten haben keinen Abschiedsbrief gefunden, aber im Haus gibt es so viel Papier, es wird dauern, das alles zu sichten. Ein Selbstmord ohne Abschied, ohne eine letzte Botschaft für Freunde und Verwandte, ohne den geringsten Hinweis auf eine solche Absicht? Es ist 17.43 Uhr an diesem Dienstag, nicht einmal 24 Stunden sind seit dem Auffinden der Toten vergangen, als ein Bericht der Nachrichtenagentur Reuters über den Ticker geht, der aus dieser Version einen ahnungsvollen Schluss zieht: »Der Tod im Bonner Reihenhaus ist aus dem Stoff, aus dem Legenden sind.«

Legenden? Sind Zweifel an der offiziellen Darstellung des Tathergangs nicht angebracht? Weitere Details nähren den Verdacht: Die hintere Terrassentür des Hauses ist nur angelehnt, als die Ermittler das Haus betreten. Jeder hätte über die Terrasse ins Haus gelangen können. Warum war zur Tatzeit die Alarmanlage des Hauses nicht eingeschaltet? Und was ist mit der elektrischen Schreibmaschine, die immer noch leise vor sich hinsurrt, als die Polizei am Tatort erscheint? Eingespannt ist ein Brief Gert Bastians an seinen Anwalt. Nichts Wichtiges, es geht um ein Problem, das eine Freundin Kellys mit ihrem Arbeitgeber hat. Oben steht fein säuberlich das Datum notiert: 1. Oktober 1992, die letzten Worte lauten: »Wir müs…«. Warum bricht der routiniert Maschine schreibende Bastian mitten im Wort ab? Wer oder was hat ihn aufgeschreckt? Freundinnen und Freunde im In- und Ausland klammern sich an diese Unstimmigkeiten, fordern weitere, gründlichere Untersuchungen. Ihr wichtigstes Argument ist dabei jedoch nicht eine offene Terrassentür oder eine nicht ausgeschaltete elektrische Schreibmaschine. »Dieser Tod passt nicht zu ihnen«, sagt die Bürgerrechtlerin Bärbel Bohley. Für die Juristen der Staatsanwaltschaft ist »unpassend« kein überzeugendes Indiz für Mord, für Freunde schon. Ausgerechnet Petra und Gert sollen sich selbst Gewalt angetan haben? Zu ihrem Leben scheint dies wirklich nicht zu passen.

Petra Kelly, geboren 1947 als Petra Karin Lehmann, wächst zunächst bei ihrer Großmutter, Kunigunde »Omi« Birle, auf, da die Mutter ganztags arbeitet, nachdem der Vater die Familie verlassen hat. Als die Mutter den amerikanischen Offizier John E. Kelly heiratet, übernimmt sie den Familiennamen und folgt Mutter und Stiefvater in die USA. Seit 1966 studiert sie in Washington politische Wissenschaften und Weltpolitik. Es bleibt nicht bei der Theorie, auch praktisch ist sie schon damals in der Politik aktiv, demonstriert gegen Vietnamkrieg und Rassendiskriminierung und arbeitet 1968 im Präsidentschaftswahlkampf für die Demokraten. Als 1970 ihre geliebte Halbschwester Grace an Krebs stirbt, macht Petra Kelly die Folgen der Bestrahlung für diesen Tod verantwortlich und beginnt, sich intensiv mit Strahlung und der Anti-Atom-Bewegung zu beschäftigen. Zurück in Europa schließt sie 1971 in Amsterdam ihr Studium ab und fängt als Praktikantin bei der Europäischen Gemeinschaft in Brüssel an. Sie macht eine steile Karriere, steigt bis zur Verwaltungsrätin auf. Neben ihrer Arbeit in Brüssel betätigt sie sich noch als Mitglied oder Unterstützerin diverser Organisationen.

Links: »Geliebte Omi«: Petra Kelly und ihre Großmutter Kunigunde Birle 1982 während der Aktion »Künstler für den Frieden«. Rechts: »Schwerter zu Pflugscharen«: Auch Erich Honecker versuchten Bastian und Kelly (mit Otto Schily und Dirk Schneider) für ihre Ziele zu agitieren

Sie machte Weltpolitik ohne jede Logistik.

Otto Schily

Ob Frauen- und Friedensbewegung, Menschenrechts- oder Umweltschutzgruppen, ob in den USA, Europa, Japan oder Australien – Petra Kelly kämpft an allen Fronten. Sie ist auch von Anfang an dabei, als 1979 in Deutschland die Grünen gegründet werden. 1980 wird sie zur Sprecherin des Bundesvorstands dieser Partei gewählt.

Im selben Jahr, am 1. November, sitzt sie auf einer Veranstaltung zum Thema »Frauen und Militär« einem Exgeneralmajor der Bundeswehr gegenüber, der die Ansicht vertritt, dass Frauen für den Wehrdienst »von Natur aus ungeeignet« seien. Kelly ist zwar auch gegen Frauen an der Waffe, sie bezeich-

net jedoch Gert Bastians Argumentation als »Phallokraten-Meinung«. Kurze Zeit später gehört sie dennoch zu den Erstunterzeichnerinnen des von Bastian verfassten »Krefelder Appells«: »Abrüstung ist wichtiger als Abschreckung.« Kelly verliebt sich in Bastian, den Star der deutschen Friedensbewegung – den Mann, der seine militärische Karriere gerade mit dem Titel »Friedensgeneral« krönt.

1923 geboren, geht Gert Bastian mit 19 Jahren begeistert zur Wehrmacht. Nach dem Krieg absolviert er eine Ausbildung zum Buchbinder und arbeitet eine Weile als Angestellter. Als jedoch 1956 die Bundeswehr gegründet wird, kehrt er sofort zum Militär zurück. Seinen Dienst nimmt er als Oberleutnant auf. Der Berufssoldat Bastian gilt als guter Soldat, ist aber für seine Vorgesetzten nicht immer einfach, weil er Überzeugungen hat und zu diesen steht. Als man ihn 1979 auf einer Podiumsdiskussion fragt, was er von der Nachrüstung hält, unterstützt er öffentlich Herbert Wehners Kritik an dieser. Eine Offensive der Sowjetunion sei nicht zu befürchten, diese rüste sich nur zur Verteidigung. Somit haben die Militärs mitten in der hitzigen Debatte um die Nachrüstung in den eigenen Reihen plötzlich einen entschiedenen Gegner des NATO-Doppelbeschlusses. 1980 wird Bastian vorzeitig pensioniert und zugleich jener Held der Pazifisten, dem die in Deutschland damals noch relativ unbekannte Petra Kelly auf dem Podium der Debatte über Frauen und Militär begegnet.

> Ich kann sagen, dass ich politisch und auch sehr stark menschlich mit Gert Bastian verbunden bin. Ich könnte sonst diese Arbeit überhaupt nicht leisten.

Bald beginnen Kelly und Bastian gemeinsam zu reisen und zu arbeiten. Bei Gert Bastian ist es die Wandlung vom Panzergeneral zum Pazifisten, bei Kelly sind es das Redetalent, ihre Ausstrahlung und ihre scheinbar unbegrenzte Energie, mit denen sie im Wahlkampf 1983 zum eigentlichen Gesicht der Grünen wird. Doch ihre Bedeutung geht weit über Deutschland und die Grünen hinaus. Als Helmut Kohl 1982 Bundeskanzler wird, ist Petra Kelly in den USA bekannter als er. In diesem Jahr bekommt sie in Stockholm für ihre Arbeit den Alternativen Friedensnobelpreis verliehen. Ein Jahr später sitzt sie als Sprecherin der ersten Fraktion der Grünen

im Bundestag – zusammen mit Gert Bastian. Sie arbeiten bis zur Erschöpfung, innerhalb und außerhalb des Parlaments, fehlen weder bei der Sitzblockade in Mutlangen noch bei der in Bitburg. Auf dem Alexanderplatz in Ostberlin und in Moskau demonstrieren sie dafür, »Schwerter zu Pflugscharen« zu schmieden. Das Engagement verstärkt sich noch, als 1990 beide aus dem Bundestag ausscheiden. Ob Ureinwohner Australiens, unterdrückte Tibeter, Neonazis in Deutschland oder Menschenrechtsfragen im ehemaligen Jugoslawien, Kelly und Bastian sind an allen Brennpunkten aktiv. Längst sind sie Ikonen der internationalen Friedensbewegung, und es fällt schwer, sich vorzustellen, dass ausgerechnet diese beiden sich ohne letzte politische Botschaft das Leben genommen haben sollen. Da ist es leichter, an den perfekten Mord zu glauben. Stecken ehemalige Stasi-Leute dahinter? Der KGB? Rechtsextremisten? Gerüchte und Theorien gibt es viele in den Wochen nach dem Leichenfund. Ein Journalist weiß von chinesischen Banden, die den Kampf der beiden für ein freies Tibet unterbinden wollen. Der ukrainische Kernphysiker Wladimir Tschernosenko sagt, die internationale Atommafia sei zum Mord bereit gewesen. Beweise gibt es keine. Aber weil nicht sein kann, was nicht sein darf, ruft Lew Kopelew am 26. Oktober auf dem Würzburger Waldfriedhof bei Petra Kellys Beerdigung den Trauergästen zu: »Sie konnte sterben wie Martin Luther King oder wie Gandhi. Im Kampf, aber nicht so! Ich glaube nicht, dass sie oder Gert gehen konnte, ohne es ihren Freunden zu erklären.« Er spricht nicht wenigen aus dem Herzen.

Die Mehrheit der Anwesenden beginnt jedoch eine Woche nach dem Auffinden der

»Generäle für den Frieden«: Bastian (Mitte) mit dem westdeutschen General Günter Vollmer (rechts) und Michiel Hermann von Meyenfeldt (Niederlande)

Leichen, das Unfassbare zu glauben. Laut Polizeibericht hat Gert Bastian Schmauchspuren an den Fingern, die von seiner Derringer stammen, der Waffe, aus der definitiv die beiden tödlichen Schüsse abgegeben wurden. Dass bei Gert Bastian die Waffe von schräg oben aufgesetzt wurde, zeugt laut Hauptkommissar Otto eher vom Sachverstand des Exgenerals als von einem fremden Täter. Zudem hätte ein solcher »eine Leiter nehmen müssen, um diesen 1,80 Meter großen Mann zu ermorden«. Die bittere Wahrheit, die Verwandte und Weggefährten diesen Befunden entnehmen, lautet: Es war Gert Bastian, der zuerst Petra Kelly und dann sich selbst erschoss.

Petra und Gert wollten nicht weniger als die ganze Welt verändern und das sofort.

LUDGER VOLMER AUF DER TRAUERFEIER

Dennoch sind es nur wenige, die Bastian öffentlich verurteilen. Stattdessen treffen sich die Weggefährten am 31. Oktober in der Bonner Beethovenhalle zu einer gemeinsamen Trauerfeier für Kelly und Bastian. Eine gemeinsame Feier für Täter und Opfer? Das will an diesem Tag in der Beethovenhalle niemand diskutieren, stattdessen suchen viele nach einem Motiv für einen gemeinschaftlichen Selbstmord, fragen sich, ob sie die Katastrophe nicht hätten verhindern können. Wie ist es zu erklären, dass die beiden fast drei Wochen lang tot in ihrem Haus lagen, ohne dass sie jemand vermisste? Auf diese Frage finden auch die Grünen keine Antwort. Offiziell will die Partei keine Entfremdung zwischen sich und den Toten festgestellt haben. Aber nicht nur Joschka Fischer übt verhaltene Kritik am Umgang seiner Grünen mit den beiden Toten: »Wir müssen uns fragen, warum wir es als Partei nicht geschafft haben, Petra und manch anderen einen Platz zu schaffen, von dem aus sie ihre große und zugleich schwierige Persönlichkeit voll für ihre Sache und damit auch für die grüne Partei hätten einsetzen können.« Christa Nickels formuliert es bündiger: »Nicht einmal ein Büro haben wir ihnen gegeben.«

In der Tat geht die Partei, die 1983 mit dem Anspruch ins Parlament einzieht, mehr Menschlichkeit in die Politik zu bringen, in ihren Anfangsjahren mit ihren Prominenten besonders hart um. Marieluise Beck, wie Petra Kelly Sprecherin der ersten grünen Bundestagsfraktion, spricht von einem »psychischen Gemetzel«. Petra Kelly und Gert Bastian tun allerdings auch nur wenig, um Ärger mit Basis und Kollegen zu vermeiden.

Wegen des bedingungslosen Einsatzes bis zur völligen Erschöpfung, den sie auch von anderen verlangt, fordert Kelly, die immer wieder unter Ohnmachtsanfällen leidet, Sonderrechte wie Erste-Klasse-Flüge und entsprechende Hotelzimmer. Partei- oder Fraktionsgelder gibt sie gelegentlich ohne Beschluss

der Gremien aus. Bastian verlässt im Streit die Fraktion, kehrt wieder zurück und geht wieder. Sein Mandat behält er. Petra Kelly will sich nach zwei Jahren dem Rotationsprinzip der Grünen nicht beugen. In der Partei wirft man ihr Ehrgeiz, fehlende Solidarität, »Bonzentum« vor, und als sie sich das Bleiben von der Basis genehmigen lassen will, scheitert sie deutlich. Michael Schroeren, damals Pressesprecher der Grünen, erinnert sich an die Stille in der Halle, nachdem Kellys Antrag abgelehnt worden war: »Es war wie bei einem Königsmord, wenn die Täter erkennen, was sie getan haben.«

Königsmord? Die Grünen ahnen, dass es auch die den Basisdemokraten so verdächtige Prominenz Petra Kellys ist, die der Partei in ihren Anfangsjahren die Aufmerksamkeit der Medien sichert. Doch je mehr die Partei im politischen Alltag der Bundesrepublik Fuß fasst, desto weniger braucht sie ihre eigenwillige Vorzeigefrau, zumal diese nach dem erneuten Einzug in den Bundestag 1987 zur beständigen Mahnerin wider diese Etablierung wird.

Sie wirft den »Realos« ihrer Partei vor, aus der von ihr erträumten »Anti-Parteien-Partei« eine »grüne FDP« zu machen. Doch auch den »Fundis« um Jutta Ditfurth will sie und vor allem Bastian sich nicht anschließen, weil sie ein »Verlinken« der Partei, wie Kelly es nennt, befürchten. Im kompromisslosen Streit der beiden Parteiflügel geraten die ehemaligen Galionsfiguren ins Abseits. Umso stärker sind sie aufeinander angewiesen. Petra Kellys Arbeitseifer bleibt auch nach dem Ausscheiden aus dem Bundestag 1990 ungebremst. Gert Bastian macht immer häufiger Andeutungen, dass er es gerne etwas ruhiger angehen ließe. Doch dazu kommt er nicht, denn Petra Kelly kann nicht kürzer treten, arbeitet ohne Rücksicht auf ihre Kräfte und die ihres Partners. »Wie eine Fackel, die an beiden Seiten brennt« – dieses Bild benutzen nach dem Tod mehrere Freunde, um Kellys Lebens- und Arbeitsgewohnheiten zu charakterisieren.

Sie wird immer häufiger von Panikattacken befallen, und einer Freundin schreibt sie: »Das ist die Krankheit, die ich seit 1983 habe! Genau das ist mein Symptom: Diese Angst, dass einem keiner hilft. Herzrasen, Schweißausbrüche, Kälteschauer, Atemnot, Beklemmungs- und Erstickungsgefühle, plötzliche starke Schwäche und das Gefühl, in Ohnmacht zu fallen.« Und doch kann sie nicht aufhören. An ihrem Grab sagt der langjährige Freund Lukas Beckmann: »Ihr fehlte der Filter, um die Not anderer Menschen von sich abzugrenzen.« Beckmann erinnert aber auch daran, dass sie sich nach dem Ausscheiden aus dem Bundestag 1990 nicht mehr auf den Parteiapparat, sondern allein auf den 25 Jahre älteren Bastian stützen konnte, der »all deine Last, dein Schicksal und dein Leben getragen« habe. Viele Freunde sehen das so.

So wird die Trauerfeier auch zur Nabelschau einer Partei, die den Betrauerten zuerst vorgeworfen hat, die gemeinsamen Ideale zu verraten, und dann nicht mehr zuhören wollte, als diese forderten, im Zuge der Etablierung der Grünen nicht alle Ideale über Bord zu werfen. Aber genügen Vereinsamung und Enttäuschung als Motiv für einen gemeinschaftlichen Selbstmord? Niemand leugnet, was die Anhänger der These vom perfekten Mord immer wieder betonen: Petra Kelly hat durchaus noch Perspektiven, entwickelt Pläne. Die Chancen für eine Dozentenstelle in den USA stehen nicht schlecht, auch eine Kandidatur für das Europaparlament ist möglich. So deutet, als sie sich daheim in Bonn am 1. Oktober schlafen legt, nichts darauf hin, dass sie beabsichtigen könnte, nicht wieder aufzuwachen. Im Gegenteil, sie korrigiert nach der Ankunft in Bonn noch eine zwölfseitige Kelly-Biografie, die eine amerikanische Autorin ihr zugefaxt hat, und notiert, dass die Seiten eins und zehn fehlen. Abends will sie anrufen, nachdem sie geschlafen hat. Auch mit ihrer geliebten »Omi«, die an diesem 1. Oktober Geburtstag hat, will sie telefonieren. Wenn sie gewusst hätte, dass sie stirbt, hätte sie nicht wenigstens eine Erklärung für die alte Dame hinterlassen? Also doch eine Trauerfeier für Mordopfer und Mörder?

Aber nicht nur zum Selbstmord, auch zum Mord gehört ein Motiv. Wie so häufig entdeckt es die *Bild*-Zeitung als Erste: Eifersucht.

Der tibetische Arzt Palden Tawo, den die beiden aus der gemeinsamen Arbeit kennen, war zeitweilig Petra Kellys Liebhaber. Aber die Affäre ist längst vorbei. Auch die Frage nach einer eventuellen Stasi-Verstrickung Bastians taucht auf. In der Tat hat die Stasi die Organisation »Generale für Frieden und Abrüstung« unterwandert. Doch für eine persönliche Verstrickung Bastians findet die Gauck-Behörde keinerlei Hinweise. Dafür wird die Staatsanwaltschaft bei ihrer Motivsuche an anderer Stelle fündig. Palden Tawo, der Ex-Geliebte Petra Kellys und Freund Gert Bastians, zeigt der Staatsanwaltschaft sein Tagebuch. Über ein Treffen mit Gert Bastian schreibt er im Frühjahr 1991 beunruhigt, dieser »sehe phasenweise keine Perspektive mehr für Petra und denke manchmal daran, Petra im Schlaf zu erschießen und dann sich selbst«.

Sieht so des Rätsels Lösung aus? Gert Bastian, der sich seit Jahren um jedes Detail in Petras Leben kümmert, das mörderische Lebenstempo seiner 25 Jahre jüngeren Lebensgefährtin mitgeht, stellt am 1. Oktober vor seiner Schreibmaschine sitzend mitten im Wort »müssen« fest, dass er mit seiner Kraft am Ende ist, greift in der irrigen Annahme, dass sie ohne ihn nicht leben kann, zum Revolver, geht ins Schlafzimmer und erschießt zuerst sie und dann sich selbst? Vieles spricht dafür. Psychologen bringen der Öffentlichkeit einen Begriff bei, den sie bis dahin nicht kannte: erweiterter Selbstmord. Bei diesem setze der Selbstmörder den Sterbewunsch des anderen stillschweigend voraus. »Eine Art übertriebene Fürsorge«, nennt das der Würzburger Suizidforscher Armin Schmidtke. Freunde Kellys geben zu Protokoll, dass Kelly wiederholt gesagt habe: »Wenn der Gert nicht mehr ist, dann will ich auch nicht mehr.« Viele derer, die ratlos zurückbleiben, klammern sich daran. Die Theorie vom erweiterten Selbstmord macht es möglich, in Bastian einen tragisch irrenden Mann zu sehen, der, als er den Abzug betätigt, nur tun will, was er immer getan hat und wofür die Freunde ihm so dankbar sind: sich fürsorglich um Petra Kelly kümmern. Eine verlockende Version der Geschichte für alle, die Bastians Tat nicht mit ihrem Bild des Toten vereinbaren können. Aber ist es die richtige Version? Petra Kelly schläft, als er sie erschießt, und es gibt kein Indiz dafür, dass sie damit einverstanden ist. Ist der »erweiterte Selbstmord« nicht nur eine Ausrede, um sich nicht eingestehen zu müssen, dass der Friedensgeneral ein Mörder ist?

Für die Staatsanwaltschaft ist der Fall klar. Zum Mord gehören niedere Motive, diese seien bei Bastian nicht erkennbar, außerdem werde gegen Tote nicht ermittelt. Die Akte

»Erweiterter Selbstmord«?: Kunigunde Birle und Kellys Halbbruder John Lee am Grab von Petra Kelly

»Dieser Tod passt nicht zu ihnen«: Die Trauerfeier am 31. Oktober 1992. Lew Kopelew spricht

wird geschlossen. In der Öffentlichkeit aber geht die Debatte erst richtig los. Alice Schwarzer veröffentlicht im Sommer 1993 ein flammendes Plädoyer dafür, offen auszusprechen, dass Gert Bastian seine Freundin ermordet hat. Auch sie geht davon aus, dass die symbiotisch anmutende Liebesbeziehung der beiden für Bastian oft schwierig gewesen sein muss. »Ja, Kelly hat genervt«, schreibt sie, um dann jedoch hinzuzufügen: »Aber – seit wann steht auf Nerven die Todesstrafe?«

> **Die beiden Toten sind kein Privatbesitz. Sie waren international bekannte politische Akteure und ein bewusst öffentliches Polit-Traum-Paar.**
>
> Alice Schwarzer am 28. Oktober 1993 in der *Zeit* zum Streit um ihr Buch

Die Antwort kommt prompt. Bastians Sohn Till beschuldigt Schwarzer der Verdrehung von Tatsachen. Seine Version ist die vom erweiterten Selbstmord, nur um ein paar Details bereichert. Sein Vater habe, »an jenem Donnerstagmorgen von einem heftigen Angina-pectoris-Anfall, einem Infarkt oder einer Lungenembolie heimgesucht«, vielleicht geglaubt, »Frau Kelly, die oft beteuert

hatte, nicht ohne ihn leben zu können, nicht allein lassen zu dürfen, sondern mit in den Tod nehmen zu sollen«.

Weil aber am 1. Oktober 1992 niemand dabei gewesen ist, als Gert Bastian plötzlich seine Schreibmaschine verlässt, wird niemand ermitteln können, warum er statt des Wortes »müssen« zunächst Petra Kellys und dann sein eigenes Leben beendet hat. »Der Tod im Bonner Reihenhaus ist aus dem Stoff, aus dem Legenden sind«: Reuters hat Recht behalten, wenngleich anders als gedacht. Denn in diesem Fall ist nicht der Tod selbst zur Legende geworden, wie bei John F. Kennedy oder Uwe Barschel. Wir wissen, dass es Gert Bastian war, der geschossen hat. Aber weil wir nicht sagen können, warum er geschossen hat, ist aus den umstrittenen Ikonen Petra Kelly und Gert Bastian die Legende vom tragischen Schicksal des bekanntesten Politpaares der alten Bundesrepublik geworden. Ob in dieser Legende Gert Bastian Mörder oder tragischer Held, Petra Kelly Opfer eines Mörders oder der Maßlosigkeit ihres politischen Engagements ist, entscheidet immer der, der sie uns erzählt.

1998 Mord im Vatikan

Siebzehn Jahre nach dem Attentat auf den Papst geriet der Kirchenstaat wieder durch eine Bluttat in die Schlagzeilen. Am Abend des 4. Mai 1998, gegen 21 Uhr, vernahm die Nonne Marie Frowine schwere Schritte im Gardistenhaus des Vatikans. Keine fünf Minuten später hörte sie dumpfe Schläge. Alarmiert durch das Geräusch eines davonrasenden Autos, trat auch Caroline Meier, die Ehefrau eines Schweizer Wachtmeisters, vor ihre Wohnungstür, um nach dem Rechten zu sehen. Zusammen mit Marie Frowine bemerkte sie, dass die Appartementtür des neu ernannten Kommandanten der Schweizergarde, Alois Estermann, offen stand. Nach einigem Zögern betraten die beiden Frauen die Wohnung – und fanden ein Bild des Grauens vor: Das Ehepaar Alois und Gladys Estermann lag blutüberströmt am Boden, nur wenige Meter weiter stießen sie auf den

»Besonderes Vertrauensverhältnis«: Papst Johannes Paul II. im Gespräch mit Alois Estermann und seiner Ehefrau, Mai 1997

jungen Gardisten Cédric Tornay. Alle drei waren tot.

Es war ein Anfall von Wahnsinn.

Bereits kurz nach Mitternacht, nur drei Stunden nach dem Auffinden der Toten, hatte der Pressesprecher des Heiligen Stuhls, Joaquín Navarro Valls, eine Erklärung für das Drama parat: Der 23-jährige Vizekorporal Cédric Tornay aus dem französischsprachigen Schweizer Kanton Wallis habe in einem »plötzlichen Anfall von Verrücktheit« das Ehepaar Estermann erschossen und sich anschließend selbst umgebracht. In einem Bekennerbrief an seine Mutter habe Cédric die Bluttat mit dem Umstand begründet, dass ihm eine Auszeichnung aus disziplinarischen Gründen vorenthalten worden sei. Der päpstliche Orden sei für ihn die einzige Sache gewesen, die er gewollt habe »nach drei Jahren, sechs Monaten und sechs Tagen, in denen ich hier alle Ungerechtigkeiten zu ertragen hatte«. Er habe sich von seinem Vorgesetzten unterdrückt, drangsaliert und gedemütigt gefühlt. In der Tat hatte ihn der Kommandant in der letzten Zeit mehrmals mündlich und schriftlich wegen disziplinlosen Verhaltens gerügt.

Ohne den Bericht der Spurensicherung und der Obduktion abzuwarten, standen für den Vatikansprecher Motiv, Hergang und Tatwaffe fest: Gegen neun Uhr habe der junge Walliser, der bis dahin seinen Freunden und Kollegen nur als lebensbejahender freundlicher Mensch bekannt war, an der Wohnungstür seines Vorgesetzten Estermann geklingelt. Mit gezückter Dienstwaffe sei Cédric in die Wohnung seines Chefs gestürmt und habe ihn und dessen Frau aus Wut und Enttäuschung über die vorenthaltene Auszeichnung niedergestreckt. Anschließend habe er sich selbst in die Schläfe geschossen. Einen anderen Tathergang hielt Navarro Valls für ausgeschlossen.

Wie ein Lauffeuer verbreitete sich die Nachricht von der Tragödie im Borgo Pio, dem römischen Viertel vor dem Haupteingang des Vatikans. Doch so recht wollte niemand an die offizielle Version des Dreifachmordes glauben. »Cédric ist ein so ein hübscher, sympathischer Kerl gewesen, immer fröhlich und ausgeglichen«, erzählte die Kellnerin von der Kaffeebar Sant'Anna betroffen. Jeden Morgen vor Dienstbeginn sei er vorbeigekommen, um einen Cappuccino zu trinken und ein Cornetto zu essen. Ausgerechnet dieser ruhige, liebenswürdige junge Mann sollte nun aus Enttäuschung über eine entgangene Auszeichnung ein Blutbad angerichtet haben?

Die Soldaten des Papstes genossen einen guten Ruf in der Stadt, auch wenn sie nach Feierabend gelegentlich durch Trinkfreudigkeit und Raufereien auffielen. Mitte der Neunzigerjahre hatte eine wilde Verfolgungsjagd der Polizei mit einigen Gardisten für Aufsehen gesorgt. Den Gesetzesdienern waren damals die demolierenden Rabauken entwischt, da diese sich vor ihren Augen durch das Haupttor in den Vatikan flüchteten, wo sie vor dem Zugriff italienischer Behörden sicher waren. Tagelang hatte der Skandal die Titelseiten der großen Zeitungen gefüllt. Mancher Römer mag sich daran erinnert haben. Eine Bluttat traute man den jungen Schweizer Burschen jedoch nicht zu. Umso heftiger schlug die Nachricht von dem Kapitalverbrechen ein. »Gewalt schien irgendwo draußen, weit weg von uns, stattzufinden«, bekannte Kurienkardinal Achille Silvestrini betroffen, »jetzt ist sie über Nacht ins Herz des Vatikans eingedrungen.«

Papst Johannes Paul II., dessen Wohnräume nicht weit vom Wohnhaus der Schweizergarde entfernt liegen, zeigte sich vom Tod der drei Menschen tief erschüttert. Insbesondere Alois Estermann war für ihn kein Unbekannter gewesen. Am 13. Mai 1981 hatte sich der Schweizergardist unmittelbar nach den Schüssen Ali Agcas todesmutig über ihn geworfen, um ihn vor weiteren Kugeln zu schützen – ganz so, wie es der Eid der Gardisten verlangt. Seitdem hatte er den Papst auf mehr als 30 Auslandsreisen beschützt. Trotz seines Vertrauensverhältnisses zu Johannes Paul II. hatte er über zwei Jahrzehnte warten müssen, bis er zum Kommandanten der Schweizergarde ernannt worden war. Als vermeintlicher Anhänger der konservativen Organisation »Opus Dei«, des »Werkes Gottes«, soll Estermann nicht nur Freunde im Vatikan gehabt haben. Es heißt,

»Todesmutig über den Papst geworfen«: Alois Estermann (in der Bildmitte) nach dem Anschlag auf Johannes Paul II. am 13. Mai 1981

einige Bischöfe hätten für die anstehende Modernisierung der Schweizergarde lieber einen erfahreneren Mann als ihn gesehen.

Die schwarze Wolke eines Tages kann nicht 500 Jahre Ehrenhaftigkeit verdunkeln.

ANGELO SODANO, KARDINALSTAATSSEKRETÄR

Auch wenn die traditionsreiche Kleinstarmee, der etwa 100 Soldaten angehören, bei feierlichen Anlässen in blau-gelb-rot gestreiften historischen Uniformen antritt, soll sie nach dem Willen des Vatikan stets auf dem neuesten technischen Stand sein. Seit 1506 obliegt ihr der Schutz des Papstes und des Kirchenstaats. Der Renaissancepapst Julius II. hatte die Garde aus Söldnertruppen rekrutiert. Damals galten Schweizer als besonders tapfer und draufgängerisch. Noch heute bewachen sie Tag und Nacht die vier Tore, durch die man den Vatikan betritt. Auf Reisen des Papstes übernehmen Gardisten in Zivil die wichtige Funktion von Leibwächtern. Die Schweizergarde ist strengen Regeln unterworfen: So werden nur junge Schweizer Männer unter 30 Jahren aufgenommen, die katholisch und mindestens 1,74 Meter groß sind. Sie müssen darüber hinaus einen einwandfreien Lebenswandel und eine eidgenössische Militärausbildung nachweisen.

Alois Estermann hatte diese Kriterien erfüllt und sich langsam innerhalb der Hierarchie emporgedient. Seit 1980 stand er in päpstlichen Diensten. Vor seiner Ernennung zum Kommandanten hatte er in Abendkursen Sprachen studiert. 1983 heiratete er die vier Jahre ältere Venezolanerin Gladys Romero. Tragischerweise überlebte der 44-Jährige seine Beförderung zum Kommandanten durch den Heiligen Vater nur um wenige Stunden. Dabei hätte er zwei Tage später bei der traditionellen Vereidigung der Schweizergardisten seinen großen Auftritt gehabt. In der festlichen Renaissanceuniform, mit dem silbernen Helm auf dem Haupt, wäre der Kommandant im Hof von San Damaso vor seine Rekruten getreten. Mit militärischem Drill hätte er die jungen Männer paradieren und dazu Trommelwirbel ertönen lassen. Estermanns Eltern und Verwandte, die zu diesem feierlichen Anlass eigens angereist waren, wären stolz auf ihn gewesen. Anschließend hätten alle gemeinsam gefeiert. Stattdessen lag nun eine gespenstische Stille über den Höfen des Vatikans. Der Chef der Schweizergarde war tot – angeblich ermordet von einem Gardisten, der drei Jahre zuvor selbst den Schwur auf den Papst geleistet hatte.

Cédric Tornay war bis zur Tatnacht ein ganz normaler junger Mann mit gelegentlichen Eskapaden. Wenn der Vizekorporal die Uniform abgelegt hatte, unterschied er sich in nichts von anderen jungen Menschen in T-Shirt und Jeans. Bei seinen Freunden war der sportliche, hilfsbereite Schweizer außerordentlich beliebt. Er hatte eine italienische Freundin und stand in einem innigen Kontakt zu ihrer Familie. Zweimal war Cédric Tornay nach einem Rendezvous nicht

rechtzeitig zu seiner Einheit zurückgekehrt, was ihm einen Verweis durch Estermanns Vorgänger Roland Buchs eingebracht hatte. Zur Strafe hatte der Kommandant ihm damals die päpstliche Bronzemedaille verweigert, die jedem Gardisten bei guter Führung verliehen wurde. Vermutlich war Cédric darüber verärgert – aber wurde er deshalb zum Mörder? Hätte er sich logischerweise nicht an Roland Buchs statt sechs Monate später an Estermann rächen müssen?

Anfang Januar 1999, acht Monate nach den Todesschüssen, veröffentlichten die vatikanischen Untersuchungsbehörden eine Erklärung, die im Wesentlichen mit den Äußerungen des Pressesprechers Joaquín Navarro Valls aus der Mordnacht übereinstimmte. Die Verlautbarung stützte sich dabei auch auf »neue Fakten«: Laut Obduktion litt Cédric Tornay an einem taubeneigroßen Gehirntumor, der ihn zur Tat getrieben habe. Außerdem sei der Gardist, so der vatikanische Bericht, drogenabhängig gewesen. Als Beweis führte man 24 Kippen von Haschisch-Zigaretten an, die in seiner Schublade gefunden worden waren. Freunde und Bekannte des jungen Mannes, die ihn nie mit einem Joint gesehen haben wollen, wurden von offizieller Seite nicht dazu befragt. Drei Jahre später wurde das ganze Verfahren eingestellt. Damit war Cédric Tornay, der dem Papst dreieinhalb Jahre als Wachsoldat gedient hatte, als Doppelmörder gebrandmarkt.

Die deutsche Journalistin Valeska von Roques, die seit Jahren in Rom arbeitet, nahm sich der Geschichte an. Sie fuhr ins Wallis zur Familie des Toten und führte lange Gespräche mit dessen Mutter Muguette Baudat. Zu viele Ungereimtheiten waren der

trauernden Frau merkwürdig vorgekommen
– vor allem der »Abschiedsbrief« ihres Sohnes, den man ihr nach ihrer Ankunft in Rom
übergeben hatte. Madame Baudat überka-
men starke Zweifel an der Authentizität des
Dokuments, als sie feststellen musste, dass
die Kopie des Briefes, die der Vatikan italienischen Zeitungen hatte zukommen lassen,
nicht wortgetreu dem »Original« glich. Folg-
lich waren zwei so genannte Abschiedsbriefe
in Umlauf. Der Name auf dem Briefum-
schlag stimmte nicht mit ihrem aktuellen
überein, und auch einige Sprachwendungen
schienen für einen jungen Walliser sehr un-
gewöhnlich. Zudem war der Brief nicht einmal unterschrieben. Um Gewissheit zu erlangen, ließ Muguette Baudat ein grafologisches
Gutachten erstellen und das Briefpapier kri-
minaltechnisch untersuchen. Über das Ergebnis will sie nur so viel sagen: Das Papier
soll aus dem Staatssekretariat des Vatikans
stammen. War Cédrics vermeintlicher Abschiedsbrief eine Fälschung? Solange das Dokument nicht von einer unabhängigen dritten Partei untersucht werden kann, gibt es
auf diese Frage keine Antwort.

Fantasterei und viel Böswilligkeit.

GIULIO ANDREOTTI, VERTRAUTER VON FÜNF PÄPSTEN

*»Ganz normaler junger Mann mit gelegentlichen Eska-
paden«: Cédric Tornay schwört im Mai 1995 den Treue-
eid der Schweizergarde*

Schon kurze Zeit nach den Morden im Gardistenhaus brodelte es in der Gerüchteküche
– nicht nur in Italien. Nach einer Meldung
des *Berliner Kuriers* soll Alois Estermann seit
1980 unter dem Decknamen »Werder« als in-
offizieller Mitarbeiter der Stasi tätig gewesen
sein, und in der Tat hatten mehrere Stasi-
Spitzel jahrelang beim Heiligen Stuhl ihr Unwesen getrieben. Ein Benediktinerpater, der
bei der Vatikanzeitung *Osservatore Romano*

ausgeholfen hatte, war als »IM Lichtblick«
enttarnt worden. Er hatte regelmäßig die
Zentrale in Ostberlin über die Vorgänge im
Kirchenstaat informiert. Manche hielten es
deshalb für denkbar, dass auch Alois Estermann vom DDR-Geheimdienst angeworben
worden sei und die Morde in irgendeiner
Weise damit zusammenhingen. In welchem
Kontext die angebliche Geheimdiensttätig-
keit Estermanns zu den Verbrechen stehen

sollte, ist allerdings nicht klar. Andere Zeitgenossen wiederum vermuteten ein Eifersuchtsdrama hinter der Bluttat: Der junge Schweizer habe sich in die 49 Jahre alte Ehefrau des Kommandanten, die Venezolanerin Gladys Meza Romero, unglücklich verliebt und das Paar im Affekt getötet. Eine »verschärfte Variante« der Kabale spielt im homosexuellen Milieu: Cédric Tornay habe ein Verhältnis zu Alois Estermann gehabt. Aus Leidenschaft sei es zu den tödlichen Schüssen gekommen. Wie so oft, wenn es um den Vatikan geht, kennt auch in diesem Fall die Fantasie Außenstehender keine Grenzen. Die »Spuren« und Spekulationen haben alle eines gemeinsam: Sie verlaufen im Sande.

Nach der vermeintlichen Bluttat ihres Sohnes war Muguette Baudat sofort nach Rom gereist, wo sie Cédrics Leichnam in der Kirche Sant'Anna aufgebahrt vorfand. An der Porta Sant'Anna, dem Haupteingang des Vatikans, hatte der Gardist einst Wache gestanden und den vorbeiflanierenden jungen Frauen nachgeschaut. Nun wurde im Kirchlein nebenan in einer stillen Totenmesse seiner gedacht. Überraschend erschien Papst Johannes Paul II. am Sarg des Jungen. Erschüttert sprach er ein Gebet und segnete den vermeintlichen Selbstmörder. Daneben kamen auch andere Trauernde, darunter mehrere junge Römerinnen, mit Blumen, um dem Toten die letzte Ehre zu erweisen.

Schon in der Schweiz hatte Cédrics Mutter Muguette Baudat das ungute Gefühl, dass man auf ihre Anwesenheit in Rom nicht sonderlich erpicht war. »Ich habe nichts gegen den Vatikan. Ich will nur die Wahrheit«, beteuerte sie noch zu Beginn ihrer Spurensuche. Doch schon bald merkte sie, dass sie

von den Behörden abgeblockt wurde. Sie beklagt, dass ihre Briefe nicht beantwortet wurden, außerdem habe man ihr die Akteneinsicht verweigert. Da der Vatikan unabhängig ist, haben italienische Behörden keine Möglichkeit, innerhalb der Mauern des Kirchenstaates zu ermitteln, wenn dieser es nicht zulässt. Auch im Fall des Dreifachmordes legte man auf die Einmischung von außen offenkundig keinen Wert. So wurde der vatikanische Jurist Luigi Marrone, der über keine Erfahrung im Umgang mit Gewaltverbrechen verfügte, mit der Angelegenheit betraut. Von Beginn der Untersuchung an gab es ermittlungstechnische Pannen: Spuren wurden verwischt oder erst gar nicht erfasst, wichtige Zeugenaussagen blieben unbeachtet. Widersprüchlich klingt auch das Gutachten eines Ballistikers, wonach sich Tornay mit seiner Dienstwaffe, einer SIG vom Kaliber neun Millimeter, erschossen habe, denn normalerweise verursacht eine solche Kugel eine gewaltige Austrittswunde. Der Hinterkopf des Schweizer Gardisten wies aber nur ein kleines Loch auf.

Um sich Klarheit zu verschaffen, gab Tornays Mutter kurz vor der Beerdigung ihres Sohnes eine zweite Obduktion in der Gerichtsmedizin von Lausanne in Auftrag. Nach Auskunft Muguette Baudats widersprach dieses Autopsieergebnis dem vatikanischen in allen Punkten. Zunächst hielt sie das Gutachten zurück und suchte nach Verbündeten bei der Auseinandersetzung mit der vatikanischen Justiz. Sie fand sie in den Pariser Staranwälten Paul Vergès und Luc Brossolet. Nachdem die beiden Franzosen aus der Zeitung von dem ungewöhnlichen Fall erfahren hatten, boten sie der in bescheidenen Verhältnissen lebenden verzweifelten

»Plötzlicher Anfall von Wahnsinn«?: Der Papst betet gemeinsam für die drei Toten im Vatikan

Frau ihre Hilfe an. Auch sie stießen mit ihren Anfragen auf eine Mauer des Schweigens.

> Das Justizsystem des Vatikans ist alles andere als demokratisch. Man macht und erlässt Gesetze im Namen Gottes und eben nicht im Namen des Volkes.
>
> LUC BROSSOLET, RECHTSANWALT

Die vatikanischen Behörden weigerten sich, das abgeschlossene Verfahren wieder aufzunehmen, da es laut ihrem Bekunden keine neuen Erkenntnisse zu den Morden gebe. Doch davon ließen sich die Anwälte nicht beeindrucken. Am 27. April 2002 beriefen sie eine Pressekonferenz in Rom ein, die für gewaltigen Wirbel sorgte. Vor internationa-

lem Publikum präsentierten sie die bis dahin zurückgehaltenen Ergebnisse der zweiten Autopsie aus Lausanne. Laut dem Befund des Schweizer Gerichtsmediziners Thomas Krompecher war Cédric zum Zeitpunkt seines angeblichen Selbstmords bereits bewusstlos. Ein Schlag gegen seine Schläfe hatte die Aorta platzen lassen. Daraufhin hatten sich Cédrics Lungen mit Blut gefüllt, was in der Folge zu einem tiefen Koma führte. Zehn bis zwanzig Minuten, vermutet der Pathologe, habe sich der Gardist in diesem Zustand befunden, bevor er durch den Kopfschuss getötet wurde. Der taubeneigroße Tumor, von dem in der vatikanischen Erklärung die Rede war, konnte dagegen nicht gefunden werden. Ebenso rätselhaft erscheint, mit wel-

»Gewalt im Herzen des Vatikans«: Alois Estermann wird beigesetzt

cher Waffe der Walliser erschossen wurde. Das Magazin der Dienstwaffe Tornays enthielt Patronen des Kalibers 9,41 Millimeter, der Austrittskanal am Hinterkopf wies aber nur einen Durchmesser von 7,65 Millimetern auf. Außerdem war aus seinen Schneidezähnen eine Ecke herausgebrochen, so als habe jemand mit einem Pistolenlauf dagegen geschlagen.

Die Drahtzieher und Mörder sind noch unerkannt.

LUC BROSSOLET, RECHTSANWALT

Vieles deutet darauf hin, dass Cédric Tornay mit einem Schuss in den Mund getötet wurde. Folgt man den Ausführungen der Anwälte, die sich auf das zweite Gutachten

stützen, so kann sich der Gardist unmöglich selbst gerichtet haben. Den angeblichen Bekennerbrief an die Mutter bezeichneten die Pariser Juristen als plumpe Fälschung. Luc Brossolet warf den Behörden des Heiligen Stuhls in aller Öffentlichkeit »unwürdiges Verhalten« und »eine Strategie des Vertuschens« vor. »Die einzigen Ausdrucksmittel vatikanischer Justiz« seien leider »Geheimnis, Schweigen und Missbrauch.« Der Vatikan wies die Vorwürfe in einer kurzen Erklärung empört zurück und gab bekannt, dass eine Neuuntersuchung letzter ungeklärter Fragen schon im Gange sei.

Bis heute gibt es keine endgültigen Antworten: Wurde Cédric Tornay das Opfer einer mörderischen Inszenierung? Hatte er sich also nicht selbst umgebracht, sondern wurde er von einem unbekannten Vierten ermordet? Auch dazu gibt es verschiedene Theorien:

Man stelle sich vor, der deutsche Kanzler hätte zwei verschiedene Organisationen beauftragt, für seine Sicherheit zu sorgen, und den einen seiner Wachtrupps hätte er sich – unvorstellbar – aus dem Ausland geholt, sagen wir, eine Gruppe japanischer Karatekämpfer im Berliner Kanzleramt als Ergänzung zu den biederen deutschen Sicherheitsbeamten, die den Kanzler beschützen: Das hätte auch in Berlin böses Blut gegeben.

VALESKA VON ROQUES, BUCHAUTORIN

Die Journalistin Valeska von Roques macht eine innervatikanische Verschwörung für die Bluttat verantwortlich. Roques zufolge

waren Alois und Gladys Estermann Mitglieder des bereits erwähnten »Opus Dei«. In seiner Funktion als Kommandant habe Estermann der päpstlichen Wachtruppe eine größere Bedeutung verleihen wollen. Eine echte Eliteeinheit hätte die Schweizergarde nach seinem Willen wieder werden sollen – ganz so wie vor 500 Jahren. Doch er hatte Gegner. Verunsichert von mehreren Einbrüchen in seinem Büro, bei denen nichts außer Akten gestohlen worden waren, hatte Estermann die Kontrollen an den Eingängen verstärkt. Nach Aussagen mehrerer Gardisten sei er kurz vor seinem Tod auffallend blass und rastlos gewesen. Roques vermutet, dass der Grund des Komplotts im alten schwelenden Konflikt zwischen der Schweizergarde und der mit ihr rivalisierenden päpstlichen Gendarmerie zu suchen sei. Durch Estermanns

»Zweifel an der Version des Vatikans«: Die Journalistin Valeska von Roques bei der Präsentation ihres Buches auf der Frankfurter Buchmesse.

Vorhaben, die Schweizergarde zur schwer bewaffneten Leibwache des Papstes zu machen, sei die italienische Vatikanpolizei in Bedrängnis gebracht worden. Nach seinem Plan sollte der Papst keinen Schritt mehr ohne die Schweizergardisten tun können. »Überspitzt könnte man sagen«, meint Valeska von Roques, »Estermann habe ein Vorgehen im Sinn gehabt, das einem vatikanischen Militärputsch nicht unähnlich gewesen wäre.« In der Ernennung des ambitionierten Schweizers zum Kommandanten habe das »Hauptmotiv für seine Hinrichtung« gelegen. Wie in allen Kriminalfällen, die sich in den letzten Jahrzehnten auf vatikanischem Terrain abgespielt haben, gibt es auch für ihre These keinen Beweis.

Auf eine zweite Spur führt der Einbruch in Estermanns Büro. Dabei sollen zwei Dossiers entwendet worden sein: der Plan zur radikalen Reform der Schweizergarde und Notizen zum Entführungsfall Emanuela Orlandi, der sich schon 1983 ereignet hatte und bisher nicht geklärt werden konnte. Am 23. Juni 1983 war die 15-jährige Tochter des Vatikanangestellten Ercole Orlandi spurlos verschwunden. Die Entführer, die behaupteten, Mitglieder der Organisation »Fronte anticristiano Turkesh« zu sein, meldeten sich bei den Eltern im Vatikan und forderten die Freilassung des Attentäters Ali Agca, der zwei Jahre zuvor Papst Johannes Paul II. mit Pistolenschüssen lebensgefährlich verletzt hatte und zu lebenslanger Haft verurteilt worden war. Nach acht Monaten brach der Kontakt ab. Das Mädchen ist bis heute nicht wieder aufgetaucht. Bei ihren Ermittlungen stieß die römische Staatsanwaltschaft auf immer deutlichere Anzeichen dafür, dass die Spuren in den Vatikan wiesen. Doch dort herrschte

»Spurlos verschwunden«: Auch im Fall Emanuela Orlandi führen die Spuren in den Vatikan

eisiges Schweigen. Für den Staatsanwalt Rosario Priore, der schon die Hintergründe des Papstattentats untersucht hatte, war dies keine Überraschung. Die vatikanischen Behörden hatten sich ihm gegenüber schon nach dem Mordanschlag Ali Agcas als ausgesprochen unkooperativ erwiesen. Resümierend meint Priore, dass der Vatikan »einen unverrückbaren Grabstein« auf das Geschehen vom 13. Mai 1981 wälzen wollte.

Die Wahrheit wird euch frei machen.

JOHANNES 8,32

Was den Fall Emanuela Orlandis betrifft, so schließen die Ermittler inzwischen auch ein Sexualdelikt nicht mehr aus. Ein Kardinal will gesehen haben, wie Emanuela am Nachmittag vor ihrer Entführung in einen vatikanischen Dienstwagen gestiegen sei. Was dann geschah, ist ungewiss – ebenso, was Alois Estermann über das Verschwinden des Mädchens wusste. Indizien lassen darauf schließen, dass der Kommandant über geheime Informationen im Entführungsfall Orlandi verfügte. Beweisen lässt sich das allerdings nicht. Zwar scheiterte die römische Staatsanwaltschaft an der Verschwiegenheit des Vatikans, doch Cédrics Mutter Muguette Baudat kämpft unbeirrt weiter um die Ehre ihres Sohnes.

1976 erhängte sich Ulrike Meinhof im Gefängnis Stuttgart-Stammheim, und ihre sterblichen Überreste wurden in Berlin beigesetzt – allerdings ohne Gehirn. Pathologen hatten es zu Forschungszwecken mit dem Gehirn eines Massenmörders vergleichen wollen. Erst Ende 2002 wurden auch die letzten körperlichen Überreste der Terroristin beerdigt.

2002 Das Gehirn der Ulrike Meinhof

Der Inhalt der unscheinbaren Pappschachtel war äußerst delikat: In ihr lagerte, in Formalin eingelegt, das Gehirn von Ulrike Meinhof. »Wir hatten es im Grab meiner Mutter vermutet«, entrüstete sich ihre Tochter Bettina Röhl, als sie aufgrund von *Spiegel*-Recherchen 2002 dem ungewöhnlichen Asservat auf die Spur kam, immerhin 26 Jahre nach dem Tod der Mutter. Ohne Wissen der Familie war das tote Organ zu Forschungszwecken benutzt worden – ein Skandal für die Angehörigen, die Anzeige erstatteten wegen Störung der Totenruhe. Auch eine tote Terroristin habe »ein Recht auf eine würdige Bestattung – wie jeder andere Mensch auch«, begründete Meinhofs Tochter den rechtlichen Schritt der Familie. Doch jenseits von ethischen Fragen löste der beklemmende Fund in der Pappschachtel eine Debatte aus, die zeigt, dass es noch längst keinen Konsens gibt in der Beurteilung der deutschen Terro-

»Staatsfeind Nummer eins«: Im Mai 1970 wurde Ulrike Meinhof per Steckbrief gesucht

ristenszene der Siebzigerjahre. »Meine Mutter ist sehr lange zu positiv mythologisiert worden«, sagt Bettina Röhl heute. »Der *Spiegel* hat sie als ›gute Terroristin‹ hochgeschrieben. Selbst Rudolf Augstein hat über Ulrike Meinhof gesagt, sie sei eine bemerkenswerte Frau.« Wie kam es, dass sich die begabte und ehrgeizige Journalistin zu einer Bandenchefin und steckbrieflich gesuchten Terroristin wandelte?

Als Ulrike Meinhof am 9. Mai 1976 erhängt in ihrer Zelle im Hochsicherheitstrakt des Gefängnisses Stuttgart-Stammheim aufgefunden wurde, beherrschte die Diskussion um die Todesursache die Öffentlichkeit. Die Behörden hatten keinen Hinweis auf Fremdeinwirkung feststellen können. Ulrike Meinhof, die sonst alles zu Papier brachte, hinterließ keinen Abschiedsbrief. Bei der routinemäßigen Obduktion der Leiche war das Gehirn der Terroristin herausgetrennt, untersucht und anschließend konserviert worden. Mehr als 20 Jahre lang lagerte das schaurige

»Krankhafte Hirnveränderungen«: Professor Dr. Bernhard Bogerts (Mitte) erläutert auf einer Pressekonferenz seine Untersuchungsergebnisse

Relikt der »negativen Symbolfigur der Bundesrepublik« (*Stuttgarter Zeitung*) in einem Pappkarton im Institut für Hirnforschung an der Universität Tübingen – bis der damals obduzierende Pathologe Professor Jürgen Peiffer 1997 von den Forschungen des Magdeburger Wissenschaftlers Professor Bernhard Bogerts hörte, der das Gehirn des Massenmörders Ernst August Wagner seziert hatte. Wagner war 1913 im schwäbischen Mühlhausen Amok gelaufen und hatte 13 Tote, seine fünfköpfige Familie und neun Dorfbewohner, mit sich in den Tod genommen. Das Gehirn des Dorfschullehrers – so das Ergebnis von Bogerts' Untersuchungen – wies krankhafte Fehlbildungen auf, die für die grausame Tat möglicherweise verantwortlich zu machen seien. Von einem Ver-

gleich des Gehirns Wagners mit dem Denkorgan der Superterroristin versprachen sich beide Wissenschaftler weiter gehende Erkenntnisse über den so genannten »Sitz des Bösen«, den biologischen Ursprung des Verbrechens.

Bogerts, nun der neue Besitzer des illustren Gehirns, war sich der politischen Brisanz seines Untersuchungsgegenstandes durchaus bewusst. Er wollte »äußerste Sensibilität« walten lassen – und tat zuerst einmal fünf Jahre lang gar nichts. Dann aber erforschte er das in dünne Scheiben sezierte Präparat nach neuesten Untersuchungsmethoden. Seine Ergebnisse waren verblüffend: Professor Bogerts stellte »krankhafte Hirnveränderungen« fest, die durchaus zu »erhöhter pathologischer Aggressivität« führen konnten. Ursache sei eine Operation am Gehirn, der sich Ulrike Meinhof 1962 unterziehen musste. Die damals 27-Jährige, im fortgeschrittenen Stadium schwanger mit Zwillingen, hatte über kaum ertragbare Kopfschmerzen geklagt, die mit Sehbeschwerden und Schielen verbunden waren. Angesichts der Krankengeschichte ihrer Eltern, die beide früh an Krebs verstorben waren, hatten Mediziner das Schlimmste befürchtet. Ulrike Meinhof musste ihre Schwangerschaft durch Kaiserschnitt vorzeitig beenden, und man legte ihr nahe, ein Testament zu machen. Fast fünf Stunden dauerte die Operation am offenen Gehirn. Auf der Suche nach dem Auslöser der Schmerzen entdeckte der Hamburger Neurochirurg Rudolf Kautzky direkt hinter Meinhofs linkem Auge einen gutartigen Blutschwamm, den er mit einer Metallklammer abklemmte. Dann verschloss er den Schädel wieder. Drei Monate musste die junge Mutter in der Klinik bleiben. Die Schmerzen und Sehprobleme klangen nur allmählich ab.

Wenn der Blutschwamm im Kopf meiner Mutter tatsächlich eine Ursache für das Abdriften in den Terror war, ist ihre Schuld anders zu bewerten.

Bettina Röhl, Meinhofs Tochter

Der abgeklemmte Blutschwamm, so Professor Bogerts, habe nun auf den Mandelkern des Gehirns gedrückt, der für die Steuerung negativer Gefühle, wie Angst, Aggression und Hass, zuständig sei. Fazit seiner Expertise: »So wie sich der Fall darstellt, ist es in hohem Maße zweifelhaft, ob Frau Meinhof in ihrem Prozess schuldfähig war.«

War die RAF jahrelang einer aus medizinischer Sicht Hirnkranken gefolgt? Der ganze Medienrummel um das Hirn der Terroristin wirbelte nun ein Gutachten Professor Peiffers aus dem Jahr 1976 wieder ans Licht, das dieser direkt nach dem Tod Ulrike Meinhofs verfasst und der Bundesstaatsanwaltschaft vorgelegt hatte. Darin stellte der Rechtsmediziner nach der Obduktion »mit bloßem Auge erkennbare Abweichungen in der für Emotionen zuständigen Hirnregion« fest, auch für ihn damals offensichtlich Folgeschäden jener Operation 1962. »Aus nervenärztlicher Sicht wären Hirnschäden des hier nachgewiesenen Ausmaßes und entsprechender Lokalisation unzweifelhaft Anlass gewesen, um im Gerichtsverfahren Fragen nach der Zurechnungsfähigkeit zu begründen.« Er hatte damit einer pathologischen Sensation Worte verliehen, die damals der Öffentlichkeit vorenthalten wurde. »Der Passus meines Gutachtens mit der Gehirnveränderung ist in der linken Szene damals bis auf ein einziges Mal – in Zusammenhang mit der angeblichen Mangelernährung – nie erwähnt worden«, wundert sich Professor Peiffer noch heute. Offensichtlich war der Befund nicht opportun – zu sehr stellte er die Glaubwürdigkeit der RAF und ihrer Ikone Ulrike Meinhof infrage. Die nach dem Tod Meinhofs von Otto Schily und anderen gegründete internationale Untersuchungskommission habe das »brisante Fazit des Professors« bewusst verschwiegen, vermutet denn auch die Tochter Meinhofs heute. »Wäre doch sehr peinlich, wenn sich herausstellte, dass alle diese Leute einer Verrückten nachgelaufen sind«, soll der zuständige Bundesanwalt Zeis nach der Verhaftung von Ulrike Meinhof schon 1972 gesagt haben.

Der wissenschaftliche Befund der beiden Gehirnforscher schien sich mit Erfahrungen enger Meinhof-Vertrauter zu decken. Ulrike Meinhofs Exmann Klaus Rainer Röhl verkündete schon 1970 öffentlich, die Mutter seiner Zwillinge sei nach ihrer Gehirnoperation gefühllos und sexuell wie abgeschnitten gewesen. Professor Dr. Renate Riemeck, Ulrike Meinhofs Pflegemutter nach dem frühen Tod der Eltern, hatte ebenfalls seit 1962 gravierende Persönlichkeitsveränderungen bei ihr wahrgenommen. »Ich habe eine Art von Selbstentfremdung an ihr erlebt, die den Stoff für einen Dostojewski-Roman abgeben könnte«, diagnostizierte sie nach dem Tod der Terroristin. Für sie glich ihr ehemaliges Pflegekind schon länger einem »kompasslosen« Wesen, das »den Boden unter den Füßen verloren hatte«.

Der Bruch in Ulrike Meinhofs Vita hätte nicht radikaler ausfallen können. Als begabte Vollwaise aus bürgerlichem Haus studierte sie mithilfe eines Stipendiums der Deutschen Studienstiftung in Marburg und Münster. Eigentlich wollte sie Pädagogin werden wie ihre Ziehmutter, aber dann sorgten Pläne der Regierung Adenauer und insbesondere des damaligen Verteidigungsministers Franz Josef Strauß für Aufruhr unter den Studenten: Strauß wollte 1957 die neu formierte Bundeswehr mit Atomwaffen ausstatten, ein knappes Jahrzehnt nach Hiroshima und Nagasaki. Prominente Wissenschaftler von

»Den Boden unter den Füßen verloren«: Ulrike Meinhof als Journalistin bei Konkret

Albert Schweitzer bis zu führenden Atomphysikern machten Front gegen die Aufrüstungspläne der Regierung. Für Ulrike Meinhof wurde es die Stunde der Wahrheit: »Wir wollen uns nicht noch einmal wegen Verbrechen gegen die Menschlichkeit vor Gott und den Menschen schuldig bekennen müssen.« Die gläubige Christin engagierte sich öffentlich, organisierte Kundgebungen und Protestmärsche. Schnell wurde sie zu einer Galionsfigur der Anti-Atomtod-Bewegung.

In Hamburg wurde der Herausgeber der linken Zeitschrift *Konkret*, Klaus Rainer Röhl, auf sie aufmerksam. Röhl gelang es, die spröde Intellektuelle als Kolumnistin und Chefredakteurin für sein Blatt zu gewinnen. Die ehemalige Studentenzeitung erfreute sich aufgrund ihrer kritisch-unabhängigen Ausrichtung wachsender Auflagen. Erst später gestand Röhl, dass die Finanzierung seines Blattes über Jahre durch großzügige Spenden aus Ostberlin erfolgt war. Im anderen Teil Deutschlands, wo sich die beiden Journalisten mit den »Genossen« zu Gesprächen trafen, erfuhr Ulrike Meinhof eine erste Einweisung in die Grundregeln der Konspiration. Sie lernte dort, wie man Verfolger abschüttelt, Gespräche verschlüsselt und woran man merkt, dass man observiert wird. Sie sollte für dieses Wissen in ihrem weiteren Leben Verwendung finden.

1961 wurde aus der beruflichen Verbindung auch privat eine Liaison. Das Paar bewohnte eine Villa in Hamburg-Blankenese. Man fuhr flotte Wagen und verbrachte die Ferien auf Sylt. Auf den Partys der Hamburger High Society war die eloquente junge Frau Röhl gern gesehen. Mit der Geburt der Zwillinge 1962 schien das Familienglück komplett. Doch die

schwere Gehirnoperation stellte eine Zäsur dar. Ulrike Meinhof zog sich aus der aktuellen Redaktionsarbeit zurück, schrieb aber weiterhin ihre Kolumnen.

In der Öffentlichkeit blieb Ulrike Meinhof die unabhängige und streitbare Journalistin, die sich gerne mit ihrem Lieblingsfeind, dem CSU-Vorsitzenden Franz Josef Strauß, Medienschlachten lieferte. Sie nutzte ihre Popularität für soziale Reportagen über Gastarbeiter oder Heimkinder zu einer Zeit, als solche Themen noch nicht en vogue waren. Aufmerksam kommentierte sie das Entstehen der Studentenbewegung. Als 1967 beim Besuch des amerikanischen Vizepräsidenten Hubert Humphrey aus Protest gegen den Vietnamkrieg Puddinggeschosse durch die Luft flogen und einige Zeitungen dies tags darauf als »versuchtes Bombenattentat« verdammten, prangerte Ulrike Meinhof vehement dieses Beispiel einer Doppelmoral an:

> **Mehr als einmal kam unsere Mutter von den Wasserwerfern der Polizei nass gespritzt nach Hause. Das waren Momente, in denen sie glücklich aussah.**
>
> BETTINA RÖHL, MEINHOFS TOCHTER

»Nicht Napalmbomben auf Frauen, Kinder und Greise abzuwerfen, ist demnach kriminell, sondern dagegen zu protestieren. … Es gilt als unfein, mit Pudding oder Quark auf Politiker zu zielen, nicht aber, Politiker zu empfangen, die Dörfer ausradieren lassen und Städte bombardieren.« Ihre Kommentare nahmen an Schärfe zu. Zynisch kommentierte sie ihre journalistische Machtlosigkeit: »Alles ist schon einmal gesagt worden, aber nichts und nirgends wurde etwas begriffen.«

Anfang 1968 übersiedelte Ulrike Meinhof mit ihren Zwillingen nach Westberlin. Die Ehe mit Röhl war gescheitert. In der geteilten Stadt suchte sie Anschluss an die Außerparlamentarische Opposition (APO) gegen die Große Koalition in Bonn. Trotz ihrer persönlichen Bekanntschaft mit Rudi Dutschke, der sich mit der *Konkret*-Redakteurin in ihrem Hamburger Domizil getroffen hatte, behielt sie ihre Position als Beobachterin bei. Sie war nun einmal deutlich älter als das Gros der Studenten, berufstätig und hatte nebenher noch zwei Kinder zu versorgen.

> **Protest ist, wenn ich sage, das und das passt mir nicht. Widerstand ist, wenn ich dafür sorge, dass das, was mir nicht passt, nicht länger geschieht. Gegengewalt, wie sie in diesen Ostertagen praktiziert worden ist, ist nicht geeignet, Sympathien zu wecken.**
>
> MEINHOF, 1968

Im April 1968 zündeten vier junge Leute in zwei Frankfurter Kaufhäusern Brandsätze, die einen großen Sachschaden verursachten. Die Täter, darunter Andreas Baader und Gudrun Ensslin, wurden schnell gefasst. Ulrike Meinhof besuchte die fröhlichen Agitatoren, die im Gerichtssaal mit Bonbonpapier um sich warfen, in der Untersuchungshaft. In ihrem Artikel für *Konkret* distanzierte sie sich von Gudrun Ensslins Argumentation, die während des Prozesses erklärt hatte: »Wir taten es aus Protest gegen die Gleichgültigkeit, mit der die Menschen dem Völkermord in Vietnam zusehen. ... Wir haben gelernt, dass reden ohne handeln Unrecht ist.« Noch war Ulrike Meinhof anderer Meinung: »Gegen Brandstiftung im Allgemeinen spricht, dass dabei Menschen gefähr-

det sein könnten, die nicht gefährdet werden sollen. Gegen Brandstiftung im Besonderen spricht, dass dieser Angriff auf die kapitalistische Konsumwelt ... eben diese Konsumwelt nicht aus den Angeln hebt. ... So bleibt, dass das, worum in Frankfurt prozessiert wird, eine Sache ist, für die Nachahmung ... nicht empfohlen werden kann.« Aber manche Passagen ihrer Kolumne ließen schon die Verbrämung der verbrecherischen Tat anklingen: »Das progressive Moment einer Warenhausbrandstiftung liegt nicht in der Vernichtung der Waren, es liegt in der Kriminalität der Tat, im Gesetzesbruch.« Die Starjournalistin fing an, sich in eine Gegenwelt hineinzudenken.

Zu einem Zwitter aus politischer Aktion und persönlichem Racheakt geriet ihr im Frühjahr 1969 die Besetzung und Demolierung der einst von ihr möblierten Röhl-Villa in Hamburg, bei der sie die Kollektivierung der *Konkret*-Redaktion forderte. Ein Jahr später vertraute sie einer Bekannten an: »Schreiben ist Scheiße, jetzt wird Revolution gemacht.«

> **Kolumnisten sind Stars, in ihrer Badewanne sind sie Kapitän.**
>
> MEINHOF, ENDE DER SECHZIGERJAHRE

Da waren die Frankfurter Brandstifter schon flüchtig, weil sie keine Lust hatten, nach Ablehnung ihres Gnadengesuchs den Rest ihrer dreijährigen Haftstrafe abzusitzen. Ihr politischer Instinkt trieb sie in die Arme von Ulrike Meinhof, die bereitwillig Andreas Baader und Gudrun Ensslin in ihrer Berliner Wohnung Obdach bot. Die polizeilich Gesuchten schmiedeten im Beisein ihrer Gastgeberin mit dem ehemaligen Rechtsanwalt Horst

»Politische Aktion und persönlicher Racheakt«: Meinhof bei der Besetzung der Röhl-Villa in Hamburg

»Bambule, das ist Aufstand«: Meinhof während einer Demonstration am 1. Mai 1970 in Berlin

Mahler Pläne für politische Aktionen. Noch hielt die unbescholtene Kolumnistin Ulrike Meinhof an ihrem bisherigen Leben fest. Gerade arbeitete sie an einem Film über Heimkinder, den sie »Bambule« nannte: »Bambule, das ist Aufstand, Widerstand, Gegengewalt – Befreiungsversuche.« Doch sie hatte längst ihre kritische Distanz aufgegeben. In den Hosentaschen ihrer Zwillinge schmuggelte sie Zangen ins Heim, damit die jugendlichen Bewohner den Stacheldraht durchschneiden und fliehen konnten.

Als Andreas Baader in eine Verkehrskontrolle geriet und verhaftet wurde, beschloss Ulrike Meinhof, Gudrun Ensslin bei der Befreiung ihres Freundes zu helfen. Der Coup wurde ihr terroristisches Gesellenstück. Ulrike Meinhof überredete den Verle-

ger Klaus Wagenbach zu einem Vertrag für ein Buch, das sie und Andreas Baader angeblich über Heimkinder schreiben wollten. Die »Bambule«-Autorin und auch Baader, der in der Zeit der Haftaussetzung in Frankfurt jugendliche Heimzöglinge betreut hatte, erweckten dabei kein Misstrauen. Baader erhielt Ausgang, um sich in der Bibliothek des Deutschen Zentralinstituts für Soziale Fragen mit der Fernsehautorin zu treffen. Darauf stürmte eine vermummte Gudrun Ensslin mit Komplizen in das Institut. Es kam zu einer Schießerei, bei der der 62-jährige Bibliotheksangestellte Georg Linke schwer verletzt wurde. Die Unübersichtlichkeit der Situation nutzend, gelang Andreas Baader die Flucht durchs Fenster. Ulrike Meinhof folgte ihm. Ob ihre Flucht Teil des Plans war oder

»Natürlich kann geschossen werden«: RAF-Anschlag auf das Springer-Hochhaus in Hamburg, Mai 1972

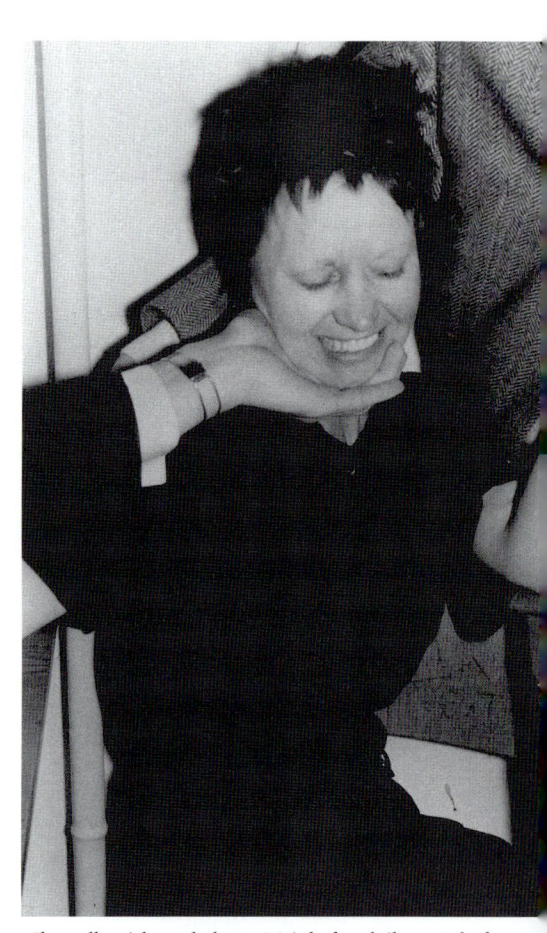

»Ihr wollt mich umdrehen«: Meinhof nach ihrer Verhaftung im Juni 1972 in Hannover

aus der Situation geboren, konnte nie geklärt werden. Mit ihrem Sprung aus dem Lesesaal jener Seminarsbibliothek verließ sie ihr bürgerliches Leben und ging in den Untergrund. Es war die Geburtsstunde der Baader-Meinhof-Bande; Ulrike Meinhof wurde ihre Wortführerin, »die Stimme der RAF«. Ihr Fahndungsfoto hing an den Litfaßsäulen der Republik.

Die Bullen sind Schweine. Wir sagen, der Typ in der Uniform ist ein Schwein, das ist kein Mensch, und so haben wir uns mit ihm auseinander zu setzen. Das heißt, wir haben nicht mit ihm zu reden, und es ist falsch, überhaupt mit diesen Leuten zu reden. Und natürlich kann geschossen werden.

Zwei Jahre im Untergrund blieben ihr bis zu ihrer Festnahme im Juni 1972 – zwei Jahre, die ausgefüllt waren mit hektischen Reisen zwischen Westberlin und der Bundesrepublik. Zum Kern der »Rote-Armee-Fraktion« gehörten jetzt auch Holger Meins und Jan-Carl Raspe. Im Mai 1972 lähmte die RAF das politische Geschehen in der Republik mit einer Anschlagsserie gegen amerikanische Einrichtungen in Frankfurt und Heidelberg, eine Polizeistelle in Augsburg, einen Bundesrichter in Karlsruhe und das Springer-Hochhaus in Hamburg. Fünf Menschen starben, über 40 Opfer wurden zum Teil schwer verletzt. Die erste Generation der RAF bombte mit diesen Anschlägen ihr Ende herbei. Am 1. Juni 1972 wurden Baader und Raspe in einer Garage in einem Frankfurter Hinterhof verhaftet, sechs Tage später Gudrun Ensslin in einer Hamburger Boutique, wo sie sich für die Flucht neu einkleiden wollte. Ulrike Meinhof folgte am 15. Juni.

Es ist überhaupt besser, wütend zu werden, als traurig zu sein.

MEINHOF, 1972 AN IHRE TÖCHTER

Bei der Verhaftung gerierte sich das »Flintenweib«, wie sie im *Bild*-Jargon hieß, wie eine Wilde: »Ihr wollt mich umdrehen, ihr wollt Gehirnwäsche mit mir machen!«, fauchte sie die Polizisten an und weigerte sich, ihre Identität zuzugeben. Als »Bullenarzt« beschimpfte sie den Polizeimediziner. Abgemagert auf 45 Kilogramm, »eingefallen« und kränklich, mit kurzen dunklen Haaren, hatte sie längst keine Ähnlichkeit mehr mit jenem zwei Jahre alten Fahndungsfoto. Die Polizeimediziner beschlossen, sich bei der »erkennungsdienstlichen Behandlung« das Wissen um Ulrike Meinhofs Gehirnoperation zunutze zu machen und sie zwangsweise zu röntgen. Die im Röntgenbild erkennbaren Klammern im Gehirn machten allen Zweifeln ein Ende. Die Terroristenchefin, als die sie die Öffentlichkeit ansah, war den Fahndern ins Netz gegangen. »Kopf zerschlagen«, meldeten die Nachrichtenagenturen.

Unmittelbar nach Ulrike Meinhofs Festnahme beschäftigten sich die Behörden ein erstes Mal mit dem Gehirn der Inhaftierten. Im Rahmen der strafrechtlichen Verantwortlichkeit des Untersuchungshäftlings Meinhof ordnete der zuständige Ermittlungsrichter eine genaue Feststellung des Schädel-Hirn-Befunds an. Währnddessen diskutierte die Presse bereits, ob »eine krankhafte Störung der Geistestätigkeit nach Paragraph 51 Absatz 2 des Strafgesetzbuches« der Terroristin Strafmilderung verschaffen könne. Ulrike Meinhof erteilte allen Versuchen, sie als »klinischen Fall« zu entsorgen, eine schroffe Absage. »Durch eine psychiatrische Untersuchung«, ließ sie die Bundesanwaltschaft wissen, bestünde »die Gefahr, dass ihre politische Tätigkeit von den Psychiatern als krankhafte Angelegenheit angesehen und damit ihre gesamte Arbeit sabotiert würde«.

Ich halte das nicht mehr aus. Was ich nicht mehr aushalte, ist, dass ich mich nicht wehren kann. Also, es laufen einfach ein Haufen Sachen durch, ich sage nichts, aber ich knalle an die Decke über ihre Gemeinheit und Hinterhältigkeit.

MEINHOF, AUS DER HAFT IN STAMMHEIM

Doch zugleich brachte sie zu Papier, wie es im Inneren ihres Gehirns aussah: Sie habe »das Gefühl, es explodiert einem der Kopf, das Gefühl, es würde einem das Rückenmark ins Gehirn gepresst. Das Gefühl, das Gehirn schrumpelt einem allmählich zusammen, wie Backobst zum Beispiel. Das Gefühl, man stünde ununterbrochen unter Strom, man würde ferngesteuert. … Das Gefühl, inner-

»Einer Verrückten nachgelaufen«?: Bettina Röhl hat ein zwiespältiges Verhältnis zu ihrer Mutter

lich auszubrennen – rasende Aggressivität, für die es kein Ventil gibt.« Waren dies die ersten Symptome zunehmenden Wahns oder Folgen jener »Isolationshaft«, gegen die sie und die anderen Häftlinge später mit Hungerstreiks kämpfen würden? In Köln war sie, der »Staatsfeind Nummer eins«, als einzige Insassin im toten Trakt der psychiatrischen Frauenabteilung untergebracht.

Im Dezember 1973 beendete der saarländische Psychiater Professor Witte die Diskussion um Ulrike Meinhofs strafrechtliche Verantwortlichkeit ganz im Sinne der Angeklagten. »Voll zurechnungsfähig« sei sie, urteilte der Psychiater in seinem Gutachten für die Bundesanwaltschaft. Dem Prozess gegen Ulrike Meinhof und ihre Komplizen stand

nichts mehr im Wege. Bis zu ihrem Tod am 9. Mai 1976 blieben der Öffentlichkeit weitere medizinische Bulletins erspart. Erst mit der Entdeckung jenes ominösen Pappkartons aus dem Tübinger Hirnarchiv kamen erneut Zweifel am geistigen Zustand der Topterroristin auf. Ob der gehirnspezifische Befund ihre Terroristenlaufbahn entscheidend geprägt hat, bleibt Spekulation, ein Strohhalm nur für die Angehörigen: »Sollte sich diese These bestätigen, würde ich meine Mutter vielleicht nicht mehr ganz so unverständlich finden wie bisher«, erklärte Tochter Bettina Röhl der Presse.

Wer sich nicht wehrt, stirbt. Wer nicht stirbt, wird lebend begraben.

MEINHOF, 1970

Doch für weitere Untersuchungen blieb keine Zeit. Auf Drängen der Angehörigen wurde das eingeäscherte Gehirn Ulrike Meinhofs am 19. Dezember 2002 in ihrem Grab auf dem Dreifaltigkeitsfriedhof in Berlin beigesetzt. Die Gehirne von Andreas Baader, Gudrun Ensslin und Jan-Carl Raspe, die nach der Obduktion ihrer Leichen ebenfalls in Pappschachteln aufbewahrt wurden, sind noch immer verschollen.

Jeder kennt seinen Namen. Doch nur wenige wissen vom wahren Ausmaß seiner Verbrechen – vor allem gegenüber seinem eigenen Volk.

2003 Saddam Hussein – die wahre Geschichte

Wohl anderthalb Meter Durchmesser hat die Torte, die der hochrangige Staatsvertreter vor den Augen Zehntausender Iraker und weiterer Millionen an den Fernsehern anschneidet. Dann bricht der Jubel los: »Saddam, Saddam, Vater der Nation!«, schallt es durch die staubigen Straßen von Tikrit im Norden des Landes. In riesigen Trögen schmurgelt und dampft das Fleisch. Der »größte arabische Führer aller Zeiten« hat Geburtstag, die Propaganda läuft auf Hochtouren. Wann immer es darum geht, seine Person und Politik zu verklären, erweist sich Saddam Hussein als Meister im historischen und mythologischen Mummenschanz.

Jahrzehnte zuvor war die Region, in der Saddam Hussein 1937 geboren wurde, noch das Armenhaus des Landes. Al-Awja, eine öde Steppensiedlung, ist seine Heimat, nicht die Stadt Tikrit, wie er später behauptet. Die

»Größter arabischer Führer aller Zeiten«: Als Saddam Hussein am 28. April 1997 seine Geburtstagstorte anschneidet, herrscht er noch uneingeschränkt über den Irak

Bewohner des Dorfes gehören zum Bodensatz der jungen Nation; Saddams Elternhaus ist nicht mehr als die Ruine eines Ziegenstalls ohne Wasser und Strom. Er verlebt eine elende Kindheit zwischen Hühnerdieben und Kleinbetrügern, eine Kindheit ohne Vater. Dieser, Hassan der Lügner, wie er im Dorf genannt wird, hat die Familie verlassen. Der Stiefvater, ein Taugenichts, verprügelt das Kind. Mit Weissagungen für die Nachbarn soll die Mutter den Jungen durchgebracht haben, lieben oder auch nur leiden konnte sie ihr Kind nicht. Der schmächtige Saddam Hussein verwahrlost, schlägt sich mal als Ziegenhirte, mal als Feldarbeiter durch, kann weder schreiben noch lesen. Doch zwischen den sunnitischen Beduinen seines Dorfes lernt er zumindest eine Regel, die er verinnerlicht und die sich wie eine Blutspur durch sein Leben zieht: Du kannst schlagen, sogar töten, solange du fest zu deinem Clan stehst.

Ohne seinen Onkel wäre der Junge wohl verelendet wie die anderen in Al-Awja.

347

»Ende der Marionetten-Monarchie«: Der Königspalast nach dem Staatsstreich im Irak 1958

Khairallah Tulfah aber, ein Exoffizier, findet Gefallen an dem kleinen Hussein. Er schickt den inzwischen Zehnjährigen zur Schule, schenkt ihm eine Pistole, bringt ihm das Schießen bei und lehrt ihn, was er ansonsten aus der Armee kennt: den Hass auf Juden und Schiiten – und auf die Briten, die 1921 die feindlichen Bevölkerungsgruppen in die neuen Grenzen gewiesen haben, in den zerrissenen Staat Irak. Der Onkel sieht in dem Jungen mit den dunklen Augen und den festen Gesichtszügen etwas, das später eine Weltmacht für ihn einnehmen wird: einen entscheidungs- und willensstarken Geist, der kompromisslos seinen Weg gehen wird. Dass sein Zögling einmal mehr wird als ein Zie-genbesitzer, dass zuerst die CIA, dann das Pentagon und die Regierung in Washington ihn unterstützen werden, liegt für den Onkel außerhalb seiner Vorstellungskraft.

Rund zwölf Jahre nach seinem ersten Schultag wird Saddam zum ersten Mal mit dem US-Geheimdienst zusammenarbeiten. Es ist der Beginn einer Hassliebe, die über Jahrzehnte die Weltpolitik bestimmt. Was bringt die USA dazu, dem Ziegenhirten aus der Provinz einen Aufstieg zu ermöglichen, der selbst die legendäre Karriere eines amerikanischen Tellerwäschers in den Schatten stellt? Warum paktiert die größte Weltmacht der Erde mit einem Mann, der sich seinen Weg nach oben mit skrupelloser Gewalt gebahnt hat?

Als Saddam in Kairo Kontakt zur CIA aufnimmt, lebt er im Exil. Der Mann, der den Klimmzug aus dem Elend der Provinz in die Metropole Bagdad geschafft hat, ist zum politischen Aktivisten geworden. Saddam ist fasziniert vom revolutionären Gebräu der Baath-Partei: von ihrer Idee »der einen arabischen Nation«, gemischt mit sozialistischer Romantik und weltlichen Genüssen. Und er ist bereit zu morden, zu meutern, bereit zur Macht. Als der Brigadier Abd al-Karim Kassem den Haschemitenkönig Faisal II. abschlachtet und damit die Marionettenmonarchie der Briten aus dem Weg räumt, glauben die jungen Baathisten an ihre historische Chance. Kassem aber hat mit »Panarabien« nichts im Sinn, ihm geht es allein um die absolute Herrschaft. Nun bekommt Saddam seinen ersten großen Auftrag, er soll dem Mordkomplott Feuerschutz geben, das für den 7. Oktober 1959 geplant ist. Der Pistolero aus Al-Awja aber vermasselt alles, er schießt zu früh; Kassem entkommt schwer verletzt im Auto. Saddam lässt später einen Propagandafilm inszenieren, der zeigt, was offiziell Geschichte werden soll: In dem Heldenepos erreicht er zu Pferde den Tigris, schwimmt trotz seiner eigenen schweren Verletzung ans andere Ufer und schleppt sich schließlich völlig erschöpft durch den Wüstensand ins Ausland.

Was die amerikanische Großmacht und den arabischen Attentäter schließlich in Ägypten verbindet, ist der gemeinsame Feind. Der Regierung in Washington gehen Kassems politische Eskapaden zu weit, in der Golfregion haben für sie »vitale Interessen« Vorrang – Einflussnahme auf die politischen Verhältnisse, Geostrategie und Öl. Der Herrscher im Irak aber hebt nicht nur das Verbot der kommunistischen Partei auf, er will auch den Handel mit dem schwarzen Gold verstaatlichen. Washington ist alarmiert; gemessen am unbotmäßigen Machthaber in Bagdad erscheint Saddam als das kleinere Übel.

Gleich zweimal unterstützen die USA ihn und seine Partei in den kommenden Jahren. Beim Himmelfahrtskommando des Baathisten Ahmad Hasan Al-Bakr 1963 sind die amerikanischen Geheimdienstler die Handlanger im Hintergrund. Mit vier Hawker-Hunter-Maschinen lässt der General und Onkel von Saddam den Palast Kassems niederbomben – ein Anschlag, der selbst nach orientalischen Maßstäben äußerst brutal ist. Und auch 1968, als die Baath-Partei endgültig nach der Macht greift, hat die CIA die Hände im Spiel.

Nun braucht der neue Präsident Al-Bakr den Mann, der wenige Jahre zuvor aus dem Exil heimgekehrt ist. Saddam wird sein Stellvertreter und Geheimdienstchef; in den Palästen von Bagdad soll er nach seiner Lebensregel aus Al-Awja herrschen: nämlich die Macht ihres gemeinsamen Clans, der Tikritis, ver-

»Die Macht des Clans sichern«: Der stellvertretende irakische Präsident auf einer Auslandsreise, 1970

teidigen und den Schrecken orchestrieren. Doch Saddam geht noch weiter. Blitzgescheit und taktisch eiskalt laviert er sich in der Partei ganz nach vorn, spielt Fraktionen gegeneinander aus und lässt Widersacher aus dem Weg räumen. 1979 hat er sein Ziel erreicht. Aus »gesundheitlichen Gründen« verkündet der angeschlagene Onkel und Staatspräsident seinen Rücktritt im Radio und setzt sogleich den Neffen als Nachfolger ein. Der Gangster-Bürokrat hat es bis ganz oben an die Spitze geschafft, er ist unumschränkter Herrscher über ein Land, das sowohl über reichliche Wasservorräte als auch über riesige Ölreserven verfügt.

Wenige Jahre zuvor hatte er die Ölquellen des Irak verstaatlicht und die westlichen Firmen aus dem Land katapultiert. Saddam lässt fortan die Milliarden in die eigenen Kas-

sen sprudeln und mit dem gigantischen Vermögen ein Schlaraffenland errichten, das in der arabischen Welt ohne Beispiel ist. Frauen bekommen mehr Rechte, Bauern eine Landreform. Krankenhäuser und Universitäten, Schulen und Straßen, Schienen- und Stromnetze werden gebaut, und die Alphabetisierungskampagne der Baathisten ist so erfolgreich, dass die UNESCO dem Gönner am Golf gleich einen Preis dafür verleiht. Auch die Menschen in Al-Awja und anderen Elendsgebieten sollen profitieren; sie bekommen Kühlschränke und Fernseher gratis. Dort können sie Tag für Tag Darstellungen jenes Mannes bewundern, auf denen er mal als »Großer Onkel« im weißen Gewand die Hand schützend über eine Kinderschar erhebt, mal als Reiter hoch zu Ross in Feldmarschallsuniform durch die Wüste prescht. Saddams Personenkult kann nicht pompös genug sein: Heute ist er der Nachfolger Saladins, der 1187 das Heer der Kreuzfahrer bei Hattin entscheidend besiegte und damit das Morgenland vor den Segnungen des Abendlandes bewahrte. Am Tag darauf will er als Erbe des babylonischen Herrschers Nebukadnezar in die Geschichte eingehen – oder er lässt seinen Stammbaum so korrigieren, dass die Ahnenlinie seine Abstammung von Fatima belegt.

Die Menschen im neuen Wohlfahrtsstaat Irak haben zwar viel zu essen, zu lachen aber haben sie nichts. Der Mann, den die USA später als den »orientalischen Hitler« bezeichnen werden, bedient sich eher der Gewaltmethoden des einstigen sowjetischen Diktators Stalin, wie sein Biograf Said Aburish anmerkt. Wie der »rote Zar« habe auch Saddam sein Leben lang unter seiner Herkunft und seiner mangelnden Bildung gelitten. Was folgt, ist die »Politik der Rache«; der Diktator macht den Irak zu einem Land der Lüge, der Angst und des Terrors. Wer nicht an den staatlich verordneten Rechtschreib- und Lesekursen teilnimmt, wird inhaftiert. Die Schergen und Spitzel des Systems Saddams schlagen willkürlich zu. Zehntausende, vielleicht hunderttausende »Handlanger des Zionismus und Imperialismus« werden gefoltert und zu Tode gequält, Oppositionelle sterben bei Verkehrsunfällen oder an tödlichen Herzattacken.

Saddam schafft es sogar, das satte irakische Volk zum Komplizen seiner Verbrechen zu machen. Als er auf dem »Platz der Befreiung« 14 »Staatsfeinde« aufhängen lässt, bleiben die Schulen und Behörden der Hauptstadt geschlossen. Die öffentlichen Hinrichtungen sind ein Volksfest; gierig verschlingen

die Gaffer auf den Rasenflächen ihre Picknickvorräte und spenden begeistert Applaus. Und wieder geht Saddam einen Schritt weiter: Wenige Wochen nach der Machtübernahme sieht er in Stalin'scher Manier die eigenen Reihen aus. Während er genussvoll an seiner Havanna pafft, verliest er mit eiskalter Miene vor dem Revolutionsrat 21 Namen und tupft sich mit einem weißen Taschentuch zum Trost die Augen. Die »Verschwörer«, allesamt politische Weggefährten, werden abgeführt und später erschossen – von den Übriggebliebenen im Saal, die Saddam in »Exekutionskommandos« einteilt.

Im Westen stört man sich nicht an den Morden des Despoten, sondern vielmehr an seinem wirtschaftlichen Alleingang. Bei der Verstaatlichung der Ölindustrie mussten die Regierungen in London, Paris und Washington machtlos zusehen, wie Saddam sie vorführte. Kurz zuvor hatte er einen Freundschaftsvertrag mit der Sowjetunion geschlossen, die greisen Machthaber in Moskau hatten ihm die Abnahme der Überschüsse garantiert – ein kluger Schachzug mitten im Kalten Krieg. Wieder taktiert der Westen; bei dem milliardenschweren Mann in Bagdad wittert man das große Geschäft. Nun geht es nicht mehr um das schwarze Gold, es geht um Waffen. Die Russen haben dem fernen Verbündeten bereits Panzer und Kanonen geliefert, der Westen schiebt Kampfflugzeuge, Hubschrauber und Boden-Luft-Raketen nach. Saddam rüstet den Irak zu einer waffenstarrenden Militärmacht auf und legt mit der Hilfe aus West und Ost den Grundstein zu einem Arsenal, das die Welt für die kommenden zwei Jahrzehnte in Angst und Schrecken versetzen wird: den Labors zur Herstellung von Massenvernichtungsmitteln.

»Schreckliches Verbrechen«: Opfer von irakischen Giftgas-Anschlägen in der kurdischen Stadt Halabja

Es tut mir Leid, es zugeben zu müssen: Ich glaube, wir haben Saddam auch Giftgas gegeben. Das hielten wir damals für eine gute Idee. Es war ja für einen angeblich guten Zweck. Er sollte den Vormarsch des Ayatollah verhindern.

EDWARD PECK, FRÜHERER US-BOTSCHAFTER IM IRAK

Bereitwillig versorgen die USA den irakischen Diktator sogar mit Giftgas, als im Nachbarland Iran der Schah von seinem Thron gestürzt wird. Bis dahin waren Saddams panarabische Visionen den Strategen in Washington unheimlich, nun verschiebt sich ihr gesamtes Koordinatensystem. »Saddam ist ein Schurke, aber er ist unser Schurke«, wird zur Maxime der amerikanischen Machtpolitik. Ihr Mann am Golf soll die schiitischen Gotteskrieger des »großen Satans«, des Ayatollah Khomeini, in Schach halten. Am 22. September 1980 beginnt Saddam einen Krieg gegen den Iran, einen »Krieg ohne Ziele«, wie Said Aburish ihn nennt. Großzügig und ohne die geringste Gegenleistung liefern die USA Geheimdienstinformationen und Satellitenfotos vom Kriegsgegner an Saddam. 1982 lässt Präsident Reagan den Irak sogar von der Liste der »Schurkenstaaten«, die den Terrorismus unterstützen, streichen und beordert im Jahr darauf seinen Sonderbotschafter Donald Rumsfeld nach Bagdad, um neue diplomatische und wirtschaftliche Beziehungen einzufädeln – mit Erfolg. Die USA liefern weiter Waffen und päppeln das Land nun auch mit Nahrungsmitteln und Krediten auf. Saddam dankt es mit Öl zum Vorzugspreis; die Dollars sind wichtige Einnahmen für seine Kriegskasse. Dass der Diktator iranische Soldaten mit Giftgas ermorden lässt, einer im Völkerrecht geächteten Waffe, übersieht die US-Regierung im fernen Washington aus eigenem Interesse.

Auch den Massenmord in der kurdischen Ortschaft Halabja nimmt man in Washington nur beiläufig zur Kenntnis. Die Minderheit der Kurden im Irak, seit Jahrzehnten unterdrückt, hat sich mit dem Iran verbündet. Wieder gibt Saddam den Befehl zum Einsatz von Giftgas und lässt diesen gleich filmisch zu Propagandazwecken dokumentieren: In Großaufnahme flimmern die verzerr-

»Hinrichtungen als Volksfest«: Vollstreckung eines Todesurteils im Irak 1985. Am Körper eines angeblichen Bomben-
legers wird eine Sprengladung befestigt

Der Giftgasanschlag war damals für die USA kein schreckliches Verbrechen. Saddam stand ja auf unserer Seite. Die amerikanische Presse hat kaum Notiz davon genommen.

EDWARD PECK, FRÜHERER US-BOTSCHAFTER IM IRAK

ten Gesichter über die Bildschirme, tausende Zivilisten liegen leblos auf den Straßen der Geisterstadt. Es ist der sichtbare Beweis für die kalte Methodik eines Diktators, der nur noch mit äußerster Brutalität seine Position verteidigen kann. Saddam sieht sich unter Druck; im Krieg gegen den Iran erweist er sich als strategischer Dilettant. Binnen weniger Tage wollte er das Land erobern, die blutige Konfrontation mit Khomeinis »Gotteskriegern« aber wird zum längsten Krieg des 20. Jahrhunderts, dem Hunderttausende zum Opfer fallen. Saddam zieht seine Minister zu Rate. Dr. Ibrahim, der Gesundheitsminister, loyal und in Oxford ausgebildet, gibt eine Empfehlung, die ihn das Leben kosten wird. Saddam solle zurücktreten, bis der Krieg vorbei sei, später könne er als angesehener Präsident ins Amt zurückkehren. Unmittelbar nach der Sitzung wird Dr. Ibrahim verhaftet; in einem schwarzen Kleidersack lässt Saddams tags darauf die zerstückelte Leiche des Politikers an dessen Frau überstellen. Auch auf dem Zenit seiner Herrschaft am Tigris reagiert Saddam, wie er es ganz unten gelernt hat: mit rücksichtsloser Brutalität.

Für seinen Clan gelten nun neue Regeln. Jahrelang war ihm die Großfamilie das Mittel zum Machterhalt. Die Tikritis residieren in monströsen Palästen und führen im »Swinging Bagdad« ein Leben in Saus und Braus. Rund 400 Verwandte hat Saddam in höchste

Ämter seines Regimes gehievt, seinen Onkel und Ziehvater Khairallah Tulfah zum Bürgermeister von Bagdad, dessen Sohn Adnan zum Verteidigungsminister gemacht. Als der gut aussehende, redegewandte Mann zum Politstar aufsteigt, versagt die Technik des Regierungshubschraubers: Adnan Tulfah stürzt 1989 in den Tod. Der Krieg gegen den Iran, der acht lange Jahre dauerte, hat das Selbstbewusstsein des Diktators angeknackst, nun geht er auch gegen potenziell gefährliche Verwandte vor. Lange hat er Udai und Kasai gedeckt, seine missratenen Söhne aus der Ehe mit seiner Cousine Sajida. »Der Wolf« und »die Schlange« lassen sich als Playboys durchs Nachtleben der Hauptstadt chauffie-

»Wir lieben unseren Vater, den großen Führer«: Saddams Familie – sitzend Ehefrau Sajida und Tochter Hala. Stehend (von links): Schwiegersohn Hussein, Sohn Kusai, die Töchter Rana und Raghad, Schwiegersohn Saddam Kamil und Sohn Udai, 1988

Symbol der Niederlage des »Aggressors vom Kaliber Hitlers«: Ein zerstörter irakischer Panzer vor den brennenden Öl-feldern von Kuweit, März 1991

ren, sie vergewaltigen, foltern und morden. Als Udai aber vor den Augen der ägyptischen First Lady Suzanne Mubarak den Vorkoster des Vaters erschlägt, will Saddam dem eigenen Sohn ans Leben. Nur Sajidas Überredungskünste bewahren den Kronprinzen vor größerem Übel.

Jahre später lässt sich Saddam nicht mehr beschwichtigen. Aus Angst vor Udais Unberechenbarkeit fliehen des Diktators Schwiegersöhne Hussein und Saddam Kamil nach Jordanien und plaudern dort vor CIA und Presse Geheimnisse über die irakischen Waffenarsenale aus. Saddam lockt sie mit salbungsvollen Worten ins Land zurück. Nur wenige Stunden bleiben den beiden, als sie die Grenze überschreiten. Dann verfallen sie der Feme der Familie, Saddams Schergen schlagen zu. Die beiden Witwen, Saddams Töchter, werden kurz darauf in den Zeitun-gen mit den Worten zitiert: »Wir lieben unseren Vater, den großen Führer.«

> **Saddam wird oft der Verrückte aus dem Mittleren Osten genannt. Ich teile diese Meinung nicht. Im Gegenteil: Saddam kalkuliert genau, er ist ein rationaler Mensch.**
>
> JERROLD POST, CIA-PSYCHOLOGE

Im Westen füllen die Boulevardgeschichten aus tausendundeiner Nacht zwar die Blätter, allzu ernst nimmt man die Politintrigen jedoch nicht. Erst als Saddam auch außenpolitisch um sich schlägt und dabei einen westlichen Lebensnerv trifft, kippt die Stimmung im Oval Office. Seit Wochen stößt der Diktator wüste Drohungen gegen das Nachbarland Kuwait aus; er beschuldigt das Scheichtum, irakisches Öl zu stehlen und die OPEC-Preise zu drücken. Vor laufenden Kameras erhebt er

Anspruch auf den »künstlichen Staat«, der historisch zum Irak gehöre. Obwohl seine Soldaten auf amerikanischen Satellitenfotos längst an der Grenze zu Kuwait in Stellung gegangen sind, halten die Strategen im Pentagon seine Worte für verbales Säbelgerassel. Noch einen Tag vor Saddams Einmarsch in den Nachbarstaat am 2. August 1990 gibt die US-Botschafterin in Bagdad ihm die folgenschwere Auskunft: »Zu innerarabischen Konflikten wie Ihren Grenzstreitigkeiten mit Kuwait haben wir keine Meinung.« April Glaspie wird dafür später zum Sündenbock gemacht, wahrscheinlich aber referiert sie die offizielle Position aus Washington. Dort merkt Präsident Bush senior nur wenige Stunden später, dass er »seinen Schurken« am Golf unterschätzt hat. Jetzt kontrolliert der Diktator aus Bagdad das Öl des kuwaitischen Sabah-Clans, ein Fünftel der Weltreserven. Der Westen ist erpressbar.

Der Mann im Weißen Haus schafft es, das Desaster für die US-Politik in kurzer Zeit in einen Triumph zu verwandeln. In einem diplomatischen Kraftakt zimmert er eine Koalition aus 30 Staaten, isoliert den »Aggressor vom Kaliber Hitlers« in der arabischen Welt und mobilisiert die Vereinten Nationen zu einem Ultimatum: Bis zum 15. Januar 1991 bleibt dem Diktator Zeit zum Rückzug, sonst drohen ihm die »erforderlichen Maßnahmen«. Eine halbe Million US-Soldaten lagern wenig später am Golf, diesmal wollen die USA Saddam in seine Schranken weisen. ZDF-Korrespondent Ulrich Kienzle ist einer der letzten westlichen Journalisten, der Saddam vor dem Krieg interviewen darf. Für das Treffen mit dem Diktator muss er seine Hände in chemischen Bädern reinigen, er wird gefilzt und durch-

leuchtet. Es ist ein Gespräch unter Hochspannung, das belegt, zu welchen Gräueln Saddam bereit ist. Kienzles Feststellung, ohne einen Rückzug des Irak werde es Krieg geben, ist ihm nur ein Schulterzucken wert; Tote schrecken den Despoten nicht. Am 17. Januar 1991 starten die ersten Bomber der Anti-Saddam-Koalition, der finale Bodenkrieg Ende Februar dauert nicht mehr als 100 Stunden. Die Invasoren sind aus Kuwait vertrieben, bis nach Bagdad aber rücken die US-Truppen nicht vor. Noch immer glaubt man, dass Saddam den Mittleren Osten stabilisiert, es gibt keinen Plan für eine Zukunft ohne das Regime am Tigris.

Die USA wollten Saddam nie wirklich loswerden. Sie haben die ganze Welt in ihre Politik hineingezogen, sie haben Saddam verteufelt und wollten trotzdem nie die Gefahr eingehen, einen Bürgerkrieg im Irak zu provozieren.

ROBERT BAER, EHEMALIGER CIA-AGENT

Washington lässt den unterlegenen Diktator sogar gewähren, als er nach dem Krieg Revolten seiner Widersacher in Blut ertränkt. Im Süden erschießen Saddams Soldaten hunderte Schiiten, im Norden treiben sie Kurden in die Berge und ermorden sie. Washington taktiert weiter, wenn es um das Regime in Bagdad geht, die Supermacht verfolgt keine Strategie im Umgang mit dem Tyrannen. Jahrelang unterstützt der amerikanische Geheimdienst die irakische Exilopposition INC, sie rüstet für den Schlag gegen Saddam. Als deren Armee in der nordirakischen Stadt Salaheddin bereits zum Marsch auf Bagdad aufbricht, erhält der CIA-Agent Robert Baer eine Nachricht, die ihn dazu veranlasst, seinen Job beim Geheimdienst zu quittieren:

»Operation Enduring Freedom«: Im März 2003 marschieren US-Truppen im Irak ein. Das Bild des Diktators ist noch allgegenwärtig

»Menschliches Wrack mit wirrem Haar«: Auch die Festnahme Saddams im Dezember 2003 bei Tikrit brachte dem Irak noch keinen Frieden

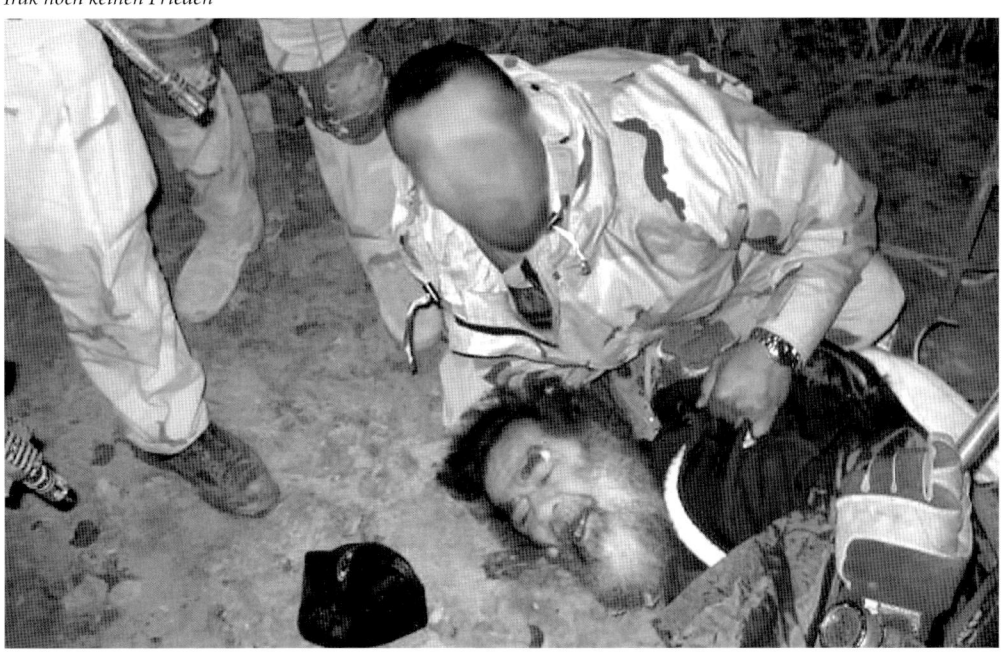

Die USA haben kein Interesse an der Unterstützung der Operation. Der Absender ist ein Sicherheitsberater von höchster Stelle.

Während die Wiederwahl von Bush senior in Washington an der schlechten Wirtschaftslage scheitert, bleibt Saddam im fernen Bagdad weiter an der Macht. Trotz Wirtschaftssanktionen bastelt der Diktator an seinen geheimen Programmen: biologischen, chemischen und atomaren Waffen. Die Inspektionen der Kontrolleure hält er für eine Farce und lässt die westlichen Experten ein ums andere Mal ins Leere laufen. Mit Schikanen und Täuschungsmanövern behindert er zunächst ihre Arbeit, bevor er sie 1998 gleich ganz aus dem Land werfen lässt. Die Welt kann über das Ausmaß der irakischen Arsenale nur noch rätseln; die Schlagkraft der Truppen des Potentaten aus Bagdad ist von nun an reine Spekulation.

Der Irak setzt seine feindliche Politik gegen Amerika fort und unterstützt den Terror. Unser Krieg gegen den Terror hat begonnen. Wenn der Irak nicht handelt, tun wir es.

GEORGE W. BUSH VOR DEM DRITTEN GOLFKRIEG

Im März 2003 entschließt sich George Bush junior zum Krieg gegen Saddam, ohne Zustimmung der Vereinten Nationen. Nach dem Anschlag vom 11. September gehört der Diktator für ihn zur »Achse des Bösen«, zu den Führern von Schurkenstaaten, die Terroristen wie Osama bin Laden unterstützen. Amerikaner und Briten dringen nach den Bombardements nach Bagdad vor in der Absicht, zum ersten Mal den Tyrannen zu stürzen, ob lebendig oder tot ist dabei egal.

Saddams Söhne Udai und Kasai werden im Juli 2003 von amerikanischen Soldaten erschossen, nach dem Diktator wird noch Monate später gefahndet. US-Geheimdienstler spüren ihn schließlich dort auf, wo ihn einst sein Onkel Khairallah Tulfah das Schießen gelehrt und ihm durch die Schulbildung den Weg in die Hauptstadt und die Politik ermöglicht hat: im staubigen Tikrit. Den Mann, den die Amerikaner bei der »Aktion Morgenröte« aus einem lehmigen, stinkenden Erdloch ziehen, präsentieren sie triumphierend der Welt: ein menschliches Wrack mit grauem Bart und wirrem Haar – und einem Schild vor der Brust, das seinen Namen und den Tag seiner Verhaftung festhält: »Saddam Hussein, 131203«.

Wenige Stunden später explodieren bereits Bombensätze vor Polizeistationen. Bis heute versuchen Amerikaner, das Land zur Ruhe zu bringen. Auch nach dem Einmarsch der Weltmacht ist der Irak noch weit vom Frieden entfernt.

Textnachweis

Alexander Berkel	1940: Der Tod des Leo Trotzki
Nushin Bokai	1913: Der erste deutsche Medienstar
Stefan Brauburger	1936: Der unbekannte Soldat
Jürgen Czwienk	1933: Mit dem Faltboot nach Australien
Holger Diedrich	1963: John F. Kennedy – Mythos und Wahrheit
Werner Doyé	1992: Der rätselhafte Tod der Petra Kelly
Anja Greulich	1914: Ein bisschen Frieden
	1917: Mythos Mata Hari
	1940: Das Doppelleben der Coco Chanel
Peter Hartl	1945: Hitlers letzte Sekretärin
Florian Hartung	2003: Saddam Hussein – Die wahre Geschichte
Annette von der Heyde	1936: Legende »Lebensborn«
	1965: Churchill, der Sportsmann
	1979: Das kurze Leben des Rudi Dutschke
	2002: Das Gehirn der Ulrike Meinhof
Sönke Neitzel	1945: Das letzte U-Boot
Patrick Obrusnik	1953: Der Schicksalsberg der Deutschen
Karl-Walter Reinhardt	1947: Das Geheimnis von Roswell
	1952: Charlie Chaplin – Ein Tramp wird heimatlos
	1972: Das Bermuda-Dreieck von Alaska
	1986: Die »Challenger«-Tragödie
Bärbel Schmidt-Šakić	1932: Stalin, der Privatmann

Mario Sporn	1943: Das Massaker von Kephalonia
	1943: Die »Weiße Rose«
	1953: Geliebte Genossin
	1961: Flucht im Cadillac
Annette Tewes	1998: Mord im Vatikan

Literaturverzeichnis

Zu Kapitel 1: Wilhelm II.

Saskia Asser/Liesbeth Ruitenberg: Der Kaiser im Bild – Wilhelm II. und die Fotografie als PR-Instrument. Zaltbommel (Niederlande) 2002.

Michael Balfour: Der Kaiser – Wilhelm II. und seine Zeit. Frankfurt/Main 1996.

Friedrich Hartau: Wilhelm II. in Selbstzeugnissen und Dokumenten. Hamburg 2001.

Franz Herre: Wilhelm II. – Monarch zwischen den Zeiten. Köln 1993.

Christian Graf von Krockow: Kaiser Wilhelm und seine Zeit – Biographie einer Epoche. Berlin 2002.

Frank-Lothar Kroll (Hrsg.): Preußens Herrscher – Von den Hohenzollern bis Wilhelm II. München 2000.

Golo Mann: Wilhelm II. München, Berlin, Wien 1964.

Wolfgang J. Mommsen: War der Kaiser an allem schuld? – Wilhelm II. und die preußisch-deutschen Machteliten. Berlin 2002.

John C.G. Röhl: Die Jugend des Kaisers 1859–1888. München 1993.

John C.G. Röhl: Der Aufbau der persönlichen Monarchie 1888–1900. München 2001.

John C.G. Röhl: Kaiser, Hof und Staat – Wilhelm II. und die deutsche Politik. München 2002.

Nicolaus Sombart: Wilhelm II. – Sündenbock und Herr der Mitte. Berlin 1996.

Hans Wilderotter (Hrsg.): Der letzte Kaiser – Wilhelm II. im Exil. Gütersloh/München 1991.

Zu Kapitel 2: Weihnachten 1914

Jane Carmichael: Die Entwicklung der britischen Fotografie während des Ersten Weltkriegs. In: Rainer Rother (Hrsg.): Die letzten Tage der Menschheit – Bilder des Ersten Weltkriegs. Berlin 1994.

Modris Eksteins: Tanz über den Gräben – Die Geburt der Moderne und der Erste Weltkrieg. Frankfurt/Main 1990.

Marc Ferro: Der große Krieg. Frankfurt/Main 1988.

Hans Herzfeld: Der Erste Weltkrieg. München 1985.

Gerhard Hirschfeld (Hrsg.): Kriegserfahrungen – Studien zur Sozial- und Mentalitätsgeschichte des Ersten Weltkriegs. Essen 1997.

Michael Jürgs: Der kleine Frieden im Großen Krieg – Westfront 1914: Als Deutsche, Franzosen und Briten gemeinsam Weihnachten feierten. München 2003.

Thomas Nipperdey: Deutsche Geschichte 1866–1918. Bd. 2: Machtstaat vor der Demokratie. München 1998.

Bernd Ulrich/Benjamin Ziemann (Hrsg.): Frontalltag im Ersten Weltkrieg – Wahr und Wirklichkeit. Frankfurt/Main 1994.

Bernd Ulrich: Die Augenzeugen – Deutsche Feldpostbriefe in Kriegs- und Nachkriegszeit 1914–1933. Essen 1997.

Zu Kapitel 3: Mata Hari

Pierre Bouchardon: Souvenirs. Paris 1953.

Rudolph Chimelli: »Die Akte Mata Hari«. In: *Süddeutsche Zeitung*, 25. Februar 2002.

Helmut Höge: »Mata Hari«. In: *Frankfurter Rundschau*, 2. Februar 2001.

Julia Keay: Mata Hari – Tänzerin, Femme fatale, Spionin. München 1992.

Fred Kupfermann: Mata Hari – Träume und Lügen. Berlin 1999.

Christine Lüders: Apropos Mata Hari. Frankfurt/Main 1997.

Henning Schlüter: »Femme fatale aus Friesland«. In: *Zeit*-Magazin Nr. 43, 16. Oktober 1992.

Sam Waagenaar: Sie nannte sich Mata Hari. Bild eines Lebens – Dokument einer Zeit. Hamburg 1964.

Lilo Weber: »Mata Hari – Zwischen Projektion und Opferrolle«. In: *Neue Zürcher Zeitung*, 14. März 2001.

Michael Winter: »Die Zerstörung einer Frau«. In: *Die Zeit*, 9. Oktober 1992.

Zu Kapitel 4: Stalin

Swetlana Allilujewa: 20 Briefe an einen Freund. Wien 1967.

Edvard Radzinsky: Stalin – The First In-Depth Biography Based on Explosive New Documents from Russia's Secret Archives. New York 1996.

J. W. Stalin: »Dein Sosso« – Briefe, Dokumente und Tagebuchnotizen aus dem Umkreis der Familie. Berlin 1994.

Larissa Wassiljeva: Die Kinder des Kreml. Moskau 2002.

Zu Kapitel 5: Faltboot

Geoffrey Badger: Explorers of Australia. Sydney 2001.

James Cook: Entdeckungsfahrten im Pacific – Die Logbücher der Reisen von 1768 bis 1779.

Herbert Rittlinger: Amphibische Reise zu verlorenen Inseln. Wiesbaden 1958.

Paul Theroux: Die glücklichen Inseln Ozeaniens. Hamburg 1993.

Jacques Stüssy: Mit dem Faltboot nach Abessinien. Frauenfeld 1935.

Barbara Winter: Stalag Australia – German Prisoners of War in Australia. Sydney 1998.

Internet:
www.anmm.gov.au
www.barkendeavour.com.au

Zu Kapitel 6: »Lebensborn«

Josef Ackermann: Heinrich Himmler als Ideologe. Göttingen, Zürich, Frankfurt/Main 1970.

Catrine Clay/Michael Leapman: Herrenmenschen – Das Lebensborn-Experiment der Nazis. München 1997.

Georg Lilienthal: Der »Lebensborn e.V.« – Ein Instrument nationalsozialistischer Rassenpolitik. Frankfurt/Main 2003.

Dorothee Schmitz-Köster: »Deutsche Mutter, bist du bereit…« – Alltag im Lebensborn. Berlin 2002.

Zu Kapitel 7: Unbekannter Soldat

Robert Capa: Robert Capa. Luzern 1991.

Robert Capa: Das Gesicht des Krieges. Düsseldorf, Wien 1965.

Alex Kershaw: Robert Capa – Der Fotograf des Krieges. Berlin 2004.

Pierre Vilar: Der Spanische Bürgerkrieg 1936–1939. Berlin 1999.

Richard Whelan: Die Wahrheit ist das beste Bild – Robert Capa, Photograph. Köln 1993.

Zu Kapitel 8: Trotzki

Isaac Deutscher: Trotzki. Bd. 3: Der verstoßene Prophet. Stuttgart 1963.

Oleg Gordiewsky: KGB – Die Geschichte seiner Auslandsoperationen von Lenin bis Gorbatschow. München 1992.

Isaac Don Levine: Die Psyche des Mörders – Der Mann, der Trotzki tötete. München 1984.

Nicholas Mosley: The Assassination of Trotsky. London 1972.

Harry Wilde: Trotzki – Mit Selbstzeugnissen und Bilddokumenten. Reinbek 1995.

Dimitri Wolkogonow: Trotzki – Das Janusgesicht der Revolution. Düsseldorf u.a. 1992.

Zu Kapitel 9: Chanel

Edmonde Charles-Roux: Coco Chanel – Ein Leben. Frankfurt/Main 1995.

Marcel Haedrich: Coco Chanel – Eine Nahaufnahme. Frankfurt/Main, Berlin 1989.

Axel Madsen: Chanel – Die Geschichte einer emanzipierten Frau. München, Zürich 2001.

Paul Morand: Die Kunst, Chanel zu sein – Gespräche mit Coco Chanel. München, Paris, London 1998.

Katharina Zilkowski: Coco Chanel – »Le style c'est moi«. München 1998.

Zu Kapitel 10: »Weiße Rose«

Detlef Bald: Die »Weiße Rose« – Von der Front in den Widerstand. Berlin 2003.

Wolfgang Benz (Hrsg.)/Walter H. Pehle (Hrsg.): Lexikon des deutschen Widerstands. Frankfurt/Main 1994.

Inge Jens (Hrsg.): Briefe und Aufzeichnungen – Hans Scholl, Sophie Scholl. Frankfurt/Main 1995.

Inge Scholl: Die weiße Rose. Frankfurt/Main 1995.

Peter Steinbach (Hrsg.)/Johannes Tuchel (Hrsg.): Widerstand gegen den Nationalsozialismus. Bonn 1994.

Zu Kapitel 11: Kephalonia

Erich Kuby: Verrat auf Deutsch – Wie das Dritte Reich Italien ruinierte. Frankfurt/Main, Berlin 1987.

Christoph U. Schminck-Gustavus: Kephalonia 1943–2003 – Auf den Spuren eines Kriegsverbrechens. Bremen 2004.

Gerhard Schreiber: Die italienischen Militärinternierten im deutschen Machtbereich 1943 bis 1945. Verraten – verachtet – vergessen. München 1990.

Manachem Shelah: »Die Ermordung italienischer Kriegsgefangener September–November 1943«. In: Hannes Heer/Klaus Naumann (Hrsg.): Vernichtungskrieg –

Verbrechen der Wehrmacht 1941 bis 1944. Hamburg 1995, S. 191–207.

Zu Kapitel 12: Traudl Junge

Antony Beevor: Berlin 1945 – Das Ende. München 2002.

Joachim Fest: Der Untergang – Hitler und das Ende des Dritten Reiches – Eine historische Skizze. Reinbek 2003.

Traudl Junge: Bis zur letzten Stunde – Hitlers Sekretärin erzählt ihr Leben. München 2002.

Ursula von Kardorff: Berliner Aufzeichnungen 1942–1945. München 1992.

Hugh Trevor-Roper: Hitlers letzte Tage. Frankfurt/Main, Berlin 1995.

Ulrich Völklein (Hrsg.): Hitlers Tod – Die letzten Tage im Führerbunker. Göttingen 1999.

Zu Kapitel 13: U 234

Hans-Joachim Krug: Reluctant Allies – German-Japanese Naval Relations in World War II. Annapolis 2001.

Wolfgang Hirschfeld: Feindfahrten – Das Logbuch eines U-Boot-Fahrers. Wien 1982.

Joseph Mark Scalia: In geheimer Mission nach Japan – U 234. Stuttgart 2002.

Zu Kapitel 14: Roswell

Reinhard Habeck: Das Unerklärliche – Mysterien, Mythen, Menschheitsrätsel. Gütersloh 2004.

James McAndrew: The Roswell Report – case closed. Washington 1997.

Budd Hopkins: Intruders. New York 1987.

Richard Weaver: The Roswell Report – Fact versus Fiction in the New Mexico Desert. Washington 1994.

Zu Kapitel 15: Charlie Chaplin

Charles Chaplin: Die Geschichte meines Lebens. Frankfurt/Main 1998.

Ronald M. Hahn/Volker Jansen: Charlie Chaplin. Berlin 1987.

Robert Payne: Der große Charlie. Frankfurt/Main 1989.

David Robinson: Chaplin – Sein Leben. Seine Kunst. Zürich 1993.

Wolfram Tichy: Charlie Chaplin – Mit Selbstzeugnissen und Bilddokumenten. Reinbek 1998.

Zu Kapitel 16: Nanga Parbat

Hermann Buhl: Achttausend drüber und drunter. München 1954.

Hermann Buhl: Allein am Nanga Parbat und große Fahrten – Mit einem Geleitwort von Reinhold Messner. Innsbruck 1984.

Karl Maria Herrligkoffer: Nanga Parbat 1953. München 1954.

Ralf-Peter Märtin: Nanga Parbat – Wahrheit und Wahn des Alpinismus. Berlin 2002.

Reinhold Messner/Horst Höfler: Hermann Buhl – Am Rande des Möglichen. Zürich 2003.

Reinhold Messner/Horst Höfler: Nanga Parbat – Expeditionen zum »Schicksalsberg der Deutschen« 1934 – 1962. Zürich 2002.

Zu Kapitel 17: Honecker

Reinhold Andert: Nach dem Sturz – Honecker im Kreuzverhör. Leipzig 2001.

Reinhold Andert/Wolfgang Herzberg: Der Sturz. Berlin 1990.

Henrik Eberle: Anmerkungen zu Honecker. Berlin 2000.

Norbert F. Pötzl: Erich Honecker – Eine deutsche Biografie. Stuttgart, München 2002.

Peter Przybylski: Tatort Politbüro – Die Akte Honecker. Berlin 1991.

Ed Stuhler: Margot Honecker – Eine Biographie. Wien 2003.

Ulrich Völklein: Honecker – Eine Biographie. Berlin 2003.

Zu Kapitel 18: Cadillac

»Der dritte Mann wartete im Grab: ›Unternehmen Reisebüro‹ – Die organisierte Flucht durch die Mauer«. In: *Spiegel* Nr. 13/1962, S. 40–55.

Internet: www.fluchthilfe.de

Zu Kapitel 19: Kennedy

Gero von Boehm: Mythos Kennedy. München 2003.

Robert Dallek: John F. Kennedy – Ein unvollendetes Leben. München 2003.

Andreas Etges: John F. Kennedy. München 2003.

Seymour Hersh: Kennedy – Das Ende einer Legende. Hamburg 1999.

Alan Posener: John F. und Jacqueline Kennedy – Das Königspaar im Weißen Haus. Reinbek 2002.

Richard Reeves: John F. Kennedy – Profile of Power. New York 1994.

Thomas C. Reeves: President Kennedy – Die Entzauberung eines Mythos. Hamburg 1992.

Robert von Rimscha: Die Kennedys – Glanz und Tragik des amerikanischen Traums. Frankfurt/Main 2001.

Zu Kapitel 20: Churchill

Sebastian Haffner: Winston Churchill – Mit Selbstzeugnissen und Bilddokumenten. Reinbek 2002.

Christian Graf von Krockow: Churchill – Eine Biographie des 20. Jahrhunderts. Hamburg 1999.

Lukas Maurer. In: *Frankfurter Allgemeine Zeitung*, 27. März 2002.

Zu Kapitel 21: Alaska

Hans Biedermann: Verloren und wiedergefunden – Unbegreifliches vom Bermuda-Dreieck bis Antartika. Gütersloh 1987.

James Hamilton-Paterson: Drei Meilen tief. Stuttgart 1998.

Sebastian Junger: Der Sturm – Die letzte Fahrt der Andrea Gail. München 2000.

Jon Krakauer: In die Wildnis – Allein nach Alaska. München 1998.

Sheila Nickerson: Das gefrorene Meer – Auf der Suche nach dem dunklen Herzen des Nordens. München 1998.

Jens Niederstadt (Hrsg.): Der Poet der Canyons – Leben und Legende des Abenteurers Everett Ruess. München 2001.

Kennan Ward: Denali – Reflections of a Naturalist. Minnetonka 2000.

Zu Kapitel 22: Rudi Dutschke

Gretchen Dutschke: Rudi Dutschke – Wir hatten ein barbarisches, schönes Leben. Köln 1996.

Rudi Dutschke: Mein langer Marsch – Reden, Schriften und Tagebücher aus zwanzig Jahren. Reinbek 1980.

Rudi Dutschke: Jeder hat sein Leben ganz zu leben – Die Tagebücher. Köln 2003.

Rudi-Marek Dutschke: Spuren meines Vaters. Köln 2001

Zu Kapitel 23: »Challenger«

NASA: »Actions to Implement the Recommendations of the Presidential Commission on the Space Shuttle Challenger Accident«. Washington, D.C., Juli 1986.

NASA: »Implementation of the Recommendations of the Presidential Commission on the Space Shuttle Challenger Accident – Report to the President«. Washington, D.C., Juni 1987.

Jesco von Puttkamer: »Das Explosionsunglück von 51-L«. *Die Umschau* 6/86. Frankfurt/Main 1986.

Jesco von Putkamer: Rückkehr zur Zukunft – Bilanz der Raumfahrt nach »Challenger«. Frankfurt/Main 1989.

Jesco von Puttkamer: Der Mensch im Weltraum – eine Notwendigkeit. Frankfurt/Main 1987.

»Report of the Presidential Commission on the Space Shuttle Challenger Accident«. Washington, D.C., Juni 1986.

Diane Vaughan: The Challenger Launch Decision – Risky Technology, Culture and Deviance at NASA. Chicago 1996.

Zu Kapitel 24: Kelly

Lukas Beckmann, Lew Kopelew (Hrsg.): Gedenken heißt erinnern – Petra Kelly, Gert Bastian. Göttingen 1993.

Petra Kelly: Lebe, als müsstest du heute sterben – Texte und Interviews. Düsseldorf 1997.

Alice Schwarzer: Eine tödliche Liebe – Petra Kelly und Gert Bastian. Köln 1993.

Monika Sperr: Petra Karin Kelly – Politikerin aus Betroffenheit. München 1983.

Zu Kapitel 25: Vatikan

Rosario Priore: L'attentato al Papa (Tribunale di Roma, Ufficio Istruzione – Prima Sezione). Milano 2002.

Valeska von Roques: Mord im Vatikan – Ermittlungen gegen die katholische Kirche. Hamburg, 2003.

Valeska von Roques: Verschwörung gegen den Papst – Warum Ali Agca auf Papst Johannes Paul II. schoss. München 2001.

Zu Kapitel 26: Meinhof

Stefan Aust: Der Baader-Meinhof-Komplex. München 1998.

Mario Krebs: Ulrike Meinhof – Ein Leben im Widerspruch. Hamburg 1988.

Alois Prinz: Lieber wütend als traurig – Die Lebensgeschichte der Ulrike Marie Meinhof. Weinheim 2003.

Zu Kapitel 27: Saddam Hussein

Said K. Aburish: Saddam Hussein. The Politics of Revenge. 1999.
Stefan Aust/Cord Schnibben: Irak – Geschichte eines modernen Krieges. München 2003.
Con Coughlin: Saddam Hussein – Porträt eines Diktators. München 2002.
Gabriele Kraatz-Wadsack: Einsatz in Bagdad – Als UNO-Chefinspektorin auf Saddams Spuren. München 2003.
Kanan Makiya: Republic of Fear – The Politics of Modern Iraq. Betuley 1998.

Register

Kursive Seitenangaben verweisen auf Abbildungen

Orts- und Sachregister

Bildnachweis

AKG Images, Berlin 15, 23, 45, 80, 84, 97, 108, 113, 125, 159, 164, 173, 216, 236, 246, 268 o.
Argus, Hamburg 135
Bayerische Staatsbibliothek, München 144 o., 156, 161
Berlin Picture Gate 344
Bildarchiv Foto Marburg 137
R. Breitschuh 101
Bundesarchiv SAPMO, Berlin 222 (410-690/80N)
Bundesarchiv Koblenz 146, 220 (183/R-71089)
Bridgeman Art Library 121
Cinetext, Frankfurt 51
Corbis 109 u., 167, 174, 249, 252 r., 253, 299, 303
-/Bettmann 38 o., 40, 61 o., 109 o., 114, 123, 178, 179 l., 188, 190, 191, 193, 197, 251, 267 o., 279 o., 280 u., 281, 296, 301 r., 304, 305
-/J. Fields 277 o.
-/Hulton-Deutsch-Collection 56, 112, 267 u.
-/K. Kittle 275, 283
-/M. Peterson 182, 185
-/G. Rowell 272
J. Czwienk, Wiesbaden 67 - 77
dpa 12, 63, 130, 144 u., 145 o., 162 o., 186, 192, 198, 211, 215, 252 l., 255, 269, 270 u., 277 u., 288 u., 307, 310, 312, 316, 325, 329, 330, 331, 332, 334, 342, 348, 352, 354, 357
Getty Images/afp 346
-/Time Life Pictures 118
Interfoto 50 l., 117, 126, 134
D. Jonz 280 o.
Keystone 184, 212 r., 214, 350
-/TopFoto 26, 37 u., 43, 54, 57, 59, 61 u., 176, 179 r., 180, 270 o.
G. Knopp 102
Magnum Photos/R. Capa 92, 98 -/Collection Capa 94, 95
I. Senoner, Lugano 87 u.
SV Bilderdienst, München 212 l., 240 u.

-/Geschwister-Scholl-Archiv 131, 132
-/Heddergott 138
-/Knorr + Hirth 200, 268 o.
-/Scherl 82, 145 u., 205 o.
-/S.M. 128
Ullstein Bild, Berlin 17, 20, 22, 24, 28, 31, 32, 38 u., 47, 50 r., 52, 55, 59 u., 85, 120, 140, 149, 150, 162 u., 203, 205 u., 209., 241 o., 260, 262, 341 l.
-/ADN 218, 223, 224, 227, 229
-/AKG Pressebild 232, 235 o.
-/AP 301 l., 314 r., 322, 355
-/Camera Press 116
-/dpa 230, 257, 291, 295, 314 l., 320
-/Ehlert 338
-/Frentz 152, 155
-/Friedrich 294
-/Keystone Pressedienst 89 l.
-/Landmann 87 o.
-/Männling 235 u.
-/Nowosti 104
-/D. Otto 240
-/Perlia 219
-/Reuters 327, 353
-/H-D. Sallein 284
-/Schirner X 289 l.
-/Schöne 341 r.
-/Tele-Winkler 89 r.
-/UPI 256
-/Wieczorek 289 r.
B. Veigel 237
ZB-Fotoreport 336
ZDF, Mainz 163, 244, 274, 279 u.

Leider konnten nicht alle Rechtegeber der Abbildungen ermittelt werden. Der Verlag bittet Personen oder Institutionen, die die Rechte an diesen Fotos haben, sich wegen einer angemessenen Vergütung zu melden.